비고츠키
문화심리학으로
바라본
사람 중심 교육

교사와 부모를 위한

발달교육이란
무엇인가?

교사와 부모를 위한

발달교육이란
무엇인가?

초판 1쇄 인쇄 2017년 11월 27일
초판 1쇄 발행 2017년 11월 30일

지은이 현광일
펴낸이 김승희
펴낸곳 도서출판 살림터

기획 정광일
편집 조현주
북디자인 꼬리별

인쇄·제본 (주)현문
종이 월드페이퍼(주)

주소 서울시 영등포구 양평로21가길 19 선유도 우림라이온스밸리 1차 B동 512호
전화 02-3141-6553
팩스 02-3141-6555
출판등록 2008년 3월 18일 제313-1990-12호
이메일 gwang80@hanmail.net
블로그 http://blog.naver.com/dkffk1020

ISBN 979-11-5930-052-3 03370

*한국출판문화산업진흥원의 출판콘텐츠 창작자금을 지원받아 제작되었습니다.

비고츠키
문화심리학으로
바라본
사람 중심 교육

교사와 부모를 위한

발달교육이란
무엇인가?

현광일 지음

발달교육의 새 발견

도성훈_인천동암중 교장

　'모두'에 몰두한 나머지, '나'가 사라진 세상에 살고 있는 것은 아닌지 되돌아보게 하는 사람을 만났습니다. 학교는 많이 달라지고 있지만, 아이들 한 사람 한 사람의 내면에 대해 깊이 이해와 공감을 하고 있는지 성찰하게 하는 책을 만났습니다. 진정한 만남 속에서 참된 교육을 일구어가는 학교가 어떻게 가능한지를 담고 있는 이 책에 손이 저절로 가 닿습니다.

　보수와 진보 양 날개로 날아야 한다는 새가, 사실은 '온몸'으로 날아가는 것이라는 말이 떠오릅니다. 학교는, 학습 기능만 고도로 숙련된 인적 자원을 육성하는 곳일 수 없습니다. 너와 마주 보고, 더불어 함께 있고, 때로는 혼자 서는 과정을 통해 개인과 사회의 융합을 이루어내는 곳입니다.

　그러나 지금 대한민국 교육은 어떻습니까. 학생, 학부모, 교사 모두 경쟁 교육에 시달리며, 모든 것을 학벌사회, 입시교육 탓으로 돌리고 있습니다. 혹시 우리가 그 왜곡된 교육 구조와 적대적 공생을 하고 있지는 않은지요. '지금 이 순간 마법처럼' 행복할 수 있는 유년기와 청소년기 아이들의 삶의 과정들을 알 수 없는 미래의 희망들로만 대체시킬 때, 그것은 말 그대로 희망 고문이 되고 맙니다.

현광일 선생은 발달교육 이론이 우리 교육에서 왜 필요한지, 인간에 대한 탐구를 통해 밝혀냅니다. 그러면서도 딱딱한 이론에 갇힌 낯선 언어의 나열 대신, 우리의 삶에서 맞닥뜨리는 '몸짓'과 '고독', 그리고 '소통' 속에서 그 치열한 삶을 이야기합니다. 그리하여 개성이 사라진 시대에 자아를 발견하고, 윤리가 사라진 시대에 문화를 복원하며, 휴머니즘이 사라진 시대에 교육을 바로 세우려고 합니다. 나, 너, 우리의 관계로부터 펼쳐내는 비고츠키 문화심리학을 이 책을 통해 만날 때, 그 언어와 실천이 빚어내는 지적 기쁨은 덤입니다.

인구수만큼 수십억 개의 지구가 존재한다고 합니다. 아이들이 곧 우주입니다. 그 우주가 음울한 회색빛의 교육과정으로 인해 시들어가기를 바라는 사람은 없을 것입니다. 그 우주가 비로소 찬란한 무지갯빛으로 반짝이는 별이 될 수 있는 그 작은 시작에 대한 이야기가 이 책에 담겨 있습니다. 내 아이로부터 시작된 이 작은 혁명의 몸짓이, 이웃의 아이, 나아가 모든 아이이자 다시 내 아이와도 다름없을 수많은 지구별로 빛날 수 있다는 믿음을 이 책은 담고 있습니다. 마침, '나, 너, 우리가 행복한 학교'를 꿈꾸는 제가 학부모와 선생님들에게 일독을 권하는 이유이기도 합니다.

2017년 11월

도성훈

사람 중심 교육의 기본인 발달교육,
세계에 답하다

예전에 어른들은 "먼저 사람이 되거라"라는 덕담을 들려주곤 했다. 그러나 우리의 교육이 철저히 수단화된 입시교육, 취업교육으로 변질되었고 경제적 이익을 위한 무한 경쟁주의의 도구로 전락한 세상에서 사람이 된다는 것은 생각보다 단순하지 않다. 쉽게 떠올리는 방안이지만 도덕적 교화를 통해서조차 그러한 것을 기대할 수는 없다. 먼저 사람이 되려면 우리의 일상생활의 면면에 대해 새로운 태도를 취하며, 새로운 의식을 드러냄으로써 생동적인 삶의 지평을 모색할 필요가 있다.

살다 보면 "난 원래 그런 사람이야"라는 자조 섞인 말을 스스로에게 하는 경우가 더러 있다. 고단한 현실의 압력이 강해 나날의 삶이 왜소해지기만 하지만 우리가 이 세상에 존재하고 있다는 것은 일종의 기적이 아닐 수 없다. 한 사람의 출생은 그와 동시에 하나의 세계가 열리는 것이기 때문이다. 발달교육에서 바라본 인간은 성장하여 비로소 완성되는 존재이다. 그것은 또한 하나의 세계를 만들어가는 것이기도 하다. 인간과 동물이 다른 점이 이것이다. 미완성의 인간이 성숙된 인간으로 되어가는 발생적 관점에서 발달교육의 의미를 꼼꼼히 되짚어보려고 한다.

이 책에는 그 기적 같은 탄생을 배경으로 사람다운 사람이 되기 위한 조건인 크고 작은 만남과 상호작용, 함께하는 자리이든 때로는 혼자 있더라도 그 상황에서 상처받지 않고 온전한 인간 발달의 가능성을 탐색하는 내용이 담겨 있다. 그것은 사람이 사람답게 살기 위한 세계의 모습이 어떠해야 하며, 또 어떤 방향으로 변해야 하는가에 대한 문제 설정이기도 하다. 그런 문제 인식하에 사람이 되어가는 과정을 비고츠키 문화심리학에 기대어 발달교육적 인간학에 관한 담론으로 구성해보았다.

비고츠키 문화심리학의 핵심을 가장 단순하게 표현한다면 그것은 특정 정신기능의 문화적 발달에 관한 것이다. 인간이라면 누구나 보다 높은 이성과 보다 깊은 감정과 정신의 차원을 느낄 수 있으며(비고츠키는 이를 인격이라고 말한다), 또한 그것으로 나아가는 길을 보여주는 것이 문화의 기능이다. 인격이라는 말이 암시하듯이 발달교육은 개체적 인간 자체의 존재 방식과 관련되어 있다. 발달교육, 이 말의 의미를 가장 잘 구현할 수 있는 개념이 바로 문화이다. 문화는 경작, 재배의 의미를 가지며 그것은 어린이의 양육 및 교육을 뜻한다. 특히 교육에 대해 문화적 관점을 취한다는 것은 문화가 마음을 형성하며, 그 문화는 우리의 세계뿐만 아니라 바로 우리 자신의 존재와 역량에 대한 개념을 구성하는 도구를 제공해주는 것이기 때문이다.

문화는 단순히 사람들이 하나로 융합하여 살 수 있게 하는 세속적 매체일 수만은 없다. 문화가 인간의 삶에 중요한 의미를 갖는다면, 문화는 인간의 삶에 존재하는 더욱 높은 차원을 보여줄 수 있어야 한다. 우리는 문화를 통하여(그 문화는 모든 사회적인 기구와 제도, 조직을 포함한다) 어떤 정신 공동체에 참여한다는 믿음을 줄 수 있어야 한다. 비고츠키는 이것을 인격에 상응하는 세계관이라는 개념으로 제안한다.

세계관, 이것은 전체로서의 인간 행동, 즉 어린이가 외적 세계와 맺는 문화적 관계를 특징짓는 것이다.

인격과 세계관은 모두 인간 심성의 변증법적 승화를 요구한다. 한 개인의 내면에 있는 자아는 그가 품고 있는 마음을 통해서 가장 잘 드러난다. 감각, 직관, 관조, 의지, 연상, 감정 등과 같은 인간 마음의 발달은 세계관으로서의 삶의 방식과 연계되어 있는데, 이것은 문화에 대한 미시적 접근을 필요로 한다. 문화는 사고하고, 믿고, 행위하고, 판단함에서 안정된 방식으로 확립되어 있는 것이 아니다. 문화는 항상 변화의 과정에 있고, 느낌, 욕망, 목적, 지식과 같이 마음속에서 일어나는 과정과 작용한다. 거기에서 세계와 상호작용하는 구체적인 세 가지 영역, 즉 너와 마주 보기, 우리 함께 있기, 나 혼자 되기 등 인간 발달의 발생적 국면을 파악할 수 있다. 이 세 가지 생각 각각에 대해 생물학적 성장과정에서 문화적 형성과정에 이르기까지 여러 개의 범주로 나누어 추론하다 보면, 발달교육이 여러 과정과 층위에서 성립할 수 있음을 알게 된다. 발달교육은 삶에 대하여 너와 우리 그리고 나의 세계로 이해할 수 있는 여지가 충분하므로, 지극히 현실적이고 실천적인 성격을 지니고 있음이 강조되기도 된다.

1장 '너와 마주 보기'는 인간이 다른 사람의 마음을 알게 되는 과정인 "상호주관성intersubjectivity"과 깊이 관련되어 있다. 상호주관성은 인간 탄생의 미완성 조건하에서 살아남으려는 생존의 비결이기도 하다. 태어나자마자 엄마의 품 안에서 서로의 시선을 마주하는 아기의 행동을 보면 이해가 될 것이다. 특히 어린아이일수록 모방 능력에 의존하기 때문에 가족 내에서의 경험은 사회적 상호작용과 감정을 조정하고 표현하는 방법을 학습하도록 해준다.

사람은 누구나 다른 사람들과 직간접으로 대면하면서 사회적 접촉을 갖게 된다. 다른 사람들과의 접촉에서 상호주관성은 정서와 느낌이 교감하는 보여주기 그리고 말을 주고받으며 생각하기와 같은 상호작용 활동을 위주로 하면서 다른 사람의 마음을 이해하는 인간의 능력이다. 그 자체가 사회적인 것의 산물인 언어는 어린이가 정신세계를 개념화하는 데 근본적인 것이다. 상호주관적인 자기는 사회적 맥락에 따라 화자와 청자의 입장에 따라 담화에서 조정된다. 왜냐하면 자기는 담화의 장소와 그 참석자가 활동하고 있다고 믿는 사회적 체계에서 하는 역할에 의해 상황적 언어로 정의되고 묘사되기 때문이다. 이런 상호주관성은 제3의 존재 영역으로서 상호 세계를 만든다고 볼 수 있다. 그곳은 온전히 나만의 것도 타자만의 것도 아닌 서로의 경험이 중첩되어가는 공동 세계이다.

어린아이의 경우 상대방의 마음을 이해하는 능력은 인지 발달 과정에서 획득해야 할 중요한 과제 중 하나이다. 또한 자신과 타인의 마음을 이해하는 능력은 물리적인 세계를 이해할 뿐만 아니라 인간 행동을 이해하고 사회적 상호작용을 촉진시키기 위해 반드시 필요하다. 상호주관성의 능력이 발달교육적 실천에서 중요한 것은 어떤 학습 집단 내의 사람들이 서로가 학습의 사태와 학습의 요령을 터득하도록 서로 돕는다는 것이다. 그리하여 교실은 교사가 교수–학습과정을 잘 조정하면서, 그 과정에서 역동적인 상호작용을 하는 바로 상호 학습자들의 소공동체 사회로 위치 지을 수 있게 된다.

발달교육이 상호주관성에 대한 근원적 탐구를 하기 위해 전제되는 인간 정신 작용의 본질을 파악하려고 한다면, 문화심리학은 생물학적, 진화적, 개인 심리적, 그리고 문화적 통찰들의 상호작용을 설명할 수 있는 한 가지 방법을 보여준다. 게다가 타인의 실재에 대한 존재론적 믿음의 경험 속에서 가능한 것이기에 윤리적인 문제도 아울러 제기한다. 삶의 희망을 저버리지 않으려면 그 바탕에 근본적인 신뢰를 끊임없이 유지해야 한다. 그런 점에서 문화심리학에서 상호주관성은 핵심적인 주제이다.

2장 '우리 함께 있기'에서는 유기체와 환경이 상호작용을 통해 성장한다는 아주 상식적인 생물학적 사실에서 출발한다. 몸의 유기체적 특유성으로 인해 우리는 무엇인가를 할 때 감각기관을 직접적으로 사용한다. 어떤 것을 만질 때는 섬세하게 만지고 느끼며, 무엇을 볼 때는 예의 주시하며, 무엇인가를 들을 때는 주의 깊게 귀를 기울인다. 우리는 세계를 관조하거나 세계를 관념으로 정립하는 주체가 아니라 세계에 몸담고 있는 주체, 육화된 주체이다. 육화된 존재로서의 우리는 삶의 굴곡을 겪는다. 그 삶을 온몸으로 받아내는 것은 감각기관이 세계를 향해 펼쳐낸 총체적이고 유기적인 활동 속에서 체험한 것들이다.

세계란 인과적인 보편법칙으로 설명할 수 없는 다양한 원인들이 복잡하게 작용한 결과이다. 하지만 우리는 세계를 향해 움직이며 표현하는 몸의 지각 체험과 체화된 의식을 통해서 공시적, 통시적, 익명적인 것들을 하나의 목표로 수렴하는 그 가능성을 탐색한다. 운동-감각적인 몸 주체가 함께한다는 것은 항상 지역적이고 현지적local이며, 특수하고 세부적인 것들의 네트워크 내에 위치해 있다. 이것 역시 몸의 생물적인 면과 문화적인 면 모두를 주시해야 하며, 이러한 형성적 힘들이 지역적이고 현지적인 상황에서 어떻게 상호작용하는지를 적절히 주목할 필요가 있다.

몸은 무엇보다도 인간을 주체로 만드는 권력의 작용 지점이다. 그것은 사회적 관계의 망 속에서 행사되는 일종의 힘이다. 그렇다고 몸에 작용하는 힘은 몸의 외부 어딘가에 있는 자아나 실체로 간주되는 영혼에 의해 통제되는 것이 아니라 몸들의 정동작용 그 자체에 의한 것이다. 사람들이 자리를 함께할 때면 바람직하든 아니든 온갖 말, 몸짓, 행동, 자잘한 사건들이 있기 마련이다. 이런 경우 타인이나 자신의 감정 동요가 겉으로 드러나 극도로 당황스러울 때가 있다. 붉게 물드는 얼굴과 그 위에 흐르는 진땀, 말은 더듬지만 비정상적으로 낮거나 높은 음성과 갈라지는 목소리, 머뭇거리는 몸짓 등이 정동작용에 의한 신체의 현상인 것이다.

정동작용이라는 것은 간단하게 설명하면, 존재가 몸을 통해 사물들이 감각하면서 감각되는 것으로, 좁혀 말하면 보면서 보이는 것으로 또는 만지면서 만져지는 것으로 존재하는 운동-감각적 현상이다. 정동작용은 모든 사물들에 대하여 감각하고 감각되는 이른바 감각의 능동성과 수동성을 존재론적인 조건으로 삼고 있기 때문에 일어난다. 이를테면 하나의 경험이 얼마나 의미 있고 가치 있는 것인가는 바로 정동작용이 행하는 것과 그 결과를 겪는 것, 즉 정동작용의 능동적 측면과 수동적 측면 사이의 관련을 얼마나 제대로 확립하는가에 따라 경험의 질이 결정된다.

몸 매체의 확장과 노출로서의 문화는 개별 감각들을 연결하며 늘 생성시키는 것으로 존재한다. 그것은 결국 서로 작용하는 관계로 맺어지는 함께 있는 세계로 확장한다. 특히 문화는 삶과 사고의 방식이며, 우리는 문화를 구성하고, 협의하면서 교섭하고, 제도화한다. 결국에는 문화가 "현실reality"이 되는 것이다. 우리는 인간으로서 아주 섬세하고 세밀한 수준에서 공동 삶을 살아갈 수 있는 능력을 키워야 한다.

그런 문화를 발달교육적 관점에서 보자면, 문화는 완결된 것을 성취하려는 것이 아니라, 좀 더 나은 자각을 성취하는 것이다. 학교는 미래에 접하게 될 문화에 대해 미리 예견하고 준비운동을 하는 곳이 아니라, 문화 그 자체이다. 같이 사는 삶이 아주 긴밀하고 친밀한 반경에서 지속적으로 이루어지려면 그것은 결국 공공성의 창출 여부에 달려 있다. 학교문화는 보다 폭넓은 문화가 최상의 상태로, 그리고 최대로 생기 있고 활력 있는 상태로 작동할 수 있도록 조직되어야 한다. 그러려면 아이들이 더욱 폭넓은 문화의 자원과 기회들을 효과적으로 이용할 수 있도록 힘을 부여해주는 공공 영역의 확장이 이루어져야 한다. 그러한 학교문화를 창안하려는 시도는 여러 면에서 부족하지만 자유로운 개인들의 상호 공동체라는 현대적 이상을 생각해보려 했다는 점에 의미를 두고 싶다.

3장 '나 혼자 되기'는 그야말로 자유로운 개인의 마음 형성과정과 깊은 실존에 관한 것이다. 실존의 전체적 맥락을 구성하는 요인은 셀 수 없이 많다. 그렇기 때문에 실존은 구체적이고 고유하며 개별적인 특성을 갖는다. 우리의 삶은 그 발생에서 나의 의지와 아무런 상관이 없다. 내가 이미 타자 속으로 스며들어 가 있고 타자들이 이미 내 속에 스며들어 와 있어 전혀 그 경계를 구획할 수 없을 정도로 삶의 관성이 강력하다. 그러나 우리는 삶을 스스로 주도하고 싶어 한다.

나 혼자 되기는 실존하는 것 그 자체에 관심을 갖는다. 삶의 지평에서 엮어지는 제 관계들과 그에 따른 각종 의미가 출몰하는 가운데 한 인간은 주체적이 되고자 한다. 그럴 때 혼자인 상태에서 깊은 실존에 대해 물음을 던지는 것은 그 어느 것으로부터도 조종당하거나 상처받지 않는 삶의 온전한 형태를 구해내고자 하는 것이다.

삶은 본질적으로 삶에 대한 사랑이며 자기애이다. 이를 위해 나 혼자 되기는 상호주체성이 구성되는 원초적 자아 영역으로의 진입이라고 할 수 있다. 인간 존재의 영역 중에 다른 사람에 의하여 이해될 수 없는 개인의 실존적 영역이 있다. 다른 사람의 상상력이나 감정이입 등으로 포착될 수 없는 인간의 실존적 고독에 대한 인식은 발달교육의 인간적 조건으로 고려되어야 한다.

삶의 내용은 단지 삶을 채워주는 것에 그치지 않고 오히려 삶을 완성하고 아름답게 만들며 살 수 있을 만한 것으로 가꿔줘야 한다. 주체의 내면성이 형성될 때, 그렇게 해서 인간의 마음의 깊이에 대한 신뢰 그리고 존재 전체에 대한 신뢰가 있게 되어 그러한 삶이 가능해진다. 발달교육의 최종적 도착지는 개별적 인간의 내면성 성립이다. 내면은 의식 자체가 자리하는 곳이다. 내면의 성립은 주체의 탄생 자체가 어떻게 가능한가를 묻는 것이다. 그것은 인간의 존재론적 뿌리에 대한 의식과도 연결되어 있다. 결국 그것의 근본 관심은 어떻게 사느냐 하는 질문에 답하는 것이다. 삶의 혼란스러움에도 불구하고 실존적인 걱정과 관심이 여는 공간에서 세계는 구체적인 사건이 된다. 이런 경우 모든 마음의 움직임들은 실감에 찬 나의 경험에 생생한 느낌을 주는 현실적인 모험이 된다. 우리는 개인이 가지고 있는 마음의 힘과 수단, 즉 문화를 통해 그 마음의 실현을 돕거나 방해하는 수단들 간의 상호작용에 대해서 부단히 탐구해야 할 것이다.

문화는 비록 사람이 만든 것이지만, 자기가 어떠해야 하고, 어떠할 수 있는지, 또는 어떠해서는 안 되는지에 관한, 말해지지 않은 암묵적인 문화적 모델들(특히 우리는 이야기를 통해 삶을 모방하고 이야기를 통해 삶을 배운다), 즉 어린아이들이 얼마나 일찍부터 이야기를 듣고 배우는가를 보면 짐작할 수 있다. 이야기는 사람의 마음이 작용하는 가능한 방식을 특징적으로 구성하고 형성해준다. 물론 마음속에 의미가 있지만, 이야기는 놀라울 정도로 뛰어난 생성력을 지니고, 아주 다양한 해석을 말할 수 있도록 해주는 언어의 산물이다. 공통의 이야기를 공유하는 것은 하나의 해석의 공동체를 창조하는 것이므로, 그것은 문화적 결속을 촉진한다. 그러면서도 이야기가 자신들만의 정신을 가진 자유로운 주체들인 인물들을 필요로 한다는 것에는 모두가 동의할 것이다.

교육의 발달적 성취가 이루어지는 지평을 세 가지 영역, 즉 서로 마주 보기, 우리 함께 있기, 나 혼자 되기로 구분하여 살펴보았다. 이 모든 것들은 기존 교육체제에서 간과되거나 잊히기까지 했지만, 이제는 발달교육의 문화역사적 지평으로 발굴하고 찾아내야 할 당위적인 것들이며, 아울러 사람 중심의 교육적 실천을 위한 인간적 조건에 가장 밀접한 주제들일 것이다. 오늘날 교육계에서 씨름하고 있는 많은 문제들, 영유아교육, 성교육, 문화예술교육, 도덕교육, 생태교육 등 과잉된 범교과 교육에 사람 중심의 발달교육적 관점으로 다가선다면 통합적 접근의 실마리를 찾을 수 있다고 본다. 게다가 사람 중심의 발달교육은 근래의 교육공학적 대안에 대한 비판적 메시지를 담고 있다는 점에서 기본적으로 윤리적, 실천적 함축을 지닌다.

실제 교육은 교실에서 일어날 뿐만 아니라, 하루 일과를 마치고 귀가하여 가족끼리 그날에 일어난 것들이 지니는 의미에 대해 서로 얘기하는 저녁 시간에도 일어난다. 그뿐 아니라 어린이집에서 역할놀이를 하는 어린아이들끼리 서로 주고받으며 도와가면서 어른의 세계를 이해하려고 노력할 때도 교육은 일어나며, 장인과 도제가 하고 있는 일에 대해 서로 의논할 때도 일어난다.

비고츠키가 그의 연구 가설에 따라 행해진 경험적 연구를 통해서 내린 결론은 교육과 발달의 관계는 복잡하다는 것이다. 그러기에 듀이는, 부모의 교육적 관심뿐만 아니라 교사의 교육적 실천에서 핵심적인 과제는 아이들의 발달적 성취 경험이 어떠한 방향을 향해 나아가고 있는지를 살피는 것이라고 강조한다. 발달교육이 이루어지려면 교육활동을 수행하고 있는 아이들의 마음속에서 실제로 무슨 일이 일어나고 있는지를 파악할 수 있어야 한다. 다른 무엇보다도 부모나 교사에게 요구되는 것이 바로 이러한 능력인데, 이러한 능력을 갖는 일은 쉽지 않다.

쉽지 않은 개념들을 너무 안일하게 배치했다는 경솔함과 그 개념을 꼼꼼하게 다루지 못한 지적 한계 등으로 인한 미안함에서 벗어날 수 없을 것 같다. 독자에게 양해를 구한다. 우리에게 익숙한 듯하지만 아직은 조금 낯선 발달교육이 사람 중심 교육의 기본 요소라는 점을 많은 이들이 인식하는 데 조금이나마 기여했으면 하는 심정으로 이 책을 세상에 내놓는다.

2017년 11월
석바위 언저리에서
현광일

차례 ——

3. 나 혼자 되기　265

1.

너와 마주 보기

미완의 탄생이기에

사실 유아는 어린 동물과 비교해보면 훨씬 덜 완전하고 도움 없이는 살 수 없는 존재다. 기본적으로 모든 인간은 미숙아로 태어난다고 말할 수 있는데, 그래서 인간은 오랜 기간에 걸쳐 보호자로부터 특별히 많은 도움과 보살핌을 받아야만 한다. 포유동물들은 낳자마자 자력으로 세상을 향하여 걸어 나갈 수 있다. 젖을 떼면 스스로 먹을 것을 찾아야 한다. 갓 태어난 망아지는 곧 걸을 줄 알고, 고양이는 생후 몇 주만 지나면 어미 품을 떠나 혼자 힘으로 사냥에 나선다.

하지만 사람은 미숙아로 태어나 제 몸 하나 가누는 것도 수개월이 걸린다. 사실 다른 동물들과 비교할 때 인간은 생명 유지에 필요한 많은 시스템이 덜 발달된 미숙한 상태로 태어난다. 인간은 특히 신생아일 때 다른 포유동물의 경우에 비하여 육체적·생리적 측면에서 더할 나위 없이 연약한 존재이다. 그야말로 다른 동물들의 새끼에 비하면 신생아는 훨씬 무력하다. 신생아는 아마도 인간이 될 수 있는 가장 원시적인 생물체일 것이다. 신생아는 가장 진정하고 엄밀한 의미의 자연적 존재이다.

러시아 문화심리학자 비고츠키L. S. Vygostky가 말하기를 6개월 된 아기는 병아리보다도 더 연약하며 10달이 되어도 아기는 여전히 혼자서 걷거나 먹을 수 없다고 한다. 그러나 이 시기 동안 아기는 침팬지와 같은 연령을 거치며 최초로 도구를 다루기 시작한다. 그런데 침팬지, 짧은꼬리원숭이 같은 영장류의 새끼들은 태어나자마자 주어진 공간 안에서 인간 학습자보다 훨씬 짧은 시간 안에 사냥, 공격, 자기방어 기술을 배운다. 반면에 아기는 오랫동안 엄마 또는 그에 대신하는 보모의 도움이 없이는 독립된 존재로서 세상에 나갈 수 없다. 인간의 아기는 무력하여, 여러 해 동안 어른들이 부양하고 지키고 가르쳐주어야 한다. 그런 점에서 보면 인간의 미완성이 더욱 심각할 수밖에 없다고 할 것이다.

그러나 인간의 아기는 이렇게 미성숙 상태로 태어난다는 점에서 오히려 독특하다. 그들은 돌봐주는 사람에게 전적으로 의존하고, 그렇기 때문에 다른 동물들의 새끼보다 훨씬 많은 것을 배울 수 있고, 또 배워야만 한다. 아이가 부모에게 오래 의존해 살아가는 현상은 인간이 진화과정에서 타인과 눈을 마주치고 정서를 공유하는 등 사회성을 증가시키는 역할도 했다.

다른 한편으로 인간은 자신만의 '나'를 의식하는 개별적 존재이다. 그러나 이 말은 인간은 고립된 존재라는 식으로 이해되어서는 안 된다. 어떤 인간도 다른 사람으로부터 완전히 고립되어 살 수는 없기 때문이다. 인간은 태어나면서부터 타인에 의존하여 개별적인 존재로 성장해간다. 비고츠키에 따르면, 학령기에 이르러서야 비로소 어린이는 사회적 존재이면서 보다 개인화된 존재라고 할 수 있다고 한다. 모순처럼 보이는 이것은 실제로 동일한 하나의 과정의 두 측면인 것이다.

개별적 존재로서 어린이 인격의 성장, 형성, 성숙이 오직 사회적 경험의 성장, 심화, 분화와 더불어 나타난다는 사실보다 어린이 인격의 사회적 기원을 지지하는 더 강력한 증거는 있을 수 없다고 본다. 어린이에게서 '나'의 개념은 타인의 개념으로부터 나타난다. 따라서 '인격'의 개념은 사회적이며, 타인과의 관계에서 적용된 장치와 적응을 자기 자신에게 적용하는 것을 토대로 구성된다. 이것이 바로 인격은 우리 안에 있는 사회적인 것을 나타낸다고 말할 수 있는 이유이다. 마르틴 부버Martin Buber 식으로 표현해본다면 '나의 존재는 너에 의해 성립한다'고 할 수 있다. 다시 말해 개인의 나라는 개별적 존재는 너와의 관계적 성격을 통해서 가능하다는 결론에 이르게 된다. 개별적 존재는 나와 관계를 맺는 자기 자신이 인간의 내면세계를 형성하고 그와 동시에 다른 사람들이 인간의 주변 세계를 구성하는 것이다.

동물은 자연 조건에 대응하는 능력을 자연 자체로부터 부여받는다. 그래서 동물의 경우는 먹이를 찾고 피신처를 구하는 것이 본능적 기능에 상당 부분 의존한다, 반면에 사람은 이 부분을 해결하려면 본능에 못지않게 지능에 의존해야 한다. 예컨대 거미나 개미도 집을 짓지만 그것은 집을 짓겠다는 목적을 갖고 하는 게 아니라 자신도 생각지 못한 사이에 하는 본능적인 행동이다. 반면 인간은, 그가 아무리 재주가 없고 무능한 사람이라도 어떤 집을 지을 것인지, 그건 뭐에 쓸 것인지를 알고 행동한다. 이런 생각을 훗날 마르크스는 좀 더 명료하게 이렇게 표현한다. "아무리 빈약한 건축가일지라도 인간이 거미나 벌과 다른 것은 시작할 때 이미 끝(목적)을 갖고 시작한다는 점이다."

두뇌의 진화는 유기체가 환경의 특징에 알맞게 반응할 수 있도록 해주었다. 인간이 다른 동물과 구별되는 뚜렷한 특징은 높은 지능이다. 아이가 태어날 때 운동 능력이나 감각 능력이 다른 새끼 영장류가 갖는 능력의 수준에 미치지 못하지만, 태어난 뒤에도 계속 두뇌가 성장해서 상징적 사고를 하고 말을 할 수 있게 된다. 그리하여 인간은 자신의 의지와 상관없이 우연히 던져진 세계의 언어를 배우고 익히며 그를 통해 세계를 이해하고 해석할 수 있게 된다. 하이데거가 말했듯이 인간이 역사에 던져진 존재라면, 역사는 시간과 공간 그리고 언어로 이루어진 것이기에 인간은 시간, 공간 그리고 언어 사이에 던져진 존재이기도 하다. 특히 인간의 이해 행위는 본질적으로 언어를 통해서 가능하다. 이해는 인간 존재의 본질적 특성이다. 인간은 이해함으로써 존재하며, 이해하는 만큼 존재한다. 인간이 있다는 사실이 무엇을 의미하는지, 또 나와 너, 사람과 사물이 존재한다는 사실이 무엇인지 이해한다. 인간은 이해를 통해 자신의 존재를 성취한다. 언어는 궁극적인 상징이다. 지능 발달의 근간은 상징할 수 있는 능력이다. 인간이 동물보다 월등한 점은 그 상징 능력이라고 해도 무방할 것이다.

지능에 의존하는 생명 구조 혹은 생명 유지 체제는 언어의 사용이나 두 손을 자유롭게 해준 직립보행 자세를 필요로 한다. 사실 이 두 가지가 호모사피엔스의 출현을 가능케 했을 것이다. 인간에게는 기본적인 삶의 수단 확보를 위한 생물학적 기능도 지능의 발달을 기다려보다 완전해진다. 직립보행의 숙달로 이루어진 유기체적 변화는 공간에 대한 적응에서 근본적인 변화를 가져온다. 즉 사물에 영향을 미치는 반경이 확대되며, 손이 이동 기능으로부터 해방됨으로써 조작하고 숙달할 수 있는 대상이 풍부해진다. 그것은 자신의 생존을 위해서 그때그때의 상황에 적응하도록 대상을 조작할 수 있는 지능, 즉 도구적 지성을 발달시킨다. 게다가 말의 숙달로 문화적 변화가 일어난다. 말은 사물이나 동작, 사건에 대해, 한정된 특정한 기준에만 주목해서 카테고리를 만든다. 말의 숙달로 인해 어린이의 생각, 기억 및 그 밖의 다른 심리기능들을 재구조화하여 지능의 발달을 이끌어간다.

비고츠키는 어린이의 자연적 성장과 문화적 발달이 함께 일어나며 실제로 두 가지 복잡한 과정이 개체발생에서 함께 일어난다고 한다. 예를 들어 모피를 옷으로, 동굴을 거주지로, 사냥과 채집을 농사짓기로 전환하는 것처럼 신경체계와 뇌의 발달 없이 고등한 지능들의 발달도 기대할 수 없다. 어린이가 쓰기를 숙달하는 것도 어린이의 손과 두뇌가 급격하게 변하고 성장하고 있는 조건 아래서 발생한다. 비고츠키는 인간 발달의 두 과정이 엮이거나 짜인다고 주장한다. 예를 들어 말은 자연적 측면(발음)과 완전히 문화적 측면(의미) 모두를 갖는다.

비고츠키는 두 과정, 즉 자연 과정과 문화 과정이 엮이는 다양하고 구체적인 형태들이 어린이 발달의 구체적인 유형과 연령에 따라 행동 발달 각 단계의 고유성을 결정한다고 가정한다.[1] 발달장애의 경우를 보면, 시각장애로 인해 문자 언어의 발달이 지연되고 그 발달의 경로가 대체되는 것처럼, 청각장애는 음성 언어의 숙달을 불가능하게 하여 문화적 발달 전체에 가장 심각한 난관 중 하나를 발생시킨다.

청각장애 어린이의 모든 문화적 발달은 보통 어린이와는 다른 경로를 밟으면서 이루어진다. 장애는 생물적 발달에 모종의 어려움을 야기하지만 문화적인 발달에서는 이와 완전히 다른 어려움을 야기한다. 이를테면 눈이 먼 동물들은 일반적으로 그리 오래 살지 못하지만, 귀가 먼 동물들은 눈의 보상작용을 통해 오래 살아남을 수 있다. 이와는 반

---

1. 비고츠키는 인간 행동의 역사를 형성하는 세 가지 상이한 길을 계통발생, 사회·문화, 개체발생 등 세 영역의 중층적 발생관계를 통해서 접근한다. 물론 각 발생영역에는 다른 설명 원리가 적용된다. 예를 들면 계통발생적 진화는 사회문화의 역사에서의 변화보다 더 오래 걸린다. 비고츠키는 세 가지 상이한 길을 개체발생 영역에서 통합적으로 파악하기 위해 두 가지 발달노선을 가정한다. 즉, 자연발달노선(초등 정신기능의 발달)과 문화발달노선(고등정신기능의 발달)이 서로 혼합되며 서로에게 스며들어 어린이의 단일한 사회생물학적 성격을 형성하게 된다는 것이다. 자연적 발달은 생물학적 원리에 기초하여 설명되고 문화적 발달은 탈맥락화의 원리를 포함하여 매개수단(도구와 기호)에 적용할 수 있는 원리로 설명된다. 개체발생 영역에서 발달의 두 노선은 경험적으로 분리될 수 없지만 분리된 힘들의 상호작용 및 상호변형에 의해 적절하게 개념화될 수 있다. 이와 관련해서는 한순미, 『비고츠키와 교육』, 2004, 교육과학사, 55-63쪽과 졸저, 『경쟁을 넘어 발달교육으로』, 2015, 살림터, 65-72쪽 참조.

대로 인간은 말이 매우 결정적인 발달 기능이므로 청각장애가 좀 더 심각한 것이다. 문화적으로 청력을 보상할 수 있는 수단이 적극적으로 발달해왔고, 또한 수화를 사용하여 다른 언어를 사용하는 사람들 정도로 생각하게 되어 장애인으로 간주되지 않는다.

인간 발달에 관한 연구 결과에 따르면 직립보행, 이성적 능력, 언어적 능력 등과 같이 인간에게서만 나타나는 문화적 발달은 인간이 타인과 의사소통하고 교제하는 가운데 형성된 것이다. 뇌와 손의 협력관계가 더욱더 긴밀해짐에 따라 생명 유지 체제는 점차 문화적 환경의 영향을 받는다. '감각적인 활동'으로서의 육체는 목표를 지향하는 이동이나 운동 속에 있는 운동감각이다. 육체의 운동감각은 노동이나 제작 활동을 통해서 객관적 사물이나 관계를 기능적 관계로 보고 스스로를 목적 지향적 행위로 경험한다. 인간의 삶의 발달은 생물학적 진화와 사회문화적 변화의 산물인 것이다.

최초의 소통 언어도 육체의 운동감각이다. 예를 들어 말·춤·노래·악기 연주 등과 같은 살아 있는 행위들이 거기에 해당된다. 즉 소통 수단으로서의 몸은 쓰고 생각하고 개념화하는 인간 능력보다 앞서 존재한다. 인간의 몸이 '이해하고', '배우고', '변형하고', '미를 창출할 수 있는 능력'을 깨닫게 되자 그 몸은 세계 내의 다른 대상들 중 하나가 아니다. 그것은 많은 가능성을 감추어 가진 삶을 살아가는 몸lived body인 것이다. 몸은 능동적인 주체, 즉 행위자이다. 나는 나의 몸을 삶으로써 나의 몸이거나 혹은 나의 몸으로 실존한다. 그렇기 때문에 인간의 행동양식은 태어날 때 고정되어 있는 것이 아니라 만들어질 수 있고 만들어져야만 하는 것이다.

아이들이 배우는 것은 그들의 환경 속에 이미 준비되어 있다. 대부분의 것을 주위 사람들을 통해 보게 되고, 어떤 것들은 사실상 강제되기도 한다. 아이는 타인의 눈으로 보는 것에 익숙해진다. 상황은 다양해진다. 그리고 아이는 상황이 요구하는 지적 능력을 개발한다. 아이들은 지식과 견해, 지침들로 이미 가득 찬 사회라는 세계로 들어간다. 우리 속에는 자아와 타자가 의미, 가치, 행동을 능동적으로 함께 생산하고 있다. 그리고 그런 사회적 기술과 태도가 그들의 일부, 즉 '제2의 본성'이 될 때까지 배워야 한다.

인간은 의존적이고 배워야 할 것이 많기 때문에 다른 동물들보다 더 가변적이다. 대부분의 포유동물은 자궁에서 나올 때, 말하자면 유약 발라 구운 도자기 같은 상태로 나오기 때문에 그것을 어떻게든 재성형하려면 긁히거나 깨질 수밖에 없다. 이와 달리 인간은 용광로에서 막 꺼낸 녹은 유리 덩어리 같은 상태로 자궁에서 나온다. 물론 지능이 발달한다고 해도 삶에서의 확실성을 보장받을 수 있는 것은 아니다. 육체의 발달도 그와 다르다고 할 수는 없지만, 지능은 보이지 않는 잠재력이다. 인간은 개입하고, 비교하고, 판단하고, 결정하고, 선택하고, 단념할 수 있는 능력을 가졌기에 존엄한 행위를 할 수 있지만 동시에 상상을 초월하는 모욕적인 행위도 할 수 있다.

지능이 발달하는 개체발생 과정을 보면, 출생 후 겪는 주위 환경과의 관계 속에서 스스로의 기억으로 담아가면서 동시에 자신을 변형시키는 되먹임feedback 구조를 통해 이루어진다. 동물은 사실상 시간이 결여된 세계에서 살지만, 이에 대해서 인간은 시간을 의식하며 시간적인 세계에서 산다. 이는 기억에 의한 시간의 누적으로 가능한 것이다. 개체 고유성[2]은 시간의 누적으로 이루어지기 때문에 각 개체 내의 시간의 누적이 동일한 종 안에서의 개체 차이로 나타나게 된다.

그러나 한 마리의 동물에게는 개체의 고유성을 누적시킬 수 있는 선택의 자유가 없다. 게다가 인간과 달리 동물은 자신의 자연적 조건이나 제약을 떠나자마자 죽어야 한다. 그렇기 때문에 시공간적 구조라는 맥락 속에서 자신의 본능에 충실한 동물의 행동은 개체 자체보다는 그 개체가 속한 종種을 참조해야 설명이 가능하다. 동물에게 삶은 자연에 의해서 선사되는 반면에 인간은 자신의 삶을 주체적으로 형성하지 않으면 안 된다. 그렇기 때문에 우리가 이 세상에 존재하고 있다는 것은 굉장한 일이다. 붓다는 사람으로 다시 태어난다는 것은 일어나기 힘든 일임을 강조했다. 지난 생에서 대단히 훌륭한 사람이었어야만 이번 생에 사람으로 살아갈 수 있다고 할 정도이다.

사람은 태어나면서부터 비로소 독자적인 개체로서 이 세상에 존재하게 된다. 출생한 시점부터 자신의 힘으로 자신을 외부로부터 보호, 유지하기 위한 생명활동 기능들을 발달시켜가야 한다. 새로 탄생한 모든 인간의 삶은 이미 역사적으로 규정된 시대적 상황에서 출발한다. 인간은 한계를 뛰어넘어 스스로 확장하고 심화되는 경험을 하는 가운데 진정한 인간이 된다. 한나 아렌트Hannah Arendt는 탄생성the fact of natality이라는 용어에 새로운 의미를 부여하는데, 이것은 단순히 생물학적 태어남만을 의미하는 것은 아니다. 인간은 태어남으로써 이니셔티브initiative, 즉 새롭게 등장한 자, 시작하는 자인 것이다. 우리 모두는 탄생 덕분에 신입으로서 혹은 시작하는 사람으로서 세계에 들어오기 때문에 새로운 어떤 것을 시작할 수 있다.

---

2. 개체 고유성은 그것이 일반적·합리적 공식으로 환원되지 않는다는 것을 말한다. 개체는 개체가 속하는 일반적 종(種)의 견본이 아니다. 개체는 개체로서의 유일함을 가짐으로써 개체이다. 이것은 개체가 시간 속에 반복되지 않는 단 한 번의 사건—일정한 지속을 가진 사건으로 존재하는 것을 상기시킨다. 세계는 개인적 지각 능력과의 관계에서 늘 새로운 사건으로 드러난다. 그런 의미에서 개개인의 지각적 체험은 언제나 세계의 새로운 양상을 드러내고 그것을 풍부하게 한다. 이 과정을 좀 더 분명하게 하는 것이 예술 작품이다. 개체가 세계를 구성하거나 재구성한다면, 그것은 일반적 법칙의 실례를 제공한다는 의미를 넘어가는, 또는 단순한 이성이나 합리성으로만 설명되지 않는 새로운 가능성을 시사한다. 그 새로움은 스스로만의 삶이 곧 하나의 전범이 된다는 사실로 나타난다. 이것을 더 간단한 차원에서의 생명의 원리라고 할 수도 있다. 이에 대해서는 김우창, 『기이한 생각의 바다』, 2012, 돌베개, 20-21쪽 참조.

따라서 태어난 아이는 자신의 고유한 개체성을 온전하게 성숙시켜 가는 고유한 개별적 존재로 성장하게 된다. 구별되는 주체가 각각의 개체로서 자기 자신을 독특하게 새로운 방식으로 새롭고 신기한 어떤 것을 착수하고 기입할 수 있는 것이다. 탄생성이 가능한 것은 역설적이게도 아마 미숙아로 태어났기 때문일 것이다. 아렌트의 관점에 보면, 어린아이는 시작 능력을 갖고 태어난다. 그의 시작 능력은 다양한 방식으로 실현될 수 있는 잠재력이다. 실제로 사람들의 주위를 끄는 말의 사회적 기능 획득과 도구 사용을 통한 자연적 기관 능력의 초월은 —삶의 최초 1년 동안 탄생성의 기초를 형성할 가장 중요한 변화를 준비하는 중요한 두 가지 계기이다.

앤디 워홀Andy Warhol은 일기장에 "사람이 태어나는 것은 흡사 유괴되는 것과 같다"라고 썼다. 우리는 생의 첫 2~3년에 대해서는 아무것도 기억하지 못하며, 우리를 보살펴주는 다른 사람들이 없었다면 살아남지도 못했을 것이다. 일정 기간 성장한 어린아이는 이미 세계에 참여하고 있는 성인들을 모방하지만 자신의 방식대로 모방함으로써 시작 능력을 독특하게 재현하게 된다. 유희는 어린아이가 다른 사람들에게 언행으로 대응하지 않으면서도 자신의 능력을 자기표현 방식에 따라 사적으로 실험하는 활동이다. 어린아이들은 유희를 통해 성인들의 실제 세계가 아닌 가상세계를 구성한다. 어린이들이 유희에서 벗어나 학습을 시작할 때, 성인들은 그들이 독특한 시작 능력을 기억하고 세계를 형성하도록 그들의 활동을 지원한다.

이것에 대해 비고츠키는 언급하기를 어린이는 한편으로는 자신의 인격(주관적 측면)을, 다른 한편으로는 세계관(객관적 측면)을 형성하는 것이라고 한다.[3] 자신의 인격과 세계관을 발견하는 이 시작은 세상의 시작과 같지 않다. 이것은 무언가의 시작이 아니라 그 자신이 시작하는 자가 되는 누군가의 시작이다. 그 시작은 다른 것을 단순히 보존하는 것이 아니라 그것을 변형시킬 수 있는 인간의 재능이다. 변형의 방향이 이미 정해졌거나 예정된 것은 아니다. 그렇기 때문에 시작은 자유이다. 인간이 된다는 것과 자유롭게 된다는 것은 하나이자 같은 것이다. 자유로운 인간들만이 새롭게 시작할 수 있다. 자유는 인간의 자발적인 행위 속에서 경험된다. 사람은 일단 성장이 끝난 이후에도 끊임없이 달라져가는 존재이기 때문에, 일생 계속적으로 스스로를 형성해가는 존재라고 할 수 있다.

그 누구도 대신할 수 없는 자기만의 고유성을 지닌 개체적 존재로서 자기형성은 한편으로 사람에게 주어진 가능성이다. 동시에 그것은 스스로 창조한 것이다. 개인이 자유로우면서 주체적인 존재일 때, 그때야 비로소 사람은 창조적인 존재라고 할 수 있다. 그렇다는 것은 외부로부터의 강요나 강박에 의한 것이 아닌 자유로이 선택된 행동은 스스로 창조한 행동이라고 할 수 있기 때문이다. 물론 불가피한 경우에 선택할 수밖에 없는 행동도 있을 수 있다는 것도 염두에 두어야 한다.

인간이 미완의 존재이어서 가장 신뢰 깊은 정서 공유의 소통 행위가 가능했지만 한편으로는 지능의 발달로 인해 영원한 탐색 활동에 몸담

---

3. 비고츠키는 인격과 문화적 발달 사이에 등호를 놓고자 했다. 그러나 이를 단순히 두 존재가 동일하다는 것을 의미하는 것이 아니라 둘 사이에 생성의 관계가 있다는 것으로 이해해야 한다. 인격은 문화적으로 발달된 상태로 나아가는 생성의 과정이다. 인격은 한쪽 끝은 자연으로부터 생거나며, 다른 쪽 끝은 문화로 수렴된다(그러나 완전히 병합되지는 않는다). 같은 방식으로 세계관은 그 자신과 세계를 (꼭 행동이 개입되지 않더라도 생각을 통해) 객관적으로 관련지을 수 있게 해주는 과정이다. 세계관은 문화적 발달을 통해 더욱 선명하게 식별된다. 세계관이 인격의 객관적 상관물이기 때문이다. 세계관은 어린이가 외적, 사회적 세계와 맺는 관계의 통합체이다. 이것이 바로 비고츠키가 세계관을 '객관적'이라고 말한 이유이며 같은 맥락으로 인격을 '주관적'이라고 말한 이유이다. 이것이 의미하는 바는 주관적인 인격이 의식적 선택의 자유로운 행동을 통해서 객관적인 세계관을 창조적으로 형성해간다는 것이다. 비고츠키는 인격과 세계관을 통해서 개별적 개체인 개인이 자유로우면서 주체적인 존재임을 강조한다. 아이가 발달한다는 것은 물론 성장의 문제이기도 하지만 근본적으로는 삶의 전체를 스스로 형성해간다는 것을 말한다. 이와 관련해서는 L. S. 비고츠키 지음, 비고츠키연구회 옮김, 『역사와 발달 Ⅱ』, 2014, 살림터, 500-539쪽 참조.

게 되어 있다. 낯선 세계에 던져져 있으면서도 자신이 이 세계에서 어떻게 살고 행동해야 할지에 대한 의문에 사로잡히게 된다. 인간이 본능의 구속에서 벗어나 지능을 갖게 되면서 탐색활동을 할 수 있다는 것이 여러 가지의 진로를 모색할 수 있는 가능성을 전제하는 것이지만, 지능 그 자체는 불확실성의 원인이 된다. 그리고 그것이 움직이고 있는 곳에서 세계 자체가 불확실한 것이 된다. 불확실하고 창조적인 세계는 기성의 수단으로 통제할 수 없는 것이 생겨난다는 것을 말한다. 그러면서 그것은 자기와 세계의 새로운 가능성으로 열린다.

엄마와 아기의 정서적 상호작용

부모의 보살핌은 포유류와 조류 혈통에 널리 퍼져 있다. 이미 살펴보았듯이 동물에 비하면 인간은 미숙아로 태어난다. 그래서 인간은 필연적으로 상호 의존적이다. 우리는 유아일 때부터 생존과 배움을 위해 우리를 돌봐주는 사람들에게 의지한다. 정신분석의 견해에 의하면, 인간을 자궁의 품에서 떼어내는 탄생이라는 사건과 함께 삶은 불안, 추위, 현기증, 고통을 동반하면서 시작된다. 그 감정들과 결부된 시련에 따르는 어려움의 표현이 엄마의 품에 대한 이미지의 배경이 된다고 한다. 그런 아기는 출생의 순간부터 자신에게 작용하는 환경의 힘에 반응하는 데 엄청난 유연성을 보인다.

어떤 측면에서 보면 미숙함이야말로 소통의 본질이라고 할 수 있다. 인간의 엄마와 아기는 처음부터 시선을 주고받는다. 태어나면서부터 스스로 자기 몸을 가눌 수 있는 여타 포유류는 다른 존재와 눈을 마주칠 필요가 없다. 그러나 인간의 아기는 누워 꼼짝할 수 없는 상태에서 어쩔 수 없이 엄마와 눈을 마주쳐야 한다. 비고츠키는 "삶의 첫 순간부터 유아의 생각하는 방식은 타인과의 공통된 삶에 고정되어 있다"라고 말한다. 인간의 아기는 다른 종의 새끼와 달리 젖을 빨면서도 시선 접촉을 유지한다. 아기하고 눈 맞추기를 시작하면서 정서를 공유하게 된다. 성인과의 직접적인 정서 소통은 생 후 몇 주부터 1살이 될 때까지의 특징이다.

소통 활동은 생후 몇 개월 사이에 이미 나타난다. 최초로 관찰되는 것이 바로 미소인데, 아기는 웃는 표정으로 어른의 관심을 끌고 붙들어둔다. 생후 여섯 달 동안 아기는 인간의 얼굴, 목소리, 손질을 좋아하게 된다. 이 점을 이용해 어른은 아이의 관심을 집중시킴으로써 지능을 발전시킬 수 있다. 유아는 사물을 향한 인간의 가장 기초적 행동인 움켜쥐는 동작을 비롯해 지각과 관련된 많은 행동을 통해 소통을 하게 된다. 그러면서 타인과의 사회적 상호관계와 심리적 공통점, 타인을 향한 정서적 유대에 대한 욕구를 발달시킨다.

사람은 모두 입가를 구부려 웃을 수 있는 능력을 갖고 태어난다. 모든 척추동물은 그에 필요한 근육을 가지고 있다. 많은 동물들에게, 입술을 당겨 위협적으로 보이는 이빨을 드러내는 것은 위협이나 경고의 표시이다. 반면, 아이가 다른 사람과 어떤 과정을 거쳐서 사회적 상호작용을 할 수 있게 되는가를 알려면 아기들이 어떻게 웃게 되는지를 살펴보면 된다. 처음에 아기는 자기도 모르게 입을 움직여본다. 그 움직임에는 사실상 아무런 의미가 없다. 그러나 아기를 들여다보던 사람들은 입의 움직임을 웃는 것으로 생각하고 들뜬 소리로 애정을 표시한다. 시간이 지나면서 그 아기는 만족과 인식을 표시하는 입 근육의 특정한 움직임을 신호로 해서 응답한다. 아기가 바라보고 있는 사람들은 그 신호에 탄성을 지르고 아기를 어루만져주면서 반응한다.

3~4개월이 지나면, 즐거운 상황일 때뿐이기는 하지만, 아기는 친숙한 얼굴을 보면서 어떻게 웃는지를 배운다. 다음 몇 년간 아이들은 여러 가지 웃는 법을 배워나간다. 살짝 웃는 웃음, 씨익 웃는 웃음, 환한

웃음 등 여러 상황에서 자신이 느끼고 원하는 것을 꽤 정확하게 표현할 수 있게 된다. 동시에 다른 사람들의 얼굴 표정을 어떻게 읽어내야 할지도 배워간다.

예를 들면 특정한 음성 톤에 반응하여, 엄마를 도와주려는 것처럼 가장 편안한 자세를 취하는 것이다. 구두口頭 신호 덕분에, 기대라는 것이 아기의 행동 목록에 포함된다. 생후 1년이 지나면 아기들은 서로의 움직임을 예견하면서 비슷한 방식으로 반응하게 된다.

마주 보기는 인간에게만 가능하다고 한다. 동물은 시선을 마주치면 자신을 위협하는 것으로 받아들인다. 그런데 아기는 엄마의 정서 표현을 흉내 내고, 엄마는 아기의 움직임을 흉내 낸다. 아기는 엄마에게 목소리, 몸짓, 표정으로 끊임없이 무엇인가를 표현한다. 이때 아기의 표현은 모두 정서적 내용을 가지고 있다. 엄마는 이러한 아기의 정서적 표현에 반응한다. 아기의 정서적 표현과는 약간 다르지만 느낌은 똑같게 반응한다. 그러나 아기가 좀 더 자라면 흉내의 양상이 달라진다. 아이와 엄마는 서로 다른 방식으로 흉내를 낸다. 아기의 표정이나 몸짓이 바뀌면 엄마는 목소리의 높낮이로 반응한다. 아기가 소리를 내면 엄마는 몸동작으로 흉내 낸다. 엄마와 아기가 서로 흉내 내는 정서의 내용은 동일하지만 그 표현 방식이 달라지는 것이다. 이때 가장 중요한 것은 상호작용의 리듬이다. 그 리듬이 조금만 어긋나도 상호작용은 흐트러지고 아기는 불안해한다.

맞벌이하는 초보 엄마의 품에서는 그렇게 울어대던 아기가 종일 봐주던 할머니의 품에 안기면 바로 조용해지며 편안해하는 것은 바로 이 같은 상호작용의 리듬 때문이다. 엄마-아기의 상호작용에서 순서를 바꾸거나 교대하는 목소리 형태는 소통을 조직하는 중요한 수단이며, 매리 베이트슨은 이를 '원초적인 대화proto-conversation'라고 이름 붙였다.

생후 여덟 달쯤 지나면 부모-아기의 원초적인 대화가 이루어지는데, 아기는 어떻게 행동해야 하는지를 지시해주는 언어 신호에 반응하기 시작한다. 사회적 학습은 원초적인 대화에서 시작한다. 이 원초적인 대화에서는 율동적이고 규칙적인 입장 바꾸기와 상호 흉내가 전개되고, 노력, 과장, 반복, 놀람이 포함된다.

발달심리학자 대니얼 스턴Daniel Stern은 흉내 내는 행동에서 볼 수 있는 이 같은 정서적 상호작용을 '정서 조율'이라고 개념화했다. 정서 조율이라는 엄마와 아이의 상호행위는 양자가 서로 감정이나 느낌을 함께 체험할 수 있는 능력을 연습하는 고도로 복잡한 과정 속에서 이루어진다. 기타를 조율할 때 다른 줄이 내는 소리의 높낮이에 맞춰 음을 조율하듯 인간의 모든 상호작용은 서로의 정서 표현을 조율하는 과정이라는 것이다. 그것을 우리는 흔히 '맞장구를 친다'고 한다. 예를 들어 아기가 팔을 흔들면, 엄마는 이 아기의 표현에 목소리로 반응한다. 그러나 똑같은 강도와 속도로 반응한다. 정서 표현의 수단은 다르지만 그 느낌은 아주 유사하다. 이렇게 서로의 정서를 조절하며 맞춰나가는 것이 정서 조율인 것이다. 맞장구는 필요하다. 맞장구의 정서 조율과 같은 전前 언어적 상호행위의 지속적 경험이 갖는 중요성이 부각되고 있다.

맞장구는 정서의 변화를 동반한다. 인간은 정서의 변화가 일어나면 어떻게든 이 정서적 변화를 정당화하는 과정에서 '의미'를 구성하게 된다. 그것은 마치 음악 감상이나 등산을 하는 경우 정서적 변화가 동반되면 인지적 정당화가 일어나는 것과 같다. 가령 틀림없이 실용적인 목표를 위해서 기능성 물건을 산다고 할 때도, 그 물건의 미적 호소력은 마음속에 정서적 변화를 일으켜 우리의 선택에 영향을 미치기 마련이다. 아주 사소한 일이라도 반복적인 과정에서 정서적 변화가 동반되면 의미부여는 일어난다. 단적으로 종교적 의례를 보면, 예배를 드리거나 불공을 드릴 때 내면에서 정서적 변화가 일어나고 이때 예수의 사랑과 부처님의 자비에 대한 외경심이 생겨나는 것이다.

어린아이는 타인과의 정서적 관계를 통한 사회적 상호행위를 함으로써 의미를 부여할 수 있는 자신을 독자적인 주체로 받아들이게 된다. 우리는 사회적 상호행위가 갖는 독립적인 차원으로 시야를 확장할 필요가 있다. 아동연구가들이 엄마와 아기 사이의 상호작용하고 있는 필름을 천천히 돌렸을 때, 그들은 일견 아기의 무작위로 보이는 발질과 꿈틀거림이, 아기의 엄마가 '엄마 말motherese'이라고 불리는 언어를 이야기할 때 엄마의 목소리 리듬과 일치하여 일어난다는 것을 알아차렸다.

엄마 말은 높이와 억양이 과장된 변화를 가지고 있고, 고도로 표현적이고 패턴화되어 있으며, 반복적인 말하기 방식이다. 이는 아기의 주의를 끌고, 아기가 좋아하는 소리와 움직임에, 특별한 리듬, 속도, 강도로 일치되도록 설계된 것처럼 보인다. 이러한 정서적 상호작용은 엄마가 아기의 욕구에 반응할 수 있다는 것을 의미하는데, 한 예로 엄마는 아기의 슬픔 수준에 맞추거나 어떻게 아기의 흥미를 지속시키는지 알기 때문이다. 엄마는 아이의 슬픔을 조정하고 기쁨을 증대시킬 수 있다.

생후 1년이 지나면 아기들은 누구나 다른 사람들이 하는 일을 알아차리고 모방하기 시작한다. 물리적 사물에 대해 알아가는 속도도 빨라지는데, 특히 사물의 크기와 무게에 대해, 또 그것들이 가하는 물리적 위험에 대해서도 배우게 된다. 아이가 엄마를 따라 하고 흉내 내고 모방하는 행위에는, 유사성을 산출하는 행동의 결과들보다 더 중요한 것이 있는데 그것은 어떤 관계가 생성된다는 것이다. 그 관계의 특질은 감각의 도움을 받아, 즉 감각적으로 관계를 만들어내기이다. 이것은 지각과 행동에서 나의 살아 있는 신체가 너의 살아 있는 신체와 수동적 혹은 비자발적으로 짝패구성coupling하기로서, 이는 신체적 유사성에 기초하여, 감각운동과 감정적 수준에서 타자와 자아를 연결하는 짝패구성이다. 신생아는 다른 아이의 울음에 반응하여 운다.

또한 정서적 상호작용의 리듬을 타는 관계는 시간이 흐르면서 리듬이 있는 행동, 신체적 요소가 강하게 드러나는 연기적 성격performance을 띤다. 예컨대 그리기 행위나 쓰기 행위로서, 자신의 손으로 제작하는 일, 말할 때나 악기를 연주할 때 음을 산출하는 일, 소리 내어 읽기 등으로 그 성격이 드러난다. 그럼에도 불구하고 그 행동들에는 신체적이고 감각적인 요소가 늘 남는다. 이처럼 신체가 참여한다는 점, 그리고 행동하는 사람이 다른 사람들과 맺는 관계는 주어진 세계에 영향을 미치고 그 세계를 전유하며, 변화시키고 반복하거나 새롭게 해석하는 것을 목표로 삼는다.

어떤 상황에 대한 정서적 경험, 환경의 어떤 부분에 대한 정서적 경험은 그 어린이에게 이러한 상황이나 환경이 어떤 영향을 미치는지 결정한다. 따라서 어떤 계기가 어린이에게 미래에 어떤 발달적 경로에 어떻게 영향을 미칠 것인지를 결정하는 것은 객관적인 계기 자체가 결정하는 것이 아니라 어린이의 정서적 경험을 통해 굴절된 계기에 따른 것이다.

경험의 굴절에 대한 예를 들어본다면, 아주 어릴 때 물에 빠진 경험은 훗날 전혀 기억하지 못하겠지만 좀 더 큰 후에 빠진 경험은 익사의 공포와 연관될 것이다. 그러나 훨씬 큰 어린이는 그러한 경험을 무용담처럼 신나게 이야기할 것이다. 아주 어린 아이들이 재난을 겪는 경우 대체로, 특정 상황과 연관된 즐거운 감각만을 기억하는 경우가 흔하다.

실제로 아주 어린 시절에 엄청난 사상자를 낸 지진으로부터 대피한 것을 즐거운 야영의 추억으로 기억하는 사람도 있다.

우리는 어린이에게 미치는 환경의 영향을 굴절시키는 프리즘인 정서적 경험에 주목해야 한다. 정서적 경험은 한편으로는 정서적으로 경험되는 외적 환경의 그 무엇과 관련되며, 다른 한편으로는 내가 환경을 어떻게 정서적으로 경험하는지의 양 측면이 분리 불가능하다. 우리는 특정 상황마다 정서적 경험을 이루는 이 두 측면의 구성적 특성을 그때그때에 맞게 파악할 줄 알아야 한다. 또한 어린이가 어떻게 환경을 의식하고 해석하며 주어진 사건과 정서적으로 관계를 맺는지를 알게 해주어야 한다. 우리에게 중요한 것은 구성 특성들 중 어떤 것이 특정 상황과의 관계에서 결정적인 역할을 담당하는가를 아는 것이다.

비고츠키에 따르면, 정서적 경험은 어린이의 심리적 발달, 의식적인 인격 발달에 대한 환경의 영향을 결정하는 본질적인 계기라고 한다.[4] 인간이 문자화된 것을 타인에게 직접 언어로 표현하면서 눈빛, 말투, 억양, 음색, 몸짓, 표정 등과 같은 전 신체적 반응을 배제하는 것은 사실상 불가능하다. 아이는 어른이 언어를 통해 표현하는 정서를 전 신체적으로 '감각'하게 된다. 사람의 말에는 그의 정서와 감정이 실려 있다. 그것은 그의 말의 모든 것에서 영향을 미친다. 요컨대 사람이 하는 말에는 그의 마음 전체가 개입되어 있다는 것이요, 말은 곧 그의 심성의 표현인 것이다.

---

4. 비고츠키는 정서를, 비록 어떤 방식으로인지는 알 수 없으나, 고등정신기능의 발달의 출발점을 이끄는 동시에 발달 과정에서 일어나는 정신기능들의 작용들을 통합하는 역할을 담당하는 것으로 여겼다. 결국 비고츠키의 예술심리학은 예술이 인간 고유의 마음—교육을 통해 형성되는 마음—에 일상에서는 경험할 수 없는, 동물과 구별되는 심미적 정서를 발생시키는 과정을 규명하려는 시도라고 말할 수 있다. 그는 심미적 정서의 개념을 중심으로 하여 인간 고유의 마음의 발달과 교육, 예술 사이의 관계를 규명하고 했던 것이다. 이에 대해서는 박현진, 『비고츠키 예술심리학과 도덕교육』, 2010, 교육과학사, 82-95쪽 참조.

경험의 정서적 측면이 인간 발달과 의식에도 어떻게 증진되는지를 주목할 필요가 있다. 어린이들과 어른들 사이의 사회적 상호작용은 이전 경험을 통해서 보는 시각으로 인지되고, 각자의 독특한 방식으로 각 개인에 의해 전유되고 표현된다. 특히 수업 시간에 자신들의 정서적 경험을 인지하고 표현할 기회가 제공되는 경우에는 교수와 학습이 더 풍부하게 상호작용이 일어나도록 할 뿐만 아니라 상상력에도 매우 중요하다. 비고츠키는 "모든 형태의 창의적인 상상은 정의적인 요소를 포함한다"고 말한다. 이전에 살아졌던 정서적 경험은 상상적 활동을 통해 경험 요소들을 통합하고 재통합함으로써 이미지, 음악, 무용, 이야기와 같은 물질 형식의 예술 작품 속에서 예술적 감정으로 진화한다.[5]

특히 어른들이 아이에게 구연동화를 해줄 때 아이들은 동화 속 사건을 통해서 평소에는 경험하지 못했던 상황을 어른의 시연을 통해서 접하게 된다. 여기에 상상력의 도움으로 형성된 이미지들을 내면의 세계로 수용하면서 다양한 수준에서 정서들의 변화와 갈등을 경험한다. 이 과정에서 아이는 자신이 일상적으로 경험하던 정서와 그와는 전혀 다른 정서를 동시에 경험하게 되며, 그 정서들이 일으키는 갈등을 거쳐 심미적 정서를—예를 들면 카타르시스 상태와 같은 경험할 수 있게 된다. 이때 카타르시스는 '정화'라고 하는 의미에서 단순히 경험했던 정서를 보다 나은 상태로 이끄는 정도를 의미하는 것이 아니다.

인간은 한 명의 개인이자 사회의 한 부분으로서, 자신이 살아 있다

---

5. 비고츠키는 예술의 정신물리적 기원을 음악과 춤으로 예증했다. 음악에서 청각적 리듬 패턴을 노래에 적용하는 것은 힘든 노동에 대한 반응에서 진화했고, 춤으로 몸동작 패턴을 체계적이고 율동적으로 사용하는 것은 자신을 둘러싸고 있는 환경과의 항상성을 지속해서 재정립하기 위한 필요성과 직접적인 상관관계가 있다고 주장한다. 그래서 그는 예술의 토대는 이 강렬한 신체적, 정신적 또는 정서적인 긴장을 관리하고 발산하고자 하는 필요성에 깊이 뿌리박고 있다고 한다. 이에 대해서는 M. 캐스린 코너리 외 지음, 조현희·정영철 옮김, 『비고츠키와 창의성』, 2015, 한국문화사, 25-29쪽 참조.

고 느끼고 또 자신의 그 생명력을 가능한 한 많이 느끼고자 하는 존재로 특징지어진다. 따라서 우리는 틀에 박힌 일상을 깨고 상상에 빠진다거나 무한한 감동을 느끼는 일을 반드시 필요로 한다. 인간의 감각과 욕구, 충동은 정당하게 취급되어야 한다. 비고츠키는 카타르시스 과정을 모든 개인과 그들이 살아가는 사회가 자연적으로 타고난 건강한 심리적인 욕구라고 정의했다. 그는 신경계를 끊임없이 교전 중인 전장 혹은 막히지 않고 통과하는 깔때기라고 특징지으면서 "세상은 인간에게… 수천 개의 요구, 염원, 자극 등을 쏟아붓고, 그것들은 인간 속으로 들어간다. 하지만 단지 그들 중 극히 작은 부분만 실현되어 좁은 구멍을 통해서 흘러나온다. 삶의 실현되지 않은 부분은 … 어떻게든 사용되고 살아져야만 하는 것이 명백하다"라고 말했다. 비고츠키는 감정이 변형 가능하다고 보았다. 그래서 카타르시스를 "사용하지 않고 있던 에너지를 발산하고 소비하는 것"으로 보았으며, 예술은 지각 아래에 감춰진 지층을 드러내는 지진과 같이 "우리 속에 감춰진 강력한 힘이 표출되도록 길을 열어준다." 마치 차 주전자의 수증기 압력처럼 우리 정신에도 감정의 방출이 가끔은 일어나는 것이다. 개인과 집단의 삶에서 예술의 카타르시스 경험은 특정한 정서적 상태에서 이루어진다. 즉, 관습적으로 표출되던 정서와 예술적 형식에 의해 그에 대립되는 정서 사이에서 발생된 갈등이 복잡한 과정을 거쳐 상호 변형됨으로써 도달하게 된다.

카타르시스를 통해서 심미적 정서를 경험하는 예들은 많다. 시낭송을 해주는 사람에 의해서 시에서 발견되는 음성상의 자연적인 특성과 소리의 강약을 제어하는 운율 간의 갈등, 희곡 작품에 빠져들게 하는 것으로 희곡에서 발견되는 등장인물의 성격과 등장인물의 성격상으로는 전혀 일어날 수 없을 것 같은 일들로 구성된 복잡한 이야기 간의 갈등, 회화에서 발견되는 2차원에 그려진 평평한 심상을 3차원으로 지각하도록 강제하는 표현양식 간의 갈등 등 예술에서 정서의 갈등과 대립을 통한 심미적 정서의 발생과정을 볼 수 있다.

카타르시스 역학은 "감정을 극복하고 해결하고 정복하는 창의적 행위"를 유발하여 "고통스럽게 불쾌한 정서들이 방출되어 정반대의 것으로… 감정의 복잡한 변형으로 탈바꿈될 때" 달성된다고 한다. 카타르시스는 강렬한 감정을 표출하는 것 외에도 지성과 정서의 통합으로 특징지어지는 새로운 형식의 이해를 만들어낸다. 미켈란젤로의 「피에타」를 처음으로 마주할 때, 관객은 예수 그리스도라는 이름을 가진 남자의 육체적 죽음에 대해 갑작스럽고 새롭고 원초적인 의미를 경험할 수도 있다. 카타르시스와 같은 심미적 반응은 비가 온 뒤 창문을 여는 것과 같이 개인과 집단의 정신을 편안하게 해주고 드러내며 생기를 되찾게 해준다.

비고츠키에 따르면, 명백히 예술은 우리의 행동의 결정적인 시점에서 환경과 균형을 맞추기 위한 심리적인 수단이다. 예술은 일상적 삶의 어려움 속에서 만나는 여러 경우들의 수많은 현상들을 통합하기 위한 수단으로서 지속되어왔고 인지적·정의적 균형을 이루기 위한 장을 제공했다고 할 수 있다. 어린이의 정서적 수면상태를 일깨우고 삶의 온갖 자극으로 인해 누적된 이 사용되지 않은 에너지의 방출을 위해서라도 어린이 발달에 영향을 미치는 교육의 제도적 환경들은 정서적 경험의 발생 가능성이라는 관점에서 접근할 필요가 있다.

예를 들어 학생들이 위대한 문학 텍스트와 그림들을 접하고 다룰 수 있도록 공간과 시간이 허락되려면 학교에서는 교육과정안에 넣어 그 기회를 부여해야 한다. 게다가 교사는 시시각각 변화하는 아이의 정서 상태를 감지하고 맥락을 다양하게 변화시켜 자신의 언어를 그 시점의 아이의 정서 상태에 맞게 구현할 수 있어야 한다. 그렇게 함으로써 아이의 보다 높은 수준의 지적 기능 발달을 이끌어낼 수 있다.

심미적인 것에 대한 인간의 욕구는 근본적인 것이라고 할 수 있다. 심미적 인식에서 우리의 주관은 가장 복합적이고 전체적으로 작용한다고 말할 수 있다. 인간사의 복합적인 사실들을 하나의 전체성 속에서 해석하려는 것은 현실 자체의 논리이지만 인간 심성의 경향이기도 하다. 예술 작품이 추구하는 형식적 완성도 이미 삶의 현실에 대한 존재론적 전체성을 시사한다고 할 수 있다. 이때 심미적 정서는 지능 발달에 중추적인 역할을 한다. 먼저 심미적 정서에 의해 전에는 잠재적 수준에 있었던 정신기능이 일깨워진다. 그리고 그것이 상상의 작용과 연계되고 또 그 상상의 작용이 현실적 사고와 연계된다.[6]

예를 들어 건축 시뮬레이션에서는 실제로 공간들이 건축되었을 때 어떤 모습일지를 느낄 수 있는 높은 수준의 상상력이 요구된다. 이러한 '어떤 모습일지 느낄 수 있는' 능력은 심미적 정서에 의해 추동된다. 쉽게 말해서 실제적인 의도에 비추어 따져보기 이전에 주관적인 느낌으로 판단하는 것이다. 실제적인 의도에 맞추어 판단한다는 것은 일정한 관점에서의 단순화를 피할 수 없다.

이에 비해 심미적 인식은, 실제적인 이해나 이론에 의해서 재단되기 이전에 잡다하고 복합적인 실감을 그대로 수용한다. 그럼으로써 의식 내에는 이전에 의식되었던 것의 단순한 재생이 아닌, 이전에 의식하지

---

6. 심미적 정서가 발생함으로써 상상은 의식 속 잠재적 수준의 정신기능을 일깨우는 '창조'의 역할을 할 수 있다. 따라서 총체로서의 마음이 발달하는 과정은 그 출발점부터 이전에는 전혀 경험한 바가 없는 새로운 정서, 즉 심미적 정서를 경험하는 일이 전제되어야 한다. 비고츠키에 따르면 심미적 정서의 발생에 결정적으로 기여하는 것 중 하나가 단어에 의해 구현되는 정서, 즉 단어 감각이 맥락에 따라 역동적으로 변화한다는 점이다. 그가 『생각과 말』에서 내적 언어의 첫 번째 특징으로 제시한 것이 '의미에 대한 감각의 우세'라는 점은, 그가 언어가 고등정신기능의 발달을 이끌게 되는 원인을 언어에 들어 있는 '감각'에서 찾고자 했음을 보여준다. 이에 대해서는 졸저, 『경쟁을 넘어 발달교육으로』, 2015, 살림터, 47-50쪽 참조.

못했던 새로운 무엇인가의 창조가 이루어지게 되는 경이로운 순간을 맞이하게 된다. 심미적 감각은 사람의 깊은 충동에 이어져 있다고 할 수 있다.[7]

사람이 살아가는 데 필요한 하나의 전체적 감각이 심미성이라고 할 수 있다. 심미적인 창조와 반응의 상호 과정들은 보편적인 것을 개인화하고 개인적인 것을 보편화할 수 있도록 해주면서 우리가 미래 행동을 조직하도록 고취시키는 잠재력이 있다. 우리는 예술 활동의 심미적 정서를 통해 더 심오하고 세련된 방식으로 세계를 이해하고 형성해나가는 능력이 육성될 수 있다. 따라서 심미적인 감각으로 반응한다는 것은 일단 육체적이며 정신적 존재로서의 인간의 주체적 자유에 맞게 행동한다는 것이다. 그것은 자유로운 개인의 감각적 체험이다.

---

7. 어떤 경우에나 사물의 윤곽을 그리는 것은 대부분의 경우 일정한 관점을 포함하는 불완전한 스케치가 될 수밖에 없다. 그러나 이것을 최대한으로 선입견 없이 주어진 대로의 형상에 접근하려는 것이 심미적 태도의 기본이라고 할 수 있다. 모든 예술 작품은 형상적 의미의 구현이다. 사람의 감각이나 지각의 경험에는 이미 어떤 원초적인 형상화의 충동이 있다. 형상화의 충동이 창조의 힘이라면 그것은 끊임없이 그것을 넘어가고 또 그것을 해체함으로써 새로운 창조에로 나아간다. 사람이 이룩하는 형상은 문화 속에 지속하면서도 영원한 것은 못된다. 이성적이고 합리적인 것이 삶의 질서의 근간이면서도 경직된 삶의 질곡으로 전락할 수 있는 것은 그것이 이러한 창조적 진화의 힘을 잃어버렸을 때이다. 이것은 도덕과 윤리에서 많이 볼 수 있다. 객관 세계에 이르지 못하는 인간은 끊임없이 사물의 세계를 보면서 그것을 정리하고 그것이 무너지면 다시 정리할 뿐이다. 이때 확실한 것은 거부할 수 없는 표현 또는 형상에의 의지이다. 이에 대해서는 김우창, 『깊은 마음의 생태학』, 2014, 김영사, 180-188쪽 참조.

인지 발달의 발생적 기원, 미메시스

원숭이는 남의 행동을 잘 따라 한다. 이것은 어린이도 마찬가지이다. 이들은 이렇게 남을 따라 함으로써 생존에 더 유리하게 되고 또 본성과도 조화를 이룬다. 통제된 조건에서 실험된 결과이지만, 태어난 지 45분밖에 안 된 아기도 잘 유도하면 입을 여닫거나 눈을 떴다가 감는 것과 같은 단순한 동작을 흉내 낼 수 있었고 혀를 내밀거나 아아 하는 소리를 내기도 했다. 인간의 유아는 태어난 직후부터 인간 모델―로봇은 안 된다―의 그런 단순한 행동을 보고 따라 할 수 있다. 생후 이틀이 지나면 아기는 놀라움, 슬픔, 행복함을 표정으로 흉내 낸다.

모방은 생명체의 중요한 특징이다. 이것은 심지어 돌고래나 앵무새에서도 발견된다. 앵무새가 상대방의 말을 따라 한다는 것은 익히 알려진 사실이다. 간혹 우스꽝스럽게 여겨지기도 하는 이 새의 수다는 어린아이가 어떻게 언어를 배우는지에 대해 중요한 단서를 제공한다. 그것은 바로 말 따라 하기, 즉 모방이다. 모방은 의미 있고 유익한 행동방식을 제시한다. 인간이 하는 모든 종류의 흉내를 철학적으로 '미메시스mimesis'라고 한다. 미메시스는 간단히 '모방'이고 '모사'를 뜻하는데 그것은 근본적으로 대상을 '닮으려는' 충동이다.

인간은 '최고의 모방 전문가'이다. 미메시스 능력은 원시인들이 들을 수 있는 모든 것을 모방하고자 한 데서, 그래서 사냥하거나 춤출 때 또는 제의를 거행할 때 동물 소리를 지르는 의성어에서 확인된다. 군터 게바우어와 크리스토프 불프Gunter Gebauer & Christoph Wulf가 정리한 바에 따르면, 모방이 무언가를 흉내 내어 닮는 것이라면, 그것은 새로워지기 위한 닮음이요, 배움으로서의 닮음이고 그런 점에서 닮지 않은 닮음이라고 할 수 있다.

인간에게 모방 행위가 불가능하다면 그 어떤 것도 시작할 수 없다는 것이 미메시스론의 핵심이다. 미메시스는 문명의 첫걸음을 내딛게 하였다. 『계몽의 변증법』에서 호르크하이머와 아도르노M. Horkheimer & T. W. Adorno가 제기한 테제에 따르면 초기 인간에게는 생존을 확보하기 위해 스스로 죽은 척하기, 즉 작은 동물들에게서 볼 수 있는 경직의 반응을 보이는 길밖에 없었다. "죽은 것에의 동화" 덕택에 초기 인간은 공격을 피할 수 있었다.

인간은 막강한 자연을 지배하는 단계에 이르기에는 아직 먼 상태였다. 그러나 인간이 이처럼 경직, 단단해지기, 낯설게 하기, 물화 과정을 낳으며 막강한 생활환경에 적응하려는 시도가 있었던 것이다. 이것으로부터 자신의 유일한 생존 기회를 본다는 점에서 인간 진화의 가장 초기 단계에서 이미 오늘날까지 인간을 지배하는 문명화 과정의 한 측면을 엿볼 수 있다. 이 측면은 그 원천과 근거를 "죽은 것"에의 동화에 둔다. 죽은 것에의 동화를 통해 생겨난 것이 우선 막강한 자연 앞에서 죽은 체하기의 조건반사였다면 인간은 마법을 발전시키면서 자연에 대한 거리를 두고 자연으로부터 독립을 하게 된다. 이제 인간은 자신이 점차 원하는 상태를 선취하여 자연이 그것을 "따라줄" 것을 기대하게 되었다. 그렇게 해서 인간과 자연 사이의 미메시스적 관계가 점차 변한다.

죽은 것에의 동화와 같은 흉내는 가장 단순한 수준에서의 미메시스의 작용이다. 흉내는 동물이 포식자를 피하려는 것처럼 자신의 정체를 위장하려는 욕망을 나타내거나, 또는 유아가 부모와 동일시하듯이 다른 것이 되고자 하는 욕망을 나타낸다. 흉내는 존경을 의미할 수도 있고 적대감을 의미할 수도 있다. 또 흉내는 동정, 유혹, 기만, 방어, 공격을 의미할 수도 있다. 그것은 배움의 진지한 목적과 재미있는 놀이의 목적을 위해 봉사할 수도 있다.

이미 세계가 존재하고 있다. 그래서 우리는 태어나면서 세계로 나오고 처음부터 세계 속에서 살아간다. 그와 동시에 세계로 향하는 길들을 열어야 하는 과제가 사람들에게 주어져 있다. 사람들은 그 세계의 한 부분이 되어야 하고 그 속에서 한 역할을 해야 한다. 그것은 모방하는 것에서부터 시작하게 된다. 사람들이 세계를 마주하여 세계와 자기 자신을 여는 방식을 우리는 옛 전통에 따라 미메시스적mimetisch이라고 부를 수 있다. 인간은 모방 행위를 통해서 세계 속으로 들어간다. 물론 동물과 식물들에서도 적응 과정의 형태를 띤 미메시스 형식들이 발견된다. 생존에 적합하도록 색깔, 형태의 특징, 행동 형식들이 진화의 과정을 거치면서 모방되는 것들이다. 모방은 사회적 종에서 흔히 일어난다. 개미의 경우를 관찰해보면, 개미들의 협업은 모방이 뒤따르는 개개의 창의적인 작업에 의해 이루어진다는 것이 이미 밝혀져 있다.

배럿Barret에 따르면 흉내 내기(의태)는 모범, 모방하는 자, 그리고 신호를 수신하는 자 또는 동물 흉내를 내는 것인데, 동물은 모범과 모방하는 자 사이에서 어떤 확실한 구별도 할 줄 모른다. 돌고래는 협력과 조화를 꾀해—먹이, 포식자, 잠재적 짝이나 적에 대해—경쟁에서 이득을 얻는다. 어느 돌고래는 수조를 청소하는 잠수부의 행동을 곧바로 모방하기도 했다. 주둥이의 수염을 세워 유리창에 낀 조류를 닦아 내고, 잠수부의 시계 소리와 같은 소리를 내는가 하면, 거품으로 공기를 내뿜는 시늉을 해 보였다. 여느 종과 달리 인간은 타자를 더 정확히 모방하기 위해 폭넓은 행동 범위를 연습하고 다듬는다. 복잡한 사회의 동학 속에서 타인들은 그 주체에게 이미지, 모델, 사례, 모범 등을 제공하는 한, 그의 세계에서 지극히 유력한 존재들로 현전한다. 타인의 현전은 어린아이가 신체적으로 행동하는 초기에 이미 분명하게 드러난다. 어린아이는 언제나 일종의 대화 상태에 있다.

인간의 아기는 태어날 때부터 타인의 행동을 모방할 수 있는 능력을 가지고 태어난다. 아리스토텔레스는 "모방은 어린 시절부터 인간에게 고유한 성질이며, 하등동물과 인간의 차이가 바로 이것이기도 하므로 인간은 지상에서 가장 모방적인 존재이며, 처음에는 모방함으로써 배운다. 또한 모든 인간은 자연스럽게 모방의 작업에서 즐거움을 느낀다"라고 했다. 이러한 미메시스의 특출한 능력은 인간학적 견지에서 볼 때 첫째로 인간의 때 이른 출생과 그로 인해 생겨난 학습에 대한 의존성과, 둘째로 인간의 잔여적인 본능과, 셋째로 자극과 반응의 결합과 결부된다.

어린아이들의 놀이에서 모방이 얼마나 커다란 역할을 하는지 누구나 알고 있다. 어떤 문화에서건 아이들은 어른 흉내를 내며 놀기를 좋아한다. 어린이의 놀이는 어른들의 행동에 대하여 그가 보거나 들은 것의 반향에 불과한 경우가 흔하다. 그럼에도 불구하고 어린이가 이전에 경험한 요소들은 결코 현실에서 일어났던 것과 똑같이 놀이에서 단순 재생산되지 않는다. 놀이는 자신이 겪었던 것을 단순히 재생산하는 것이 아니라 자신이 느낀 인상을 창조적으로 재처리한 것이다. 어린이는 인상들을 결합하고 그들을 이용해 자신의 필요와 욕구에 부합하는 새로운 현실을 구성한다.

그뿐 아니라 놀이 과정에서 아이들은 다른 사람의 관점을 통해 세상을 보게 된다. 여기서 말하는 다른 사람이란, 아이들이 놀이 속에서 흉내 내는 어른들이나, 같은 놀이를 할 때 다른 배역을 맡은 친구들을 말한다. 흉내 내기인 모방은 배움의 행위이다. 또한 배우는 행위는 다른 사람들과의 교류이다. 이로써 타인으로 향하는 움직임에 전환이 일어난다. 예컨대 황소를 모방하는 것은 황소를 배우는 것이다. 황소의 신체와 황소의 움직임을 모방하는 것은 황소를 배우는 것이다. 황소의 신체와 황소의 움직임을 모방하고 익힌 자만이 황소를 잡거나 황소를 기를 수 있을 터이므로, 새끼 새는 어미 새의 날갯짓을 모방하지 않으면 날 수 없다('익히다'라는 뜻의 '習'은 새끼 새의 그러한 날갯짓을 형상화한 글자다). 새는 어미의 날갯짓을 모방하는 데서 출발하지만, 가장 잘 날 수 있는 자기만의 방식을 터득하지 않으면 날 수 없다.

여느 생물과는 달리 인간은 세계 속에 있는 것만으로 충분하지 않다. 모방 행위를 통해서 세계의 의미들을 이해하며 의도를 갖고 타인들에게 자신을 맞추기 시작한다. 미메시스 혹은 모방 소통은 일차적으로, 의지적이건 비의지적이건 신체를 기반으로 한 형태의 모방이며, 여기에 문화적 재현이 궁극적으로 의존한다. 가장 원초적인 단계에서 미메시스는 표정, 목소리, 자세, 움직임을 다른 사람의 것과 공조하는 것이며, 그것과 관련된 이들과 정서적으로 수렴하도록 하는 경향을 낳는다. 갓 태어난 아기를 보면서 혀를 내밀면 아기도 혀를 내민다.

이러한 본능적 모방과는 달리 18개월에서 24개월 사이의 영아는 자신이 본 것을 그 자리에서 따라 하는 것이 아니라 어느 정도 시간이 지난 후에 흉내를 낸다. 발달심리학자 장 피아제Jean Piaget에 따르면 모방이 창조적 능력으로 진화하는 것은 이 지연 모방이 가능하면서부터

다. 한참 지난 후에 이전에 본 것을 아기가 흉내 낸다는 것은, 흉내의 대상과 내용이 아기의 머릿속에 한동안 존재했다는 것을 의미한다. 두 살 무렵이 되면 아이는 며칠 전 본 것을 기억해 흉내 내기 시작한다.

이것은 그 행위를 머릿속에 상징적으로 표상할 수 있다는 뜻이다. 이를 피아제는 정신적 '표상representation'의 시작이라고 설명한다. 인간 인지 능력의 가장 기초적 형태인 이 표상 능력의 출현이 바로 지연 모방에서 확인된다는 것이다. 지연 모방과 같은 '상징으로 매개된 행위'야말로 창조성의 원리이다. 빗자루가 비행기가 되기도 하고, 베개가 달리는 말이 되는 것과 같은 창조적 '상징놀이'는 바로 이 지연 모방에서 출발한다.

아이와 청소년들은 미메시스적으로 행동하는 것을 즐거워한다. 어린 아이가 처음 말하고 움직이는 형식들, 예컨대 처음 발성하는 동작이나 어떤 움직임을 지속적으로 반복하고 완벽하게 하려고 할 때 이미 미메시스적 행동에 대한 이러한 욕망을 관찰할 수 있다. 특히 흉내 내기는 상대방의 재현이 아니라 옮김rendering이다. 그러므로 흉내를 낸다는 것은 상대방에 대한 반응으로, 즉 소통을 생산적인 것으로 생각하게 하는 형태의 차용으로 볼 수 있다.

흉내를 내는 모방 행위는 천성이면서 문화이다. 문화가 생물학적 능력들에 입각하고 있을지라도, 분명한 것은 생물학적 몸이 인간의 천성에 대해 결정적인 영향력이 아니라 제한적인 영향력을 미친다는 점이다. 우리는 사회적 존재로서 사회적인 한에서는 본질적으로 모방자이며, 또한 모방이 유기체에서 유전의 역할이나 무기물에서 파동의 역할과 비슷한 역할을 사회에서 행한다고 볼 수 있다. 마이클 타우시그는 "문화가 제2의 천성을 만들기 위하여 사용하는 천성"이라고 부르면서 생물학적 능력과 사회성이 켜켜이 겹쳐진 복잡한 상황을 요약하여 설명한다.

이는 더 이상 무엇이 천성이고 무엇이 제2의 천성인지의 문제가 인위적인 것이라는 것을 알게 한다. 단적으로 말하면, 생물학적인 것이 문화적인 것에 의해 다시 쓰인다고 할 수 있다. 매리 베이트슨이 주장하듯이, "부모를 모방의 적합한 모델로 삼는 것은 분명히 생물학적 패턴에 근거한 것이며, 문화는 학교 선생님과 정신분석학자를 발명함으로써 이를 지속적으로 정교하게 만든다."

아리스토텔레스는 이미 미메시스가 세계와 타인들에게 접근하는 통로를 여는 인간 특유의 방식임을 추측했다. 그리스어인 미메시스의 일반적 의미는 '다른 사람이 이미 했던 일을 하는 것' 혹은 '다른 것과 같게 만드는 것'이다. 또 실제의 용법에서 이 말에는 무용수, 가수, 연주가, 화가, 조각가, 배우, 극작가의 활동들이 포함되는데, 이러한 활동의 공통점은 '다른 어떤 것의 재현', 즉 '모방'으로 간주되었다. 우리가 어떤 사람의 움직임을 모방할 때, 또는 어떤 모델을 따라 행동할 때, 또는 무엇인가 재현할 때, 또는 어떤 관념을 신체적으로 표현할 때 그 모든 것이 미메시스적 행동인 것이다.

아리스토텔레스가 이해한 바에 따르면 미메시스는 주어진 것을 그대로 본뜨는 것만이 아니라 주어진 것을 미메시스적으로 전유하는 하는 가운데 수용자의 상상력이 모방 과정에 함께 참여하며, 그럼으로써 주어진 것의 개별 특성들을 미화·개선·보편화하는 것을 지향한다. 여기서 미메시스적으로 전유한다는 것은 상징적·물질적·실제적·신체적 측면을 지닌다. 그것은 주어진 세계를 인간적 전유의 의미에서 인간화하는 일이다. 그의 가정은 오늘날 실험적으로 확인되고 있을 뿐만 아니라 상징적인 행동, 이해, 느낌의 전 스펙트럼으로 확대되고 있다.

인간은 어느 사회에 속하든 발명하지 않는 한, 언제나 다른 사람을 모방하며 인간의 발명이나 혁신도 대부분 이전 본보기들의 조합이다. 모방 행위는 이미 결합한 개인들 사이에서는 사회적 유대를 유지하거나 강화하는 경향이 있으며, 아직 결합되지 않은 개인들 사이에서는 장차 결합할 수 있는 가능성을 제공한다. 개인들 사이에서 일어나는 상호 모방 과정, 즉 "사회적 미메시스"란 사람이나 사건, 또는 사물들 사이에서 일어나는 행동, 관계, 상황의 거대한 계열을 지칭한다.

특히 중요한 것은 어떤 관계가 생성된다는 점이다. 이를테면 한 사람이 다른 사람들과 맺는 관계, 의례적으로 행동하는 개인들이 다른 의례적 행동이나 연출과 맺는 관계가 그것이다. 미메시스적 행동을 통하여 사람들은 사이를 산출해내는데—안과 밖 사이에 길을 뚫으며, 개인들 사이에, 사물들 사이에, 그리고 그것들의 내적 이미지 사이에 길을 만든다. 미메시스적 행동에는 신체적 요소가 남아 있고 다른 사람들이 그 미메시스에 반응한다는 점에서 그것은 참여하는 사람들 사이에 상호적인 관계를 형성한다.

애덤 스미스Adam Smith가 말하는 의미의 공감이라는 것도 관계 형성의 상호 모방 과정이라고 할 수 있다. 공감 능력이란 바로 정서의 모방 능력을 뜻한다. 예를 들어 무대 위에서 일어나는 배우의 감정 변화를 자신의 경험처럼 느낄 수 있는 심리적 모방 행위가 없다면 아리스토텔레스가 말한 비극의 '카타르시스'는 일어나지 않을 것이다. 또한 인간은 자신의 정서를 흉내 내는 사람에게 마음을 연다. 그래서 오래 함께 산 부부의 정서 표현 방식이 서로를 닮아가는 것이다.

인간이 사회적 존재로서 사회적인 한에서는 본질적으로 모방자이다. 모방은 유기체에서의 유전자의 역할이나 무기물에서 파동의 역할과 비슷한 역할을 사회에서 행한다고 볼 수 있다. 따라서 미메시스 능력은 사회와 문화의 기본 조건들에 속한다. 미메시스는 계통발생에서나 개체발생에서나, 문명화 과정에서나 사회화과정에서나 세계를 대하는 태도에 중심적인 역할을 할 뿐만 아니라 문화, 사회, 교육에서 불가결한 전체이며 인간의 행동, 상호작용, 생산 등 많은 영역을 관통한다. 그 과정은 인간이 자연, 사회, 타인과 맺는 관계에 영향을 미친다.[8]

모든 지각 행위는 그것이 기억 행위를 내포하는 한 언제나 일종의 습관, 자기 자신에 의한 자기 자신의 무의식적인 모방을 전제하고 있다. 이 기억과 습관은 심리적인 사실인 동시에 사회적인 사실이다. 더욱이 그것은 개인적인 것이 아니라 집합적 기억이나 습관이다. 인간이 보고 듣고 걷고 서 있고 쓰고 피리를 불고, 게다가 발명하고 상상할 수 있는 것은 오로지 다수의 연계된 근육 기억들 덕분인 것과 마찬가지로, 사회가 존재하고 한 걸음 전진하고 변화할 수 있는 것도 연속되는 세대들을 통해 끊임없이 늘어나는 인습, 흉내 및 이해할 수 없는 맹종의 막대한 저장 덕분이다.

미메시스는 많은 사람들이 장차 살아갈 세계를 향해 취하는 태도를 특징짓는다. 미메시스 과정은 모방과 재현, 이미지와 허구, 타인에의 동화와 타인의 재현을 산출한다. 그것은 주어진 세계를 반복하여 만들어 내는 일로 파악된다. 그런 행위 속에서 사람들은 세계를 다시 한 번 그들의 세계로 만든다. 하지만 이론적 사유의 도움을 받아 만드는 것이 아니라 감각의 도움을 받아, 즉 감각적으로 만들어낸다.

미메시스의 과정들은 인간 및 인간이라는 종의 삶과 발전 과정 전체에 중요한 역할을 한다. 그것은 주체가 주변 세계를 대하는 경우에, 대

---

8. 우리는 미메시스라는 그 단어를 아주 제한적 의미에서 사용해왔다. 미메시스를 현대인의 자발적 능력에 대립시키거나 미메시스 작용을 단지 현실을 다양하게 문학적으로 재현하는 행위로 보는 규정들은 미메시스를 너무 단순하게 이해한 소치이다. 그런 점에서 미메시스를 개념사적으로 이해한다면 제한적이고 안정된 의미를 사용되지 않았음을 알게 된다. 이에 대해서는 군터 게바우어·크리스토프 불프 지음, 최성만 옮김, 『미메시스』, 2015, 글항아리, 26-50쪽 참조.

상에 밀착하는 행위, 다시 한 번 만들어낸 행위, 존재하는 것을 동화시키는 행위, 현상들을 모방하는 행위 등에서 알 수 있다. 그런데 이러한 행위들은 세계와 감각적인 관계가 구축되는 신체적 과정에서 일어나고, 구성적인 행동들에서 일어나는데, 물론 인지 과정의 단계 아래에서 일어난다. 우리는 이러한 과정을 신체를 통해 세계를 알게 되는 과정이라고 부를 수 있다. 세계를 여는 사람들 사이의 만남은 모두 타인과 교류하는 공감, 이해, 상호주관성 없이는 만남이 가능할 수가 없다. 사람은 다른 사람의 상황을 자기의 것으로 생각할 수 있는 능력을 가지고 있다. 이것은 어린아이의 경우나 어른의 경우나 근본적으로는 같다. 언어 사용을 통해서 인간이 서로 어떻게 관계하는가에 관심을 갖다 보면 "상호 교섭(혹은 상호작용)"의 중요성을 접하게 된다.

여전히 공통적, 상호적 언어의 사용은 우리에게 다른 사람의 마음을 이해하는 방향에서 거대한 단계를 제공해준다. 우리는 유사한 정신 조직의 형식을 가지고 있기 때문이 아니라 서로서로 상호작용으로 끊임없이 이러한 형식들을 표현하기 때문이다. 여기서 중요한 점은 언어적 커뮤니케이션이 언제나 타인의 이해를 얻기 위해서 이루어지는 행위라는 점이다. 소통은 사람들에게 자신의 생각이나 호의의 마음을 전달할 수 있고, 또 평소 서로를 나누고 있던 장애물을 극복하고 경계를 없앨 수 있는 대단히 생동적이면서도 심화된 과정이다.

화자와 청자의 역할은 호환적이므로, 바로 대화의 진행에 따라 끊임없이 중심이 이동하는 비중심화된 공간에서 각자의 경험은 확장되고 심화된다. 또는 이야기하는 다수의 주체가 함께 힘을 합쳐 만들어내는 '복수 중심적' 또는 '간주관적' 공간에서 개인들 간의 상호적 권리는 정체성 형성에 중요한 것이다. 에티엔 발리바르Étienne Balibar의 말을 빌리자면, 정체성은 분명히 각자가 자기 자신과 관계를 맺는 방식이지만,

고립된 개인에게는 정체성이 존재하지 않는다. 정체성은 상호작용에 의해 또한 생성되며, 주체가 자기 자신의 항구적인 정체성을 발견할 수 있는 것도 오직 상호작용을 통해서이다.

정체성은 자기 자신을 소통에 참여하고 있는, 어떤 공동체의 성원으로서 인지하기 위한 수단으로서만 존재할 수 있다. 모든 정체성은 하나의 연결로서, 서로 교환되는 것이며, 정체성을 지니고 있는 사람의 개인성을 넘어서고 다른 이들과 소통에 진입할 수 있는 수단을 구성한다는 의미에서 관개체적이다. 따라서 상호적 권리는 개인들 및 집단들에게 자기 자신을 정체화하고 탈정체화할 수 있는, 정체성 속에서 이동할 수 있게 해주는 수단들을 부여하는 것이다.

무엇보다도 정체성은 그 자신을 대상화할 수 있는 개인의 능력―예를 들면 '그 자신이 정체성에 대한 몰입', 행위자 자신의 가치체계의 '일관성과 적합성의 정도' 등과 관련이 있다. 자기 정체성을 만들어가려는 가치체계와 만들 수 있는 것을 선택하는 과정과 관련해서 상호작용을 실제로 시작하고, 의사소통을 하며, 때에 따라 수정되기도 하는 것이다. 이것은 공동체의 구성원으로만이 할 수 있는 일이다.

언어와 사고의 발생적 발달

 사람의 말은 분명히 앵무새의 '말'과 천양지차로 다르다. 사람의 말에는 그 사람 '전체'가 들어 있지만, 앵무새의 '말'은 아무 의미 없는 '소음'에 지나지 않는다. 우선, 사람의 말에는 '조리'가 있고 그 밑에는 그것을 가능하게 하는 지적 안목이 작용한다. 또한 사람의 말에는 리듬과 박자가 있다. 거기에는 말과 언어, 강약과 뉘앙스에 대한 미묘한 감식력과 기교가 살아 숨 쉬는 것이다. 또한 사람의 말에는 언제나 '뜻'이 들어 있다. 그것은 그의 내면에서, 그의 삶에서 솟아나오는 것이다.

 인간은 그의 가장 어린 시절부터 말의 힘의 울타리 속에서 자라나게 되고 그의 일생을 통해서 그 울타리의 보호를 벗어나지 못한다. 말을 배우는 가장 결정적인 시기는 흔히 사람들이 말하는 것처럼 첫마디 말이 입에서 나타나는 때가 아니고 주위 사람들에게 들려오는 말에 반응하기 시작하는 때이다. 말을 하는 것보다는 말을 듣는 것을 먼저 한다.

 아이들이 언어를 습득하는 과정을 보면 아이들에게 엄마가 말투를 가르쳐주지만 어느 순간 아이들의 언어능력이 폭발한다. 말하기는 하나의 과정으로서 항상 전체, 즉 단어, 문장, 생각에서 출발한다. 어린아이는 자신이 들은 단어를 말하려고 애를 쓴다. 한 번도 가르쳐주지 않은 문장을 말할 수 있게 되는 시점이 있다. 그것은 인간이 가지고 있는 공통적이고 자연적이며 필수적인 재능이다. 침팬지는 그런 능력을 갖고 있지 않다. 침팬지와 사람은 소리가 나가는 성도의 구조부터 다르다.

아이는 말하는 데 필요한 기관을 갖고 태어난다. 여기에는 뇌에서 언어를 담당하는 부분, 발성기관인 후두를 움직이는 매우 복잡한 근육들, 혀와 입술, 그리고 남들이 하는 말을 들을 수 있게 해주는 청각기관까지 포함한다. 아이가 점점 더 나은 발음을 하려고 노력하면서 호흡 및 후두와 인후 그리고 전체 구강을 움직이는 기관의 각 기능이 확장되어서 언어 체계화가 이루어진다. 아이는 내적 활동성을 통해 자신의 몸을 변형시킴으로써 말하기를 배운다. 말하기는 리듬적 체계를 요구한다. 말하기에서 의지는 우선 무의식적으로 사회적 상황을 파악하며, 신체적으로는 호흡 근육과 후두 근육이 활동하며, 말하기 자체는 날숨 과정과 연결된다. 다른 한편 말하기는 내용과 사고에 의해 이끌어지는데, 이것은 단어 선택에서 그리고 발음의 악센트의 조음에서 드러난다.

이런 기관들은 주위에서 말해지는 언어, 즉 지구상의 5,000개 남짓한 언어 중 하나인 자신의 '모국어'를 배울 수 있게 한다. 아이는 단어의 조성 방식과 문장의 구성 법칙, 즉 언어로부터 새로운 체계화를 구성한다. 그리고 이때 아이는 목소리의 울림과 언어의 형식 안에서 경험한 것, 원하는 것, 생각하는 것을 표현한다. 그리하여 아이는 자신의 내면세계와 함께 인간적 만남의 공간으로 들어서게 된다. 아이는 모국어의 법칙으로 몸을 변형시킴으로써 말하기를 배운다. 모국어를 배울 수 있는 것은 인간이 타고나는 본능적인 능력과는 달리 곧 인간에게 종속되어 있는 그 어떤 인위적이고 자의적인 재능이다. 모국어의 법칙으로 몸을 체계화함으로써 아이는 자신의 정신적 삶이 존재가 되도록 만든다. 이런 재능은 발명된 것이자 사회 구성원들이 체결한 계약의 결과이다.

게다가 언어에는 결정적인 시기critical period가 있다. 보통 1.5세에서 7세 사이인데 이 기간에 외국어를 배우지 못하면 원어민처럼 언어를 구사하기가 매우 어렵다. 그래서 결정적인 시기라고 부르는데, 이 시기는 일반 지능의 발달 시기와는 다르다. 그런 점에서 노엄 촘스키Noam Chomsky의 주장대로, 뇌가 커지면서 자연스럽게 언어능력이 생겨난다고 볼 수는 없을 것 같다. 유년기는 모든 아이들이 말을 배우고 언어적·사회적 능력을 길러야 하는 시기다. 그 과정을 보면, 어렴풋한 소리를 내는 것에서부터 어떤 상황에서건 맞는 말을 할 수 있도록 방대한 어휘와 복잡한 문법 및 구문론을 숙달하는 것에 이르기까지, 배운 것이 늘어나고 다듬어진다. 한 언어를 완전히 익히는 것은 자신을 완전히 익히는 것과 같다. 언어의 숙달은 또 다른 형태의 자기 강제와 자기 감독이며, 여기에서도 다른 사람들의 도움이 필수적이다.

이렇게 습득된 언어가 경험을 진화하게 한다. 그러므로 언어 능력의 차이는 세상에 대한 이해 수준의 차이도 초래한다. 2세 이전의 아이는 단지 남의 말을 '모방'하기만 한다. 모든 비음성적 의사소통 수단과 달리 음성 행위는 행위자와 행위자의 상대방에게 동시에 동일한 방식으로 작용한다는 특수한 속성을 갖는다. 표정이나 몸짓이 타인에게 갖는 의미는 단지 불완전하게 감지될 뿐이지만, 음성 행위는 귀를 통해 다른 사람과 동일한 방식으로 이해된다. 그러니까 이 시기의 아이는 남들이 전해주는 말을 통해 그대로 경험을 구성할 뿐이다. 아이에게 세계는 이미 주어져 있는 것이고 그 세계는 아직 특정한 형태를 띠고 있지 않으며 확정할 수 있는 어떠한 특성도, 또 이름 붙일 수 있는 특징도 가지고 있지 않다.

　그러다가 두 살이 되면 그의 삶의 세계를 이해하기 위해서 의식적으로 올바른 말을 배우려는 태도가 뚜렷해진다. 여기에서 그 어린이의 정신세계는 그가 배우는 말에 의해서 이루어져간다. 이렇게 해서 언어생활의 가장 중요한 기초는 마련되고 2세 이후에 드디어 모어mother tongue 사용의 단계로 들어간다. 이 단계에서 정신세계의 발전과 더불어 급속히 성장한다. 이때는 단지 모방만 하는 게 아니라 이제는 '정보 전달'을 위해 언어를 사용할 수 있게 된다. 아이는 언어의 놀라운 유연성을 깨닫기 시작한다. 아이는 제한된 개수의 소리와 기호를 연결해 각기 다른 의미를 지닌 무한한 개수의 문장을 만들 수 있다. 이를 통해 주위 세계에 대한 막대한 양의 정보를 받아들이고 저장하며 소통할 수 있다. 본격적으로 정보 전달 기능을 사용할 수 있게 된 것은 언어 사용의 주체성을 한 단계 높은 차원으로 획득하게 되었다는 의미를 지닌다.

　이제 본격적으로 세상을 스스로 이해할 수 있는 단계에 들어서게 되며, 아이는 과거의 기억을 떠올리고, 미래를 예견하고, 타인의 소망과 의도를 어느 정도 파악할 수 있다. 또한 그림이나 이야기를 이해하고 반응할 수 있으며, 가상놀이를 즐기고, 기억, 소망, 예견, 공상, 그림, 이야기 등 다양한 표현들을 현실세계와 구분할 줄 안다. 생후 5년째가 되면 표현 과정 자체를 이해하는 메타표현의 능력을 가지며, 욕망, 목표, 의도만이 아니라 신념도 이해하게 된다.

　그러나 다섯 살 된 아이는 진실이 아닌 많은 것들을 단순히 믿어버릴 수 있다. 예를 들면 세상의 모든 움직임은 어떤 눈에 보이지 않는 주관자에 의해 창조되었다거나 스스로 움직이는 실체만이 살아 있다고 믿는 것, 또한 세상 사람들은 좋은 사람과 나쁜 사람으로 양분되어 있다는 것과 같은 믿음들이 그에 해당된다. 다섯 살 된 아이의 세계는 이미 몇 가지 믿음이 확고해지기는 했지만 전반적으로 융통성 있고 상상력이 풍부하다. 이와 같은 인간 특유의 고등한 수준에 이르면 이제 부모가 알려주는 세상과는 다른 자기만의 세계를 '자신의 언어'로 끊임없이 구성하면서 성인이 된다.

아이가 어엿한 사회 성원으로 발달해가는 학습의 전 과정을 사회화라고 한다. 이 과정은 지식과 기술, 관점과 태도의 습득을 포괄한다. 그 가운데 가장 중요한 것이 언어를 배우는 것이다. 언어는 개인에 의해 만들어지거나 개인이 자연과 상호작용하는 가운데 발견한 것도 아니며 그렇다고 본능이나 무조건적인 반사에 의해 유전된 것도 아니다. 대신에 언어의 사용은 개인이 사회문화적 환경의 일부가 됨으로써 가능한 것이다. 언어는 본질적으로 개인적인 것이 아니고 사회적인 것이다. 언어를 갖기 위해서는 말하는 이들의 공동체가 있어야 한다. 언어는 사회적 사실로서가 아닌 경우에는 한순간에도 존재하지 않았다. 간단히 말해서 언어는 진공이나 한 개인 속에 존재하는 것이 아니다. 오히려 말과 의미는 언제나 이전에 다른 사람들 입과 다른 구체적인 맥락들 속에서 다른 사람들의 의도에 봉사하면서 존재한다.

언어의 일차적인 기능은 의사소통을 하고 사회적 접촉을 하며 주변 사람들에게 영향을 미치는 것이다. 언어는 인간관계를 형성하고 유지, 파괴하는 기능을 가진다. 즉 인간관계를 형성하는 데에도 '언어'가 핵심이 되는 것이다. 아이의 언어 발달은 이를 확연히 보여준다. 타인과 상호작용이 이루어지지 않으면 언어 발달이 멈추며, 아동이 맺는 관계가 사회적으로 다양해지면 그에 비례하여 언어 능력이 급격히 발달한다. 언어 발달 과정 자체가 언어로 사회적 관계를 형성하는 과정인 것이다.

비고츠키는 피아제와 달리 사고 발달의 진정한 방향은 개인으로부터 사회가 아니라 사회로부터 개인으로 진행한다고 주장한다.[9] 말하기라는 사회적 영역이 사고하기라는 사적 영역을 완성하는 것이다. 사고는 말로 변형될 때 재구조화된다. 따라서 비고츠키의 이론에서 말, 언어 그리고 담화의 형태는 중요하다. 그런 점에서 보면, 아이의 자기중심적 사고 역시 사회적 관계가 성장과 발달의 여건에 조응하여 내면화한 것이라고 할 수 있다.

자기화의 과정은 자신과 연관시켜 생각함으로써 단어 습득에 대한 학습 능력을 높이고 정보처리 능력을 강화하는 것으로 알려졌는데, 이 과정은 비고츠키의 관점에서 보면, 이미 다른 사람들과의 관계를 염두에 둔 것으로 그 자체가 내면으로 삼투되는 과정인 것이다. 작고 힘없고 지능도 제대로 발달하지 않은 아이가 자기가 겪는 모든 경험을 자기 자신과 연결시켜 생각하는 것 말고 더 적응력을 갖는 사고체계가 있을까? 아이들이 갖는 자기중심적 사고는 생존에 매우 중요한 역할을 하는 듯하다.

언어는 하나의 존재 형식이며 더불어 살아가는 방식이자 방법이다. 언어 속에서 살아간다는 것은 언어를 넘어서 존재하는 어떤 세계에 대해 생각하는 것은 무의미하다고 할 수 있다. 언어는 사고의 도구라는

---

9. 인간이 자기 자신이 되는 것은 다른 사람과의 상호작용에서 비롯된 것이다. 내 자신의 인격 자체도 타인의 인격을 거쳐 스스로에 대한 인격이 된다. 이것이 인격 형성의 일반화된 과정이다. 같은 방식으로 모든 고등정신기능의 발달도 사회적 국면이 개인적 국면으로 내면화된 관계이다. 내면화는 사회적 현상을 심리적 현상으로 변형시키는 과정이다. 따라서 내면화가 되었다는 것은 그 고등정신기능이 진정한 내적 정신기능으로 아이의 마음으로 작용함을 의미한다. 비고츠키에게서 개인 간 정신기능으로부터 개인 내 정신기능으로 변화되는 과정은 매우 중요하다. 개인 외부에서 오는 사회적 영향이 개인 내부로 변화되는 과정, 즉 그들의 구성, 발생적 구조, 행동양식, 간단히 말해 그들의 본성 전체는 사회적이며 정신과정으로 전이될 때도 그들은 준(準)사회적으로 남는다. 인간은 혼자 있더라도 이러한 사회적 기능들을 유지한다. 이에 대해서는 졸저, 『경쟁을 넘어 발달교육으로』, 2015, 살림터, 73-75쪽 참조.

속성을 지닌다. 사고 없는 언어활동도 물론이거니와 언어활동 없는 사고도 존재할 수 없다. 인간은 다양한 사고를 하는데, 언어가 사고 행위를 촉진하거나 매개하는 역할을 하는 것은 분명해 보인다. 인간의 행동과 말은 사고를 근거로 한다. 우리가 진리 또는 실재에 대해 말할 수 있는 것은 무엇이건 언어의 이용 가능성에 의존한다. 심지어 우리가 순수의식의 상태로 옮겨 가고 있다고 생각하는 명상 과정에서조차, 우리는 그와 같은 상태의 성찰이 언어 없이는 달성될 수 없음을 인정할 수밖에 없다. 우리가 언어로부터 벗어날 수 없다고 하여 언어가 감옥은 아니다. 우리는 언어와 분리할 수 없이 더불어 움직인다고 할 수 있다.

그러나 언어와 정신의 고차적인 동일성을 인정할 수 있다고 할지라도, 우리의 사고 내용과 언어가 어느 정도는 분리될 수 없는가를 자문하게 된다. 어린아이는 적당한 나이가 될 때까지 말은 하지 못하지만, 특정한 의미의 사고를 한다. 화가, 조각가, 음악가의 창조적 사고는 말로 표현될 수 없으며 말없이 표현된다. 물론 높은 수준의 발전은 말에 의해서만 이루어진다. 농아도 지속적으로 사고를 하는데, 화가처럼 형상으로 사고할 뿐 아니라 음성 언어 없이 추상적인 대상에 대해서도 사고한다. 마지막으로, 형식적인 면에서 가장 완벽한 학문인 수학에서도 말을 할 줄 아는 사람도 말을 하지 않고 임의적인 기호들만의 도움으로 가장 복잡한 판단을 한다.

이 모든 것에서 언어의 영역이 사고의 영역과 전혀 일치하지 않는다는 것을 볼 수 있다. 우리는 대화가 잘 되지 않을 때 "내 마음을 좀 알아달라고" 외친 적이 있다. 사실 자기 마음을 알아달라고 언어로 이해시키는 것이 쉽지 않은 경우가 있다. 아리스토텔레스는 언어와 사유 사이의 관계에 대해 논의했지만, 어디에도 순위 문제를 제기하지 않았다는 것은 역시 지적할 만한 가치가 있다. 그는 마치 말이 단순히 우리

사상을 전달하는 수단인 것처럼 사유를 말하기의 기원이라고 주장하거나, 아니면 사유란 인간이 말하는 동물이라는 사실로부터 비롯한 결과라고 주장하지는 않는다.

그러나 인간은 언어를 소유한다logon ecbōn는 아리스토텔레스의 관점에 비추어 볼 때 '말하는 동물'이지 사유하는 동물animal rationale로 정의되지는 않는다. 아리스토텔레스가 관심을 가졌던 것은 누스nous―플라톤의 이데아나 형상eidos처럼 보이지 않는 것을 알 수 있는 정신능력―가 아니라 말로 설명하고 정당화하려는 로고스logos이다. 인간은 사유하는 존재이기 때문이 아니라 다양성 속에서만 존재하기 때문에, 인간의 이성(로고스)은 역시 의사소통을 원하며, 그것을 상실할 경우에는 길을 벗어나기 쉽다.

사물들에 명칭을 완전히 부여하거나 새로운 용어들을 만드는 일은, 세계를 전유하면서 사실 세계의 소외를 줄이는 인간적 방식이다. 우리는 결국 이 세계의 신참자나 이방인으로 태어난다. 어쨌든 의미의 담지자인 용어와 사유는 서로 유사하기 때문에, 사유하는 존재는 말하려는 충동을, 말하려는 존재는 사유하려는 충동을 가지고 있다. 김우창은 시인들의 창작 과정에 대한 기록들을 통해서 말하기를, 시인의 마음에서 시가 시작하는 것은 어떤 의미로부터라기보다는 하나의 율동의 감각 또는 적어도 어떤 부정형의 이미지로부터인 경우가 많다고 한다. 그런 다음에 그것은 보다 분명한 음악과 이미지―무엇보다도 언어적 명징화로 움직여가는 것이다. 물론 결과로서의 시는 이 명징화된 언어이다. 명징화된 언어가 시라고 하더라도 시의 힘은 상당 부분은 거기에 이르는 과정에서 흡수된 당초의 에너지―당초에 막연한 소리의 움직임으로, 그리고 연상 속에 끌려 나오는 이미지들의 매력으로 표현되는 에너지에 기인하는 것이다.

비고츠키는 언어와 사고는 발생적 측면에서 별도의 기원을 가지고 있음을 밝혀냈는데, 이것들 간의 관계는 서로 떨어져 있는 두 원과 같다. 하나의 원은 비언어적 사고nonverbal though이고 다른 하나의 원은 비개념적 언어nonconceptual speech이다. 비언어적 사고는 언어와 직접적으로 관계가 없는 사고의 영역을 말하는 것으로—원숭이가 하는 행동에서 볼 수 있듯이 실용 지능practical intelligence과 도구를 사용할 때 나타나는 사고가 이 영역에 해당된다고 본다.

뇌신경과학자인 자코모 리촐라티Giacomo Rizzolati의 거울뉴런mirror neuron이론에 따르면—예를 들어 산부인과 신생아실의 아기들이 부모의 얼굴 표정을 흉내 내는 모습을 종종 볼 수 있는 것처럼—출생 직후에 모방이 가능한 것은 뇌 안에 신경세포 집단이 존재하기 때문이다. 이 뉴런은 남의 행동을 보기만 해도 관찰자가 직접 그 행동을 할 때와 똑같은 반응을 나타내고 있어 남의 행동을 그대로 비추는 거울과 같다는 의미에서 거울뉴런이라 일컫는다. 거울뉴런이 있기 때문에 출생 직후에도 비언어적 사고가 가능하다고 볼 수 있다.

한편 비개념적 언어는 사고와 직접적 연계가 없는 언어 영역을 지칭한다. 0세부터 2세까지의 영아기에서 생각과 동떨어진 말의 기능이 나타난다. 생후 처음으로 나타나는 것이 울음이나 만족을 나타내는 목청의 울림과 같은 '정서 방출'을 표현하는 소리, 그다음에 나타나는 것이 생후 2개월경부터 볼 수 있는 것으로 타인의 목소리에 '사회적 반응'으로 해석할 수 있는 소리가 이에 해당된다고 볼 수 있다.

유아의 울음소리와 옹알이에는 지능의 전前 언어적 토대와 언어와 분리된 전前 지적pre-intellectual인 토대가 있다고 한다. 특히 불과 6개월 이내에 아기들은 옹알이를 통해 어른의 주의를 끈다거나, 어른의 말에 대해 옹알이로 답한다. 옹알이는 주의 끌기라는 기초적 기능을 아주 일찍 수행하기 시작하지만, 이런 수단들은 여전히 원시적이며, 동물에서 발견되는 것과 실질적으로 다르지 않다. 그러나 어린이들도 때가 되면 소리를 내거나 들을 때 그 소리에 담긴 의미를 묻기 시작한다.

언어학자 야콥슨Roman Jakobson에 따르면 아이들이 이런 행위를 시작하는 시기는 대개 생후 1년이 지날 무렵이다. 이 시기가 되면 아기들의 옹알이는 '음소phoneme'로 바뀐다. 야콥슨은 언어에서 의미를 구분해주는 최소의 음성적 단위를 음소라고 불렀다. 가령 음소는 '산'과 '삽' 또는 '발'과 '벌'의 의미를 구분해준다. 야콥슨은 아이들이 발음기관의 발달과 동일한 시간적 순서에 따라 음소들을 습득한다는 사실을 증명했다. 아이들은 모음(아, 예, 이, 오, 우)을 쉽게 배우며, 자음 중에는 p음을 가장 먼저 배운다('파파', '페페', '피피', '포포' 등).

언어와 사고는 서로 독립된 노선을 따라 발달하다가 약 2세가 되면 서로 교차하여 언어적 사고가 나타난다. 이때부터 사고는 언어화되고 말은 합리적으로 된다고 한다.[10] 어린이들은 주변 환경에서 일어나는 발화를 전유하여 자신의 것으로 만든다. 어린아이들은 발달 과정에서 가족 구성원과 교사와 친구들에 의해 공유되고 전달되는 광대한 양의 경험에 의존한다. 게다가 한 개인이 직접 경험하지 못한 것을 다른 사람의 말과 글을 통해서 개념화할 수 있으며 보지 못한 것도 상상할 수 있기 때문에 상상력은 경험을 확장하는 핵심적인 심리적 기능이라고 할 수 있다. 파스칼은 상상을 교활한 교사라고 불렀고 괴테는 그것을 이성의 전신前身이라고 했다. 언어의 의사소통적 혹은 상호작용적 사용

---

10. 개체발생에서 생각과 말의 두 과정은 다른 근원을 발견한다. 독립적으로 다른 두 발달노선이 두 살쯤 되면 말이 지적인 것이 되고 생각이 말로 표현되는 것이 시작되는 그 결정적 계기를 맞이하게 된다. 생각 발달과 말 발달의 상대적으로 높은 어떤 단계에서만, "어린이의 삶에서 가장 위대한 발견"이 가능해진다고 한다. 말을 '발견'하기 위하여, 먼저 말은 생각되어야만 한다. 이에 대해서는 L. S. 비고츠키 지음, 배희철·김용호 옮김, 『생각과 말』, 2011, 살림터, 201-207쪽 참조.

은 사실 상대방에 대한 상상에 많이 의존한다.

이러한 대화적 상호작용의 내재화는 언어와 사고의 발달을 한층 촉진한다. 내재화 과정에서 어린이가 사용하는 기호학적 수단은 자신의 내적 언어inner speech와 언어적 사고의 토대가 된다. 비고츠키는 내적 언어의 응축된 본질에 대해 유명한 비유적 기술을 했는데, "사고는 말이라는 소나기를 흩뿌리는 구름에 비유될 수 있다. … 어떤 생각에 자동적으로 대응하는 말은 없으므로 말로부터 사고로의 전환은 의미를 통해 인도된다"라고 하였다. 지적 발달은 이제 언어화된 사고에 의해 그리고 새로운 의미에서뿐만 아니라 타인과의 대화를 통해 획득된 정보에 의해 영향을 받게 된다. 따라서 실제적인 학습이 일어나기 위해서는 다른 사람으로부터 배우는 것이 "상상력에 바탕을 둔 경험"이 되어야 하며 또 그렇게 될 수 있다.

물론 부정적인 측면도 있다. "너는 큰소리로 떠들어대지만 알맹이는 하나도 없지"라고 말하는 경우가 있다. 오늘날 우리는 끊임없이 말을 하도록 강요받는다. 말을 해야만 하는 압박 때문에 우리는 종종 복잡성을 배제해버린다. 동양에는 "혀에는 뼈가 없다"라는 속담이 있다. 혀는 자유롭지만, 그런 만큼 어리석은 생각들을 내뱉을 여지도 많다는 것이다. 물론 말하기는 반드시 필요한 것이며, 말하기에 부정적인 측면만 있는 것은 아니다. 그러나 사람들이 너무 많이 말하고 생각 없이 말하는 데서 심각한 오해와 무례와 불편한 감정들이 생겨난다. 머릿속으로 파고 들어와 무언가 말을 거는 문장들 때문에 일의 흐름이 끊기거나 창의성이 위축되거나 불쾌한 기분이 드는 경우가 종종 있다.

한편 말은 지각도 재구조화한다. 게슈탈트 학자들의 연구에 따르면, 지각은 전체에서 부분으로 발달한다. 지각에서 언어의 역할은 시각과 언어의 성격에 내재된 반대되는 성향들 때문에 더욱 두드러진다. 이러한 의미에서 '시각은 전체적integral'이다 반면에 말은 순차적인 과정이 필요하다. 각 요소들이 각자 분리돼 이름 붙여지고, 다음에 문장 구조에 연결되기 때문에 '말은 근본적으로 분석적analitical'이다. 비고츠키는 언어화된 지각은 고립된 지각들로 구성되기보다는 범주화된 지각들로 구성되어 종합화하는 기능을 갖는다는 것을 밝혀낸다. 그래서 실제 대상을 지각한다는 것은 단순히 색과 형태로만 보지 않고 의미를 가진 세상으로 보게 된다. 이를테면 주의를 집중함으로써 우리의 의식 안에서 능동적으로 어느 한 세계의 단면이 두드러지게 드러나 보이게 된다. 그것은 지각의 대상(칠판 그림), 배경(그 밖의 교실 공간), 지각의 시야(시야 저편에 있는 공간)로 나누어 출현한다.

게다가 지각은 역동적 행동체계의 일부가 된다. 동작이 지각과 함께 움직이면서 지각적 상황 속에서 개별 요소들을 평가하여 배경에서 형상figures을 골라내는 선택행동을 하게 된다. 이것을 우리는 '주목한다'라고 말한다. 이와 같은 선택적 주의는 특징적이고 개별적인 것들과 진행 과정의 비일상적인 특징 혹은 내적 연관을 알아차리는 일, 그것들에 대해 깨어나는 일, 의문을 감지하는 능력인 것이다. 선택적 주의가 특히나 지배적인 아이는 심도 깊은 집중력을 발휘한다.[11]

학교에 입학할 즈음에는 언어와 사고가 통합된다. 이제 아이에게서 자신의 내적 세계로부터 고통스럽게 밖으로 나가고자 하며 표현되기를 요구할 뿐만 아니라 낱말을 통해 표현되고자 투쟁하는 무언가가 있다

---

11. 비고츠키에 따르면 시각장이 우세한 자연적 기능에서 '말'이 포함됨으로써 지각, 감각-운동 활동, 기억, 주의 모두에 의지적인 구조가 부여된다고 한다. 이전에는 주의가 대상으로 이끌리는 반면에 그것은 이제 더 주의 깊게 대상을 획득하려는 잠재적인 수단에 집중될 수 있는데 이 잠재적인 수단들이 눈에 보이지 않는 경우에도 그렇다. 이렇듯 어린이의 자연적이고 기초적인 기능들은 문화적이며 고등한 기능들로 재구조화한다. 그런데 그것은 낡은 지각의 형태를 완성하는 것이 아니라 문화-역사적 형태로 도약하는 것이라고 한다. 이에 대해서는 L. S. 비고츠키·A. R. 루리야 지음, 비고츠키 연구회 옮김, 『도구와 기호』, 2012, 살림터, 167-171쪽 참조.

는 것을 알게 된다. 낱말을 통해 스스로를 표현하고자 하는 진정한 욕구를 드러내려고 사용한 어린이의 언어는 진지하고 명확하며 그 고유함은 성인들의 진부한 문학적 언어와는 사뭇 다르다. 학교 입학과 함께 인격적 재구성이 일어나는 단계에서는 정서적 반응이나 정서적 삶의 풍부함이 잘 드러나는 창조적 표현활동이 중요하다.

언어는 경험을 개념적으로 조직하는 일을 가능하게 해준다. 개념이란 술어, 즉 행동하는 말이다. 개념은 우리가 만나는 대상과 사건들을 분류하고 하나의 개별적인 사건을 일반적인 것의 예시 가운데 하나로 이해할 수 있도록 도와준다. 만일 언어가 없다면 우리의 체험은 단순한 느낌 이상이 되지 못할 것이며 언어 없는 직관은 맹목으로 남을 것이다. 언어는 사고의 저급한 형식을 개념으로 변형시키기 위해 필요하다.

우리는 언어적 서술을 통해 사물의 감각이 주는 단순한 윤곽을 넘어설 수 있다. 이것은 오직 언어의 습득을 통해 대상의 정체를 밝혀주는 체계적인 범주화의 방법을 배웠기 때문에 가능한 것이다. 이처럼 언어는 사유의 필수적인 완성(보충)이자 인간만이 가진 능력의 자연스러운 발전이다. 그런 발전은 생리적으로 설명될 수 있는 본능의 발전이 물론 아니다. 물론 정신적인 것이 의식적인 것이 될 수 있도록 하는데 언어가 필요하다. 말의 구조는 단순히 사고의 구조라는 거울에 비친 상이 아니다. 그러므로 말은 옷이 옷걸이에서 분리되는 것처럼 사고 위에 얹힐 수는 없다. 말은 단지 발달된 사고를 표현하기 위해서만 쓰이는 것이 아니다. 사고는 말로 변형될 때 재구조화된다. 의식적인 지적 활동 자체가 말을 수단으로 해서만 형성되는 개념을 전제로 하기 때문에, 우리는 정신이 언어 없이는 불가능하다는 점을 보게 된다. 비고츠키에 따르면 사고는 표현되는 것이 아니라 언어로 완성되는 것이다.

그러나 언어는 시각이 보는 동작과 조응하듯이, 사유 활동에 정확하게 조응되지는 않는다. 과학 저널리스트 바스 카스트Bas Kast는 자아를 두 가지 차원으로 분류한다. 하나는 이성과 지성의 영역인 '언어-자아'이다. 언어-자아는 이성적이고 논리적으로 행동하며, 주장들을 면밀히 검토하고, 개념들을 사용하여 세계를 분류한다. 이와 구별되는 것은 '경험-자아'이다. 이 자아는 "우리의 몸과 행동에 대해 느낌들로 말한다." 느낌은 충동을 동반하며 흔히 지성보다 훨씬 더 신속하게 판단을 내리지만, 거기에 이를 때까지 무의식 수준에서 이루어지는 모든 과정에는 더 많은 시간이 들어간다. 느낌을 토대로 결정하려는 사람은 자기 내면의 목소리에 귀를 기울일 줄 알아야 한다. 그러면서도 카스트는 말하기를 "일상생활을 하는 중에 무의식적인 경험-자아의 측면에 놓여 있는 것들을 가능한 한 의식적인 언어-자아가 나서서 결정해야 한다"는 것이다.

언어는 정신활동을 외부 세계뿐만 아니라 사유하는 나 자신에 드러낼 수 있는 유일한 매개체이다. 어떠한 언어도 정신활동의 필요를 위해 이미 만들어진 어휘를 갖고 있지는 않다. 정신활동들은 모두 감각 경험이나 일상생활의 다른 경험에 조응하도록 원래 의도된 낱말들에서 어휘를 차용한다. 이미지를 통한 구체적 사유와 언어적 개념에 대한 추상적 취급 사이의 이러한 차이는 매혹적이면서도 불안하다. 그래서 말이 의식으로 이행하는 데 필요한 기타 조건들이 갖추어져야 한다. 언어가 무의식에서 의식으로의 전환이라는 것을 염두에 둔다면, 언어는 의식과 자유를 부여받은 존재에게만 속할 수 있다.

언어는 그 존재 내부에서 그 개별성의 깊은 심연으로부터 흘러나온다. 따라서 언어는 인간이 어느 정도의 힘과 어떤 형태로 자신의 모든 정신적인 개별성을 무의식적으로 끌어올려 작동시키느냐에 달려 있다.

언어란 단어들의 "의미 있는 소리내기"이며, 단어들 자체는 이미 사유와 "유사한 의미 있는 소리"라는 아리스토텔레스의 시사적인 정의를 고려할 때, 사유는 언어 속에 내재된 정신의 산물을 현실화하는 정신 활동이며, 언어는 어떤 특별한 노력 이전에 정신활동을 하기 위해 들을 수 있는 세계에서 잠정적이기는 하지만 적절한 안식처를 발견한다.

사고와 언어가 동일하지 않음에도 불구하고 사람이 언어적 사고를 할 수 있다는 것은 자기 자신에게 주어진 가능성이다. 우리가 언어를 사용한다는 사실은 우리의 삶에 일종의 형이상학적 충동, 즉 우리 상황을 비판하거나, 일반화하거나 또는 이를 다른 상황과 비교하거나, 또는 이에 관해 이론화하거나 하면서 그 상황의 한계를 벗어나고자 하는 항상적 기질을 가져다준다. 형이상학적 충동이야말로 마음에 생기를 불러일으킨다. 그리하여 경험적 이성을 끝없는 진지한 노력 속으로 끌어들여 마음을 무한한 운동성으로 진입하게 한다. 그것을 우리는 모든 이해관계를 떠난 순수한 열망으로 체험한다. 그때 사유의 초월적 지평인 이념적인 것—그 이념의 작용으로서 진眞, 선善, 미美, 성聖에 접근할 수도 있다. 또한 이러한 마음의 형성과 표현 과정은 자신을 형성하는 것이기도 하다. 따라서 사유하는 사람은 항상 시작의 원리를 부여받은 개시자이고, 세계 자체는 끊임없이 변화한다.

행위 형식으로서의 언어

사람은 목소리로 어떤 사람을 즉시 알아차릴 수가 있다. 또한 목소리를 들으면 그 사람의 인성이나 특징도 파악이 가능하다. 목소리는 그 자체가 신호다. 거짓말하는 자의 목소리는 표현되는 말과 보조를 맞추지 못한다. 목소리는 절룩거리며 말을 뒤따를 뿐이다. 말이란 우선 첫째로 목소리이며 사건이며 그러므로 필연적으로 힘에 의해서 생기는 것이다. 말은 소리라는 물질적인 것이기 때문에 크게 외치는 소리는 주의를 끌게 하여 떨어져 있는 사람들의 노동을 긴밀하게 결합하고 조정할 수 있다. 또 언어가 물질적인 것이기 때문에 처음부터 의성어로 다른 것을 나타낼 수 있었다.

구술문화 속에 사는 사람들은 한결같이 이름이 사물에 힘을 불어넣는다고 생각한다. 무엇보다도 우선 사람은 이름을 붙임으로써 자신이 이름 붙인 것을 지배하는 힘을 갖기 때문이다. 그것은 말에 대한 감각, 즉 말이란 반드시 발화되는 것이며 소리로 울리는 것일 뿐만 아니라 힘에 의해서 발해지는 것이라는 감각과 최소한 무의식적으로 분명하게 결부되어 있다. 왜냐하면 말은 사물을 표시하며, 사물의 지각은 부분적으로 말의 저장에 의해서 조건 지어지고, 지각은 말의 그러한 저장 속에 깃들어 있기 때문이다.

이를테면 일인칭으로 표현된 초기의 비문들에서 그 속에 등장하는 자아는 비문의 저자를 가리키는 게 아니었으며, 돌 자체가 말하는 것이었다. 그 표현 방식은 암묵적으로 독자에 대한 호소, 즉 그 비명에 자신의 목소리를 부여하고 이 목소리를 통해 텍스트를 생존하게 만들라는 호소가 내포되어 있다. 말하자면 소리 내어 읽는 행위를 통해 재생되는 텍스트 속에서 원초적인 사건이 현재화하는 것이기도 하다. 소리가 정신에 깃듦으로써 야기되는 효과들이 있다. 소말리 언어에서 동사의 여러 시제는 단어의 톤이 높고 낮음으로 표현된다. 중국어에서는 하나의 단어가 어떤 성조를 갖느냐에 따라 각각 다른 의미를 띠게 된다. 독일어에서 "Welle(파도)"에 들어 있는 철자 W는 글 속의 파도를 더욱 요동치게 하며, "Hauch(숨결)"에 들어 있는 H는 숨결을 더욱 솟아오르게 한다.

구술문화는 목소리에 의지하는 생활양식을 갖는다. 예를 들어 구술문화에서 물건을 사고파는 것은 오히려 일련의 목소리를 지르는―나아가서는 육체를 사용한 수단, 은근한 결투, 기지의 대결, 그리고 구술적 논쟁에서 하나의 작전 행동인 것이다. 말리노프스키Malinowski가 분명히 한 바와 같이, '원초적인'―즉 구술문화 속에서 사는 사람들 사이에서 언어란 일반적으로 행동의 양식이지 사고를 표현하는 단순한 기호는 아니다.

이를테면 구술문화에서 여러 사태와 축적된 지식은 오로지 그것들이 다소 규칙적인 소리로 표현되고 구전적 시문학의 공연에서 낭송되는 가운데 기억될 수 있다. 기억의 기능들은 시적인 언어, 그 언어의 음향, 리듬, 그것의 공식적인 표현과 의례화를 통해 구현되며, 이 행위들에 관객이 능동적으로 참여한다. 문자가 도입되더라도 오로지 소리 내어 읽는 행위, 말하자면 목소리가 참여하는 상황이 텍스트에 함께 정초되어 있는 것이다. 텍스트는 사람들이 그것을 낭송하지 않으면 불완전한 채로 머무를 것이다.

사람은 자신의 행동과 동일시된다. 행동 속에서 우리는 세상과 자유롭게 또는 어쩔 수 없이 연결되기도 한다. 사람은 자신의 손으로만 행동하는 것이 아니다. 말하는 것도 행동일 수 있다. 사람은 말하는 것에 함께 참여하며 일치될 수 있다. 유교의 윤리 규범인 예禮는 참여자가 일정한 상징 질서에 들어가 그 질서가 요구하는 적절한 언어와 행동을 통하여 다른 사람으로부터 자신이 원하는 반응을 끌어낼 수 있게 하는 장치이다. 사람들은 인간의 상호작용의 체제인 예를 바탕으로 일정한 행동언어의 신호를 교류하는 것이다.

행동언어의 체계로서의 예에서 상호작용을 일으키는 말은 인간이 그의 삶과 세계 속에서 행하는 움직임에 부수하는 사역이다. 말하자면 말들, 보다 일반적 용어로 바꾸어서 언어가 행위의 흐름에 사역을 제공하는 방식에 의해서 언어는 현실의 일부가 된다. 그것은 단어의 의미가 끊임없이 현재에서 나온다는 뜻이기도 하다. 여기서 현재란 몸짓, 목소리, 음조, 얼굴 표정, 그리고 실제로 말해지는 단어에 의해 야기되는 인간적이고 실존적인 전체 환경을 포함하는 것이다.

존 오스틴John Langshaw Austin은 언어 행위를 이론적으로 해석할 때 연기적 성격을 각별히 강조한다. 예를 들어 "너에게 요셉이라는 세례명을 준다"라는 언어 행위는 무엇보다 신체적 연기로서, 그 연기는 말, 언어 행위의 조건과 규칙들뿐만 아니라 그보다 훨씬 더 많은 것으로 이루어져 있으며, 오히려 이름 지어주기의 행위를 나타내는 드라마적 장면으로 드러난다. 오스틴은 사람들이 언어 행위를 할 때 무언가를 말을 가지고 행한다는 점을 정확하게 직관하고 있었다.

사회심리학자 자넷Janet에 따르면, 말은 최초에 명령이었다고 한다. 예컨대 먹이를 쫓는 개의 짖음은 다른 개가 따라오도록 하는 명령의 신호이다. 인간에게 명령이 주어지면 인간은 자신의 행위를 스스로 제한한다. 개가 달리는 동안에 개의 우두머리는 신호를 한다. 그러나 계속해서 신호를 주는 것은 아니다. 그렇지만 그의 부하들은 계속해서 주의를 기울이고 그 행위의 완성에 주의를 기울인다. 이것이 명령의 전형이다. 이처럼 인간의 말도 최초의 명령으로부터 발달해왔고 여전히 명령과 같은 특성을 갖는다는 것이다. 말은 명령으로서의 기원 때문에 가장 강력한 사회적 자극이 된다는 것이다. 특히 낱말은 원래 타인을 향한 명령이었으며, 그 후에 정교한 모방의 역사와 기능의 변화 등등을 겪고, 점차 행동과 분리되었다고 한다.

언어야말로 역사적으로 발전된 신호체계로서 행동을 통제하는 독특한 자극인 것이다. 인간의 행위에 언어가 포함되면서 정신기능의 구조와 흐름이 바뀌게 된다. 이것은 마치 자연을 통제하는 기술적 도구가 있다면 심리적 도구인 언어는 자기 자신이나 타인의 행동 과정을 통제하는 도구가 된다. 이런 뜻에서, 아랑구렌Aranguren은 언어는 표찰들의 한 묶음(paradigm이란 뜻의 언어)이 아니라 공구상자라고 했다.

언어는 행동의 형식이자 삶의 방식이 된다. 행동 형식으로서의 언어는 사람의 행동을 어떤 상황에 연결시켜줄 뿐만 아니라 과거로부터 현재를 거쳐 미래로 연결시켜준다. 가령 언어에 의해, 과거에 무슨 일이 일어났는지 질문할 수 있고, 언어가 기술해주는 과거를 기준으로 현재 해야 할 행동을 결정할 수 있으며, 현재 취하는 행동들이 미래에 어떤 결과를 일으킬지 추리해보게 된다. 바꿔 말하면, 인간의 행동양식은 말에 의해서 상황의 일부를 체현하고, 과거로부터 미래를 향하여 정돈되는 것이다.

문화심리학자인 비고츠키는 언어를 행위의 형식과 관련하여 말하기를, "언어체계의 일부 구성 요소가 개인의 행동을 계획하거나 감독하고 통제하고 조직하고 구성하는 과정이라는 것이다." 인간 상호작용에서 언어는 행동체계를 유지하는 규제력을 갖는다. 엄밀한 의미에서 자기통제와 자기규제는 상당한 차이점이 있다. 사전적 의미로 자기통제란 전체적인 목적을 달성하기 위해 여러 부분을 한 원리로 제약하는 것이고 자기규제란 규율을 세워 제한하는 것이다.

자기통제와 달리 자기규제는 자신의 행동을 스스로가 세운 목표와 계획을 따른다. 엄격하게 자극과 반응(S-R)으로 조직화된 행동과는 달리 자기 규제적 행동은 자신이 형성한 목표나 목적을 성취하기 위해 변화하는 환경에 따라 유연하게 대처한다. 물론 그것들의 근원은 어른과 아이의 의사소통이다. 즉 아이는 먼저 어른에게서 발화된 언어적 명령에 순종하고 발달 과정을 거치면서 개인 간의 심리 활동이 자신의 내적 활동으로 변형된다는 것이다.

내적 언어의 대화적 특성에 대해 미국의 사회심리학자 조지 허버트 미드George Herbert Mead가 강조하기를, "우리가 유일한 구경꾼이고 행위자인 영역, 즉 일종의 내적인 공개 토론장이라 할 수 있는 분야가 있다. 그 영역에서는 우리 각자가 자신과 협의한다. 우리는 어떤 드라마를 수행한다. 만약 사람이 격리되어 물러나 생각을 위해 앉아 있다면 그는 자신과 대화하는 것이다. 그는 질문하고 대답한다. 그는 어떤 사람과 대화하듯이 그의 생각을 개발하고 그러한 생각들을 조직한다. 그는 사실상 다른 사람과 대화하는 것보다 그 자신과 대화하기를 좋아한다." 그에 따르면, 자아는 하나가 아니라 둘이다. 그는 대화를 '자아I'와 '사회적 자아Me'의 관계로 풀어낸다. 자신을 바라보는 사회적 시선들이 내면화된 사회적 자아Me와 행위 주체로서의 자아I의 상호작용이 바로

'나'의 실체라는 주장이다.

언어가 의사소통 기능과 더불어 지시 기능이 있다는 말은 언어가 행동을 규제한다는 것을 의미한다. 따라서 아이는 언어적 사고에 의해 행동이 통제되고 규제됨으로써 자신의 행동의 실천자가 되는 것이다. 그 결과 실천의 질의 커다란 변화, 그 의식의 질의 심화가 언어에 매개되어 형성된다. 이제 아이는 행동을 계획하고 통제하며 그리고 구조화하고 조직하며 감독할 수 있는, 즉 아이는 의도적 활동voluntary activity[12] 을 할 수 있게 된다.

의도적 활동을 한다는 것은 문제를 스스로 해결하고 자신의 행위를 통제하고 평가할 수 있게 되었다는 것을 말한다. 지금까지 행위의 형식으로서 언어에 대해서 살펴본 바에 따르면, 의도된 활동은 인간 영혼의 재산목록에 별개로 존재하는 것이 아니다. 누군가 의도된 활동을 하려고 한다는 것은 소망과 확신, 숙고, 각오 등이 합쳐진 것이 그 안에 존재하며 이러한 내적 구조가 그의 행위를 책임지고 있다는 것을 뜻한다.

이제 아이는 어느 정도 언어에서 배우고 언어에 의해 시간을 뛰어넘어서 무수한 경험을 집중하여 그 위에서 행동하고 사고하는 힘을 얻었다. 아이는 자기에 대한 의식을 가진 존재가 된 것이며, 자기가 행하는 행위를 의식하고 그것을 적어도 어느 정도까지는 스스로 선택할 수 있는 행위로 생각할 수 있다는 것을 의미한다. 이런 점에서, 언어는 궁극적으로 인간의 존재양식을 결정해준다.

---

12. 레빈(K. Lewin)에 따르면, 의도적 활동은 행동의 역사-문화적 발달로서 인간 심리의 유일한 (unique) 특성이라고 한다. 인간이 아주 작은 의도에서조차 비범한 자유를 보여주는 것 그 자체가 놀라운 일이라고 레빈은 주장한다. 이러한 자유는 어린아이나 문맹인에게는 비교적 덜 나타난다. 이것이 매우 발달한 지성보다 의도적 활동이 인간과 동물을 더 명확하게 구별해주는 특성이라고 여기는 이유다. 이에 대해서는 L. S. 비고츠키 / M. 콜 외 지음, 정회욱 옮김, 『마인드 인 소사이어티』, 2009, 학이시습, 53-58쪽 참조.

언어는 우리를 애타게 한다. 애란 창자를 가리킨다. 언어는 꼭 머릿속에서 사고작용만을 돕는 것이 아니다. 그것은 애를 태우기도 하고 가슴을 서늘하게 한다. 한마디로 언어는 우선 우리의 느낌에, 정서에 호소해온다. 느낌이야말로 미래로 지연된 대상체들이나 불확실한 미래에 대한 일차적 체험이요, 지각작용의 시작을 이룬다. 느낌으로부터 오는 일차적 인지를 감지apprehension라고 한다. 감지된 것을 논리화 내지 합리화하여 지식의 체계로 구성하는 것을 이해comprehension라고 한다. 이해는 새로운 행동에 대한 토대를 마련해주고, 미래로 나가게 한다. 미래로 투입된 행동은 새로운 것을 감지하게 한다. 이처럼 느낌과 인식과 행동의 꼬리를 물고 일어난다. 이 순환고리에서 언어는 철두철미하게 인간 심리의 조직을 이룬다고 하겠다.

그런데 미래를 향해 미리 그어진 행위의 선이란 없다. 오히려 여러 방향으로 갈 수 있는 무수한 가능성만이 있을 뿐이다. 행위의 선에서 뻗어나갈 수 있는 가지가 수없이 많다. 무언가를 하기 전에 우리는 생각을 해본다. 그리고 이 생각 안에는 선택할 수 있는 다양한 가능성의 여지라는 것이 내포되어 있다는 것이다. 이제 선택하는 행위를 하여야 하는데, 의지는 다수 중에서의 선택과 관련된 자유를 함축하고 있다. 아렌트는 의지는 미래 지향적인 시간 개념에 기초해 있기 때문에 과거는 의지의 영역을 벗어난다고 한다.

우리가 어떠한 움직임이 하나의 행위라는 가정에서 출발하는 한 그가 행위의 당사자가 될 수 있는 것은 오직 의지가 밑바탕에 깔려 있을 때뿐이다. 의지가 행동을 이끌지 않는다면, 어떠한 상황에서도 선택적 행위를 할 수 없을 뿐만 아니라 그것은 더 이상 자유에 대해서 말할 수 없다는 것을 의미한다. 그것은 어떤 특정 의지가 존재하지 않는 곳에서는 자유에 대해서 말할 수 없다는 것이다. 단, 아렌트는 의지의 특성—부분적이고 개별적인 움직임으로 작동하는 경우 정방향으로 나가려는 의지willing와 역방향으로 나가려는 반의지counter-will의 대립적 속성으로 인해, 예를 들면 조화/갈등, 정지/운동, 선/악 등—으로 인해 난관에 직면할 수 있다는 점을 고려하고, 그 해결책으로서 판단의 중요성을 부각시키고자 하였다.

의지는 근본적으로 자유를 속성으로 하기 때문에 이러한 갈등은 당연하다. 게다가 인간 의지의 신뢰된 행위 능력에 우주적 비관주의가 다시 자리 잡고 악의 근본성이 드높게 주창될 때—예를 들어 그녀가 아이히만 경험에서 겪었던 그 비관주의를 실천적으로 극복할 수 있는 대안을 판단력에서 찾았던 것이다. 아렌트의 판단력은 우리가 사적 욕망과 과도한 목적의식에서 벗어나서 다시 세상과 이웃과 자연을 발견할 수 있는 길이었다. 판단은 상상 속에 나타나는 다른 사람들과 나누는 대화이다. 판단 과정은 타자들의 관점에 설 수 있는 태도인 관심과 배려를 할 수 있는 마음의 확장(열린 마음), 공통감이 필요하다. 특히 인간적인 감각인 공통감은 의사소통의 기본 요소이다.

감정, 정서, 느낌의 구조

아침에 불쾌한 기분으로 깨어난 경험이 있는 사람이라면, 아무런 외적인 원인이 없는데도 기분이 침울해지기만 하는 날이 있다는 걸 알 것이다. 비가 오고 쌀쌀하다는 이유로 화가 나는 날도 있지만, 우산을 챙기고 두꺼운 스웨터를 꺼내 입을 뿐 그런 걸로 기분 나빠하지 않는 날도 있다. 사건들 자체에 담겨 있는 여러 가지 자극들이 우리에게 특정한 감정을 촉발할 수도 있지만 반드시 그런 것은 아니다. 이러한 감정 반응 방식들은 유년기부터 학습한 것으로, 우리 자신은 대체로 전혀 의식하지 못한다. 어쨌든 그 반응들은 우리 자신에게서 생겨난 것이라기보다는 주변 환경을 '모방'한 것이다.

만약 조상들에게 공포의 감정이 없었다면 잘 살아갈 수 있었을까? 우리 조상이 살던 환경에는 여러 가지 위험이 있었는데, 어떤 위험이 있었는가에 따라 각각 특정 공포 감정이 진화한 것이다. 그런데 공포의 감정에서 파생하여 문명화된 시대를 맞이하여 감정의 진화가 일어난다. 그 감정이 바로 '불안'이다. 불안감은 막연한 공포가 지속되는 상태이다. 이런 감정은 반영적 평가를 포함하지 않으며 자동적으로 유발되기에 거의 무의식적이다. 사실 실생활에서 감정과 정서의 구분은 모호

할 뿐만 아니라 호환적으로 사용되고 있다.

문명의 시대가 도래한 이후 장래 예측의 중요성은 점점 더 커지고 있다. 보다 고도의 상상력이 요구되고 있는 것이다. 사람들의 상상력이 높아져서, 지금 바로 직면한 사물 이외의 상상물에 대해서도 막연한 공포 즉 불안감을 갖게 된 것이다. 반면 우리의 생활은 과학기술이나 사회제도에 의해 관리되고 위험은 옛날보다 상당히 감소하고 있다. 하지만 문명화된 마음의 상상력으로 인해 실체가 없는 불안이 엄습해 온다.

예를 들어 대지진에 대한 불안은, 전문가에게 '그 정도의 대지진은 일어나지 않는다'라고 조언을 받거나 건물의 내진 구조와 공사를 하면 어느 정도 해소할 수 있다. 그런데 거기엔 문제가 있다. 실제로 조사해 보니 위험한 것으로 판명됐지만 그 위험에 대처할 수 있는 방법이 없다는 결론이 나오면 오히려 불안 강도는 점점 높아지게 된다. 이러한 경우 사람은 패닉 상태에 빠지는 경우도 종종 있다. 또한 불안으로 인해 어떤 경우는 지나치게 과도한 반응을 하게 되어 대상의 안정성이 입증된 이후로도 불필요한 대응이 계속 이어지는 경우가 있다.

우리는 생각 속에서 거리를 취하고 관여하지 않은 채 머물 수 있는 반면, 몸의 감각은 열린다. 따라서 감정에서는 세상과 세상사에 긍정적이거나 부정적으로 반응하면서 연결되어 있다. 스피노자에 따르면, "인간 정신은 신체를 표현한다." 우리는 늘 주체로서 기쁨·사랑·호감으로, 긴장·기대·희망으로, 또한 미움과 반감, 혐오와 실망, 슬픔이나 불쾌로 참여한다. 실망과 슬픔 그리고 낙담은 호흡 리듬을 좀 더 천천히 만들거나 호흡을 더 얕게 하지만, 기쁨·기대·흥분은 호흡 리듬을 빠르게 한다. 이렇게 감정과 생활 분위기는 계속해서 신체적으로 연결되어 작용하면서 동시에 세상은 우리에게 그만큼 더 다채롭고 의미 있으며 뚜렷해진다.

신체는 외부 관계를 자신의 필연적 조건과 토대로 갖는다. 달리 말하면, 신체의 역량은 외부에 작용하거나 외부의 것을 받아들이는 능력으로 규정된다. 시공간 속에 존재하고 따라서 인과적 그물망 속에 존재할 수밖에 없기 때문에, 신체는 외부와의 관계 및 소통 속에서 구성되고 규정된다. 어찌 보면 감정은 우리의 피부처럼 우리 자신의 내부 세계와 외부 세계의 경계선상에 놓여 있는 것 같다. 그만큼 감정은 우리 내부를 표현해내는 최전선에 선 첨병 노릇을 한다. 우리는 사랑하는 사람을 눈앞에서 보면 저절로 가슴이 뛰는 것을 느끼게 된다. 몸은 이렇게 감정에 빨리 반응한다. 그러면서 몸은 감각의 문이 열리듯 극히 예민해지고 주위의 작은 변화에도 기쁨을 느끼게 된다. 작은 곳에서 찾은 큰 기쁨은 우리의 모든 기능을 더 효율적으로 만든다. 스피노자는 "사랑은 외부의 대상이 주는 느낌과 함께 일어나는 기쁨이다"라고 말한다.

예전에 살던 동네를 우연히 지나가더라도 그 시절에 대한 향수에 빠진다. 그 속에는 우정, 즐거움, 유감스러움 등 다수의 감정이 뒤섞여 있다. 이들 감정 모두는 사회적 맥락 속에서 다른 사람과의 상호작용을 통해 산출된다. 그중 대부분은 신체적 감각을 동반한다. 메를로퐁티 Maurice Merleau-Ponty는 신체적 감각은 언제나 그것이 경험되는 대인관계의 맥락 속에서 이해되어야 비로소 '감정'으로 정의될 수 있다고 주장한다. 동네에 공터나 전봇대 등 물리적 인공물들이 감정의 저장소와 단서로서 수행하는 역할을 한다. 그것들의 앞에 서면 아주 오래전에 특정한 시간에 경험했던 것과 거의 유사하게 동일한 감정적 반응을 불러일으킨다. 생각은 다른 사람들에게 보이지 않지만 감정은 몸을 통해 표현된다. 감정연구가인 폴 에크먼에 따르면 "감정은 우리 안에서 일어나는 일을 다른 사람에게 알려준다."

고대 그리스어 감정pathos의 어원은 '영향을 받다'란 뜻의 'paschein'에서 유래한다. 감정은 어떠한 문제로 마음이 영향을 받은 상태를 의미한다. 아리스토텔레스는 감정이란 외부 대상이나 사건에 대해 우리의 감각이 지각하여 신체적인 변화나 느낌이 발생하는 것이라고 하였다. 그래서 공포의 대상이나 분노의 사건을 접할 때 몸이 떨리고 얼굴이 경직된다. 즉 인간이 그때그때의 상황에 따라 영향을 받는 기분이나 정서 등을 표현한 말이다. 한편 모든 감정과 정서는 그에 상응하는 특정한 심상을 추구한다. 즉 정서는 우리가 특정 순간에 갖게 되는 기분과 어울리는 인상, 생각, 심상을 선택할 수 있는 일종의 능력을 가지고 있다. 이러한 선택과 배제 속에서 나의 '세계', 나에 의해 연결되고 연관을 갖게 되는 사물들의 질서가 구성된다.

그런 정서는 지각된 사태에 대한 좋고/나쁨의 평가를 토대로 일어난다. 우리가 슬픈지 기쁜지에 따라 모든 것이 완전하게 다르게 보인다는 사실은 누구나 알고 있다. 정서는 좋게 평가된 것으로 접근하고 좋지 않게 평가된 것으로부터 멀어지려고 하는 '느낌의 정향성'이다. 예를 들어 두려움은 창백함, 떨림, 목구멍이 타는 것, 호흡과 심장 박동 수의 변화에서 표현될 뿐만 아니라, 두려움을 느낄 때 사람이 수용하는 모든 인상과 머릿속의 생각들이 그를 사로잡고 있는 감정으로 대개 물든다는 사실에서도 표현된다. 겁먹은 까마귀는 숲 덤불에도 놀란다는 러시아 속담이 말해주듯이, 우리가 경험하는 정서의 영향이 외부 대상에 대한 우리의 지각을 색칠한다는 것을 의미한다.

특히 정서적 평가는 언어나 개념을 통한 사유의 매개 없이 즉각적-자동적-불수의적involuntarily으로 일어난다. 정서적 평가 활동은 두 층위에서 일어난다. 하나는 자기보존과 자기안녕이라는 생물학적 시스템에서 비롯되는 것이고, 다른 하나는 사회화 과정을 통하여 학습되고 체인體認된 규범 체계에서 비롯된다. 전자를 일차적 정서 또는 기본 정서라고 한다면, 후자는 이차적 정서 또는 학습된 정서라고 할 수 있다. 『중용』에서 언급한 희·로·애·락 등의 정서가 전자에 속한다면, 『맹자』가 말한 측은·수오·사양·시비의 도덕 감성四端은 후자에 속한다.

철학자 스피노자Spinoza는 충동, 동기, 정서, 느낌을 모두 통틀어 감정이라고 통칭했지만, 뇌 과학자인 안토니오 다마지오Antonio Damasio는—스피노자가 한 말인 "감정이란 신체의 변화인 동시에 그 변화에 대한 느낌이다"에 착안하여 감정을 정서와 느낌으로 구별한다.[13] 우리는 여러 상황에서 육체적 감각과 느낌을 말로 표현한다. 예를 들면 엄습하듯 밀려드는 향수, 흥분과 초조감으로 인한 두근거림, 당혹감으로 얼어붙는 신체와 얼굴에 올라오는 홍조와 발열 등이 그러한 것처럼 신경근육, 호흡기, 심장혈관, 호르몬 등에서의 생리적 증상을 동반하는 신체 변화가 선행한다.

마치 연못 속에 피어난 수련은 태양 빛을 자신의 몸에 한껏 머금고 있는 것이 정서라고 할 수 있다. 즉 정서는 외부 대상에 의해 생겨나는 몸의 흔적이자 반응인 것이다. 다마지오에 의하면 정서는 신체적으로 촉발되는 생물학적 현상이기에 정서의 생물학을 규명하는 것이 가

---

13. 다마지오에 의하면 정서는 신체적으로 촉발되는 생물학적 현상이기에 정서의 생물학을 규명하는 것이 가능하지만 느낌은 생물학적으로 설명될 수 없는 마음의 운동과 연관된다. 정서가 먼저 태어나고 느낌은 그 뒤를 따라 그림자처럼 정서의 뒤를 쫓는다는 것이다. 정서는 몸이라는 무대 위에서 연기한다고 보면 행위 또는 움직임으로 포착된다. 반면 느낌의 무대는 마음이기에 언제나 그 안에 숨어 있어 당사자 외에는 누구도 알 수 없다. 느낌은 '신체 상태에 대한 지각'이라고 정의할 수 있다. 그래서 우리는 기쁨과 슬픔을 느낄 수 있다. 다마지오는 느낌을 신체 상태와 생각 사이를 매개하는 것으로 파악하여 우리는 이러저러한 몸의 이미지뿐만 아니라 동시에 우리 자신의 사고 양식에 대한 이미지를 갖게 된다고 주장한다. 이를테면 슬픔이라는 느낌은 단순히 몸이 아프거나 기력이 떨어진 상태가 아니다. 나아가 우리의 생각도 상실하여 협소한 사고의 주변에 맴돌며 그곳에서 빠져나오지 못하는 비효율적 상태에 있게 된다. 이에 대해서는 심광현, 『맑스와 마음의 정치학』, 2014, 문화과학사, 401-412쪽 참조.

능하다. 심장의 박동은 당신이 의식하지도 못하는 사이에 앞으로의 사랑을 예언해준다. 똑같은 빠르기의 심장 박동이라고 해도 사랑하는 사람을 떠올릴 때 느끼는 가슴 설렘과는 확연한 차이가 난다. 이처럼 느낌은 생물학적으로 설명될 수 없는 마음의 운동과 연관된다. 정서가 먼저 태어나고 느낌은 그 뒤를 따라 그림자처럼 정서의 뒤를 쫓는다는 것이다.

느낌은 모든 심상이 그렇듯 언제나 안에 숨어 있어 그 소유자를 제외한 어떤 사람도 볼 수가 없다. 느낌은 자기 준거적self-referential이다. 즉, 지금 이 순간의 느낌은 나의 느낌인 것이다. 느낌은 어떤 사람이 자기 자신을 인식할 수 있게 해주는 수단을 제공한다. 현존하는 것은 느낌이다. 현재에 머물고 관찰하고 알아차리고 즐길 것은 느낌이다. 다시 말해 느낌은 생물의 뇌 속에서 일어나는 가장 사적인 현상이다. 정서는 느낌에 바탕을 두고 있는데, 느낌은 어떤 대상을 보고 생겨나는 마음의 상태이다. 정서는 행복을 느끼는 일상생활에서뿐만 아니라, 완성도 높은 작품, 애틋한 사람, 깊은 추억 등을 통해 좋은 느낌을 가질 때 그 힘이 강해진다.

느낌은 특정 상태의 신체에 대한 관념idea이다. 이 정의에서 관념이란 용어를 '사고thought' 또는 '지각perception'으로 대치할 수 있다. 느낌의 내용은 신체의 특정 상태에 대한 표상으로 이루어져 있다. 슬픔의 느낌 또는 다른 어떤 정서에 대한 느낌뿐만 아니라 욕구에 대한 느낌 등을 비롯하여 느낌은 진행되고 있는 생명의 상태를 마음의 언어로 번역한다. 깨어 있는 동안 우리는 항상 기쁨, 분노, 공포 등과 같은 특정한 원형적인 정서를 경험한다고는 할 수 없다. 그러나 사람들은 일련의 느낌을 경험하며 이를 감정이라고 한다. 예를 들어 긍정적인 감정은 아침에는 낮은 수준이었다가 오전 중에 점차 증가하여 저녁 6시경을 중심으로 최고조에 달한다고 한다.

몸의 느낌과 움직임에 대한 관심은 윌리엄 제임스William James의 정서 이론으로 거슬러 올라간다. 우리가 어떻게 느끼는가에 대한 제임스의 이론은 다음과 같다. (a) 나는 사자를 지각한다. (b) 내 몸이 떨린다. (c) 나는 두렵다. 제임스에 따르면, "우리가 슬픈 까닭은 우리가 울기 때문이고, 우리가 두려워하는 까닭은 우리가 떨기 때문이다." 달리 말해 신체는 스스로가 정서의 계기를 지각하고 있다는 사실을 지각하며, 이것이 운동(떨림)을 촉발하고, 그리고 하나의 인지적 상태(두려움)로 이름 붙여진다. 혹은 이러한 연속 과정에 대한 들뢰즈의 설명도 있다. (a) 상황에 대한 지각, (b) 신체의 변용, (c) 의식 혹은 마음의 정서.

이것을 다른 방식으로 정리한다면, 정서는 이중의 궤도를 따라 처리된다고 볼 수 있다. 하나는 정서적 반응을 촉발시키는 심적 내용의 흐름이다. 그것은 (a)에 해당한다. 또 하나는 정서를 구성하고 궁극적으로 느낌을 이끌어내는 반응 그 자체이다. 그것은 (b)와 (c)의 동시적 반응에 해당된다. 이 사슬은 정서적 촉발에서 출발하여 정서의 실행으로 이어지고 뇌의 체성 감각 영역의 적절한 곳에 느낌을 위한 기질을 마련하는 것으로 귀착된다.

감정이 자극에 대한 무의식적, 생물학적 반응이라면 정서는 대상 지향적 반응이라고 할 수 있다. 감정적 과정의 의식적 산물인 정서 중 상당수는 공개적이어서 얼굴 표정, 목소리, 특정 행동에 드러나는 정서를 다른 사람이 볼 수 있다. 상대방이 한마디도 꺼내기 전에 그의 팔다리 움직임이나 그 밖의 몸짓—등을 관찰한 후 평가하는 것이다. 몸짓이 얼마나 강렬한가? 얼마나 정확한가? 얼마나 큰가? 얼마나 빈번한가? 그리고 얼굴 표정은 어떠한가? 그리고 상대방이 말을 꺼내면 단순히 단어들의 사전적 의미를 파악하는 것이 아니라 그 목소리의 음조와 운율에 귀를 기울인다. 이와 같이 개인의 행동에서 특별하게 주의를 기울여서 포착되는 것들을 배경 정서라고 한다.

좀 더 확실하게 해두자면, 정서 중 일부는 맨눈으로 볼 수 없지만, 현재의 과학적 탐지 수단, 예컨대 호르몬 분석이나 전기생리학적 파동 패턴을 관찰함으로써 포착할 수 있다. 공포와 두려움, 분노, 혐오, 놀람, 슬픔과 행복 등은 신경생물학적 접근이 가능한 정서들이다. 이 정서들이 중심적인 위치를 차지하는 데에는 그럴 만한 이유가 있다. 이 정서들은 모든 문화에 걸쳐서 인간에게서 쉽게 식별할 수 있으며 인간이 아닌 다른 종의 동물들에게서도 찾아볼 수 있다. 그것은 정서가 모든 동물의 기본적인 생존기제로 작용하고 있음을 반영해주고 있다.

정서를 일으키는 상황과 정서를 규정하는 행동 유형 역시 모든 문화와 종에 걸쳐 상당한 정도의 일관성을 보인다. 특히 공포와 위협은 위험한 상황에 처한 때 재빨리 대응하기 위한 마음의 작용이다. 산을 걷다가 근처의 수풀에 무언가가 움직여 눈길을 보냈더니 초목 사이에서 이빨을 드러낸 멧돼지가 얼굴을 내밀었다고 하자. 위험하다고 생각할 시간도 없이 심장은 두근두근, 등에서는 식은땀이 흐른다. 도망갈지 싸워야 할지 빠른 판단이 필요한 시점이다. 몸이 없으면 마음도 없는 것이다. 정서는 몸에서 일어나는 현상이라면 느낌이 움직이는 장소는 마음인 것이다. 다마지오는 느낌이 몸이 아니라 마음의 영역에 속한다고 해서 그것이 '생각'으로 환원될 수 있다고 보지 않는다. 그는 느낌의 본질이 신체 상태의 표상이기 때문에 신체가 아닌 외부의 표상들로 이루어진 생각과는 구별되는 독자적 기능을 가진다고 본다.

정서적 참여를 일으키는 경험에 대하여 음악학자 판스워스^{P. R.} Farnsworth는 "정서의 구조는 음악의 구조와 비슷하다. 음악은 정서가 느끼는 방식으로 소리를 낸다"라고 말한 적이 있다. 우리는 음악을 통해서 감성의 세계가 어떻게 자극되는지를 체험한다. 이를테면 우리가 부드러운 마음으로 노래하면 부드러운 선율의 노래가 나오고, 부드러운 선율의 노래를 듣는 사람은 부드러운 마음이 된다. 음악에는 음정과 하모니의 비율, 울리는 수의 관계가 존재한다. 작곡가의 상상에서 창조된 음악이 감정의 확장과 심화, 감정의 창조적 재구조화를 통해서 우리를 감동시키고 격동, 흥분시킨다. 우리의 몸 역시 음악적 수의 상태에 따라 구성되어 있고, 몸은 내면의 작품으로서 증명된다.

이미 고대 그리스인들과 르네상스 시대의 위대한 예술가들은 사람의 몸속에 들어 있는 음악적 감수성에 대해 비율 연구를 시도했다고 한다. 이런 '음악적' 힘들이 사람의 신체에 비율을 주고, 이런 작업이 점점 완성되면 하모니와 불협화음, 호감과 반감의 세계, '구성/작곡'이 이곳저곳에서 변형되어 나타난다. 음악에서 보여주듯이 정서와 상상 사이에는 밀접한 관계가 있다. 예술 작품을 포함하여 모든 창조적 상상의 형태는 정서적 요소를 포함한다. 정서는 현실로부터 요소들을 선택하여, 이미지 자체의 외적 논리—예컨대 그들 사이에 외적 유사성이나 근접성에 근거하여 연결되지 않고 공통된 감정이나 공통된 정서적 기호를 통해 연결되고 합쳐진다. 이를 바탕으로 결합된 모든 상상의 구성물이 역으로 우리의 감정에 영향을 미치며, 이 구성물 자체는 현실과 일치하지 않을지라도 그것이 불러일으키는 감정은 실제의 감정, 즉 진정으로 경험되는 감정인 것이다.[14]

---

14. 이 부분은 정서와 예술에 관한 비고츠키의 기본 전제를 확인시켜준다. 그 기본 전제란, 정서에는 감각적 즐거움과 같은 초보적이라고 할 수 있는 일반적 정서뿐만 아니라 그와 차별되는 심미적 정서라는 것이 있다는 것, 예술의 의의는 후자, 즉 심미적 정서를 발생시키는 데에 있다는 것이다. 고등정신기능의 발달을 이끄는 것은 일반적 정서가 아니라 심미적 정서이다. 그리고 심미적 정서가 발생하는 데에는 모종의 특별한 조건이 만족되어야 한다는 점을 위의 내용에서 언급한 음악의 예를 통해 개략적으로 파악할 수 있다. 즉, 음악의 합리적 형식·음정과 하모니의 비율 등이 심미적 정서를 끌어낸다. 이에 대해서는 박현진, 『비고츠키 예술심리학과 도덕교육』, 2010, 교육과학사, 95-112쪽 참조.

한편 마음속 느낌은 감성의 울림이다. 비유하자면 감성은 호수다. 가슴께에 위치한다. 우리가 일상에서 마주치는 온갖 것들이 우리 감성의 호수에 돌을 던진다. 파문이 인다. 이 파문이 느낌인 것이다. 파문이 일으키는 감성적 울림이 느낌인 것이다. 작고 사소한 울림에서부터 크고 거대한 울림까지 다양한 느낌은 반추를 통해 경험으로 축적된다. 감성학적으로 의미 있는 느낌은 미적 범주에 포함된다. 그래서 전통 미학에서는 미적 정서와 일상적 정서의 구별이 중요하다. 일상적인 분노와 분노를 표현한 그림과는 감성적 성격에서 차이가 있을 수밖에 없다. 일상적 상황에서 분노는 그냥 감정의 분출일 뿐이지만 분노를 묘사하는 미적 정서로 담아낸 음악의 형식은 이를테면 감성적 반응의 매듭을 묶는다.

감성학적으로 의미 있는 느낌에 대한 미적 형식은 분노의 자기 체험적 성격을 넘어서서 세상에 열려 있는 가치 지향의 정신이 있다. 의식적 느낌은 두드러진 심적 사건으로 애초에 느낌을 생성시켰던 정서와 그 정서를 촉발한 대상에 대해 끊임없이 주의를 환기시킨다. 느낌은 관련된 신경 지도에 '주의'라는 도장을 꽝 찍어주는 셈이다. 예를 들어서 고조된 행복감의 경우에는 이미지가 빠르게 변화하고 짧은 시간 동안만 주의가 계속되는 데 반해, 슬픔의 경우에는 이미지 생성의 속도가 낮아지고 이미지에 대한 극도로 높은 주의가 나타난다.

느낌은 일종의 지각이며 지각을 형성하는 데 가장 필수적인 요소는 뇌의 신체 지도body map라고 할 수 있다. 이 지도는 신체의 일부 또는 신체의 상태를 명시한다. 쾌락과 통증의 변이가 일으키는 신체에 대한 지각과 더불어 정서와 조화를 이루는 생각에 대한 지각, 그리고 특정 사고방식, 심적 절차의 양식에 대한 지각이 있다. 특히 심적 절차에 대한 지각으로 인해서 생각의 속도가 느려지거나 빨라진다는 사실, 또는 생각에 더 많거나 적은 주의를 기울이게 된다는 사실, 또는 생각이 긴밀한 범위에 있거나 서로 멀리 떨어진 대상들과 사건들을 서술하고 있다는 사실 등을 인식할 수 있다.

큰 낙담을 비롯한 여러 감정들은 우리의 인식과 인지에까지 스며든다. 그럴 때 우리는 폴 에크먼이 말한 바대로 "그 감정에 어울리는 특정한 정보들만을 기억하게 되는" 상황에 빠져든다. 이를테면 어젯밤에 밥통 전기코드 꽂는 것을 깜박 잊은 바람에 평소 습관대로 식사를 하지 못했을 때, 그 짤막한 좌절은 지극히 비합리적인 방식으로 오래가는 어두운 기분으로 옮아갈 수 있는 것이다. 그러면 우리의 왜곡된 인지는 필요한 모든 것을 순식간에 조합하여 멋대로 상상해버린다. 날씨가 마음에 들지 않고, 사람들은 무례하게 쳐다보며, 전철은 너무 복잡하고, 사무실 전화벨 소리는 신경을 긁어댄다. 입고 나온 옷도 불편하다. 나쁜 기분을 촉발한 도화선이 무엇이었는지는 이미 무의미해진 지 오래다. 기분이 우리의 반응을 왜곡하고 제한하는 것이다.

최근에 사고에서 감정의 중요성이 부각되고 있다. 뭔가에 대해서 사고한다는 것은 모종의 욕구, 열망 혹은 욕망, 즉 정서의 요소에 의해 지지된다. 따라서 어떤 관념이든 그것이 순순히 지적 상태로 건조하고 차갑게 지속적으로 존재할 수 있으리라고 믿는 것은 완전히 잘못된 것이다. 사고 과정 곳곳에서 일하는 감정적인 요소가 사고를 조종하는 '표지maker' 역할을 하고 있는 것이다. 좋은 표지가 완성되면 사고가 능숙하게 된다. 감정이 고조되면 기억과 학습의 효과가 향상되는 것으로 알려져 있다.

그런데 그것을 완성시키기 위해서는 상당한 신체적인 훈련이 불가결하다. 이런 점에서 감정적 행동이 상황에 대한 판단과 평가를 중재한다고 볼 수 있으며, 나아가 감정 경험은 지식에 다가가는 본질적이고 통찰력 있는 통로로 간주된다. 진리와 지식 자체는 결코 감정적 기반으로부터 자유로울 수 없다고 할 수 있다. 역으로 감정에는 이성적인 설득에 열려 있는 지적인 면, 즉 인지적인 측면이 있다. 실제로 우리의 감정은 자기 자신이 가지고 있는 믿음이나 기본 전제, 혹은 가치들에 따라 좌우되는 것이 사실이다.

감정 안에서 일어나는 정서적 층위와 느낌의 층위에서의 발생적 관계는 윤리적으로 해석될 가능성을 열어놓고 있다. 다양한 감정들이 개인들에게 행위를 준비하여 상황에 대해 특정한 방식으로 대응하게 한다. 공포의 경험은 사람들에게 스스로를 위험으로부터 보호하게 한다. 희·로·애·락의 정서는 특정 상황에서 주체가 생물학적 존재로서 느끼는 자기보존·자기안녕·갈망·욕구·회피 등의 표현이다. 이러한 정서적 반응이 당면 상황에 적합하지 않은 방식으로 일어나거나 그 표출의 정도가 적정한 수준을 벗어나게 되면, 주체의 심리적 건강뿐 아니라 사회적 관계에도 심각한 장애가 초래된다. 특히 상황에 적합하지 않은 정서를 표출하거나 정서의 표출이 적정한 정도를 벗어난다면, 상황을 해석하는 데 있어 공정성과 객관성의 손상을 초래하게 된다.

감정의 발생적 관계에서 특히 정서적 층위는 다른 인간들에게 영향을 미치고 받는 역동적 관계에서 바라볼 수 있다. 사람들은 혼자 있을 때보다 다른 사람과 함께 있거나 이들과 상호작용을 할 때 더 자주 정서를 경험하게 된다. 그러한 사실은 정서의 상호작용적 속성을 잘 반영해주는 것이다. 사회적 상호작용과정에서 모방, 피드백, 정서적 전염을 통해 정서는 유발된다. 타인의 존재 자체만으로도 정서의 직접적 원인이 되지만, 정서적 전염을 통해 간접적인 영향을 주기도 한다.

정서적 전염이란 다른 사람들이 타인의 얼굴 표정, 말투, 몸짓이나 동작을 자연스럽게 모방하고 일치시킴으로써 타인과 일치를 이루려는 경향성을 의미한다. 우리는 영화 속의 주인공이 괴한하게 쫓기거나 정신적인 충격에서 헤어나오지 못할 때에 마치 자신이 위협을 받고 있는 것처럼 공포와 위협을 느끼기도 한다. 타인의 정서반응에 대한 이러한 모방이나 피드백, 정서적 전염 현상을 통해 한 문화권에서 생활하는 사람들은 동일한 사건에 유사한 정서적 반응을 보이게 된다.

또한 정서가 취약한 사람들은 나쁜 추억과 대상에 집착함으로써 후회와 좌절의 기운을 습관적으로 되풀이한다. 반면 정서가 탄탄한 사람들을 좋은 추억과 긍정적인 대상을 찾아 접함으로써, 고단한 과제들 속에 묻혀 있다가도 잠시 쉬어 짬을 스스로 찾아내어 삶의 활력과 여유를 만들어낸다. 이렇듯 건강한 정서는 맞닥뜨린 문제를 풀어가는 힘으로도 전환되고, 고달픈 삶을 따뜻이 위안하는 온기로도 바뀌며, 당장의 곤란 속에서도 바탕에 깔린 자긍심을 잃지 않고, 주저하지 않는 자기 주도적인 삶을 영위하게 한다.

하이데거는 현존재[15]가 일상적 삶 속에서 세계와 불가분리의 관계를 맺고 있음을 '세계 내 존재'라는 개념을 통해 표현한다. '세계 내'라고 했을 때, 이를 물리적인 공간적 규정으로 이해해서는 안 된다는 것—즉, 물이 컵 안에 있고, 옷이 옷장 안에 있는 식으로 어떤 공간적 의미로 '내 존재'를 이해해서는 안 된다. 하이데거는 여기서 내 존재를 공간적인 의미에서가 아니라 그 어원에 따라 '익숙하다', '친숙하다', '거주하

---

15. 하이데거가 인간의 있음을 정의하는 말이 '현존재'(Dasein, 거기 있음)이다. 현존재는 그것이 언제나 '나의 것으로서의 성격'을 가지고 있다. 우리는 일상 속에 살면서 자신의 존재에 대해 언제나 질문을 하며 새로운 자기 자신의 가능성을 향해 끊임없이 태도를 결정한다. 그러한 삶은 언제나 특정한 정서 또는 기분 상태에 놓여 있게 된다. 그렇기 때문에 사물이나 도구처럼 정의될 수 없을뿐더러 스스로를 어떤 것으로 선택해야 할 존재이고 그리고 이 선택에서 열려 있는 존재이다. 하이데거는 거기(Da)를 열림의 권역이자 드러남의 장이라고, 어떤 것을 '현상'으로 현시할 수 있는 열림의 장이라고 해명한다. 그리하여 사람은 자기의 삶을 선택하여 살게 된다. 이때 선택한다는 것은 자신의 존재 방식 전체를 스스로 결정한다는 것이다. 이에 대해서는 김우창, 『기이한 생각의 바다에서』, 2012, 돌베개, 174-177쪽 참조.

다', '체류하다' 등의 일상적인 의미에 근거해 규정하고자 한다. 가령, 내가 집에서 편안함과 안락함을 느끼고 있을 때, 나는 이 집을 정서적으로 친숙하고 친밀감 있게 경험하고 있는 것이다. 현존재가 세계-내-존재의 방식으로 있을 수 있는 것은 친밀감이 바탕이 된 정서적인 '마음씀Besorgen' 혹은 '염려Sorge'의 방식인 것이다. 세계-내-존재는 우리가 이 세계를 하나의 인식적 대상으로 보는 것이 아니라 실천적인 일상적 삶의 세계로 받아들임으로써 친숙감과 친밀감을 가지고 정서적으로 느끼는 세계라는 데 그 핵심이 있다.

하이데거는 모든 사는 방식은 삶의 가능성의 범위 안에 있다고 한다. 어떤 체험이나 사물을 감각적으로 재현한다고 할 때, 그 체험이나 사물의 재현은 불가피하게도 단편적일 수밖에 없다. 그러나 우리는 인식이나 활동을 하기 전에 이미 문화 역사적으로 구성되어 있는 사물의 체계 또는 세계 속에 산다. 비록 시작은 단편적인 체험이나 사물의 감각적 재현에서 출발하지만 그 자체로 그치는 것이 아니다. 그것은 사물에의 소유와 변형, 제작 과정에서 감정과 감각의 풍요를 추구하면서 세계의 테두리에 대한 이해에 연결되게 된다. 이것은 감각적인 움직임을 통해서 드러나는 풍부한 삶에 대한 갈구이기에 그것이 세계의 테두리에 접근할 수 있게 한다는 것이 무엇보다 중요하다. 또한 풍성한 감각적 재현이 중요한 또 다른 이유는 상투적 재현에서 벗어나 사물의 실감을 환기시켜 현실감각을 예민하게 해주어 세계의 테두리를 섬세하게 느끼게 해준다는 점이다.

공감은 의사소통의 주관적 조건

감정은 상황에 대한 개인들의 판단에 의거한다. 그러면서도 감정은 개인이 타자와 갖는 상호작용의 불가피한 일부로 간주된다. 긍정적 감정은 개인적 만족을 달성하겠다는 측면도 있지만 동시에 사회적인 역할도 한다. 긍정적 감정은 점점 더 크게 집단 차원의 생존에 기여하게 되었다. 집단의 멤버가 즐겁다는 것, 이 또한 집단의 협력이 촉진되기 때문이다. 모두가 즐거우면 활기차게 일할 수 있게 된다.

특히 인간이 지닌 타인과의 공감대가 이러한 경향을 더욱 촉진시킨다. 당신이 즐거우면 나도 즐겁다는 공감이 진화한 것이다. 공감은 특정 사람과의 사이에서 일어나는 현상이다. 특정한 사람에게 사랑과 우정을 품고 있는 경우, 당신이 이익을 얻으면 내가 얻는 것과 같다는 심리적 구도가 성립한다. 이 결과, 당신이 즐거우면 나도 즐겁다는 마음이 생기게 된다. 이처럼 공감은 타인의 느낌을 느끼는 것이다. 공감은 상대방의 기쁘거나 슬픈 감정에 호응하는 제3자의 감정이다. 타인의 감정은 그 사람의 정서 표현을 그대로 흉내 낼 때 제대로 이해된다.

아도르노가 말했다시피, "인간은 다른 인간을 모방함으로써 그제야 비로소 인간이 된다." 즉, 정신적 존재가 된다. 인간에게 모방 행위가 불가능하다면 그 어떤 것도 느낄 수 없었을 것이다. 예를 들어 무대 위에서 일어나는 배우의 감정 변화를 자신의 경험처럼 느낄 수 있는 심리적 모방 행위가 없다면 비극을 통한 '카타르시스'는 불가능하다. 공감 능력이란 바로 이 정서 모방 능력을 뜻한다. 서로의 생각이 다르고 감정이 공감되지 않으면 결국 우리는 벽에 대고 이야기하는 꼴이 된다.

자폐적 행동의 발생도 사고 및 언어기능 장애와 결부된 인지적 결함에서 오는 것이라기보다는 정서적 현존에 대한 아이의 부족한 감응 능력이 결정적인 원인이라고 할 수 있다. 정서적 측면을 고려하는 자폐증에 대한 연구 결과들을 마르틴 도르네스Martin Dornes는 다음과 같이 요약한다. 자폐아는 "감정적으로 적절하게 감응할 수 없기 때문에 세계에 대한 자신의 관점에 붙잡혀 있고 다른 관점을 배우지 못한다. 그는 얼굴 표정에서 신체의 움직임에서 의사소통적 몸짓에서 표현되는 태도들을 보지 못한다. 아니, 보다 정확하게 말해서 느끼지 못한다. 그는 그러한 표현의 표출적-정신적 내용에 대해 혹은 사람들이 또한 말하듯이 그러한 표현들의 의미에 대해 눈멀어 있다. 자폐아는 그러므로 인지적 결함 때문에 '정신적 맹인'인 것이 아니다. 그는 우선 감정적 맹인이기 때문에 정신적 맹인이다.

부모의 자식에 대한 공감은 말할 것도 없고, 친구나 지인 간에서 이루어지는 공감이 관계의 유대를 위해 얼마나 큰 역할을 하는지는 굳이 언급할 필요가 없다. 뇌과학에서는 이 공감 능력이 '거울뉴런'의 작용이라고 설명한다.[16] 이 신경세포는 '타자를 자기에게 비추어 이해한다'는 뜻을 담고 있다. 거울뉴런의 기능으로 타인의 행동이 마치 자기의 행동처럼 느껴지게 된다. 타인을 흉내 내는 습성으로 인해 공감은 모든 사람과의 사이에서 자동적으로 일어나는 동조 현상이라고 할 수 있다. 주위의 사람이 즐거워하고 있으면 나도 왠지 즐거워지는 법이다.

사람들 사이의 만남은 이러한 공감, 이해, 상호주관성 없이는 만남이 가능하지 않다.

공감은 합리적인 의사소통이 이루어지기 이전에 타인의 내면을 체험하고 느끼는 것이다. 타인도 나와 같은 인간으로서 동일한 감정을 지니고 있음을 확인하는 것이 공감이 지닌 긍정적인 역할이다. 바로 이를 통해 타자와의 유대감과 친근감이 형성됨은 쉽게 짐작할 수 있다. 그러나 어려운 것은 타인의 내면과 심리상태를 제대로 알 수 없는 상태에서 타인에 대한 이해가 어떻게 가능한가를 밝혀야 한다는 것이다.

사실 원칙적으로 보면 인간으로서 타인의 내면을 정확히 파악하기는 불가능하다. 그럼에도 불구하고 우리는 여러 정황으로 타인의 심정을 불완전하나마 이해할 수 있다. 공감 상태는 인지를 통해 이루어진다. 심리학에서 공감에 대한 관심은 주로 '타인의 마음을 어떻게 알 수 있는가?' 하는 인지적 관심에 의해 주도되어왔다. 인지과학자들은 공감을 하나의 도구적 가치로 간주하여 공감이 사회적 관심을 높이고 적절한 사회적 관계를 유지하기 위해 다른 사람에게 취하는 조치라고 본다.

우리는 타인의 내면상태에 대해 더불어 느끼는 인간의 능력이 있음을 부인할 수는 없다. 아이들은 기초 수준의 공감과 관심 능력을 지닌 채로 태어난다. 갓난아기와 부모가 자연스러운 웃음을 나누는 것은 갓난아기에게 다른 이의 인간성을 인식할 준비가 갖추어졌음을 보여주

---

16. 1990년대 초에 발견된 거울뉴런은 모방을 담당하는 것으로 추정되는 뉴런인데 우리가 머릿속으로 어떤 행동을 생각하기만 해도 충격을 내보낸다. 이 뉴런은 인간의 언어 습득에 어떤 역할을 하는 것은 틀림없어 보일 뿐 아니라 거울처럼 타인의 정서적 상태를 흉내 내는 신경생리학적 기제이다. 원숭이의 뇌를 연구한 결과, 자기가 식사를 할 때 흥분하는 신경세포의 일부가 남의 식사를 하는 것을 보는 것만으로도 흥분하는 것이 밝혀졌다. 친구가 매운 음식을 먹었다고 하는 말을 듣는 것만으로도 입안에는 군침이 돌게 되는 현상이 그러하다. 이에 대해서는 양해림, 『해석학적 이해와 인지과학』, 2014, 집문당, 151-159쪽 참조.

며, 매우 이른 시기에 갓난아기는 자신이 그것을 인식한다는 점에 기뻐한다.

피아제에 의하면, 어린아이들은 발달 과정에서 사회관계를 수립하기 위해 다른 사람의 '마음을 읽는' 일에 점점 능숙해진다고 한다. 발달심리학에서 공감 능력은 영·유아기 시절부터 형성되어 나이가 들어가면서 점차 발달한다고 본다. 특히 유아기 시절에는 부모 또는 양육자와의 정서적 밀착감과 유대감이 향후 건전한 공감 능력의 형성에 결정적 역할을 한다. 공감은 피아제의 생성구조적인 접근 방식과 연관 지으려는 사회적 행위 능력의 발달이론에서 중요한 범주이다. 소통의 공감적 양식들은 언어적 양식들과 함께 존속할 뿐 아니라 거기에 깃들어 적극적으로 그것들을 구성한다. 공감적 양식들은 소통의 미발달적이고 유아적인 그리고 소위 원시적인 방식이 아니라 오히려 언어적 소통의 본질적 필요조건이며, 함께 작업하는 협력자이다.

비고츠키의 경우에도 생후 1년 동안의 아이에게는 웃음, 옹알이, 제스처 등을 통해 정서 방출 기능과 사회적 접촉 기능이 나타난다고 한다. 이때의 움직임, 소리, 리듬은 모두 상징적 언어 소통보다 앞서며 언어 소통에 원형을 제공한다. 언어적 대화는, 그것이 전적으로 대신할 수도 대체할 수도 없는 비언어적 행동의 리듬에 공식적으로 입각해 있다. 움직임, 소리, 리듬은 언어의 퇴화 흔적도 아니고 무조직의 부속물도 아니다. 이는 언어가—의미를 만드는 그 과정에서—리듬과 움직임과 함께 내포되어 있는 방식을 생각해보면 명확하게 표면에 떠오른다.

타인에 대한 진정한 관심을 기울이는 능력은 놀이를 통해 타인의 경험이 어떤 것인지를 상상할 줄 알게 되면서부터이다. 아이들은 자라면서 다른 사람과 더불어 살고 다른 사람을 인정하며 다른 사람에게 관심을 보이고 다양한 사회적 상호작용에도 참여할 수 있어야 한다. 다른 사람의 처지를 상상할 줄도 알아야 한다. 공감은 다른 사람이 경험하고 있는 것을 존중하는 마음으로 이해하는 것을 말한다. 정확히는 인간 간의 일대일 관계에서 이루어지며 인간 간의 정서적 관계를 매개로 한다.

그런데 불가피하게도 개인은 모나드이다. 감정을 느끼는 촉수는 개인 단위로 이루어져 있다. 감각을 느끼는 촉수를 개별적으로 갖고 있는 두 개의 모나드가, 동시에 같은 감각을 느낄 수 있는 공감의 순간이 있다. 인간의 존재 방식이 근원적으로 개별적인 것을 깨닫고 있는 사람에게 공감의 순간은 더 크게 느껴진다. 그러나 공감의 기쁨은 상대방의 호들갑스럽고 때로는 과장되어서 진심을 믿기 어려운 과장된 리액션이 보장해주지 않는다.

버크Edmund Burke에 따르면, 공감은 "이를 통해 우리가 다른 사람의 위치로 옮겨, 여러 측면에서 그가 느끼는 대로 느끼게 되는 일종의 자리바꿈"이다. 몇몇 작가들은 작중 인물이 되어 글을 쓰고 있는 것처럼 느꼈다고 말한다. 공감은 타인의 상태에 대해 무관심한 방관자로 남지 않고 더불어 느낌으로써 정서적 교감을 갖는 것이다. 그래야 비로소 하나의 인격체로서의 너에 대한 도덕적 자각을 할 수 있게 된다. 이는 타자를 관심과 존중을 받을 만한 가치가 있는 존재로 지각하는 것을 말한다.

우리는 다른 사람이 자신을 어떤 말로 표현하든 상관없이 그들이 무엇을 관찰하고, 느끼며, 필요로 하고 있는가를 들을 수 있어야 한다. 이는 연민이나 사랑과 같은 특수한 감정과 같은 것이 아니고, 타자에게 향해지고 타자를 존중하는 관심의 느낌을 가질 수 있는 기본적인 능력을 뜻한다. 이 능력은 정신적 행위자로서의 다른 사람과 감정이입하고, 그들의 관점에서 사물을 보고 느낄 수 있게 되면서 발생하는 것이다. 타인의 내면으로 들어가서 느낀다는 뜻의 감정이입의 본질은 다른 사람이 되어보는 것이다. 감정이입은 자신을 대상과 동일시하며 완전히 결합하려는 태도이다. 감정이입을 이해하는 열쇠는 다른 사람의 몸과 마음을 통해 세계를 지각하는 법을 배우는 데 있다.

미메시스로부터 공감 및 감정이입에 이르기까지 인간은 서로 흉내를 낼 수 있기 때문에 소통할 수 있다. 우리가 말하는 사람의 느낌과 욕구, 그것을 통한 어떤 연결 가능성에 대해 감을 잡지 못하면 그 대화는 생기가 빠져나가버린다. 이럴 때 우리는 상대방과 생동감 있게 대화를 나누지 못하고 도리어 자신이 그들의 말을 담는 휴지통처럼 느껴지기도 한다. 철학자 마르틴 부버Martin Buber는 말하기를, "감정이입은 자신의 느낌을 가지고 어떤 대상, 예컨대 기둥이나 수정 혹은 나뭇가지, 심지어는 동물이나 사람들의 동적인 구조 속으로 미끄러져 들어가고자 하는 것이며, 스스로의 근육감각을 통해 대상의 짜임새와 움직임을 이해하여 그 구조를 내부에서부터 추적하고자 하는 것이다. 감정이입은 자신의 위치를 '여기'에서 '저기'로, 혹은 '저 안'으로 옮겨놓고자 하는 것이다."

이처럼 정서적 공감으로서의 감정이입은 타자와 일치하려는 일종의 윤리적 노력이다. 감정이입은 나와 타자 사이의 근원적인 접촉을 가능케 한다. 이해도 안 되고 받아들이기도 거북한 타자의 타자성에도 불구하고 타자를 나와 같은 존재로 이해하고 전적으로 받아들이겠다는 일종의 실천적, 윤리적 의지의 표현이다. 이제 감정이입은 모든 인간의 포용 내지 인정이라는 대과제를 정당화하기 위해 하나의 발판이 된다. 바로 그럼으로써 감정은 이제 윤리적 영역으로 진입하게 된다. 타자와의 관계에서 감정의 발생은 우리의 의지에 의해 능동적으로 접근해야 할 성질의 것이 아니라 일종의 타자에 의한 '침입' 또는 '사건'으로 규정된다. 타자는 우리가 스스로 찾아가야 할 대상이라기보다는 타자의 요청 내지 자극에 따라 단지 "우리가 응답해야 할 어떤 것"으로서 윤리적 책임성을 일깨운다.

인간관계에서 공감은 우리가 다른 사람에게 가진 선입견과 판단에서 벗어난 후에야 비로소 가능해진다. 그러나 공감에 필요한 존재 상태를 유지하는 것은 쉽지 않다. 공감의 열쇠는 바로 우리의 존재이다. 우리는 공감하는 대신 상대방을 안심시키고 조언을 하고 싶은 강한 충동을 느끼거나, 우리의 견해나 느낌을 설명하려는 경향이 있다. 이와 달리 공감은 상대방이 하는 말에 우리의 모든 관심을 집중하는 것이다. 그리고 상대방이 자신을 충분히 표현하고 이해받았다고 느낄 수 있는 시간과 공간을 주는 것이다.

마르틴 부버는 삶이 우리에게 요구하는 이러한 '현존'에 대해서 이렇게 설명한다. "서로 비슷한 점이 많음에도 불구하고 삶이 매 순간은 항상 새로 태어난 아기와 같이 이전에도 없었고, 절대로 다시 올 수도 없는 새로운 얼굴을 가진다. 그래서 삶은 당신에게 미리 준비할 수 없는 순간순간의 반응을 요구한다. 과거의 그 어떤 것도 요구하지 않는다. 그것은 지금 이 순간에 반응할 수 있는, 바로 당신의 존재 그 자체를 요구한다." 우리는 공감적인 직관 혹은 감정이입을 통해서 새로운 이해를 얻을 수 있다. 그것을 이용해 우리는 자신을 어떤 대상의 내부로 옮겨놓을 수 있으며 거기서 우리는 문제 속으로 들어가 그 문제의 일부가 되어 대상의 말로 표현할 수 없는 특질과 공존하게 된다.

애덤 스미스Adam Smith는 『도덕감정론』에서 공감이 왜 단순한 모방과는 다른가를 잘 보여주고 있다. 즉 애덤 스미스에 의하면, "우리가 혼자서 책이나 시를 읽을 때 어떤 즐거움도 발견할 수 없을 때가 종종 있다. 하지만 친구에게 읽어줄 때 즐거울 수 있다. 친구에게 시를 읽어주는 행위는 신기하게도 대단히 매력적이다. 우리가 친구에게 책을 읽어줄 때 친구가 놀라워하고 경탄하는 것에 우리는 자연스럽게 빠져든다. 그러나 책을 읽는 행위가 우리에게는 더 이상 자극적이지 않다. 우리는 책이 우리에게 드러내는 것보다는 친구에게 비쳐지는 관념들을 숙고한다. 그래서 우리는 이와 같이 우리 자신에게 생기를 주는 친구의 즐거움에 공감함으로써 즐거워한다." 이때 사람들이 타인에 대해 느끼는 공감은 내면화된 공평한 관찰자의 존재에 의해 도덕을 설명한 것이었다. 공감은 이기적인 개인들 사이의 사회적 관계를 규제하는 역할을 수행한다.

감정은 우리를 다른 사람들과 묶어주는 관계적 또는 상호주관적 현상이다. 도덕감정은 개인이 타자와 갖는 상호작용의 불가피한 일부로 간주된다. 애덤 스미스가 제안한 공적 감정으로서의 도덕감정은 타자 공감을 출발로 하여 스스로를 수치스러워하고, 죄스러워하고, 경멸하고 분노하는 감정들을 복합적으로 지니고 있다. 수치심, 죄책감, 당혹감과 같은 감정들은 사회질서를 유지하고 사회관계를 뒷받침하는 수행적 역할을 한다.

셰프Scheff가 말하기를, "자부심은 완전한 유대의 신호이다. 반면 수치심은 끊어진 또는 절멸될 위기에 있는 유대이다." 이렇게 도덕감정은 타자 지향의 공동체 의식을 바탕으로 형성된 복합 감정체이기에 자신과 타자를 제3자 입장에서 성찰하는 공감, 배려, 호혜 등 사회 연대의 기초를 이루는 감정이 되기도 한다. 도덕감정의 타자 지향적 성격, 즉 대자적이고 공동체적인 속성 때문에 기본적으로 이 감정에는 공동체에 대한 부채와 감사 그리고 이를 수행하지 못하는 것에 대한 죄책감이 하나로 얽혀 있다.

공감은 사회적 상호작용을 통해서 공유된 어떤 생활방식들을 획득하면서도 일어난다. 좋든 싫든 간에 일상생활 속에서 자기를 둘러싼 세계에 대해 느낀 것, 지각한 것, 생각한 것을 기준으로 삼고, 이것을 공감의 토대로 삼아 출발점으로 하지 않을 수 없다.[17] 물론 특이하고 감각적으로 지각할 수 있는 세계의 속성은 우리의 오감에 각기 조응한다. 우리가 시각을 가지고 있기 때문에 우리의 세계는 가시적이고, 우리가 청각을 가지고 있기에 가청적이며, 우리가 촉각과 후각과 미각을 가지고 있기에 세계는 가촉적이고 냄새와 맛으로 가득 차 있다. 그런데 우리의 감각들이 서로 번역될 수 없다는 사실—소리가 보일 수 없고, 모습이 들릴 수 없는 등—은 감각의 두드러진 특이성에 포함된다. 이러한 오감에 바탕을 둔 감성의 원리는 인간과 인간, 인간과 동물, 인간과 사물, 인간과 자연의 상호 침투적 관계성의 회복을 활성화시킬 수 있다. 그것은 우리들의 감수성과 감정이 왜곡과 억눌림 없이 잘 표현되고 발휘될 수 있게 자유로운 세상과 만날 수 있도록 하는 정치적 과업과 윤리적 의무에 이르는 길을 열어준다.

칸트에 따르면, 이 감각들은 느낌의 능력인 공통감각common sense에 의해 결합되며, 이러한 이유 때문에 공통감각은 가장 훌륭한 감각이다. 공통감각은 "오감의 모든 대상에 확장되는 일체의 능력이다." 즉, 인식을 위한 사변적 관심에서 대상형식에 관계하지 않으며 오직 능력들의 활동을 위한 주관적 조건만을 표현할 뿐이다. 그것은 사실과 체험의

---

17. 현상학자 후설(Edmund Husserl)은 이것을 '공감적 지각'(comprehension) 때로는 공통 감정(empathy)이라고도 표현한다. 이것은 직접적 목격의 사물 지각을 토대로 자연스럽게 이루어지는 '타인 지각' 또는 '다른 정신에 대한 지각' 작용을 가리킨다. 다른 사람은 나를 향해 단순히 하나의 몸으로서 저기에 존재하는 것이 아니라, 그의 정신을 또한 스스로 나타내 보여준다. 나는 다른 사람의 말을 듣고 그의 얼굴을 보고, 그러저러한 의식적 경험과 작용들을 짐작하게 되고, 이러저러한 방식으로 나의 행동을 정한다. 또한 공감적 지각은 서로 함께 지각하는 작용을 말한다. 우리를 둘러싼 사물들은 우리들의 직접적 목격에 의해 "우리들을 향해 있는 것"으로 지각된다. 뒤에서 설명되겠지만 후설은 이 공감적 지각을 통해 생활세계를 구성해낸다. 이에 대해서는 김홍우, 『현상학과 정치철학』, 1999, 문학과지성사, 262-264쪽 참조.

세계인 삶의 구체적 실감을 우리에게 그대로 환기시킨다고 할 수 있다. 삶이란 감각적, 실천적 체험의 혼란스러운 복합체가 만들어내는 세계이다. 그런 삶을 주재하는 공통감각은 무질서하게 흩어져 있는 사실과 체험들을 묶어서 질서를 주고 의미를 부여한다.

칸트는 상상력, 지성, 이성이라는 세 가지 활동 능력 사이의 모든 일치의 결과인 공통감각이라는 주관적 원리를 강조한다. 공통감각은 타고난 심리적인 것이 아니라 모든 소통 가능성의 주관적 조건이다. 인식은 공통감각을 함축한다. 공통감각 없이는 인식은 소통될 수 없고 보편성을 가질 수 없다. 공통감각에 의해서 우리는 능력들이 선한 본성을 가지고 있다는 이념, 능력들이 서로 일치할 수 있도록 해주고, 조화로운 균형을 형성하도록 해주는 건전하고 올바른 본성의 이념을 포기하지 않을 것이다.

그런데 공통감각에 조응하는 세계적 속성은 실재성인데, 이 속성의 난점은 그것이 다른 감각적 속성과 같이 지각될 수 없다는 것이다. 실재성의 '감각'은 엄밀히 말해, '외부 자극에 의한 감각지각'은 아니다. 퍼스Peirce에 따르면, 실재는 "우리가 그것을 이해한다고는 확신할 수 없더라도 그것은 거기에 있다." 왜냐하면 완전한 대상성의 '감각지각'인 실재는 개개의 감각에 의해 나타나는 단일한 대상들의 맥락뿐만 아니라, 현상으로서 우리 자신이 다른 현상적 피조물들 사이에 존재한다는 맥락과 연계되기 때문이다. 다시 말해 모든 것들은 상호 연관되어 있고 공통감각에 포착되는 사건들은 서로를 비추며 순간순간 변하는, 그러면서도 일정한 한계 속에서 다양성을 드러낸다. 그래서 실재의 참된 의미는 변화와 다양성으로 존재할 뿐이라고 할 수 있다. 그런 실재를 대하는 우리의 사고는 다각적이고 우회적인 지적 모색의 과정을 경과할 수밖에 없다.

공통감각은 대상화하기도 이론화하기도 어려운, 일상 세계의 지식으로 간주된다. 대상화하거나 이론화하기가 어렵다는 것은 그만큼 일상 세계가 우리들에게 가까이 있고, 기본적elemental이고 근본적이라는 말이다. 즉 원초적 체험의 구체적 실감을 그대로 드러내준다. 그런 공통감각은 우리가 모든 사람에게 전달할 수 있고 모든 사람들에게 타당하다는 가정을 전제한다. 그것은 개인적인 체험 그 자체를 개개인의 삶을 넘어서서 전체로 닿아 있는 것으로 파악하기 때문이다. 거기에는 일관되어 있는 원리 '개념 없는 보편성의 원리'가 작용하고 있다는 것이다. 그렇기 때문에 각기 개별적인 체험이 이렇게 저렇게 만나서 일치할 수 있는 것이다.

가다머는 공통감각이 공동체에서 대화, 소통과 함께 진행된다고 말한다. 말하자면 공통감각은 다른 사람과 공통적으로 갖고 있는 감각인 것이다. 일상의 삶과 공동체의 삶에서 길러지는 공통감각은 인간간의 관계 맺음에서 기초적으로 길러지는 상식인 것이다. 이것은 인간 간의 관계 안에서 타인의 존재가 전제되어야 하는 것이다. 그러므로 가다머에게 대화는 소통을 통한 공통의 언어와 공통의 판단에 의해 공감의 변증법으로서 새로운 존재로 생성해가는 것을 말한다. 가다머에 따르면, 이미 공감은 무엇을 이해하고 이해하지 못하는 측면이 아니라 '이해된 이해'로 나의 삶에 하나로 지평융합을 이루어나가는 것이다. 따라서 공감은 나를 이전과는 다소 다르게 새로움을 앞에 세우게 한다.

우리는 그러한 공통감각에 대하여 그것의 형성원리를 새롭게 물을 필요가 있다. 나카무라 유지로에 따르면, 공통감각의 문제는 오감(모든 감각)의 통합 방식과 관련되어 있는 문제이다. 즉, 공통감각은 특별한 감각기관을 가지지 않는다. 공통감각의 수용기관은 몸 내외부의 공간 전체이며, 그곳으로부터 지각신경들이 뇌와 척수로 이어질 뿐이다. 이

점에서 촉각은 공통감과 유사하나, 촉각의 지각기관은 몸 전체가 아니라 몸의 표면, 특히 손가락 끝이나 입술처럼 촉각 신경이 가장 많이 분포된 곳들이다.

공통감각은 인간과 세계를 근원적으로 이어주는 통로와 같은 감각 수용 능력이다. 지각은 본래 개개의 사물보다는 전체 세계, 즉 그 사물을 포함하고 우리를 둘러싼 세계를 대상으로 삼는다. 설령 개개의 사물을 지향하는 경우에도, 그와 같은 '세계'라는 지각을 지평으로서 자연히 포함하고 있다. 따라서 감각은 지각을 통해서 우리의 과거 경험과도 결부되고 세계라는 전체성과도 결부된다. 이런 관점에 서면, 모든 인간적 활동의 바탕에 하나의 감각 수용 능력이 있음을 인정하지 않을 수 없다. 유동적인 현실에 밀착하여 그것을 이성적인 질서 속으로 거두어들이려고 한다면 그것은 삶에서 느껴지는 현실감의 핵심을 이루는 지각 작용을 통해서 이루어질 수밖에 없다.

공통감각은 모든 인식 능력을 매개함으로써 각각의 인식 능력에 공명하고 그것을 화해시키며, 그 균형과 조화를 담당하며, 또한 인간과 인간, 인간과 사물을 묶어주는 전달자가 된다. 감각 수용 능력을—현실과 접촉하는 인간의 생명 기능으로서—세계와의 공감적 전체 관계로 이해하게 된다면, 감각, 감정, 의지, 지성 역시 모두 전체적인 관여 작용의 부분적 측면으로서 각각 의미를 지니게 되는 것이다. 그렇다면 공통감각은 단지 일상 경험의 안정되고 고정된 자명성 아래에서만 성립하는 것이 아닐뿐더러 오히려 공감적 직관은 종합적이고 전체적인 감득력으로 그러한 자명성의 바탕까지도 문제 삼는 것이다. 즉 자명성의 근거까지 파악한다.

공통감각으로서의 취미는 대상의 형식, 즉 대상이 지니는 의미나 가치를 감지하거나 식별하는 감성적 능력을 가리킨다. 이를테면 취미는 구체적인 사례들 중에서 어떤 것이 진인지, 선인지, 미인지, 성인지를 식별해내는 감각인 것이다. 취미의 관점에 보면, 일상 경험은 당연한 것이면서도 다른 한편으로는 자명성의 지평을 만들어내는 점에서 자명하지 않은 것, 당연하지 않은 것을 감추고 있다. 결국 공통감각은 나와 너에게 새로운 생명력을 불어넣어줄 수 있는 활력소임이 분명하다. 이것은 자신의 능력을 최대한 발휘할 때의 모습을 기술하고 있는 것이다. 이것을 칸트는 반성적 판단력이라 하는데, 그 의식 속에 희미하고 막연하게 지각되는 그 무엇, 그러나 언설로 형언할 수 없는 그 무엇을 자연의 합목적성이라고 한다.

자연의 합목적성이 의식에 포착된 상태에서 무엇인가가 판단된다면 그때의 판단은 결코 개념에 의한 판단이 될 수 없다. 그것은 오히려 판단이라기보다는 차라리 느낌이나 감각의 형태로 드러나는 마음의 심층적 정서 또는 정조를 가리킨다. 이때의 판단은 사고보다는 먼저 감정과 직접적인 감각에 달려 있다. 개념으로 표현될 수 없는 것 또는 언표 할 수 없는 것에 대한 감정이 바로 자연의 합목적성이며, 이것이 순전한 문자로서의 언어에 정신을 결합시켜주는 것이다.

다시 말하지만 이 공통감은 우리의 판단이 소통 가능하게 해주는 근거가 되며, 이렇게 하여 개개인은 소통을 나눌 수 있는 동일한 의사소통 공동체의 일원이 되는 것이다. 한 공동체는 공동체를 구성하는 구체적 보편성, 즉 공통감각을 형성한다. 공통감각은 생활 세계의 논리로서 자신을 타자의 입장에서 바라보려고 노력을 기울일 수 있는 능력인 것이다. 다시 말해 판단력이 공통감각이라는 사실은 우리의 판단이 다른 사람들과 이웃의 존재를 전제한다는 것이고, 다른 사람의 입장을 고려하여 사유하는 것이자 일종의 감각 능력이다.

그렇기 때문에 판단력은 일반적인 방식으로 배울 수 있는 것이 아니라, 그때그때의 경우에 따라 훈련될 수 있다. 왜냐하면 판단력은 그 어떤 개념들에 근거한 논증의 규칙을 적용시킬 수 없기 때문이다. 마음과 마음의 교감으로 이루어지는 공통감각의 판단력은 하나의 세계를 공유하게 한다. 어쨌든 공통감각은 마음과 마음의 작용이 일어나는 의미 발생의 창조적 근원이며 의미 발생의 과정 자체이기에 거기서 구성되는 세계는 공동의 세계라고 할 수 있다.

인간 발달의 기초, 상호주관성

인간은 필연적으로 상호 의존적이다. 우리는 유아일 때 생존과 배움을 위해 우리를 돌봐주는 사람들에게 의지한다. 인간은 처음부터 그렇게 발달된 인지 능력을 가지고 태어나는 것은 아니다. 어린아이들은 발달 과정에서 가족 구성원과 교사와 친구들에 의해 공유되고 전달되는 광대한 양의 경험에 의존한다. 아기는 타인의 감정 표현을 흉내 내는 능력을 지니고 태어날 뿐이다. 갓 태어난 아기와 엄마의 의사소통은 서로의 동작·말·표정을 흉내 내는 방식으로 시작된다. 엄마와 아이가 노는 장면이 있다. 엄마는 아이의 팔에 입술을 대고 푸르르 하는 재미있는 소리를 냈다. 그런데 그 후 역할이 바뀌더니 아이가 엄마의 팔에 대고 그 행동을 따라 했다. 이처럼 주고받는 행위는 인류의 상호작용의 근본 요소이다. 부모는 주고받는 행위를 아이에게 가르치고 아이는 이를 쉽게 배운다.

비고츠키는 자주 인용되는 "발생 법칙genetic law"에서 어린이의 문화적 발달에서 모든 과정을 두 번씩 일어난다고 주장하면서 사회적 상호작용의 중요성을 강조했다. 즉, 사회적인 면에 관한 기능이 먼저 나타나고 그다음에 심리적인 면에 관한 기능이 나타나거나, 혹은 기능이 사람들 사이에서 먼저 나타나고 그다음으로 아이 내면에서 개인 내 정신적 과정으로 나타난다. 따라서 아이는 세계로부터 수용한 것을 자신의 고유한 행동 속에서 형식을 갖추게 된다. 이 세계가 미치는 영향이 어떤 것인지, 어떻게 경험에 등장하는지, 어떤 형태를 띠고 구성되도록 하는지는 아이의 행동 속에서 결정된다. 즉 아이는 점차로 대화에 진정으로 참여하게 됨으로써, 다른 사람과 관계를 형성하는 방식, 사회문화에 참여하게 되는 방식을 배우게 되는 셈이다.

버거와 루크먼Berger & Luckman에 의하면 우리의 일상생활은 상호주관적 세계이다. 이는 다른 사람과 지속적으로 상호작용하고 의사소통하지 않는 한 내가 존재할 수 없다는 것을 의미한다. 주커Zucker의 표현대로, "다른 사람과 공통으로 알고 있고 또 알 수 있는" 상호주관적 세계를 경험할 수 있어야만 개인 간 상호작용이 가능해지며, 개개인에 우선해서 선험적으로 존재하는 상호주관적 세계로서의 객관적인 사회적 현실social reality이 개인 행동에 대한 지침을 제공하는 동시에 개인 행동을 제약한다는 것이다.

아이들이 말을 배우는 과정과 사회문화적 지식을 획득하는 과정은 서로 긴밀하게 연관되어 있다. 할러데이M. A. K. Halliday는 자신의 아들 나이절Nigel의 언어 발달 과정을 관찰하였다. 그에 의하면, 보통 아동은 18개월에 이르러 '대화'를 시작한다고 한다. 이때는 이미 아이와 어른, 그리고 양자가 관심을 공유하는 대상이나 사건으로 이루어진 "공동 관심joint attention"이라는 인지 능력이 발달하였다. 아동의 행동은 처음에는 다른 사람의 언어적 지시에 의해 통제되고 특히 어른의 명령이나 지시를 수동적으로 받아들이고 순응한다. 그러나 나중에는 단순히 반응하고 순응하는 수동적인 단계를 넘어서 자율적으로 자신의 행동을 계획하고 자기 지시에 의해 자신의 행동을 규제한다.

상호주관성intersubjectivity은 두 주체가 인식의 공통점을 가지고 있는 것을 의미하는 철학적 개념이다. 주관이란 한 개인의 의식과 신념에 따라 존재하는 무엇이다. 해당 개인이 그의 신념을 바꾸면 주관은 사라지거나 변화한다. 많은 어린이가 다른 사람의 눈에는 보이지도 들리지도 않는 상상 속 친구가 존재한다고 믿는다. 가상의 친구는 그 어린이의 주관적인 의식 내에서만 존재한다. 어린이가 어른이 되고 그 친구의 존재를 더 이상 믿지 않으면, 가상의 친구는 점차 사라진다. 어떤 개인의 행위가 다른 사람들과의 관계 속에서 제대로 해석되고 이해되기 위해서는, 자기 자신의 행위에 대한 행위자 본인의 주관적인 해석과 다른 사람이 그 행위를 이해하는 주관적인 해석이 일치해야 한다. 이를 상호주관성이라고 표현한다.

하버마스는 상호주관성이 성립되는 필수조건으로서의 언어의 중요성, 특히 사회적 상호작용을 가능케 하는 매개체로서의 언어의 중요성을 충분히 인식하고 있었다. 한 개인의 생활세계[18]는 그 사람의 사적인 세계로서 존재하는 것이 아니라 그가 다른 사람들과 언어적 상호작용을 수행함으로써 비로소 존재하는, 간주관적으로 공유되는 세계라는 것이다. 하버마스는 사회적 행위를 위한 가능성의 조건으로서 상호적

---

18. 생활세계 개념을 처음 도입한 사람은 후설이다. 후설은 "사태 그 자체로 돌아가자!"라는 구호를 내세우면서 생활세계의 의미를 망각하고 있는 실증주의에 물든 유럽 학문의 위기를 극복하기 위해 본격적으로 생활세계를 탐구한다. 후설은 생활세계를 본래 자연과학적인 객관적, 이론적 세계와 대비되는 주관연관적 세계로서, 직접적 경험 속에서 주어지는 지각세계의 의미로 사용하고자 했다. 생활세계는 과학에 물들지 않은 인간의 활동과 행동이 이룩해놓은 세계이다. "세계는 우리의 인간 상호의 지평 안에서 즉 타인과의 모든 실제적인 연관성 안에서 우리 모두에 대해 하나의 그 세계, 하나의 공통적인 세계로서 자연스럽게 선소여되어 있다. 그러므로 세계는 끊임없는 타당성의 기반이 되고, 우리가 언제나 당연스럽게 여기는 그런 자명성의 기반이 된다." 생활세계는 지각을 통해 우리에게 실제로 그리고 끊임없이 주어진 세계, 또는 우리의 나날의 경험 속에서 직접적으로 목격한 삶의 감각으로 나타나는 주위 세계를 말한다. 생활세계가 주관연관적이라는 것은 말 그대로 주관과 결부되어 있다는 의미이지, 철저히 주관주의적이라는 의미는 아니다. 후설의 생활세계 개념은 '철저한 경험주의'를 기반으로 하여 의식에서 직접적으로 체험된 것의 우위성을 강조한다. 이에 대해서는 박인철, 『현상학과 상호문화성』, 2015, 아카넷, 84-88쪽 참조.

이고 공통된 지식의 기반을 요구한다. 사회적 상호작용 속에서 개인은 그의 생활세계적인 상황에 상호적으로 공유된 해석을 이끌어낸다.

생활세계의 개념은 우선 언어 행위의 주체들이 암묵적으로 혹은 명시적으로 공유하고 있는 배경지식으로서의 그 어떤 세계에 관한 것이라고 할 수 있다. 이러한 생활세계는 "대화의 당사자들이 만나는 선험적 장이며 그 속에서 그들은 각자 자기의 언설이 객관적이며 사회적 혹은 주관적 세계와 부응한다는 주장을 제기하며 또한 상대의 그러한 주장을 비판하고 인정하는 과정을 통해 상호 간 의견의 불일치를 해소해나간다." 이 점에서 생활세계의 개념을 명료화하는 일은 의사소통이라는 인간 행위가 가능하기 위한 보편적 조건을 명료화하는 일에 해당한다고 할 수 있다.

만일 행위에 대한 본인과 다른 사람의 주관적 해석이 일치하지 않으면 개인 간 원활한 상호작용은 대단히 어려워진다. 상호주관이란 많은 개인의 주관적 의식을 연결하는 의사소통 망 내에 존재하는 무엇이다. 단 한 명의 개인이 신념을 바꾸거나 죽는다 해도 그에 따른 영향은 그다지 크지 않지만, 그물망 속에 있는 대부분의 사람들이 죽거나 신념을 바꾼다면 상호주관적 현상은 변형되거나 사라진다. 이것은 연극배우들이 그들의 역을 잘하기 위해서, 서로의 반응을 알아야만 하는 연극과 비교될 수 있다. 연극에서 전체적인 구조는 불분명하다. 어떤 배우들의 부재 속에서 사람들은 부재하는 배우들의 대사들을 다소 희미하게 기억한다. 그래서 절대적인 빈 공간이 아니라 어떤 상실감을 느끼고, 없어진 것을 어렴풋이 알아차리게 된다.

상호주관성은 인간 발달의 기초이며, 발달 과정에서 우리는 따로 사는 법을 배우기 전에 더불어 사는 법을 세운다. 이것은 당연한 내용처럼 들릴 수 있지만 상호주관성은 다른 사람들과 어떻게 관계를 맺을 것인지에 대한 테스트임에는 틀림없다. 그것은 그저 생각 없는 공유가 아니라 학습된 경험이기 때문이다. 그러면 이 상호주관성은 어떻게 형성되는가? 아기가 엄마와의 상호작용을 통해, 자신과는 다른 몸을 가진 사람이 똑같은 정서를 느낀다는 것을 경험하는 것은 인지적 상호주관성의 원초적 형태가 된다. 정서적 표현의 수단은 다를 수 있지만 정서 조율은 엄마와 아기 사이의 정서적 상호작용과 인지적 상호주관성의 관계를 설명해주는 개념인 것이다.

생후 1년이 지나면서 아기와 어른 간의 상호작용은 새로운 전기를 맞이한다. 아기와 어른의 '상호 간'이라는 의미가 바뀐다. 아기와 어른들은 주고받음을 통해 연대를 지속하지만, 그들 간의 신호 과정이 더 복잡해졌다고 할 수 있다. 그렇기 때문에 아기들이 뭔가 더 복잡한 것, 부모들이 때로는 해석하기가 더 힘든 것을 말하려고 하기 때문에 울음은 더 다양해진다고 한다. 브루너Jerome Bruner에 따르면, 전달과 수용 사이의 간극은 아기와 부모 간의 연대에서 '새로운 장'을 형성한다. 아기와 부모는 모두 새로운 장에 적응하는 법을 배우고, 확실히 그것에 자극 받아서 서로에게 더 많은 관심을 쏟게 된다. 즉 소통이 복잡해진 것이다. 그러면서 어른과의 소통을 위한 효율적인 동기를 개발하기 시작한다. 이러한 것을 가능하게 만드는 것은 단지 단어가 아니라 단어, 행동, 제스처가 발생하는 장면의 역할을 파악할 수 있는 우리의 능력이다.

스피노자에 따르면, 생각thinking이나 정신psyche, 혹은 감정feeling은 생각과 감정을 지닌 몸의 속성이다. 그러므로 생각하지 않거나 생명이 없는 몸이 아니라, 그들의 행동방식을 주의 깊게 연구해야 한다는 것이다. 생각하는 몸은 다른 몸의 모습을 흉내 내고자 공간에서 그 움직임의 궤적을 능동적으로 조정할 수 있다. 이는 생각하는 몸의 가장 중요한 차별점이다. 이제 주목해야 하는 것은 두 사람이 만날 때, 한 사람이 다른 사람과 마주 설 때, 서로 바라볼 때, 서로 관계를 맺을 때, 각자 다른 사람의 의식을 해명하고자 시도할 때 어떤 과정이 진행되는가 하는 것이다. 다른 사람의 의식을 내가 경험하는 것은, 그 사람의 감정 표현과 내 감정이 서로 관련을 맺고 내가 표현한 것과 내 정신 상태와 비교되는 가운데서만 가능하다. 그리고 관찰된 나의 표정과 타인의 표정 사이의 관계들은 내게 그 타인에 대한 정보를 줄 수 있다. 메를로퐁티Maurice Merleau-Ponty의 견해에 따르면 바로 여기에 상호주관성의 원천이 놓여 있다. 이 상호주관성은 내 신체, 내 의식과 타인의 신체 사이의 내적 관계, 그 타인을 이 체계의 완성으로 나타나게 하는 이 관계를 통해 성장한다.

내 시선이 타인의 시선과 마주치는 데 나와 타인의 상호성에 대한 근본 경험이 놓여 있다. 내가 타인의 눈을 본다면 그도 나를 볼 것이고 더욱이 우리는 서로 마주 보고 서 있다. 이때 얼굴은 상대방이 읽을 수 있도록 의도되어 있다. 자신은 거울 없이는 자기 얼굴을 볼 수 없기 때문에 타자가 나 자신의 거울, 아니 사회적인 것으로서의 거울이 된다. 메를로퐁티는 얼굴 또는 얼굴의 표현을 상호주관성·상호개인적 관계로 정의한다. "내가 타자의 얼굴 표현 안에서 산다는 것은 명확한 사실이다. 마찬가지로 타자도 나의 표현 안에서 산다고 나는 느낀다. 이것은 이른바 '나—그리고—타자'라는 체계의 명시이다." 또한 타인과 마주치는 시선 속에 신체 도식의 상호성이 포착된다. 물론 그러기 위해서는 시선이 이러한 의미에서 체험되어야 한다. 즉, 타인의 신체와 움직임이 시선의 도움으로 자신의 신체 도식에 관련되고 모방될 수 있어야 한다.

프랑스 사회학자 모리스 알박스Maurice Halbwachs의 '집단 기억' 개념에 따르면, 역사 서술이란 결코 객관적일 수 없으며, 언제나 '상호주관적'으로 기억되는 집합적·구성적 특징을 가진다는 것이다. 집단 기억이란 것이 과거를 단순히 있는 그대로 회상하는 것이 아니라는 말이다. 즉, 사람은 단지 사회적 집단의 한 성원으로 기억하면서, 사회적 상황과 맥락에 따라 기억이 재구성된다는 것을 뜻한다.

개인의 회상의 특수성, 환원할 수 없는 창의성은 사실 그것들이 우리가 소속된 다양한 사회적 집단들—가족, 친구들, 정당, 사회적 계급, 국가—에 상응하는 몇 개의 일련의 기억들의 엇갈림에 의해 만들어진다. 개인의 기억은 그가 부분으로 포함되어 있는 사회적 연대의 중첩적인 연계망의 접점이다. 그러므로 보편적 기억이란 없으며, 모든 집합 기억은 공간과 시간적으로 제한되어 있는 특정 집단이 갖고 있는 것이라고 한다.

독일 게슈탈트 심리학자 퀼러Wolfgang Köhler의 연구에 따르면, 무리 속에서 자란 침팬지는 거울 속의 자신의 모습을 인식할 수 있었던 반면, 고립되어 혼자 자란 침팬지는 거울 속의 자신을 인식하지 못했다. 비고츠키는 여기서 한 발 더 나아가, 자아란 사회적 상호작용이 내면화된 결과라고 주장한다. 개별적 자아는 일단 개인 간의 상호작용에서 먼저 나타나고 그 후에 개인 내 과정으로 내면화된다는 것이다. 상황과 맥락에 따라 다양한 방식으로 구성되는 문화적 산물로서의 자아는 그래서 '분열적 자아'[19]일 수밖에 없다. 아울러 '생각'이란 이렇게 각기 다른 분열적 자아들 간의 '대화'로 설명할 수 있다. 인간의 삶은 하나의 관계구조이다. 대화는 그 관계구조를 가능하게 하는 기본적인 조건이다.

삶은 대화와 더불어 있고 대화를 통해서 있다. 아이는 대화를 통해 자신과 함께 이 세계 속에서 살아가는 모든 사람과 그 세계를 공유한다. 그리고 너를 나에 대한 타자로, 나를 너에 대한 타자로 이해할 수 있는 감정이입의 능력이 발달한다. 이것은 타인의 전혀 예상치 못했던 모습에 옳고 그름을 따지며 단죄부터 하지 않게 한다. 타인의 분열적 자아가 속해 있는 해석학적 맥락에 대한 이해가 소통의 시작이다. 타인을 이해한다는 것은 그 사람의 문화적·사회적·심리적 맥락에 관한 이해를 동반한다. 아울러 이런 방식의 소통과 이해는 자신의 분열적 자아에 대한 성찰적 근거가 된다.

이때 공유된 세계는 이미 어떤 꼴을 갖춘 어떤 세계에 살고 있다고 가정하게 된다. 그렇기 때문에 다른 사람과 '대화'할 수 있는 능력이란, 대화에 참여하는 사람들의 '역할'을 결정하고 배분할 수 있는 능력이기도 하다. 아이는 수많은 대화를 통해 역할을 연습하고, 학습하게 된다. 처음에는 Wh-질문·명령·진술문 등에 단순히 답하는 역할이나, 기껏해야 '저게 뭐야'라는 단순한 방식으로 대화를 시작하는 역할에 머문다. 그것은 세계를 받아들이는 태도로서의 대화라고 할 수 있다. 그 과정은 그냥 이때까지 해오던 방식대로 선택하고 행동하는 것이다. 즉 생활의 대부분은 물속에 잠겨 있는 빙산처럼 지금 해왔던 관행을 그냥 따라 할 뿐이다. 그리고 일상적인 활동이 관행화되고 당연시되도록 만드는 것이 바로 사람들이 공유하고 있는 의미라는 것이다.

그러나 다양한 문장 종결형을 익히게 되면서, 질문에 무작정 답을

---

19. 마음 발달이 일어나는 내면화의 성립은—문화적 발달의 일반적 법칙에 따라—개인 간 상호작용에서 먼저 일어나고 그 후에 개인 내 과정에서의 주체의 활동에 의해 일어난다. 그런데 인간의 마음속에는 의식적인 측면뿐만 아니라 무의식적 측면이 있다. 인간 고유의 마음의 발달이란 모든 것을 아무런 구분이 없는 형태로 한꺼번에 압축하고 있는 무의식이 문화적 매개 수단을 통해 의식 수준에 구현되는 것을 가리킨다. 문화적 매개 수단은 심리적 도구로써 정신기능의 전반적인 흐름과 구조를 변형시킨다. 이런 점들을 고려할 때 마음의 발달이 일어나는 내면화 과정이 외적, 개인 간 정신과정의 단순한 복사판이 아니라는 점에서 분열적이라는 표현을 사용할 수 있다. 또한 그것은 언어와 사고가 그 발생적 기원을 각각 달리하면서 서로 상호 교차한다는 점에서도 '분열적 자아'라는 표현을 받아들일 수 있다고 본다. 이에 대해서는 졸저, 『경쟁을 넘어 발달교육으로』, 2015, 살림터, 76-78쪽 참조.

하는 것이 아니라, 질문자-답변자의 사회적 관계까지 생각하며 답변자의 역할을 생각하게 된다. 역할 담당이란 다른 사람과의 역할관계에서 자기 자신을 바라보고 다른 사람의 입장에서 자기 자신을 해석하는 과정을 말한다. 이러한 역할 담당 과정은 개인 자신의 자아 개념을 형성하는 데 가장 중요한 역할을 한다. 아이는 다른 사람이 자기를 감정이입적으로 경험하는 것을 파악한 후 태도를 취한다는 것을 알게 되면서 자아가 형성되는 것이다.

"관찰하지 않는 사람은 이야기를 잘할 수 없다"라는 영국의 한 변호사가 남긴 귀중한 지혜의 말은 대화의 본질을 환기시킨다. 대화라는 테크니컬한 단어는 다른 사람에 대한 관심과 반응 능력을 가리키는 용어다. 그 변호사가 내건 구호는 특히 토론할 때 듣는 이가 담당하는 몫에 주목하도록 요구한다. 대개 소통 기술에 대해 이야기할 때 우리는 자신이 느끼고 생각하는 것을 어떻게 잘 설명할지, 어떻게 명료하게 표현할지에 집중한다. 그렇게 하는 데도 기술은 분명히 필요하다. 하지만 그런 것은 뭔가를 진술하고 선언하기 위한 것이다.

그에 비해, 잘 듣는 데는 다른 종류의 기술이 필요하다. 상대방이 대답하기 전에 무엇을 말하는지 관심을 가지고 그것을 해석하는 기술, 발언만이 아니라 동작과 침묵까지 파악하는 기술이 있어야 하는 것이다. 잘 관찰하기 위해 스스로 말을 자제해야 할지는 몰라도, 그 결과 나누게 되는 대화는 더 풍부한 보상을 가져다줄 것이다. 더 협동적이며 더 대화적인 대화를 나눌 수 있을 테니까. 대화의 목표는 물음과 대답의 대화를 통해서만 공통의 이해에 도달하는 것이다. 아리스토텔레스는 『정치학』에서 "우리는 같은 단어를 쓰는지는 몰라도 같은 내용을 말하고 있다고는 할 수 없다"고 말했다. 이것이 변증법적 대화의 출발점이다. 변증법적 대화를 실행하는 기술이란 그런 공통의 기초를 확립해주는 것이 무엇인지를 탐지해내는 기술이다. 만일 대화가 오직 주체성의 활동일 뿐이고 의사소통의 수단으로서만 수행된다면 이것은 대화의 형식을 갖춘 독백에 불과하다.

가다머Gadamer는 나와 너, 인격과 인격의 변증법적 긴장을 통해서 이루어지는 만남은 언어를 통해서 이루어지고, 이러한 해석학적 수행 방식을 '대화'라고 말한다. 말하자면 대화를 이끌어가는 것은 대화 당사자의 의지가 아니라 대화 속에 작용하고 있는 언어라고 할 수 있다. 가다머는 언어에 대한 도구적 이해가 잘못되었다고 비판한다. 언어에 대한 도구적 이해에 따르면, 언어란 그것을 사용하는 주체가 의도하는 의미 전달의 수단으로서만 기능한다. 그런 경우 언어는 전적으로 주체의 통제하에 있는 것이다. 그런데 이러한 언어관은 언어와 세계의 관계, 그리고 언어와 사유의 관계를 적절하게 설명해주지 못한다고 가다머는 지적한다. 언어 속에 이미 의미가 들어 있다고 믿는 가다머는 우리가 언어 없이 사유할 수 없다는 현상에 주목한다.

우리가 세계를 경험하는 것은 언어를 통해서이며, 언어가 우리의 경험을 가능하게 한다. 말하자면 우리가 인식 주체로서의 언어를 통제적으로 사용하는 것이 아니라 언어가 우리 인식의 구성적 요소로서 작용한다는 이러한 가다머의 언어관은, 그가 설명하는 대화의 특성에 결정적인 영향을 준다. 즉, 대화 가운데 새로운 지식이 발생하는 것은 이 언어가 변증법적으로 작용하기 때문이라는 것이다. 우리의 생각 속에서 관념들이 서로 연쇄작용을 일으킴으로써 새로운 지식이 일어난다는 것이다. 이 연쇄작용은 개념들이 서로 밀접하게 연결되어 사유 가운데 한 개념이 연관된 다른 개념을 불러일으키기 때문에 가능하다.

물론 대화는 물음의 구조를 가지고 있다. 물론 여기서의 대화는 단순히 앎을 목적으로 하는 수단적 행위가 아니라 대화 당사자 간에 공유 가능한 이해의 역사적 경험 방식이다. 이러한 대화는 단지 유한자의 무한한 경험의 경험만이 아니라 바로 '언어로 이해되는 존재'를 드러내는 진리 경험이다. 즉, 물음과 대답의 대화 과정 안에서 인간 경험의 언어적 성격이 문답의 변증법 안에서 밝혀지는 것이다. 하이데거가 언어가 말을 한다고 한 것처럼 가다머에게는 대화가 대화하는 것이다. 다시 말하면 대화는 대화로 생기한다. 대화는 삶을 가능하게 하고 또한 인간의 자아를 발견하게 한다. 인간은 참다운 대화를 통해서 '너'에 대한 '나'를 발견한다. 그리고 참다운 대화를 통해서 나를 풍부하게 하고 깊게 하고 빛나게 한다. 이러한 대화를 통해서 먼저 나를 발견하고 그와 동시에 너를 인식하게 되고, 우리는 모두의 인간성을 되찾게 된다.

담화의 조건

   대화는 언어를 통해서 이루어진다. 우리 대부분은 일찌감치 말을 배우기 시작해서 어느 정도 시간이 지나면 능숙하게 언어를 구사하게 된다. 아마도 우리는 언어로 표현할 수 있는 것보다도 훨씬 더 많은 것을 감각을 통해서 알 것이다. 그럼에도 우리는 글자와 음성의 조합, 즉 말을 필요로 한다. 한 인간의 완성은 궁극적으로 사람들과의 교류, 즉 다른 사람들과 나누는 대화를 통해서 비로소 가능하다.

   담화의 가장 단순한 정의는 '언어 사용'이다. 두말할 필요 없이 명백한 정의다. 언어는 언제나 사용되는 것이다. 그래서 담화가 곧 언어 그 자체인 것은 아니다. 담화는 화자와 청자 사이의 대화, 사회적 목적에 의해서 정해진 형식에 따라 이루어지는 개인 간의 상호행위 등에서 볼 수 있는 언어적 의사소통이다. 이 언어는 회화·인터뷰·평가 행위·연설 등에서 찾아볼 수 있는 언어를 의미한다. 담화는 화자와 청자를 상정하는 모든 발화 중에서 어떤 식으로든지 타인에게 영향을 미치려는 의도가 화자에게 있는 발화라면 그것은 담화로 인정된다. 그렇게 하면 가장 사소한 대화에서 가장 세련된 연설에 이르기까지 어떠한 본성을 가지든 간에 구두로 이루어지는 각종 담화가 다 포괄될 수 있다.

언어인류학에서는 사람의 정체성을 철저히 사회적 현상으로 정의한다. 즉, 정체성은 사용하는 언어로서의 담화를 통해 구성된다는 것이다. 어떤 사람을 두고 '좋은 아이', '문제 아이', '멋있는 녀석' 등으로 말하는 것은 보통 사람들이 지니는 사회적 상호작용의 결과다. 이렇게 사용되는 단어는 그것을 둘러싸고 있는 맥락과 상호작용할 때에 한 사람의 정체성을 구성한다.

언어 사용(담화)과 사회적 맥락은 변증법적 관계에 있다. 담화는 사회적 맥락 안에서 활성화되고 사회적 맥락에 의해서 결정되며 사회적 맥락이 계속 유지될 수 있도록 기여한다. 즉, 우리가 말하는 것은 사회적 맥락에 따라 다르게 기능할 뿐 아니라 사회적 맥락에 관여된 것을 변화시킨다. 그러므로 사회적 맥락은 담화의 유지와 순환에 결정적인 중요한 역할을 한다.

담화의 기능은 다양한 사회적 맥락에 따라 달라진다. 예를 들어 '잘 지내지?'라는 의문문은 대학도서관에서 오랜만에 우연히 만난 고교 동창생에게는 단순한 인사말일 수 있지만 상담실에서 담당자가 상담을 받으러 온 학생에게 하는 경우에는 형편이나 안부를 묻는 질문일 수 있다. 담화의 형식과 기능은 맥락에 따라 달라진다. 그러므로 우리는 일상에서 새롭고 창의적인 방식으로 언어를 사용할 수 있다. 하지만 불행하게도 단어의 의미는 사용되는 맥락에 따라 엄청난 변화 가능성이 있기 때문에 특히 외부 사람이 그 의미를 이해하기는 상당히 어려울 수 있다.

외국에서 온 방문자는 그 나라의 모국어 형식을 익숙하게 배울 수 있기는 하지만, 그것의 다양한 기능성을 인식하지는 못한다. 새로운 사회집단의 구성원이 된다는 것 역시 특정 형식이 어떻게 기능한가에 대한 집단 내부의 기준을 배우는 것이다. 세대가 다른 경우에도 마찬가지이다. 십 대들이 말의 상황 의미를 독특하게 만들어 자기들끼리 이야기하는 것을 보고 어른들이 그 말뜻을 완전히 알기는 어렵다.

화자의 특성은 단어가 기능하는 방식에 영향을 주는 맥락의 또 다른 측면이다. 예를 들어, 부유하고 유명한 사람이 다채로운 언어를 사용하면 깊은 의미를 담은 것으로 보일 수 있다. 하지만 신분 낮은 사람이 다채로운 언어를 사용하면 공격적으로 보일 수 있다. 종종 언어를 이해하기 위한 맥락은 인종, 성gender, 외모적 특징, 사람에 대한 평판 등을 포함한다. 불운하게도 흔히 사람들은 다른 사람의 말을 이해하고자 할 때 겉으로 드러나는 특징을 맥락으로 사용한다.

단어는 우리가 통제할 수 있는 정도 이상의 반응을 이끌어내기도 한다. 즉 개별 단어는 사람들에게 정서적 충격을 가져다줄 수 있으며 화자에게는 지속적으로 감정 동화를 일으킬 수 있다. 교회의 언어에 대해 다음 이야기를 상상해보자. 일요일 아침에 목회자가 자리에서 일어나 '젠장'이라고 외치면서 설교를 시작한다면 어떻게 될까? 사람들은 모두 깜짝 놀란다. 그러자 그 목회자는 설명한다. '훌륭한 교회 사람들이 매일 굶주림으로 죽어가는 아동들에 대해 흥분하기는커녕 연단에서 외치는 단어 하나에 흥분하는 것은 우리 사회의 슬픈 모습입니다.' 이런 말을 들었을 때 사람들이 모욕적이라고 분노하지 않는 이유는 무엇일까?

지금까지 거론한 것처럼, 사람들이 대화를 나누고 살아가는 장소, 사람들이 추구해온 사회문화적 역사는 담화가 어떻게 기능하는지에 영향을 준다. 이뿐만 아니라 화자가 활동하는 담화 상황의 상호작용적 맥락도 담화의 중요한 조건이다. 교실 수업의 경우, 교사는 상호작용 맥락의 예측 가능성을 높이기 위해서 상호작용의 한쪽 당사자인 교사는 의제, 질문의 방향, 자료의 제시 등을 확고하게 관리한다. 아동이 질문,

의심, 추가 정보 탐색 등을 할 여지는 없다. 그리고 동기유발을 일으키려는 감정의 차원도 미묘하게 왜곡된다. 그 감정은 깔끔하고 멋있는 논증에 대한 놀라움이나 발견의 순간에서 재현되는 우연한 흥분의 감정과는 전혀 관련이 없는 것이다.

그런데 대개의 대화 상황에서는 한 사람이 무슨 말인가를 하면 다른 사람이 응답을 한다. 만약 대화 상대가 응답을 하지 않고 침묵한다면, 그 침묵 자체만으로도 일종의 응답을 표시하는 것이다. 침묵의 응답을 통해 대화에서 무엇인가 일어나기 때문이다. 교사가 직면하는 어려움 중 한 가지는 침묵이다. 학생에게 밝은 표정으로 인사를 건넸지만 응답을 받지 못하는 교사를 상상해보자.

그러면 교사는 왜 그 학생이 기분이 좋지 않은지에 관해 궁금해한다. 아무개 학생은 어디 아픈가? 피곤한가? 못 들은 것일까? 상담을 해봐야 할까? 이런 물음을 떠올리면서 교사는 궁금해한다. 교실 수업 환경에서 침묵을 교사가 어떻게 해석해서 응답할 것인가는 제각각 다르게 나타난다. 기존의 교실에서 침묵은 종종 지식의 부족으로 해석된다. 그러나 기존과 다른 수업에서 침묵은 '생각할 시간을 갖는 것'으로 해석된다. 침묵이 일어나는 동안 기다려주는 것은 그동안 발언에 기여하지 못했던 학생들에게 참여할 기회를 줄 수 있다. 이것은 담화의 조건으로서 상호작용의 많은 부분이 예측 가능한 데도 불구하고 예측할 수 없는 것이 많이 있음을 이해하게 해준다.

담화 상황에 대해 이야기할 때 우리는 화자, 화자의 담화 기회, 혹은 화자의 역할에 대해 말한다. 여기서 중요한 것은 '의사소통의 이데올로기적 왜곡'이라는 점이다. 개인들이 모두 전략적으로 담화 행위를 하고 있다는 것을 인식하는 상황이 있을 수 있다. '전략적'이란 다른 사람의 목적과 상관없이 자신의 목적을 추구하는 것으로 정의된다. 의사소통의 왜곡에 대해 연구한 하버마스는 전략적 언어 사용, 적어도 언어의 은밀한 전략적 사용을 이데올로기적 장치로 본다.

화행이론speech act theory을 이용해서 하버마스는 사람들이 겉으로는 의사소통적으로 언어를 사용하는 것 같지만 이를 통해 전략적으로 언어를 어떻게 사용하는지를 보여준다. 예를 들어, 세일 행사를 하는 가구점 판매원은 진실 주장(점포를 정리하려고 세일을 한다), 대인관계 주장(고객에게 사장님 혹은 사모님 호칭 사용), 감정(극진한 친절 표시) 등에 대해 여러 가지 주장을 하는데, 청자가 이를 타당한 것으로 받아들이고 반응할 것을 기대한다. 결국 그러한 주장들의 목적은 청자를 조종하는 데 있다.

이 모든 주장들의 목적은 고객이 어쩔 수 없이 가구를 사야겠다고 느끼는 상황으로 몰아가는 것이다. 이런 형태의 조종이 갖는 문제는 그런 주장들이 단순히 거짓일 뿐만 아니라 가장 중요한 의사소통적 의도, 그러니까 고객이 원하건 원하지 않건 특정한 차를 팔려는 의도가 여전히 숨겨질 것이라는 점이다. 가구 판매에는 속임수가 들어 있을 것이고, 고객은 이끌리게 될 것이다. 이러한 담화 상황이 문제가 되는 것은 숨겨진 의도가 상대방을 목적이 아니라 수단으로 취급하기 때문에 도덕적으로 볼 때 문제라고 할 수 있다.

본래 하버마스의 의사소통적 행위는 상호 이해를 통한 동의에 기초해 수행되는 행위를 말한다. 여기서 '상호 이해'란 화자와 청자가 하나의 제안된 화행이 어떤 조건에서 수용될 수 있는지를 안다는 뜻이다. 그러므로 대화에 참여하는 사람들 간에 이해를 지향할 수 있으며, 그것의 목적은 "상호 이해, 지식의 공유, 상호 신뢰와 조화를 통한 간주관적 공통성의 형성을 기반으로 한 합의를 이끌어내는 것이다." 마치 협상 테이블에 마주 앉은 상황을 그려볼 수 있다. 협상 테이블에서 "어떻게 상호 이해가 가능한가"를 구명하는 가운데 억압 없는 언어 사용을 통한 행위 조정 작업의 가능성을 열려는 것이다. 그것은 전략적 목적으로가 아니라 소통적 목적으로 언어를 사용하는 것이다.

하버마스의 이론에 따르면, 대화 참가자들은 대화 속에서 상호 이해를 통해 이성적 합의의 획득을 목표한다. 여기서 이성적이란 말은 실체적으로 이해된 개념이 아니라, 모든 사람들이 동의할 수 있을 것이라는 보편화 가능성에 바탕을 둔 개념이다. 이성이 가지고 있는 소통적 힘에 주목하면서 이것을 적절히 드러나기 위해서 하버마스는 언어철학을 이용하여 이성 개념을 새로이 해석한다. 이러한 관점의 전환이 바로 패러다임의 전환이다. 의식을 중심으로 사태를 바라보는 근대 철학의 주체 중심의 태도에서 역동적으로 작용하는 언어를 중심으로 사태를 바라보게 된 것이다. 따라서 주체와 주체가 아닌 다른 모든 것들은 대상이 되면서 주체와 객체의 불가피한 대립관계가 형성되었지만, 패러다임의 전환으로 그 대신 상호주관성의 형성이 어떻게 가능한지가 적절히 드러나게 된다. 이를테면 소통적으로 대화하는 사람들 사이에 합의가 어떻게 이루어지고, 나아가 이를 통한 행위의 조정이 어떻게 가능한가를 다루고 있다. 그것은 참여자들이 이해 가능한 언어로, 성실하고 진실한 태도로, 객관 사실에 입각하여, 타당한 방식으로 대화를 통해 합의에 도달했다면, 참여자들은 서로가 합의해낸 사항을 준수할 도덕적 책무를 갖게 된다.

특정한 상황에서 진행되는 의사소통적 행위는 그 상황에 참여하고 있는 구성원들의 상황 정의를 토대로 이루어진다. 상황 정의는 거기에 참여하는 사람들이 서로를 이해해나가는 과정에서 수행하는, 원래 상황에 대한 끊임없는 수정과 재해석 활동들을 포함한다. 요컨대 생활세계는 늘 존재하고 있지만, 오직 현재 진행되고 있는 상황의 이면에 배경지식으로 존재한다. "어떤 주어진 상황에서 언어를 통해서 오직 직접적으로 표현되는 맥락만이 의사소통적 행위와 연계되어 문제시되며, 생활세계 그 자체는 항상 그 이면에 남게 된다." 곧, 상황은 변화하지만 그 변화가 그것의 토대가 되는 생활세계 자체의 경계가 붕괴되는 것을 의미하지는 않는다는 것이다.

따라서 개별 행위자의 삶은 무수히 많은 다양한 형태의 행위 상황들로 이루어져 있다. 이들 행위 상황들의 총합이 그들 삶의 총체를 구성하는 셈이다. 개별 행위자의 삶은 마치 그들이 그들 다양한 행위 상황들 사이를 옮겨 다니는 것과 같다. 상황들 간을 옮겨 다니는 그러한 활동은 상황 그 자체에 대해 주체가 내리는 정의가 변화하기 때문에 발생하는 것이기도 하고, 혹은 흔히 우리의 일상생활에서 경험할 수 있듯이 행위 주체가 여러 가지 종류의 상이한 상황을 함께 경험하고 있기 때문에 발생하는 것이기도 하다.

하버마스가 말하는 의사소통적 행위는 주로 언어적인 형태로 이루어지는 담화 행위들로 구성되며, 의사소통적 행위는 오직 상호 이해를 지향하는 행위를 가리킨다. 구체적 언어 행위의 상황에서 대화는 일방적 이해가 아니라 쌍방 간의 합의를 지향한다. 담화가 이루어지는 하나의 언어 행위에는 표현된 언어가 실제 사태와 대응하는지, 그리고 말하는 사람이 진실하게 말하고 있는지가 문제 되지만, 그 밖에도 그 말이 상황에 적절한지 또는 화자와 청자 사이의 관계를 적절하게 반영하는지가 어우러져 있다. 화자가 성실성에 입각해 있다 하더라도, 그의 인지 내용이 객관 사실과 부합하지 않다면 그의 발언은 참말이라고 할 수 없으며, 그릇된 말로 치부된다. 예를 들어 "천성산에 터널이 뚫리면 도롱뇽의 서식지가 파괴된다"라고 여겨 공사 중단을 요구하며 200여 일 동안 단식농성을 벌였던 한 스님의 경우를 보자. 비록 그러한 주장이 '자연보호'라는 진실한 의도에 입각해 있다 하더라도, 안타깝게도 그의 인지 내용은 '참'이 아니었다.

하버마스가 제시한 합리적 의사소통의 조건은 거짓말을 하지 않는 '참말하기'의 구성 요건을 확장한 것이라고 할 수 있다. 진실성을 갖춘 듯하지만 전혀 사실성에 근거하지 않은 그릇된 말도 드물지 않게 발견된다. 그렇기 때문에 이 세 가지 차원의 관계성을 모두 점검한 뒤에야 상대의 언어 행위에 대한 이해가 이루어지며, 동시에 쌍방 간 합의의 기초가 형성된다고 할 수 있다. 말하자면 대화를 통해 이루어지는 상호 이해는 화자가 자신의 언어 행위 가운데 함축적으로 제시하는 사실성truth, 진실성truthfulness, 그리고 적절성rightness이라는 세 가지 차원의 타당성 주장에 대해 청자가 비판적으로 검토하며 '예/아니오'를 대답함으로써 이루어진다. 우리는 쌍방 간의 언어교환을 통해 서로 문제되는 부분에 대하여 그것이 참인지, 적절한 것인지, 또는 진실한 것인지 등을 되물어 점검함으로써 서로의 의견 차이를 좁혀나가는 것이다. 그럼에도 불구하고 문화적 가치가 문제 될 경우는 이러한 합리적 합의를 기대하기가 어렵다.

러시아의 문화이론가 미하일 바흐친Mikhail bakhtin은 '대화주의'라는 말을 쓰는데, 그것은 공통 근거를 발견하는 것만으로는 해결되지 않는 논의를 지칭하기 위해 붙인 이름이다. 그것은 바로 '언어는 본질적으로 대화주의적'이라는 그의 관점이다. 바흐친의 주장은 언어가 고립된 개인의 마음속이 아니라 실제 사람들의 대화 속에서 일어나며 따라서 그들이 처한 상황에 대한 응답만을 의미하지 않는다. 그의 독창적인 표현을 빌리자면, "개별 발화는 언어공동체라는 사슬에 속한 하나의 고리이다. 모든 발화는 항상 자신의 주제뿐 아니라 그에 선행한 발화에 어떤 형태로든 (넓은 의미에서) 응답"한다.[20]

합의를 공유하는 데까지는 도달하지 못하더라도 의견을 주고받으면서 사람들은 자신들의 견해를 인식하게 되고 서로에 대한 이해를 넓힐 수 있다. 바흐친의 대화주의에 따르면 함께 짜였다가 서로 길이 달라지는 경우, 즉 수렴하는 합의를 지향하는 변증법과는 정반대 방식의 대화도 성립 가능하다는 것을 말하고 있다. 대화주의에서는 종합이나 해결의 목적론을 지향하지는 않지만 다른 사람이 말로는 하지 않더라도 무엇을 의미하는지에 관심을 기울이는 데서 전진 운동이 생긴다. 그리하여 대화주의에서 오해도 결국은 서로의 이해를 명료하게 해줄 수 있다.[20]

삶의 여정에서 다른 사람을 도와주기 위해 주의와 직관을 집중하는 것은 상호 협조와 후원을 끌어내는 환경을 만들어준다. 이러한 환경은 의사소통과 자유로운 참여를 장려하는 동시에 자기 성취를 위한 목표를 공개적으로 추구함으로써 다른 사람들이 보고 따를 수 있는 모범을 세우기도 한다. 멘토링은 사람들이 자신의 길을 잘 갈 수 있도록 돕는 것과도 관련이 있지만, 실질적으로는 멘토 자신의 모습을 통해 다른 사람들을 이끄는 것이기도 하다.

경험이나 분별 있는 행동, 핵심 기술, 결정적 지식 등을 전수하는 것만으로는 부족하다. 열정과 동기에 불을 붙일 수 있어야 한다. 말만 해서는 좀처럼 동기를 부여하기 어렵다. 행동으로 보여줘야 하는 것이다.

---

20. 바흐친은 비고츠키와 동시대의 인물이다. 바흐친의 이론적 골격을 구성하는 것은 언어의 기본 단위는 문장이나 혹은 단 한 사람의 화자나 작가의 행위가 아니라 오히려 화자와 청자가 동시에 참여하는 일종의 의사소통이다. 모든 발화는 반드시 화자와 청자 두 사람에 의해 이루어지지 않으면 안 된다. 바흐친에게 사고는 다른 사람들과 상상적 대화를 나누는 일종의 과정이다. 그런데 이 경우 다른 사람들의 목소리와 가치는 이미 전에 표현되었으며 그다음에 내면화되었던 것이다. 우리는 "대화를 나눈 이후 우리는 존재해 있으며 우리는 서로 상대방의 말을 듣는다"라는 횔덜린의 시 구절을 일종의 공통 기반으로 생각할 수 있다. 그런 점에서 개인이 본질적으로 사회적인 것과 마찬가지로 사회 또한 본질적으로 개인적이다. 그런데 모든 것의 상호작용에 해당되는 대화는 결코 종결되는 법이 없다. 이에 대해서는 김욱동 편, 『바흐친과 대화주의』, 1990, 나남, 70-72쪽 참조.

오직 그때에만 멘토의 신념과 목적이 다른 사람에게 전달된다. 이런 정신은 가르칠 수 있는 것은 아니지만, 모범을 보일 수 있다. 모범을 통해 사람들에게서 이러한 정신을 끌어내고 자유와 모험을 창조해내는 환경을 조성할 수 있다.

서로의 발전을 돕는 두 사람의 관계는 쉽게 깨지지 않는다. 멘토링은 단순히 이타적인 선물도 아니고 이기주의도 아니다. 이것은 좀 더 깊이 있는 상호관계를 의미한다. 이런 상호관계는 자기 계발을 돕고, 단순한 동료 관계에서 다양한 기회를 포착할 수 있는 관계로 발전하여 훌륭한 팀을 만든다. 멘토링의 핵심 역할은 다른 사람과 함께 자신의 권력을 확대시키는 것이다. 그래서 진실한 메시지를 전달할 수 있고 경청하고 함께 배울 수 있다. 다시 말해서 멘토링은 효과적인 의사소통에서 더 나아가 개인을 훌륭한 팀원으로 만들 수 있다. 이런 능력은 관심에서 나온다. 또한 그것은 자신을 계발하고 삶의 긴 여정에서 위험을 감수한 사람만이 얻을 수 있다.

대면 상황에서의 윤리

　우리 각자가 윤리적 존재가 되는 과정을 보면, 우리를 길러주신 분들에 의해 진행되는 대화에 들어감으로써 그런 연후에 도덕적·정신적인 식별의 언어를 배우는 것에서부터 시작된다. 사회적 존재로서 인간은 늘 타자를 부른다. 그를 바라보고 그에게 귀 기울이며 말하고 행동한다. 따라서 내가 배운 말의 첫 번째 의미는 나와 나의 대화 상대자 모두를 위해 지니는 의미이다. 그래서 나는 어떤 공통 공간에서, 나와 다른 사람의 경험을 통해 무엇이 화난 것이고, 사랑이고, 모두의 꿈인가를 배울 수 있다. 그러므로 우리가 의미하는 것을 우리가 안다는 바로 그 확신은, 다른 사람의 언어와 관련하여 우리 자신의 원래 언어를 파악하고 있다는 것에 의존한다.

　인간과 세계의 관계는 상호적인 활동들의 결합관계로 기술될 수 있다. 그런데 상호작용이 발생하려면 집단으로부터 분리되어 있고 자율성을 지닌 개인을 전제할 때 가능하다. 개인과 개인의 상호작용은 강요된 집단주의에서는 일어날 수 없으며 상호작용이 일어나는 양상에 대해서는 사회적이라는 말이 적절하다. 중세가 친족이나 공동체에 대한 의무와 충성, 협동적 연대, 종교적 의례 등으로 얽힌 전통적인 자연 공동체였다면 근대 시민사회는 개인의 출현과 함께 영리를 지향하는 생산 활동이 이루어지는 사회라고 할 수 있다.[21] 다원적인 시민사회에서 개인들이 자유와 개성을 표현하고 각자의 이익을 주장하게 되면서 그것들이 상충하여 갈등하는 가운데 조정의 원리를 찾아낼 필요가 있다. 서양 언어에서 '사회'가 한편으로 '사교'와 '교제'를 뉘앙스를 담고 있는 것도 바로 이 때문이다.

전근대적 전체주의나 스탈린적 사회주의 역시 이런 의미에서 '사회적이지 않다'고 말할 수 있다. 사회적이기 위해서 반드시 전제되어야 하는 것은 개체의 존재이다. 분화된 개체 없는 전체는 둔하고 묵중한 덩어리에 불과하다. 개체는 사회적인 것이 발생하기 위한 일종의 전제와도 같다. 개체라는 행위자가 없다면 사회적인 것은 발생할 수 없다. 그렇기에 개인화는 사회의 몰락이 아니라, 사람들이 상호작용하는 중요한 형식과 제도가 변화했다는 뜻이다. 보다 많은 사람들이 자율성을 계발하고 실현할 수 있는 조건을 만들어주는 다양한 제도와 국가의 행위 또한 개인의 자유 실현을 위한 중요한 조건인 것이다. 따라서 사회체제가 자유롭고 합리적이어야 한다는 도덕적 윤리적 요청이 생겨나게 된다.

누군가가 이미 존재하는 세계와 관계하면서 행동하고 그때 스스로

---

21. 개인의 이익과 사회적 가치가 혼란스럽게 섞여 있는 경우에는 어떨까? 개인적 추구와 사회적 성취의 모순적 일체화는 인간의 사회생활의 복잡한 변증법 속에 움직인다. 개인적인 동기 또는 이기적인 동기의 중요성에도 불구하고, 사회 전체로 보아, 우위에 있는 것은 사회의 필요이다. 그러나 이것은 그것대로 가치와 도덕의 왜곡, 위선, 숨은 폭력으로 나아가는 계기가 될 수 있다. 사회적 생존에서 서로 떼어놓을 수 없는 두 가지인 사회와 개인 가운데 사회의 우위는 불가피한 것일 수 있으면서도, 일방적으로 강조될 때, 그것은 도덕과 윤리에 관계된 인간 심리의 부분을 이중화한다. 예를 들면, 교육열에서 알 수 있듯이 입신양명의 숨은 이기적 동기나 의도가 사회 전체 이익에 기여하는 것으로 위장되는 것이다. 그런 경우 이 사회에는 무반성적으로 투입되는 정보들로 구성되고 권력과 이익에 따라 개인들은 이합집산한다. 그리하여 참으로 가치 있고 지속되는 사회의 모습이 되기 어렵다. 이에 대해서는 김우창, 『기이한 생각의 바다에서』, 2012, 돌베개, 36-42쪽 참조.

하나의 세계를 만들어내는 곳이면 어디서나 타자와의 같은 관계가 존재한다. 예를 들어 우리가 어떤 사람의 움직임을 모방할 때, 또는 어떤 모델을 따라 행동할 때, 또는 무엇인가를 재현할 때, 또는 어떤 관념을 신체적으로 표현할 때 그렇다. 이처럼 주체와 타인들이 착종되어 있는 구조는 인간과 세계의 관계가 지니는 근본적 특성임에 틀림없다. 타인들은 자아의 일부다. 타자 없이 자아란 생겨날 수 없을 것이다. 주체가 스스로를 만드는 동안 그 주체는 그와 동시에 타인들에 의해 함께 만들어진다. 주체가 세계와의 관계나 타인들 없이 무슨 존재일 있는지는 말할 수 없을 것이다. 자아는 처음부터 자아가 마주하고 있는 것을 내포한다.

타인들에 대한 가장 중요한 경험은 대면 상황에서 발생한다. '지금, 이곳'은 대면 상황이 계속되는 한, 끊임없이 서로에게 부딪힌다. 그 당사자들은 정서적 욕구를 지닌 존재들이기에 상대방이 미소를 짓다가, 내가 찡그리고 있으면 미소를 멈췄다가, 내가 미소를 지음에 따라 다시 미소 짓는 등등. 나의 모든 표현은 상대편에게 적용되며, 상대편도 역시 그렇다. 대면 상황에서 내게 상대자는 우리들이 함께 공유한 생생한 존재로 비추어진다. 또한 나도 똑같이 생생한 존재로 상대편에게 비추어질 것이라는 것을 안다. 대면 상호작용에서 주관적 의미들은 매우 다채롭고 미묘한 교환을 통하여 끊임없이 수정된다. 대면 상황에서 상대편은 완전히 현실적이다.

사회에는 대면 상호작용 시 독특한 규칙이 있다. 미국의 사회학자 어빙 고프먼Erving Goffman은 '지금—여기'의 구체적인 상황에서 일어나는 상호작용 규칙을 '상호작용 의례interaction ritual'라고 불렀다. 그는 이 대면 상황에서의 상호작용을 본질적으로 '연기'로 정의한다. 당연히 '자아'는 무대 위의 연기자로 비유된다. 우리는 사회라는 무대 위에 올라가서 실제로 연기를 하면서 우리의 사람 자격을 확인받게 된다. '상호 작용 의례'에 관한 미시적 연구를 통해 고프먼은 주어진 상황에 따라 인간에게는 '여러 자아'가 제각기 다르게 구성된다고 주장한다. 현대 심리학에서 전제하고 있는, 일관되고 통일된 자아란 존재하지 않는다고 비판하는 것이다. 모든 사람은 언제나 그리고 어디서나, 어느 정도는 의식적으로 어떤 역할을 연기한다고 볼 수 있다. 때로 이 역할 연기는 문제없이 계속된다. 우리가 서로를 아는 것은 이 역할들 속에서이며, 우리가 우리 자신을 아는 것 또한 이 역할들 속에서이다.

고프먼은 자아를 그저 역할이라는 옷을 걸 수 있는 옷걸이로 취급한다는 비판을 받을 만하다. 하지만 고프먼적 주체는 그때그때 가면을 바꾸어 쓰면서, 자기에게 고정된 인격이 없다는 사실을 전혀 유감스럽게 생각하지 않는다. 오히려 고프먼은 말하기를 "인간으로서 우리는 짐작컨대 한 순간에서 다음 순간으로 변하는 분위기와 활력을 가진 변덕스러운 충동을 지닌 피조물이다. 그러나 배역 인물들이 관객을 위해 연기를 하듯이 우리는 기복에 지배되어서는 안 된다. 매번 약속된 시간에 완벽하게 똑같은 성질의 연기를 하기 위하여 우리가 의존할 수 있도록 어떤 정신의 관료화가 필요하다." 이 '정신의 관료화'는 점점 더 억압적으로 되었고 이제는 고프먼 덕분으로 오늘날 악덕의 중요한 요소로 널리 인정되고 있다.

우리는 언제나 자기를 연기하며, 심지어 일기를 쓸 때도 그러기 때문에 진정한 우리 자신이 어떠한지 결코 알 수 없다. 모두가 쓰고 있는 역할 가면은 솔직과 정직의 틀로 이해할 수는 없다. 만약 우리가 쓰고 있는 모든 역할 가면을 위선적 행동이라고 판단하고 역할 가면을 벗어던지겠다고 선언하면, 그 사람은 솔직한 사람이 되는 것이 아니라 오히려 무책임한 사람이 된다. 역할에 맞는 행동을 한다는 것은 위선적 행동을 한다는 뜻이 아니라, 사람과 사람 사이의 상호작용을 가볍게 여기지 않고 상호적 관계를 중요하게 여긴다는 뜻이다.

그렇기 때문에 역할에 대한 만족도는 역할 행동이 거짓이기 때문에 떨어지는 것이 아니다. 역할에 대한 만족도의 차이는, 역할의 진정성의 차이에서 온다. 오히려 접촉과 습관적 삶의 규칙들이 침해되자마자 사람들은 자신과 타자를 의식하게 되며 당혹감이 생겨나고 개별 행위자들, 다른 사람들의 응시에 노출되어 무대 위에 있는 자신을 보게 된다. 이와 같은 경우에 연기자들은 연기를 계속하기 위해 즉각 규칙을 재정립하게 된다. 이러한 연기는 사회 통합의 기저에 놓여 있는 의례 혹은 상징적 의식으로 정의될 수 있다. 하지만 연기에 의해 조성된 실재에 대한 인상은 미묘할뿐더러 아주 사소한 불운에도 깨질 수 있는 약한 것이다.

대면 상황은 개인들 간의 문제이기도 하지만 조직들 사이에서 주고받는 관계로 설정될 수 있다. USAUnited Space Alliance에서는 우주선 소프트웨어를 개발한다. 우주선 소프트웨어를 개발하는 과정은 우주비행사의 생명이 걸린 문제이기 때문에 한 치의 오차도 없어야 한다. 그래서 그 과정은 개발팀과 검증팀으로 나누어 진행된다고 한다. 대개 개발팀은 조급하게 성과를 일궈내려고 실수를 숨기고, 회피하고, 심지어는 무의식적으로 그것에 대해 거짓말을 할 수도 있다.

그러나 모든 오류와 결점을 기회로 바라보려 한다면 검증팀의 역할이 중요하다. 오류를 발견하는 것은 감춰야 할 일이기보다는 오히려 긍정적인 사건이기 때문이다. 오류를 이용해 작업과정을 향상시키거나, 다른 곳에 존재하는 비슷한 오류를 발견할 수 있다는 점에서 본다면 말이다. 확인 작업을 하는 검증팀은 논쟁의 여지가 많은 환경에서 일하기 때문에 개발팀과는 긴장관계에 놓일 수밖에 없다. 서로에게 주어진 고유 권한이 있기에 자칫 검증팀이 개발팀에 대해서 감시자로 전락하지 않으려면 그 팀들 간에는 주고받는 관계가 더욱 중요해진다. 그것은 바로 건강한 경쟁, 친근한 적대 관계를 맺어야 한다.

철학사에서 대면할 수밖에 없는 타인에 대한 가장 깊은 통찰력을 보여준 철학자는 의심할 여지 없이 레비나스Emmanuel Levinas이다. 타자의 윤리를 전개한 철학자 레비나스는 전통적으로 나와 타자를 하나의 보편적인 원리에서 동일시하거나, 하나로 포괄해온 것에 반기를 든다. 그가 보는 타자란 '무한한 존재'이다. 타자는 무한하다. 여기서의 무한이란 셀 수 없는, 즉 끝이 없는 무한을 뜻하는 것이 아니다. 어떠한 상황에서도 내 인식 속에 완전히 들어오지 않고 다 파악되지 않는다는 것, 그래서 늘 내가 생각하고 이해하는 것보다 무한히 더 크고 깊다는 것이다.

나는 다른 사물을 인식하듯 타인을 인식할 수 있다. 또 급료를 제공하면서 타인을 수단으로 이용할 수도 있다. 이런 방식들을 통해서, 나의 세계를 구성하기 위해 타인을 소유할 수 있다. 이렇게 나의 존재 유지를 위해 대상을 소유하고자 하는 욕구와는 다른, 나와 전혀 다른 자, 내가 어떤 방식으로도 규정할 수 없는 무한자에게로 가고자 하는 '형이상학적 욕망'이 있다. 형이상학적 욕망이란 충족될 수 없는 하나의 갈망, 표상될 수 없는 것을 표상하고자 하는 욕망과 함께, 하나의 실재에는 표상되는 것보다는 더 많은 것이 있음을 인정하는 것이다.

타자를 알려고 하면 할수록 벗어나는 무한한 존재는 형이상학적 욕망을 추동하여, 그 새로움과 무한성이 나를 더욱 새롭고 온전한 존재로 만들어준다. 즉 타자는 내게 알려져야 할 존재가 아니라 나를 새롭게 이끌어가는 존재이다. 이때 나는 자기 초월의 가능성을 숙고한다. 실제로 타자는 우리의 이해나 인식 속에 완전히 잡힐 수 없다. 레비나스에게 타자는 인식 주체에게 신비스럽고 이해할 수 없는 존재인 것이다.

그렇다면, 이러한 타자의 신비성과 불가해성이 어떻게 동일화의 시선을 피해 보존될 수 있느냐가 레비나스 철학의 관건이다. 레비나스가 이렇게 동일화할 수 없는 타자성을 강조하는 데에는 타자를 있는 그대로 받아들이라는 의미가 있다. 타자는 고통받는 얼굴의 나약함, 헐벗음으로 나에게 호소해온다. 이 타자의 얼굴을 통해 존재 유지만을 추구하는 나의 이기적 폐쇄성은 깨어져나가고 나는 타자에 대한 '윤리적 책임'을 지닌 주체로 서게 된다.

누군가의 얼굴을 잊는 것이 누군가의 이름을 잊는 것보다 더 나쁘다는 이야기도 있다. 그만큼 얼굴은 우리 몸에서 가장 두드러진 부분이며, 가장 표현적인 부분인 것이다. 분리나 무관심이 아닌 '친근성'과, 거리가 기준이 아닌 '근접성', 즉 '연합consociation'이 '얼굴과 얼굴을 맞대는 친근한 조우의 순간'을 지배한다. '전체 동물의 왕국에서 가장 표현적인 얼굴'을 가지고 있다는 모리스Desmond Morris의 주장을 보더라도, 레비나스에게 얼굴은 친근성과 근접성을 뜻하는 윤리적인 아이콘이다.

얼굴과 얼굴을 맞대는 만남은 대화의 주된 전제 조건이며, 이는 대화에서 윤리적인 수준으로까지 격상된다. 레비나스가 주장하듯이 '얼굴의 출현'은 분명 윤리적이다. 얼굴의 나타남으로 나는 내가 요구하지 않은 상황에서 이미 '응답하는' 존재로, '책임적인' 존재로 세워졌다. 나는 내가 타인을 대신해서 타인의 자리에 서기 이전, 내가 기억할 수도 없는 먼 과거에, 나의 의식과 나의 선택의 자유가 발동하기 이전에 벌써 타자에 의해서 타자를 위한 책임적 존재로 세움을 받았다. 내가 그렇게 세움을 받고 그 뒤, 그것을 나의 책임으로 개인적으로 수용하는 행위가 뒤따른다. 얼굴은 나에게 책임을, 아니 좀 더 근원적인 뜻으로,

'응답할 수 있는 가능성'을, 그리고 '응답해야 할 의무'를 일깨워준다. 이렇게 세움을 받았다는 것은 내가 타인의 요구와 부름에 응답할 뿐 아니라 타인을 위해, 심지어 타인의 책임을 대신해 고통받을 수 있음을 뜻한다.

이리하여 "윤리는 존재에 앞선다"라는 레비나스의 명언은 경험적 존재론적 지위를 주장하지 않는다. 자신의 스승인 후설이나 하이데거와 달리, 레비나스는 윤리학을 가장 중요한 수준으로 격상시킨다. 윤리학은 인식론이나 존재론에 선행하는 것이지 그 뒤를 따라오는 것이 아니다. 윤리적임의 의미를 파악하려면 이전의 모든 존재론적 지식은 무관한 것으로 보고 유보해야 한다. 예를 들어 나와 타자는 사회적인 요소들, 지위, 사회적인 명성, 장애, 입장, 역할 등을 모두 벗어버려야 하고 오직 타자의 얼굴과의 관계를 통해서 비로소 근본적으로 나의 주체성이 구성되어야 한다. 왜냐하면 조금 전 앞에서 말했듯이, 우리는 자기 존재 유지를 위해 대상을 자기에게 종속시키고자 하는 욕구 이전에, 무한자에게로 초월하고자 하는 욕망을 가지고 있기 때문이다. 그런 연유로 해서 얼굴은 타율적이고 타자 지향적인 윤리성의 장소라고 할 수 있다. 여기서 책임은 절대적 타율성이고 절대적 타율성으로서의 책임은 나의 자유의 한계를 초월한다.

레비나스가 말하는 초월이란 바로, 타인을 영접하고 손님으로 받아들이는 것—이를테면 고통받는 얼굴의 모습으로 나타나는 절대적인 타자, 규정 불능의 무한자와 관계함을 말한다. 따라서 존재에 의거해서 자신을 정당화해야 하는 것은 윤리가 아니다. 그 반대이다. 입증할 의무는 존재에게 있다. 윤리와의 일치를 입증해야 하는 것은 존재이다. 왜냐하면 나는 나에게 전념하기를 그만두고, 나와 전혀 다른 자에게로 가서 그의 윤리적 요구에 전념하게 되기 때문이다.

이른바 '타자의 환대'가 바로 그것이다. 환대란 타자에게 자리를 주는 행위이자 그 자리에 딸린 권리들을 인정하고 부여하는 것이다. 타자를 인정한다는 것은 그의 가치를 인정하는 것이 아니라, 가치에 대한 질문을 괄호 안에 넣은 채 그를 환대하는 것을 말한다. 타자를 받아들임은 자발적으로 혹은 의무감에서 받아들인다기보다는 타자의 요청에 응할 수밖에 없는 어떤 절박성을 내포한다. 그래서 "타자를 환대하는 것, 그것은 곧 나의 자유를 문제시하는 것이다"라고 레비나스는 말한다. 이렇듯 타자의 시선 앞에서 자아의 출현은 의식의 근본적인 자유의 변질을 의미한다. 이런 의미에서 "타자는 나의 자유의 한계이다." 그에 따르면, 얼굴과 얼굴을 맞대는 것[면대면]은 타자를 모시기 위한 유일한 방식이다. 이는 '섬김'이라는 차원에서 '수직적' 만남을 뜻한다. 타자가 도덕적 공동체 안으로 들어오는 것은 이러한 환대를 통해서이다.

의아스러운 사실은, 얼굴을 맞댄다는 행위가 언제나 너(타자)와 나(주체) 사이, 2자 관계에서만 유효하며 '윤리적'인 것으로 인정된다는 점이다. 그런데 수많은 타자들과 함께 살아가는 삶의 현실에서 타자가 다수 안에 용해되면, 제일 먼저 씻겨나가는 것은 얼굴이다. 타자는 이제 얼굴 없는 존재되어 타자들과 맺는 복수 관계는 '윤리적' 의미를 지니지 않는다. 이제 내가 상대하는 대상은 가면이지, 얼굴이 아니다. 내가 누구를 상대하고 어떤 반응을 보여야 하는지 결정하는 당사자는 가면이다. 나는 각각의 가면이 지니는 의미를 깨달아야 하고, 각 가면에 어떻게 반응해야 하는지 기억해야 한다.

그런데 문제는 2자 관계가 특권적으로 절대화될 때, 즉 복수성의 관계와 무관해지고 배타적으로 지향될 때 발생한다. 이는 일상에서 벗어나, 세속적인 규칙과 관행들을 잠시 접을 수 있어야만 가능하다. 심지어 종교적 '보편주의'가 유일신에 대한 '2자 관계'를 도그마 했을 때 나타나는 이질적인 것과의 단절, 생성의 부재처럼. 그렇다면 얼굴의 윤리가 고집하는 2자 관계를 향한 열망은 타자'들'과의 관계, 사회의 가능성 즉 공통성의 구성과는 전혀 다른 길을 추구하는 게 아닐까?[22]

또 다른 대면 상황으로 인정투쟁과 그것의 이론적 단초를 제공하는 주인과 노예의 변증법이라는 것이 있는데, 이것은 독일의 철학자 헤겔 G. W. F. Hegel의 『정신현상학』에 나오는 개념들이다. 인정투쟁은 헤겔의 예나Jena 시절에 작성된 저서, 특히 『정신현상학』 가운데 주인과 노예의 변증법을 설명하는 데 사용되었다. 인정투쟁은 헤겔의 초기 저작에 나타났다가 어느 순간 사라져버린 개념을 하버마스의 제자 악셀 호네트Axel Honneth가 집중 연구해 뒤늦게 주목받게 된 개념인데 요약하자면 다음과 같다.

인간은 타자의 인정을 욕구한다는 점에서 다른 동물과 구별된다. 인정의 욕망은 동물적 욕구와 구별되는 순수 인간적 욕망인 것이다. 즉 인정의 욕망은 타인의 욕망에 대한 욕망이다. 인간은 모든 동물에게 공통된 자기보존의 욕구를 극복하고 이 인간적인 욕구를 따를 때, 즉 타자의 인정을 위해 생명을 걸 때 비로소 자신을 인간으로 확증한다. 인정의 욕망은 초-자연적이고 초-생물학적 가치를 지향하므로 본성상 생사의 문제에 초연하지만, 욕망의 욕망인 한에서 생을 본질적 조건으로 한다. 그렇기 때문에 인정의 욕망을 충족하는 과정에서 생기는 갈

---

22. 우리 인간들은 자기의 존재기반이 사실 아무것에도 기초하지 않는다는 것을 경험하곤 한다. 이때 우리는 우리 자신들보다 더 크고, 더 오래가는 어떤 것 속에 우리 자신을 위치시키고자 노력한다. 이러한 인간의 형이상학적 본성이 단적으로 드러나는 곳이 종교이다. 더 큰 주체인 신과의 관계를 통해서 자신이 신자라는 존재감을 확인한다. 이렇게 형성된 종교적 세계관을 통해서 한 개인은 신이나 의무·정의 등을 믿는다. 형이상학은 존재의 의미를 가장 탁월한 존재자로서의 신적인 것에 기초 짓는다는 뜻에서 신학이다. 이에 대해서는 졸저, 『전체 속의 전체 사고 속의 사고』, 2015, 살림터, 221-224쪽 참조.

등은 곧바로 죽음의 문턱에 도달할 수밖에 없다. 이러한 생사를 건 위신투쟁이 없었다면 역사가 개시될 수 없었을 것이다.

그런데 죽은 자로부터 인정을 받는 것은 불가능하므로, 인간적 현실이 인정된 현실로 구성되기 위해서, 최초의 두 인간 중 한 명은 타자에 의해서 인정받지 않은 채 타자를 인정해야 한다. 즉 인간은 최초의 상태로부터 필연적으로 그리고 본질적으로 주인이거나 노예이다. 주인과 노예라는 불평등한 주체가 성립된 채로 여기서 변증법이 시작된다. 헤겔이 『정신현상학』에서 인정을 삶과 죽음의 투쟁으로 파악한 이후 인정의 정치철학이 본격적으로 시작되었다. 이는 인간 모두 다른 이와 전쟁하고 있는 중이라는 홉스의 생각을 따른 것이었다. 인정은 인간의 정신에 동기를 부여하고 인간의 역사를 움직인다.

주인과 노예의 관계는 영원히 지속되지 않는다. 역사의 변화, 즉 역사 발전이란 주인과 노예의 관계가 끊임없이 역전되는 과정이다. 주인은 노예의 인정을 받을 필요가 없다. 그의 욕구는 그가 인정할 가치가 있다고 여기는 사람의 인정에 의해서만 충족될 수 있기 때문이다. 반면 노예는 자신의 노동을 통해 생산되는 생산물을 통해서만 주인의 인정을 받을 수 있다. 그러나 노예는 자신의 생산물을 통해 자기 자신을 확인하는 '자의식'을 어느 순간부터 갖게 된다. 주인은 여전히 노예의 생산물을 소비할 뿐이다. 노동을 통해 자의식을 획득한 노예는 투쟁을 통해 주인을 제거한다. 이제 주인이 노예가 되고, 노예는 주인이 된다.

헤겔의 현상학에서 노예가 지니는 독특한 지위는 이 철학 전체의 핵심에 있는 자유의 개념이 처음 발아하는 장소라는 데에 있다. 헤겔이 당시 지니고 있던 인정투쟁에 대한 생각은 이런 것이었다. 즉 개인의 자유를 보장하기 위한 제도를 실천적, 정치적으로 관철하려는 사회 내적 동력이 바로 자신의 정체성을 상호적으로 인정받기 위한 주체들의 투쟁에서 비롯한다는 것이다. 여기서 자신의 정체성을 상호주관적으로 인정받으려는 개인들의 요구는 본래부터 사회적 삶에 내재하는 도덕적 긴장의 원천이 된다. 즉 헤겔은 인간들 사이에서 발생하는 투쟁을 자기보존을 위한 것이라고 해석하지 않고 인간의 도덕적 충동에서 비롯되는 것으로 보았다.

헤겔의 프로그램은 물론 단순한 초안의 수준을 넘지 못했다. 그렇지만 대면 상황에서 자기 자신과 타인에 대한 관계를 인간화할 수 있는 토대인 '인정투쟁'의 사고 모델에 주목할 필요가 있다. 우리 사회의 대중들은 승자독식의 체제가 만연해져감에도 불구하고 이런 체제에 적극적으로 저항하지 않고 있다. 오히려 이런 체제에 순응하여 심지어 능력에 따른 사회경제적 차별과 배제를 정당화하는 반평등주의적 의식을 스스로 깊게 내면화한다. 승자독식의 체제도 기본적으로 개인의 능력과 노력의 정도에 대한 차등적인 가치 평가에 바탕을 하고 있는 특정한 '인정의 질서'라고 볼 수 있다. 이러한 질서에 대한 모종의 이데올로기적 비판을 호네트의 인정이론을 통해서 감행해볼 수 있다.

호네트의 비판이론적 인정 이론의 출발점은 다양한 사회적 관계와 제도를 사람들 사이의 상호주관적 인정관계와 연결 지어 이해하자는 데 있다. 즉 헤겔의 인정 개념을 개인들 간의 '상호성'에 기초한 사회적 관계의 전형으로 이해하고 이 인정 개념을 통해 헤겔의 인륜성 개념을 재해석한다. 여기서 호네트는 인륜성을 개인의 자기실현에 꼭 필요한 상호주관적 조건들을 총칭하는 개념으로 이해한다. 구체적으로 말하자면 헤겔의 인륜성 개념을 "왜곡되지 않고 제한되지 않은 인정"을 가능하게 하는 상호주관적 조건들을 설명하는 개념으로 보는 것이다. 호네트는 이 왜곡되지 않은 인정의 경험을 가능하게 하는 상호주관적 조건들을 개인의 자유롭고 좋은 삶을 가능하게 하는 조건으로 보았다.

인정투쟁 테제의 핵심은 사회적 투쟁이 상호 인정이라는 상호주관적 상태를 목표로 한다는 주장에 있다. 모든 인간에게 타인과의 상호주관적 관계는 매우 중요한 의미를 지닌다. 인간의 자기이해는 상호주관적 관계를 통해서만 가능하다. 또한 인정은 인간이 자신의 삶을 성공적으로 실현시킬 수 있는 사회적 조건이자 각 개인이 자신에 대한 긍정적인 관계, 즉 긍정적인 자기의식을 가지게 하는 심리적 조건이다. 호네트는 헤겔의 인정투쟁 개념을 이미 언급된 바가 있는 미국의 사회심리학자 조지 허버트 미드의 '주격 자아$_I$'와 '목적격 자아(사회적 자아$_{Me}$'의 정체성 이론과 연계해 이론적 확대를 시도한다. 이에 따르면, '주격 나$_I$'는 타인이 나에 대해 가지고 있는 어떤 상이나 기대를 인지하면서 '목적격 나$_{Me}$'에 대한 상상을 얻게 된다. 따라서 자기관계는 나에 대한 타인의 관점이 나에게 내면화됨으로써 가능하다.

그러나 이 관계는 사회적으로 규정된 '목적격 나'와 대상화되지 않는 어떤 자발성으로서의 '주격 나'의 긴장관계를 전제한다. 그리하여 타인에 의해 인식된 '목적격 자아'와 스스로 인식하고 있는 '주격 자아'의 불일치는 인정투쟁으로 이어진다는 것이다. 즉 '주격 나'는 사회적으로 규정된 '목적격 나'와는 다른 어떤 부분을 인정받으려는 투쟁에 서 있다는 것이다. 대부분의 경우, 인정투쟁은 목적격 자아에 포함되지 않은 주격 자아의 내용을 드러내는 과정이다.

호네트는 인정투쟁을 통해 개인이 스스로와 맺는 실천적 자기 관계의 심리적 충족 조건을 세 가지 층위로 구분한다. 첫 번째 '자신감$_{self-confidence}$'은 주체가 자신의 신체적 욕구와 필요를 구체화할 수 있는 자신의 한 부분으로 이해함으로써 자기 자신에 대한 관계를 맺는 것과 관련되어 있다. 이것은 자기 신뢰에 관한 것이다. 그다음으로 '자존감

self-respect'은 주체가 다른 모든 구성원과 마찬가지로 자신이 도덕적 사려 능력이 있는 존재라는 의식을 갖는 것이다. 칸트적 전통에서 이성적 존재로서 자신이 내리는 판단의 가치에 확신을 갖는 것과 관련되어 있다. 이것은 자기 존중에 관한 것이다. 끝으로 '자긍심self-esteem'은 자신이 좋은 또는 가치 있는 능력을 지니고 있다는 의식 속에서 드러난다. 이로 인해 자신이 지닌 능력의 가치에 확신을 갖게 된다. 이것은 자기 가치 부여에 관한 것이다.[23]

이 세 가지는 좋은 삶을 위한 심리적 전제 조건을 충족시킬 뿐 만 아니라 인간의 외적인 활동의 이성적인 측면을 증진시키는 인지적이고 정서적인 동기의 원천이라고 할 수 있다. 호네트에 따르면, 이 세 차원의 인정은 사회적 관계 속에서 살아갈 수밖에 없는 인간의 삶에서 결정적인 의미를 갖는다. 그것은 사람들의 근원적 필요이고, 말하자면 삶의 '인간적' 가치의 본질과 연관되어 있다.

대면 상황에 관한 레비나스나 호네트의 문제 인식을 우리가 처한 현실에 비추어 생각해볼 만하다. 끊임없는 불안을 겪어내며 세속적 물질주의에 물든 형국[24]에서 오로지 자기 부인을 통해서만 그들이 제기하는 윤리적 근심에 이를 수 있을 것 같다. 허망한 자기 연민에 빠져 허덕이지 말고, 어떤 개인이든 타자와 대면하여 '나는 누구인가', '나의 인간으로서의 삶의 가치는 어디에 있는가' 하는 식의 물음을 던져야 한다. 물론 그 물음에 대한 답으로서 완벽하게 합리적인 윤리 규정이

---

23. 호네트는 발달심리학을 자신의 이론적 준거로 받아들이고 있다. 호네트가 제시한 세 가지— 자신감, 자존감, 자긍심은 개체적 존재의 내면 형성 및 그 발달과 관련지어 볼 수 있다. 비고츠키의 문화발달법칙에 따르면 개체적 존재는 또한 사회적 존재이기에 그 내면은 사회적 내면이어야 마땅하다. 비고츠키의 이론을 참고하면 내면에서 사회적 관계를 맺고 있는 개체적 존재인 '나'가 스스로에게 존재 물음을 던질 수 있다. 개체적 존재의 존재 물음이 성립하는 곳을 세 층위에서, 즉 자신 성취적 존재, 자기 이해적 존재, 자아 성찰적 존재 등으로 나누어 볼 수 있다. 우연히도 이러한 분류는 호네트의 분류와도 맞아떨어지는 측면이 있다. 이에 대해서는 졸저, 『경쟁을 넘어 발달교육으로』, 2015, 살림터, 93-107쪽 참조.

작성되고 윤리 영역이 분명히 선포되는 방식으로 제출될 수는 없을 것이다.

사회 성원들의 인간적 삶의 가능성을 여는 그것이 타자에 대한 관심과 책임의 윤리이든 혹은 인정의 정치가 되었든 스스로 나서야 하는 것은 분명해 보인다. 그렇다면 할 수 있는 것은 다 했다는 태도가 아니라 만족스러울 만큼 윤리적이지 못하다는 끊임없는 의구심을 갖는 태도, 다시 말해 윤리적 요구에 충분히 부응하지 못했다는 의구심을 갖는 태도가 필요하다. 이것이 바로 윤리적 요구에 관한 한 결코 끝나지 않고 영원히 지속되는, 인간이 처한 여건인 것이다.

---

24. 한마디로 현대인의 삶은 내면이 없는 외면화된 삶이라고 할 수 있다. 그런 삶은 물질적 또는 명성의 보상 또는 인정으로만 의미를 갖는 것이 된다. 이러한 왜곡이나 명분, 그리고 실체와의 괴리에 관련하여 프란시스 베이컨이 주장한 네 개의 우상—종족의 우상, 동굴의 우상, 시장의 우상, 극장의 우상과 같은 것이 우리를 저절로 승복하게 하는 우상이 된다. 사회의 우상들이 우리의 마음을 움직이는 주인이 되지 않도록 하려면 개인과 사회의 관계는 하나가 다른 것을 흡수하는 것이라기보다는 긴장과 길항을 통하여 하나로 지양되는 것이 되어야 한다. 이에 대해서는 김우창, 『기이한 생각의 바다에서』, 2012, 돌베개, 43-46쪽 참조.

2.

우리 함께 있기

생명은 관계이다

　생명은 인간을 포함하여 모든 생물, 무생물에게 깃들여 있는 것이다. 역사의 대부분 기간 동안, 인간은 지구상에 있는 생명체 중 약 99.99퍼센트에 대해 아무것도 몰랐다. 미생물의 경우가 그러한데, 우리와 상관이 없어서 몰랐던 것은 아니다. 우리 몸속에는 수십조 마리의 단세포 생명체가 살고 있다. 이들은 이롭기도 하고 치명적인 것이기도 하지만 어떤 식으로든 각자의 고유 기능을 하고 있다. 그중 일부는 우리 몸속에서 소화시켜주고 장을 청소해주지만, 다른 일부는 병과 전염병을 일으킨다. 현미경으로 엿본 한 방울의 물속에서조차도 미세한 존재들이 돌아다니는 세계가 있다.

　생명에 대한 성찰에 앞서 고려해야 할 점은 그것이 관념적이고 개념화된 존재가 아니라 구체적인 감각을 통해 존재하는 살아 있는 실체라는 사실이다. 생명이 감각이나 느낌으로 존재한다면 그것을 관념이나 개념이 아닌 살아 있는 존재로 체험할 수 있는 대상이 필요하다. 그 대상이 바로 몸이다. 몸이 하나의 생명으로서 존재한다면 그것을 존재라기보다는 생성으로 명명하는 것이 타당할 것이다. 몸으로 세계를 이해하려면 '생성', '역동성', '운동' 등의 변화의 논리를 통해서 몸, 자연, 우주 같은 생명의 유기적인 흐름에서의 관계성을 인식할 수 있게 된다.

생명이란 관계와 다름없다. 각각의 생명체가 주위 환경 속에서 밀접한 관계를 맺어가며 살아가는 생태계가 지닌 관계성이야말로 생명의 모습인 것이다. 이러한 관계성이 생명진화의 기본적 터전이기도 하다. 오늘날 많은 생물학자들은, 진화하는 것은 전체 생태계이며 따라서 진화의 과정은 전체 생태계의 수준에서만이 제대로 이해되어질 수 있는 것이라고 주장한다. 진화하는 것은 관계의 형태로 어떤 패턴이 진화하는 것이지, 이 패턴을 구성하는 개별적인 단위가 아니라는 것이다. 하나의 개별적 개체는 다른 개체와의 관계 속에서 존재하며 그러한 무한한 관계망의 형성을 통해 전체 생태계가 성립되는 것이다. 전체 생태계의 그 어떤 개체도 단독으로 존재할 수 없다.

한편으로 생명 현상은 생명체의 개체 고유성과 직접적인 관련을 지니고 있다. 여기서 개체라는 것은 물질에 의거한 자기만의 형태나 양식을 지니고 주위와 구별되는 경계를 지니는 것을 의미한다. 우희종에 따르면, 생명체의 형태를 만들고 있는 물질 차원에서 보면 생명 현상으로서의 개체 고유성은 신경계와 면역계에 의해 뒷받침되고 있다. 일반적으로 정신과 몸으로 표현되는 생명체는 신경계에 의존하여 나타나는 '정신적 자기'와 면역계로 나타나는 '신체적 자기'로 말할 수 있을 것이다. 계통발생 과정을 지닌 우리 인간은 자아 발달의 근거를 이루는 신경계와 면역계의 발달 면에서 자연스럽게 시간의 누적을 담고 있다.

나카무라 유지로가 언급한 바에 따르면, 인간 감각의 분화와 통합은 인류의 뇌와 손이 두드러지게 관련을 맺어 진화하고 발달한 사실과 깊은 관계가 있다. 특히 주목되는 것은 인간의 뇌신경 계통은 여러 감각을 종합하여 이미지나 응답을 배분하는 통합 장치를 기존의 뇌신경

계통에 첨가하여 완성된다. 또한 진화 과정에서 손의 기능이 분화되고 고도화됨에 따라 신체 기관의 지각 상이 한층 더 정밀하고 자세해졌다. 그리고 물건을 만드는 능력과 언어 능력은 손과 뇌가 밀접하게 결합되는 가운데 나타난 것이다. 이 두 가지 기능이 결합됨으로써 무언가를 나타내는 상징 기호가 출현하게 되고 그야말로 계통발생을 기반으로 하여 인간의 개체발생적 영역이 확장된다.

우리는 자아를 탈중심화한다. 이러한 삶을 살아가는 몸 혹은 관계적인 것으로서의 체현된 자아라는 생각은 자기중심성 혹은 익명성을 거부한다. 인지 과학자 톰슨Evan Thompson은 몸을 움직이는 주체는 타자와의 상호주관적 연결을 향해 열려 있다고 주장한다. 몸의 움직임은 결코 고립적으로 존재하지 못하며 자족적일 수 없다. 몸은 어디까지나 복잡한 생태계의 개별 구성 요소들로서 존재하는 것이다. 다시 말해 몸을 가진 생명체들은 환경으로부터 고립되어 태어난 후에 비로소 환경과 관계를 맺는 것이 아니라, 환경과 몸이 동시적인 '구조적 짝패 구성structural coupling'을 통해 태어나고 발달하는 존재이기에 본질적으로 '지향적' 존재인 것이다.

유발 하라리Yuval Noah Harari가 정리한 바에 의하면 호모 사피엔스는 사람을 우리와 그들로 나눠서 생각하도록 진화했다고 한다. '우리'란 누구든 내 바로 주위에 있는 집단을 말했다. '그들'이란 그 외의 모든 사람이었다. 우리의 언어가 진화한 것은 주위 세계에 대한 막대한 양의 정보를 받아들이고 저장하며 소통할 수 있게 했다. 한편 그 언어는 세상을 공유하기 위하여 소문을 이야기하고 수다를 떨기 위한 것이기도 하다.

즉 우리는 무엇보다도 사회적 동물인 것이다. 사람들은 처음 보는 사람들과 '형제'나 '친구'라고 상상하면서 정기적으로 협력하기 시작한다.

물론 이런 형제애는 보편적이지는 않다. 저 산 너머 어딘가에는 여전히 '그들'이 존재한다고 생각하면서 말이다. 사회적 협력은 우리의 생존과 번식에 핵심적 역할을 한다. 매우 자연스러운 현상이지만 언어의 진화로 인해 우리는 더욱 긴밀하고 복잡한 협력 관계를 발달시킬 수 있다는 뜻이기도 하다.

이 세상에 존재하는 것은 고정불변의 것이 없으며, 모든 것은 머무르는 것이 아니라 끝없이 순환하고 변화한다. 모든 존재의 상호 의존성은 끊임없이 변화하는 사물의 관계성에 의한 것이다. 모든 존재는 상호관계적으로 연결되어 있으면서도 각각의 생명체에는 자아를 결정하는 개체 고유성이 나타난다. 또한 끝없이 되풀이되는 삶의 반복성이라는 시간의 누적 속에 나타나는 계통발생적 다양성이야말로 생명 현상의 창발적 측면을 잘 보여주고 있다. 여기서 주목해야 할 것은 물질 차원에서 개체 고유성을 규정하는 신경계와 면역계 양쪽 모두 생물체 내부의 자족적인 발생 체계가 아니라 외부와의 열린 관계에 의존해서 개체마다 새롭고 고유하게 만들어지는 창발 체계라는 점이다. 다시 말해서 신경계와 면역계로 나타나는 생명 현상의 주요한 특징인 개체 고유성은 주위와의 관계 속에서 창발적으로 형성되는 것이지 결코 폐쇄적으로 진행되는 자체 충족적인 개념이 아닌 것이다. 이러한 창발 현상을 가능하게 하는 생명체의 주위와의 관계성이야말로 주위에 대한 열려 있음, 즉 생명체의 개방성으로 규정할 수 있다.

복잡계 과학에서는 몸과 정신을 새로운 창발 현상으로서 파악하고 있으며 이는 생명에 대한 시각을 새롭게 정립할 수 있는 과학적 터전을 마련하고 있다. 복잡계 과학은 많은 요소의 상호작용을 연구하며, 이들의 상호작용에 의한 자기조직화를 통해 창발적 체계를 구성하여 진화하는 비선형구조에 대하여 관심을 갖는다. 우희종이 정리한 바에 따르면, 자의식이라는 인지 과정의 출현 역시 창발 현상이며, 결코 물질적 요소로 환원되지 못한다. 그러나 이 말이 인간이 지닌 인식 작용과 문화를 만들어내는 힘이 물질과 동떨어져 있다는 말도 아니다. 창발적으로 나타난 현상은 구성 요소와는 전혀 다른 속성을 가지고 있으며 그것은 서로 의존하고 영향을 주며, 주위 환경과의 관계 속에서 스스로 학습하며 변화해가는 구조인 것이다.

생명체의 열린 관계로서의 이러한 개방성은 생명 현상의 또 다른 특성인 자유로움을 이루는 근거가 된다. 주위에 의존하여 변화해가는 열린 관계로서의 생명체는 관계로부터 빚어지는 수많은 변화 속에서 외부 환경에 대하여 반응하고 기억하며 그러한 경험의 총체적 누적으로서 존재하는 것이다. 특히 생명체를 이루는 몸은 고정된 것이 아니라 주위와의 에너지 교환 등이 필요하고 환경에 대하여 반응하여 자기 조직화를 통해 진화하는 특징이 있지만, 생명체의 보다 근본적인 특징인 '창발 현상에 의한 개체 고유성이야말로 철저히 주위와의 열려 있음'으로 가능하다는 점이다.

이와 같은 생명체의 개방성은 자유롭지만 스스로 생로병사라는 숙명을 지니고 영생할 수 없는 개체의 운명을 잘 말해준다. 생명체가 개체 단독으로 자족적으로 존재할 수 없고 열려 있는 관계에 의해서만 존재할 수 있기에 자유롭지만 동시에 그 자유로움은 생태적 관계성 속에서 생명체의 소멸이라는 죽음을 담보로 한다. 스스로만의 힘으로는 존재할 수 없는 존재인 것이다. 한 개체로서의 생명체는 창발적 관계의 현상으로서 존재한다는 것이고, 그 개체가 개체로서 태어나 죽음이라는 소멸 과정에 이르기까지 그 생명체가 존재하는 한 주위와의 관계 속에서 살아가는 것이며 이 과정을 우리는 '삶'이라고 부르고 있기 때문이다.

생명체는 삶이라는 형태로 진화의 과정에 놓이게 된다. 우리는 일상적 삶의 현장을 통하여 진화 과정에 참여하고 있으며, 또 그리되어야 한다. 생물학적 진화에서 생명체가 주위 환경과의 다양한 관계 맺음을 통하여 다양한 모습으로 진화되어 변화해가듯이 삶의 현장에서 펼쳐지는 생태적 진화에서도 다양한 형태의 관계 맺음을 통하여 다양한 삶의 모습으로 나아가게 된다. 생명력에 가득 찬 삶이란 주변의 단절되고 왜곡된 관계의 회복을 위해 자신의 몸을 과감하게 던질 수 있는 삶이며, 이것이 생명이다.

미완의 존재인 인간은 성장하여 비로소 완성되는 존재이다. 이 성장의 상당 부분은 개체발생적 차원에서 볼 때, 생물학적 가능성이 저절로 현실로 발전되어 나오는 과정이다. 씨앗이 발아하려면 날씨나 환경이라는 조건들이 갖추어져야 하는 것처럼, 발아라는 현상은 시공간을 초월하여 '지금', '여기'라는 현존의 지점에서 생기는 것이다. 생명의 과정은 이러한 것이다. 다니엘 골먼의 '사회적 지능'이라는 개념을 통해서 보면, 뇌과학의 발전에 의해 우리의 뇌가 다른 사람을 만날 때마다 '뇌 대 뇌의 연결brain to brain linkup'이 활성화되도록 사교적으로 구성되어 있다는 점을 이해하게 된다. 우리는 거울뉴런 등의 신경학적 기제를 통해서 타자와의 상호작용을 통한 감정이입을 기초로 발전하는 사회적 지능이라는 개방회로에 연결되어 있다. 또한 뇌과학의 발전은 우리의 사회적 관계들이 우리의 경험을 주조할 뿐만 아니라 놀랍게도 T-세포 및 면역 시스템을 활성화하는 방식으로 우리 신체의 생물학적 상태를 주조한다는 것이 밝혀졌다.

신경생물학의 발견을 기반으로 우리는 인간 지능이 '자연종natural kinds'일 가능성에 대한 강력한 단서를 얻는다. 하지만 문화의 영향을 간과할 수는 없다. 문화는 모든 개인에게 영향을 미치며 따라서 필연적으로 지적 잠재력이 처음부터 진화하는 방법에 영향을 줄 것이기 때문이다. 개체발생적 성장과 발달은 생물학적 발달 과정에서 일어나는 자연스러운 현상이지만, 동물과 달리 인간의 경우 각각의 문화권에서는 이들 성장과정마다 나름의 해석을 하면서 상징적 의미화를 구현하고 있다.

그런데 인간의 문화는 끊임없이 변화한다. 수천수만 년에 걸쳐, 작고 단순한 문화들이 점차 뭉쳐서 더 크고 복잡한 문명으로 변했다. 전 지구 문화는 균일하지 않다. 하나의 유기체에 수많은 장기들과 세포들이 포함되듯이. 우리의 전 지구 문화는 중앙아시아 초원의 양치기에서부터 뉴욕 월스트리트의 주식 투자자에 이르기까지 다양한 생활방식과 사람들을 아우른다. 하지만 이들은 모두 밀접히 연결되어 있으며 서로에게 무수히 많은 방식으로 영향을 미친다.

그러면서도 우리는 '고유' 문화에 대해 이야기한다. 만일 그 '고유성'이란 것이 독자적으로 발달한 무엇, 외부의 영향을 받지 않은 고대의 지역 전통으로 구성된 것을 뜻한다면, 오늘날 지구상에는 고유 문화가 하나도 없다고 봐야 한다. 지난 몇 세기 동안 모든 문화는 홍수처럼 범람하여 그것은 '고유' 문화라기보다는 세계화의 힘들이 빚어낸 결과인 근대 문화라고 할 수 있다. 그럼에도 인간은 자신이 일궈놓은 문화 속에서 온전한 인간으로 성장하게 된다. 그것은 사회의 문화적인 퇴적이 마련해놓은 실천 지침에 따라―예를 들면 유아기, 아동기, 청소년기 등을 거치면서 거의 저절로 일정한 종착점에 이른다고 할 수 있다.

인간 유기체의 특유성

유기체의 특징은 살아 움직인다는 것이다. 그러나 단순히 살아 있는 것이 아니라 어떤 목적성을 지니고 적극적으로 살아가는 것이 모든 유기체의 본성이다. 즉, 유기체는 생존을 위한 자기보존을 꾀하면서 부단히 자기의 발전을 위해 노력한다. 그러나 유기체의 자기보존을 위한 노력은 자기 내부에서 이루어지는 내적인 활동이 아니라 자기를 둘러싼 외부 환경과의 끊임없는 투쟁과 상호작용으로 점철되어 있다.

태어나는 순간부터 엄마 젖을 빨거나 누군가를 부여잡는 것 등의 타고난 반사 동작들은 따로 가르칠 필요가 없다. 세상에 나오는 순간부터 아이는 누군가가 먹여주고, 씻겨주고, 기저귀를 갈아주고, 안아주고, 흔들어주고, 품어주고, 어루만져준다. 그리고 끊임없이 말과 소리를 듣는다. 아이는 곧, 처음에는 무슨 뜻인지 알아듣기 힘들지만 차차 뜻이 분명해지는 소리나 몸짓으로, 그런 많은 관심들에 반응하기 시작한다.

이러한 인간 유기체의 특유성은 인간의 개체발생적 발달에 근거해 있다. 실제로 이 문제를 유기체의 발달이라는 견지에서 보면, 인간의 태아 기간은 생후 약 1년 동안 연장된다고 말할 수 있다. 동물의 경우에는 어미의 몸속에서 완성되는 중요한 유기체의 발달들이, 인간 아기의 경우에는 자궁으로부터 분리된 이후 일어난다. 출생 후 몇 달이 지나면 유아의 겉모습에서 인간의 특징이라고 할 수 있는 것, 즉 직립자세가 나타나기 시작한다. 유아는 계속 노력하면서 자기 몸의 무게를 점점 더 완벽하게 이겨낸다. 목을 곧추 세우는 것에서 시작해서 나중에는 마음대로 일어설 수 있게 된다. 이러한 노력 안에서 아이는 의지력을 발달시킨다.

근래에는 전통적인 '자아'나 '정신'이라는 개념 대신에 '몸'의 개념이 인간의 유한성과 개별성을 드러낼 수 있다는 점에서 크게 주목을 받고 있다. 전통 철학에서는 대체로 인간의 신체를 정신(영혼)에 딸린 부속물 정도로 이해해, 신체는 정신에 의해 조정되거나 오히려 정신을 방해하는 외적 대상과 같이 여겼다. 신체는 정신의 명령에 따라 기계적으로 움직이는 물체가 아니라 세계와 감각적으로 관계 맺으면서 움직이는 신체이다. 정신, 신체, 세계는 지속적인 상호작용에 의해서 상호적으로 창조된다. 그것은 상이한 국면을 갖는 유기체적 과정으로서 자극-반응의 구조로 분석될 수 없으며 감각-운동 요소의 협응이라는 생태학적 모델로 이해되어야 한다. 유기체는 자신의 협응 회로에 따라 환경과의 교섭 활동은 지속적으로 재적응되고 수정한다. 환경에 적응하는 것은 단순히 다양하게 반응하는 것이 아니고 이 반응들을 전반적으로 조화롭게 조직한다.

직립 자세의 경우를 보더라도 그것은 인간이 자신의 온몸을 의지의 힘으로, 즉 자기 자신을 통해 통제하기 위한 자세이다. 이때 인간은 중심을 잡으면서 자신 안에 머물고, 자신의 중심을 자기 안에 갖고 있음을 경험한다. 직립 자세는 온전히 자신의 의지에 따라 행동하고 동시에 중심을 자기 내부에 갖고 있는 존재의 표현이다. 의지는 저마다 자기에게 들이는 노력 안에서, 정신을 활동으로서 스스로 결정하는 노력 속에서 자신의 합리성을 되찾는다. 랑시에르Jacques Rancière에 따르면 의지는 [무언가를] 선택하는 심급이기에 앞서 스스로를 움직이고자 하는 역량, 자신의 고유한 움직임에 따라 행동하고자 하는 역량이다. 그런 의지는 말하고 행하는 것에 주의를 기울이게 하는 합리적인 힘이라고 할 수 있다. 이 의지로 인해 우리는 행동함으로써 스스로를 인식하는 이성적 존재가 자기로 되돌아가는[반성하는] 것이다.[25]

넓은 시야와 도구를 사용하기 위한 손의 자유 내지 눈과 손의 영역을 위한 시야와 손의 협응보다 더 확장된 의미를 직립자세는 부여받는다. 그래서 조용히 생각할 수 있고, 연관성을 파악해 가능한 행동의 목적을 자유롭게 계획할 수 있으며, 결정을 통해 그 목적을 행동의 내용으로 만들 수 있다. 즉 자아이다. 하나의 존재는 완전히 자신으로부터 영향력을 펼치고 동시에 자기 안에서 자신의 중심을 경험함으로써 하나의 자아가 된다. 이 새로운 주체는 물체에 대해서나 자기 자신에 대해서 실행하는 행위 속에서 자신을 체험한다. 그리하여 자기가 가진 지적 주체로서의 본성을 의식하게 된다.

이러한 일이 벌어지는 그 과정이 몸의 점진적인 변형이다. 직립과정에서 일어나는 것은 변화 혹은 변모만은 아닌 것이다. 그것은 발달이다. 왜냐하면 유전으로 물려받은 기질이 변형되는 과정에서 인간의 내적 존재 원칙, 즉 인간의 자아가 구체화되기 때문이다. 이를 통해서 인간의 몸은 인간성, 즉 자아의 특징을 포함하게 된다. 한편 인간은 직립

---

25. 랑시에르는 "인간은 지능의 시중을 받는 의지이다"라고 한다. 즉, 명령하는 의지와 복종하는 지능이 있는 것이다. 이 지능이 어떤 의지의 절대 강제 아래에서 걸어가게 만드는 행위를 주의라고 부른다. 우리는 욕구와 실존적 상황이 요청하는 지능을 개발한다. 욕구가 멈추는 곳에서 지능은 쉰다. 더 강한 어떤 의지가 그의 소리를 들리게 만들고 계속하라고 말하지 않는 한 말이다. 이에 대해서는 자크 랑시에르 지음, 양창렬 옮김, 『무지한 스승』, 2008, 궁리, 101-109쪽 참조.

자세를 통해 내적인 안정과 신중함의 조건을 유지한 채 열린 마음으로 주위 환경에 눈을 돌릴 수 있으며 거기에 참가할 수 있고 자신의 느낌을 포착하며, 나중에 자신이 얻은 경험이라는 보물과 함께 새롭게 주위 세계로 향할 수 있다. 이때 인간의 아기는 바깥 세계 안에 있을 뿐만 아니라, 수많은 복잡한 방식으로 바깥 세계와 상호관계를 맺는다. 즉, 발달하고 있는 인간은 특정한 자연환경과 상호관계를 맺을 뿐 아니라, 그를 돌보는 중요한 타자들에 의해 매개되는 독특한 문화적·사회적 질서와도 상호관계를 맺는다.

이런 과정을 거치면서 습관이 형성된다. 존 듀이John Dewey에 따르면 습관은 일차적으로 유기체가 스스로의 환경을 재건축하는 조직 능력이다. 인간의 행위가 정상적으로 영위될 수 있는 것은 습관 때문이다. 아이가 걸음마를 배우는 것과 같은 행위에는 수많은 다른 행위들이 포함된다. 이런 행위들에는 점진적이고 축적적인 변화가 있다. 변화가 발생하는 이유는 행위들이 매우 잘 연계되어서 하나의 행위는 다음으로 자연스럽게 인도되기 때문이다. 경험을 짜 맞추고 있는 행위들이 축적적으로 연결될 때 습관이 깃든다. 습관은 속성이 아니라 상호적 거래를 통해 개인과 환경의 모양을 만드는 힘을 갖고 있는 역동적 기능이다. 이런 점에서 보면 습관은 사회적 차원의 기능이다. 그리하여 습관은 생물학적 세계와 사회적 세계 사이의 계속성을 위한 토대, 통합과 해석의 통로가 된다.

타인의 현전은 어린아이가 신체적으로 행동하는 초기에 이미 분명하게 드러난다. 어린아이는 자기 신체를 자신을 위해서만 지니는 것이 아니다. 오히려 이 신체는 타인들이 개입해 들어오는 발판이다. 이제 신체는 폐쇄되고 밀폐된 실체가 아니라 창조되고, 경계되고, 지속되고, 궁극적으로 여러 가지 과정의 시·공간적 흐름으로 용해되는 관계적

'생물'인 것이다. 인간 아기의 생존이 특정한 사회적 환경에 의존할 뿐만 아니라, 그의 유기체적 발달의 방향도 사회적으로 결정된다. 출생의 순간부터 인간의 유기체적 발달과 사실상 생물학적 존재의 많은 부분이 사회적으로 결정된 지속적인 간섭에 종속된다. 유사하게 주어진 장소와 시간 속에서 신체에 가능한 활동들의 혼합은 신체를 존재하게 하는 기술적, 자연적, 사회적, 경제적 환경에 의존한다.

신체는 자신에 수렴되는 다양한 사회·생태적 과정에 의해 내적 모순성을 보인다. 예를 들면 신체를 지탱하는 신진대사 과정은 주변 환경과 교환을 수반하고 있다. 이러한 과정이 변화하면 신체는 변화하거나, 순응하거나, 혹은 소멸한다. 엄청나게 많은 일들이 신체와 함께 일어난다. 특히 신체적 행동을 가르치고 교정하는 일, 규칙성을 만들어내는 일이 유년기 초기에 이루어진다. 이것을 보면 신체는 자신을 창조하고, 지탱하고, 지속시키고, 용해시키는 과정들의 결과를 내부화시킨다는 것을 알 수 있다.

아이들이 다른 사람들과의 상호작용 속에서 겪는 학습과정의 대부분은 타고난 능력을 확장하고 다듬는 것이다. 그들은 각각의 맥락에 적합한, 놀라울 정도로 다양한 유형의 행동을 익힌다. 기는 것부터 시작해 걷고, 달리고, 뛰어오르고, 발을 구르고, 차고, 성큼성큼 또는 느릿느릿 걷고, 한 발로 깡충깡충 뛰고, 춤추는 것까지 배운다. 경우에 따라 어떤 것은 상황에 맞고 다른 것들은 그렇지 않다. 걷는 데 필요한 모든 것을 갖고 태어나기는 하지만 이처럼 다양하게 걷는 방법은 다른 사람으로부터 배워야 하고, 또 적절치 않은 것들은 하지 않도록 배워야 한다.

인간은 사회 환경 속에서 수행되는 '살아 있는 움직임' 혹은 행위를 통해 자신의 욕구를 충족한다. 그리고 이 일단의 움직임이 인간 활동을 특징짓는다. 살아 있는 움직임이 어떤 것인지를 좀 더 분명하게 알고 싶다면 어린 시절에 무엇을 하고 놀았는지를 떠올려보면 된다. 사방치기, 인간뜀틀, 옆으로 재주넘기, 목말 타기, 공놀이, 공중제비 넘기, 나무 오르기, 제자리 돌기, 스카이 콩콩 뛰기, 그네 타기, 그네에서 뛰어내리기, 홀라후프 돌리기 등을 떠올려 우리가 그 놀이에서 몸을 어떻게 놀리는가를 생각해보면 될 것이다.

아주 많은 학생들이 주변에서 움직임과 놀이를 하지 못하는 열악한 학습 환경에서 등교한다. 연립주택, 도로와 놀이터가 자연스럽게 놀이하는 학습 기회를 거의 주지 못한다. 이전에 흔히 주어졌던 가능성, 즉 아버지와 어머니를 도우면서 놀고 배우며 움직이던 것이 현대의 기술로 인해 대단히 제한되고 있다. 그래서 아이들은 여러모로 움직임의 부족에 시달린다. 이런 현상은 학생들이 등하굣길에 많이 걷던 것이 현저히 줄어들면서 더 강해지고 있다.

우리는 놀이에서 몸의 살아 있는 움직임을 발견하게 된다. 이 움직임은 모든 신체 부위와 상호 연관성을 가지고 있어서 신체는 모든 움직임에 사용되고, 서로 다른 신체의 부위는 움직임을 지지하거나 움직임을 행하는 데 사용된다. 살아 있는 움직임은 반작용이 아니라 작용이며 외부의 자극에 대한 반응이 아니라 문제해결이다. 놀이에서 움직임은 외부 공간에서 이루어지지만, 또한 자신만의 공간을 지니고 있다. 베른슈타인N. A. Bernstein은 외부 공간과 연관된 근육 움직임motor movement의 속성을 일반화해 '근육 장motor field'이라는 개념을 내놓았다. 근육장에는 안정된 윤곽이 없으며, 움직임을 재생하는 것이 불가능하기에 오히려 매번 새로운 움직임이 구성된다. 근육장은 다각도에서 공간을 살피는 탐색과 면밀한 움직임으로 구성된다.

신체는 운동적이고 역동적인 관계들로 정의된다. 그리고 몸의 움직임이 생각이 된다는 것을 알 수 있다. 몸으로 생각한다는 것은 근육의 움직임, 자세, 균형, 접촉에 대한 우리의 감각에 의지한다. 일반적인 관점에서 보면, 1980년대에 신경생물학자 C. S. 셰링턴C. S. Sherrington이 발견한 고유수용감각은 몸의 경험에서 바탕이 되는 중요한 것이다. 우리는 걷거나 달리거나 뛰어오를 때 몸이 어떻게 느끼고 있는지 알 수 있다. 고유수용감각은 몸의 움직임들을 그 자체의 운동과 관련된 것으로 각인하는 감각인 것이다.

고유수용감각은 좁은 의미에서의 촉각이 아니라, 근육 감각과 운동 감각을 포함하는 것이다. 인간의 신체는 삶의 유용성을 위해 조직되고 습관화된 '감각-운동 기구'라고 생각할 수 있다. 인간 신체의 행동하려는 주체의 자세는 '감각-운동 기구'에 일정한 방향을 부여하면서 그 기구를 습관이 되게 하는 것이 '운동 도식'이다. 이 운동 도식이야말로 바로 고유수용감각이 전체화하는 작용 속에서 내부 세계의 무의식에 뿌리내린 것이며, 행동에 의미와 방향을 부여한 것이라고 할 수 있다. 우리는 자신의 몸을 움직여서 해내는 일들과 행위하면서 '활동적' 또는 '능동적' 지식을 얻는다.

우리는 자전거를 처음 배울 때는 그 동작 하나하나에 대단히 의식적으로 행동한다. 그러다 그 동작이 완전히 몸에 익으면 점차 의식하지 않고도 자전거를 타게 된다. 자전거를 타고 앞으로 가면서 다음 순서가 어떤 동작일지 누가 설명할 수 있을까? 신경학자 올리버 색스 Oliver Sacks에 의하면, 우리 몸의 동작 부위에서 무의식적인 감각의 흐름이 형성되었기 때문이라고 한다. 이 감각의 흐름이란 우리가 '제6감' 혹은 '비밀의 감각'이라고 부르는 것이다. 그는 계속해서 "우리는 자신의 근육을 살피고, 위치나 긴장 상태, 움직임을 끊임없이 재조정한다. 그러나 이 과정은 자동적이고 무의식적으로 일어나기 때문에 숨어 있는 과정이라고 말할 수 있다"라고 적고 있다. 이렇게 육감은 바로 운동을 일으키는 능숙함을 위한 조건을 형성한다. 이 감각이 있기에 피아니스트들은 근육이 음표와 소나타를 기억한다고 말한다. 그들은 이 손가락에 이 기억들을 저장한다.

우리 인간은 스스로를 만질 때, 만지는 기관과 만져지는 기관이 모두 작용하며, 만져진 것이 만지는 것으로 바뀌는 상호 반전 현상이 신체를 구성하는 하나의 원형이다. 여러 기관이 관련되어 있는 몸 전체는 이 원형에 기초를 두고 여러 기관의 상호 접촉이 확대됨으로써 구성된다. 다시 말해 몸으로 생각한다는 표현이 가능해지는 것이다. 연극 연출가 스타니슬라브스키가 주장하는 바, "배우란 모름지기 날카로운 관찰력과 발달된 근육기억능력을 가지고 있어야 한다. 그래서 그 안에 저장된 자세와 몸짓을 항상 재생할 수 있어야 함은 물론이고, 사고와 몸을 조화롭게 연동시킬 수 있어야 한다." 이 주장이 시사하는 바는 배우에게는 사고하는 것이 느끼는 것이고 느끼는 것이 사고하는 것이라는 결론에 이르게 한다.

그렇게 된다면 이제 비로소 몸으로 생각한다는 것은 무의식이라는 덩어리와 결합되어 여러 감각을 원심적으로 통합하는 기능을 지녔다고 할 수 있다. 여러 감각을 통합한다는 것을 현상학적으로 다시 파악하면, 활동하게 될 가능성을 지니고 있는 신체가 여러 감각을 통합한다는 것을 의미한다. 고대 중국에는 다음과 같은 격언이 전해 내려온다. "나는 듣고 잊는다. 나는 보고 기억한다. 나는 행하고 이해한다."

새로운 매체의 출현과 발달은 감각의 모든 영역에 영향을 끼칠 수밖에 없다. 시인 윌리엄 블레이크Willam Blake도 『구약성서』「시편」에 나오는 다윗의 우상 숭배 비판을 언급하면서, 장편 시 「예루살렘」에서 우상 숭배로 인한 인간의 지각 기관 절단과 폐쇄를 다음과 같이 노래하고 있다. "지각하는 기관이 변하면/지각되는 대상도 변하고/지각하는 기관이 막히면/그 대상도 막힐 것이다." 대체로 기술적인 형태로 우리 자신이 어떤 형태로든지 확장되고 사용되고 지각될 때, 그러한 확장은 우리들 속에 포함된다. 인간의 확장을 초래하는 기술 수단 혹은 방송 매체가 발달하는 이러한 추세에서 절실히 요구되는 것이 오감을 재구성하고 감각들의 새로운 배분 비율을 발견하는 일이다.

유기체는 기본적으로 자율적이고 독립적이다. 따라서 유기체로서의 몸은 하나의 독립적인 존재로서 스스로 자신의 삶을 책임져야 하는 존재이기 때문에, 주체적이고 능동적일 수밖에 없다. 몸을 유기체로 이해하는 것은 하나의 상식이다. 메를로퐁티는 철저하게 몸을 유기체이자 독자적인 주체로 해석함으로써 몸에 대한 새로운 철학적 이해의 지평을 열었다는 점에서 그 의의가 있다. 메를로퐁티는 '생동적인 몸'이라는 표현을 쓰면서, "나의 유기체는 나의 인격적인 실존의 밑바탕에서 선천적인 복합체라는 역할을 한다"라고 주장한다. 이 몸을 둘러싼 외부를 메를로퐁티는 '세계'로 표현한다. 유기체로서의 몸이 자기보존을 꾀하는 한, 몸과 세계는 불가분의 관계를 맺을 수밖에 없다. 그러므로 그는 몸을 가리켜 '세계로 향한 존재'라고 표현한다. "몸은 세계로 향한 존재를 이끄는 운반체이다. 그리고 살아 있는 존재에게는 몸을 갖는다는 것은 특정한 주변 환경과 같이 어우러진다는 것이다."

그래서 인간 유기체는 이미 환경과 관계를 맺고 있는 동안에도 생물학적으로는 여전히 발달하고 있다. 달리 말하자면, 인간이 되는 과정은 환경과의 상호관계 속에서 일어난다. 이 환경이 자연적(본능적)이면서 동시에 인간적(지능적)이라는 점에 유념할 필요가 있다. 메를로퐁티에 따르면 인간 행동은 물질적, 생명적, 정신적 질서로 각각 환원되지 않고 세 질서가 관계적·변증법적으로 재조직 통합되어 경계를 명확히 나눌 수 없기 때문에 인간 행동에는 "애매성"이 존재한다. 이때 지각의 지평[26]은 몸의 생동적으로 살아가는 방식을 표현한다. 우리 몸의 각 기관들은 자신에 맞게 환경의 자극들을 번역해서 결합하는 자기 조절 작용을 통해 새롭게 재조직하면서 자발적으로 행동한다.

달리 말하면 인간은 이중적인 몸을 가지고 있는 것이다. 인간은 다른 동물 유기체에 대하여 말할 수 있는 것과 동일한 방식으로 하나의 육체이다. 그것은 자연적인 몸이라고 할 수 있다. 또 다른 한편으로 인간은 육체를 가지고 있다. 즉 인간은 자신을 그의 육체와 동일하지 않지만, 반대로 자신의 마음대로 할 수 있는 육체를 가진, 다시 말해 인간적 몸을 가진 하나의 총체로서 경험한다. 공 하나를 던질 때도 우리의 전체 주의력을 저만큼 떨어져 있는 목표에 집중하여 움직이는 과정은 그 목표를 가늠하는 것에 달려 있다. 따라서 인간 유기체가 주위 환경과 맺는 관계는 이미 표현적인 의미, 가치 같은 질적 변화를 동반한다.

그것은 메를로퐁티가 말한 바대로 음악의 은유인 "운동적 멜로디"에 비유된다. 피아노의 멜로디는 단순한 건반 소리들의 종합이 아니라 음악 전체의 표현을 질적으로 변화한 것, 즉 의미를 지닌 통일체로서 상징적인 구조도 지니고 있는 것이다. 악기 연주의 경우 일정한 음과 음

---

26. 메를로퐁티의 "지각의 지평"은 후설의 "생활세계"와 사태적으로 다른 것이 아니다. 그것들은 데카르트의 이원론, 즉 연장적 실체와 사고적 실체의 이원론보다 더 근원적인 제3의 지평을 설정한다는 것이다. 이때 주된 물음은 "나는 나의 지각 지평, 생활세계와 어떤 관계인가?" 하는 것이다. 이러한 근원적 지각은 메를로퐁티에 따르면 일종의 신체적 행위로서, 지각의 과정은 신체의 운동적 과정과 본질적으로 결합되어 있다. 그러므로 지각된 세계 안에서는 주관과 객관, 의식과 사물을 일의적으로 분리시킨다는 것이 불가능하다. 메를로퐁티에게 근원적 지평으로 주어진 지각 지평은 바로 후설 현상학에서의 생활세계의 지평적 성격과 일치한다. 후설은 지평을 주관연관적으로 해석하면서, 주관의 '경험 가능한 활동의 장' 혹은 '나의 경험의 가능성의 총체적 의미연관'으로 이해한다. 이 지평성은 주관의 삶 전체를 규정하면서 개개 주관으로 하여금 삶에 안정감과 친숙감을 부여한다. 이에 대해서는 한자경, 『자아의 연구』, 2013, 서광사, 271-275쪽 참조.

의 연결에 주력하는데, 그것을 생각하지 않은 채 움직임들이 분명하게 일어날수록 연주하는 사람과 악기는 하나가 되어 그 소리가 더 아름답게 들린다. 이렇듯 묘사와 표현을 위한 외적 활동에 의한 신체적·감각적 움직임은 자유로움을 체험하게 한다. 메를로퐁티는 동물에 비해 인간은 운동적 멜로디 가치를 다양하게 실현할 수 있는 즉흥 능력을 지녔다는 데 주목한다. 그래서 인간은 상황에 맞는 적절한 환경을 만들어냄과 동시에 끊임없이 주어진 환경을 넘어설 수 있기에 새로운 도구와 문화를 창조할 수 있다.

몸짓과 의식의 발달,
붙잡음에서 가리킴으로

아이든 어른이든 인간을 관찰하면 정신과 자아는 몸을 통해서, 즉 자세, 움직임, 몸짓, 얼굴 표정, 언어 등으로 다양하게 표현된다는 것을 알 수 있다. 신체는 말을 한다. 일반적으로 사용하는 말과 문자 이외에도 의식적이건 무의식적이건 간에, 신체를 사용하여 자신의 감정을 표현하고 서로 교환한다. 친구를 대동하고 집을 소개하려고 할 때, 우리는 말을 하면서도 이미 무의식적으로 손짓이 따라오고 있다는 것을 알게 된다. 몸짓 전문가들에 따르면, 손짓을 하지 않고 공간에 대해 말하는 일은 거의 불가능하다고 한다. 몸짓은 무의식적으로 나오며 의사소통 및 개인의 표현 방식의 내재적인 요소다. 전화로 통화할 때에도 어느 정도 손짓이 줄어들기는 하지만 팔을 이리저리 흔들 것이다. 앞을 못 보는 사람들도 말할 때에는 정상적인 사람들처럼 몸짓을 사용한다.

태어난 뒤 첫 언어를 울음으로 표현하는 인간에게 신체언어는 최초의 언어 형태를 이룬다. 갓난아기들은 말을 하기 훨씬 이전부터 신체를 사용하거나 어떤 소리를 질러서 자신의 의사를 표현한다. 비명, 울음, 신음, 웃음 등을 그러한 신체 표현의 예로 들 수 있는데, 웃음 또한 불만이나 화가 났을 때 생기는 움직임처럼 하나의 제스처라고 할 수 있다.

예를 들어, 할러데이는 자기 자녀인 나이절의 언어 습득에 대해 개인적으로 적어놓은 공책에 다음과 같은 관찰 기록을 남겼다. 생후 12일밖에 되지 않은 나이절이 팔꿈치 안쪽에 부스럼이 생긴 것을 엄마가 알아채자마자 울음을 멈추었다는 것이다. 울음이라는 무조건적 음성 반응이 이제는 엄마가 알아주는 것에 대한 조건적인 반응이 되었기 때문에 고통이 멈추지 않았음에도 나이절은 울음을 멈춘 것이다. 할러데이는 "그것이 나이절의 첫 번째 의사소통 행위였다"고 기록한다.

유아는 생후 10개월쯤 되었을 때 몸짓을 하기 시작한다. 침팬지와 아이를 구분하는 몸짓은 가리키는 행위에서 일어난다. 인간의 아이들은 아주 어릴 때부터 가리키는 법을 배운다. 독일 라이프치히에 있는 막스 플랑크 연구소의 마이크 토마셀로Mike Tomasello와 그의 동료들이 한 실험에서는 아주 어린 아기가 엄마의 무릎에 앉아 있다. 이들과 책상 하나를 사이에 두고 한 여성이 종이를 스테이플러로 찍고 있다. 그런데 이 여성이 잠시 방을 나간 사이에 한 남성이 들어와서 스테이플러를 책상 뒤 선반 위에 올려놓는다. 다시 방에 들어온 그 여성은 과장되게 스테이플러를 찾는 시늉을 한다. 아기는 그녀를 잠시 동안 보더니 누가 시키지 않았는데도 스테이플러가 있는 장소를 가리켜서 그녀가 그것을 찾을 수 있도록 했다.

가리키는 행위를 통해서 형성되는 공동의 공간, 즉 아기와 성인 여자 그리고 스테이플러가 구성하는 공동의 공간에서 아기와 성인은 상대의 의도를 파악할 수 있게 된다. 토마셀로의 이론에 따르면 이 공동의 공간은 언어가 탄생하기 위한 필수적인 조건이다. 인간과 가장 가까운 영장류와 같은 동물과 비교하면서 토마셀로는 동물에게는 함께 공유하는 의도를 만들어낼 능력이 결여되어 있음을 밝혀냈다. 동물은 타자와의 미메시스적 관계를 형성할 생물학적 가능성을 지니고 있지 않다.

몸짓과 말을 함께 사용하는 것은 14개월에서 22개월 사이에 증가한다. 이러한 발견은 몸짓이 언어보다 선행한다는 사실은 물론이고, 몸짓이 언어에 근본적으로 결합되어 있다는 사실을 보여준다. 움직임, 소리, 리듬은 모두 상징적 언어 소통보다 앞서며 언어 소통에 원형을 제공한다. 언어적 대화는, 그것이 전적으로 대신할 수도 대체할 수도 없는 비언어적 행동의 리듬에 공식적으로 입각해 있다. 움직임, 소리, 리듬은 언어의 퇴화 흔적도 아니고 무조직의 부속물도 아니다. 예컨대 몸짓은 언어에서 강력한 현존이다. 몸짓은 "의미가 존재하게끔 도와주는 '물질적 운반책material carrier'이다.

비고츠키는 지적 기능을 가진 의식의 발달을 '가리키는 행위'의 성립으로 설명한다. 비고츠키의 설명에 따르면, 아이는 손이 닿지 않는 곳에 있는 어떤 물건을 잡으려고 시도한다. 그래서 아이의 손은 물건을 향해 뻗은 채로 허공에 머문다. 손가락은 무언가를 잡으려는 움직임을 한다. 이때 엄마가 아이를 도와주러 와서 아이의 움직임이 무언가를 나타내고 있음을 깨달았을 때, 상황은 근본적으로 변한다. 이 지점에서 동작의 기능에 변화가 생겨난다. 엄마가 등장하여 물건을 갖다주는 아이와의 상호작용이 반복되면서 아이의 움켜쥐기 동작이 가리킴의 행동으로 변하게 된다.

한 살 어린이는 대상을 향해 팔을 뻗고 두 살에는 손가락으로 가리키는 몸짓을 한다. 이로부터 인간 말의 전조인 가리키는 몸짓이 생겨난다. 어린이의 말은 모두 몸짓을 통해 발달하며, 첫 낱말들은 정서적−표현적이지 않고 오히려 그 기능이 지시적이다. 이는 가리키는 몸짓을 대체하거나 수반하기 때문이다. 또한 가리키는 몸짓의 기능은 주의를 지정하는 것인데, 이것은 다른 사람들을 위한 가리킴의 모든 기능을 객관적으로 나타내고, 다른 사람들에 의해 그와 같은 제스처로 이해되었을 때 비로소 진정한 제스처가 된다.

이 제스처로 인해 엄마와 아기는 '시선의 공유'가 가능해진다. 시선 공유를 통해 지각영역 그 자체가, 즉 대상의 대상성이 성립한다. 타자와의 시선 공유로 인해 지각 영역의 구조화가 일어나게 된 것이다. 그것만이 아니다. 타자는 나와 대상의 구별을 야기한다. 타자를 빼면 그러한 구별은 없다. 타자야말로 대상의 대상성을 보증하고 있는 것이라고 하면, 타자를 뺀 곳에서는 무릇 자아라는 것도 상정하기가 불가능하다. 자아란 아프리오리하게 존재하는 기체基體는 아니다. 대상의 대상성의 경우와 마찬가지로 의식이 타자에 의해 '나'가 대상으로서 규정되어 비로소 자아라는 것이 성립한다. 다시 말해 자아가 있어서 외계의 것을 대상화하는 작용을 획득하는 것이 아니라, 대상화 작용의 획득에 의해 비로소 자아가 성립한다.

의식이란 것도 애초에 타자와 함께 의식하는 것—푸코에 따르면 고대 그리스에서는 이것이 양심을 갖는다는 의미가 포함되어 있다고 한다.[27] '양심'(쉰에이데시스)이라는 말은 '에이데인'(보다, 알다)이라는 말에 '더불어'(쉰)이라는 접두사가 붙어 만들어졌다. 누군가와 함께 '보다', '의식하다', '증인이 되다'라는 의미이다. 우리는 양심이 있기 때문에 수치심을 느낀다. 수치심은 자신의 마음속에 어떤 타자가 존재한다

---

27. 만년의 푸코는 "개인이 자기에게 주의를 기울이고 자기를 해독하고 자기를 인식하고 스스로를 욕망의 주체라 고백"하기에 이르는 역사를 고찰하는 데 전력을 기울이게 된다. 애초에 개인이 자기를 '주체'로 생각하기에 이르는 경위, "개인이 주체로서 자기를 구성하고 인식하는 절차로서의 자기와의 관계의 형성과 양식" 자체가 거대한 수수께끼로 가득 차 있는 것이다. 기원전 4세기경이 되면 그리스 비극 중에 자신의 의지와 감정 아래 행동하는 자율적 인간이 등장하게 된다. 이에 대해서는 나카야마 겐 지음, 전혜리 옮김, 『현자와 목자』, 2016, 그린비, 135-144쪽 참조.

는 의식의 발로인 것이다.

따라서 내가 존재하는 방식이 총체적으로 달라진다. 나는 나를 의식하며 나 자신을 가로지른다. 다른 사람이 아니라 자기 자신을 부끄러워해야 한다는 것은 자기 마음속에 보이지 않는 타자가 존재하고 있어서 그것이 자신과 '더불어 아는'(쉰에이데시스) 자가 되고 그래서 수치심이 생겨나는 것이다. 수치심이 바로 개인의 인격 형성에 관계하는 원초적인 윤리적 내면의 소리라고 할 수 있다. 정의와 윤리의 기본이 양심이다. 개인의 양심에서 집단적 정의가 나오고 보편적 윤리가 나온다. 양심은 자유의 근본이지만 양심 자체보다도 그 자유로운 발현에 더욱 중요한 의미가 있다. 양심의 자유가 보장되지 않고서는 어떤 자유도 있을 수 없다.

한편 시선의 공유는 함께 보기를 통해 가능하다. 함께 보기란 말 그대로 어떤 대상을 함께 보는 것이다. 어떤 대상에 관해 이야기하고자 할 때 먼저 그 대상을 함께 봐야 한다. 시선을 먼저 공유해야 의사소통이 가능해지는 까닭이다. 시선 공유가 가능해진 아이는 어른과 공동으로 수행하는 다양한 대상 지향적 행위를 조직할 수 있게 된다. 비로소 아이와 어른이 함께 할 수 있는 능력이 형성된 것이다. 아이는 타인의 관심을 유도하고 목표와 상호 참여를 확인하는 행동을 할 수 있게된다. 이제 부모는 특유의 내밀한 보살핌으로 아이가 두뇌를 스스로 발달시키고 여럿이 함께 하는 유형화된 놀이를 좋아하도록 이끈다. 다른 어느 종보다 인간은 유년기부터 타인의 관심을 끌고자 하며, 그것을 섬세하게 고려하고, 완전하게 공유하고자 한다. 이것은 대상을 직접적으로 집거나 간접적으로 가리킴으로써 이루어질 수 있었던 것이다.

대니얼 데닛Daniel C. Dennett을 참고한다면, 이때의 가리킴이 점차 발달하여 취하는 지향적 태도는 그저 겨눔aboutness이다. 무언가의 수행이 사태를 발생시키고 어떤 식으로든 다른 무엇인가를 겨눌 때, 그것은 지향성을 나타낸다. 겨눔의 지향성은 아이가 세계에 대한 의미를 구성하는 의식이자 새로운 관점의 성립을 예비하는 것이다. 아이는 가리킴의 제스처를 통해 경험 세계와 관련해서 새로운 태도를 취하며, 새로운 의식을 드러냄으로써 새로운 경험의 장을 연다. 발달적 관점에서 가리키는 행위는 어떤 심리적 현상의 발생으로 볼 수 있지만 인식론적이며 존재론적 함의─주체와 대상, 사유와 존재 간의 새로운 관계도 특징지을 수 있게 된다.

현상학자 후설Edmund Husserl의 의식의 지향성과 연관 지어 그것의 철학적 의미를 생각해볼 수 있다. 후설의 지향성 개념은 한마디로 의식의 본성을 특징짓는 것으로서 의식은 '항상 어떤 것에 대한 의식'이라는 것이다. 즉, "의식은 항상 무언가를 겨냥하고 있다." 이를 통해 후설은 우리의 의식체험은 항상 지향적 관계 속에서 어떤 대상성과 연관을 맺고 있으며, 따라서 의식과 대상(세계)은 불가분리의 관계를 맺는다고 주장한다. 쉽게 일상적으로 말하자면, 우리는 항상 뭔가를 지향하는 의식을 발동시키면서 살고 있다. 멍한 의식은 의식이라고 말하기 쉽지 않기 때문이다. 지향하는 의식, 달리 말해 의식이 지향적이라고 하는 것은 본래 의식이란 항상 어떤 대상을 겨냥한 상태로 즉 목표를 설정한 상태에서 작동한다는 것을 말하는 것이다. 물론 헛된 지향도 얼마든지 있을 수 있다. 특히 체험이 '어떤 것에 대한 의식'이라고 할 때, 의식은 의식작용임에 틀림없다. 따라서 그 체험들을 지향하는 의식을 일궈내지 않으면 안 된다. 그것은 생기를 불어넣고 의미를 부여하는 의식의 작용인 것이다. 이것은 지각작용, 상기작용, 평가작용, 상상작용 등등에 해당되며, 보다 근원적으로는 '대상화 작용'이라는 모든 작용에도 해당된다.[28]

아이는 생후 13개월이 지나면 남들의 행동도 목표에 비추어 해석하며, 20개월이 되면 원인과 목표가 구체적인 행동과 연관되어 있다는 것을 깨닫는다. 특히 아이의 지향적 태도는 어떤 대상—사람일 수도 있고, 동물 또는 인공물일 수도 있다—이 마치 스스로의 '믿음'과 '욕구'를 고려하여 행위를 선택하는 합리적 행위자인 듯 그 대상의 행동을 이해하려는 전략의 출발점이라고 할 수 있다. 아이는 어른과 함께 대상 지향적 행위들을 하면서 (처음에는 어른과 함께, 나중에는 혼자서) 아이는 그 행위들의 구조적 요소, 즉 행위에 대한 일반적 감상, 목적, 의미와 조작 등을 구분하기 시작한다.

가리킴의 제스처에 대해서 마르셀 주스가 말하기를, 제스처란 어떤 언술에 신체적 형상을 부여하는 객관화된 행위이고 율동적인 행위다. 우리는 제스처를 단지 무엇을 표현하는 현상으로 바라볼 것이 아니라 어떤 재현으로서 모종의 자율성을 지니는 것으로 보아야 한다. 비고츠키에 따르면 놀이에서 어떤 대상이 다른 대상을 대신하여 기호가 됨으로써 그것을 매우 쉽게 대체한다는 것은 잘 알려져 있다. 여기서 장난감과 그것이 나타내는 대상 간의 유사성이 많고 적음은 크게 중요하지 않다. 더욱 중요한 것은 기능적 사용, 즉 그것을 가지고 표현적 몸짓을 수행하는 능력이다. 예를 들어 어린이의 놀이에서 막대기가 말馬

---

28. 후설의 지향성 개념 자체가 지닌 근본적인 속성이자 한계는, 지향적 의식체험은 항상 대상성과 연관을 맺는다는 점이다. "대상화는 따라서 항상 자아의 능동적 활동이다." 그래서 현상학자는 묻기를 "판단하고, 확증하고, 꿈을 꾸고, 살아갈 때 등에 우리가 정신에서 가지는 의미작용은 무엇인가?" 그것은 바로 세계에 대한 의미를 구성하는 의식을 말한다. 바로 이 점이 현상학적 지향성 개념의 장점이기도 하지만, 한편으로 그 대상성이 불분명한 의식체험도 있다는 것이 결정적인 한계로 나타난다. 가령, 불안이나 두려움과 같은 막연한 수동적 감정은 특정한 지향적 대상이 존재하지 않을 수도 있다. 그러나 지향성의 발견은 개념이나 판단으로 채색되지 않은 채로 우리에게 주어지는 생생한 현상들을 볼 수 있게 해주는 역할을 한다. 그것은 생생한 세계와의 대면 그 자체이다. 따라서 현상학은 말 그대로 주어진 것, 현상을 특권화한다. 주어진 것의 배후에 더 무엇이 있는지, 사태의 원인이 무엇인지를 묻는 것은 현상학의 관심사가 아니다. 후설은 현상학적 세계 개념을 이미 앞에서 언급된 바 있는 '생활세계' 개념으로 바꾸어 표현한다. 이에 대해서는 박인철, 『현상학과 상호문화성』, 2015, 아카넷, 79-83쪽 참조.

이 될 수 있다. 이것은 막대기가 지시적 몸짓에 의해서 말이라는 장난 감의 가치를 부여받은 것이다. 이런 식으로 어린이의 상징적 놀이에서 가리키는 몸짓, 즉 제스처에 의해서 가치를 부여받음으로써 그 대상이 기호의 기능과 가치를 획득하게 된다.

이처럼 제스처는 고유한 생명력을 펼칠 수 있으며, 강력한 조형적 요소를 연출할 수 있다. 그리하여 제스처는 그것이 동반하는 언술에 거꾸로 영향을 미친다. 언어로 표현된 것은 일종의 운율적 구조를 띨 수 있는 일정한 역동성, 연극성, 구성과 분류의 체계를 제스처로부터 얻는다. 제스처적인 움직임은 말로 전달하는 것을 연출하며, 가리키는 행위와 가리킴을 받게 된 것 사이에 거리를 만들어낸다.

이때부터 아이는 마주 보는 것을 넘어서 함께 하는 것을 배우지 않을 수 없다. 무언가를 함께 하고 있는 아이들은 집단으로 고정된 실체가 아니라 상호작용하는 개인들로 이루어진 다양한 관계들 그 자체이다. 개인들이 연합하여 경험을 공유하고 공통 이익과 목적을 구축하려면 아이는 다른 사람들과 이어지기 위한 기술이 필요하다는 것을 깨닫기 시작한다. 아이들이 상호 간의 접촉을 용이하고 풍부하게 하며 더 잘 협력하게 되면 사회적·인지적 기술은 서로 얽힌다. 리처드 세넷 Richard Sennett은 실험과 소통이라는 두 가지 기술을 강조한다. 실험은 새로운 일을 하는 것, 또 시간의 흐름에 따라 일어나는 변화를 촉구하는 것을 뜻한다. 아이들은 반복적으로, 점점 더 큰 규모로 연습을 해나가면서 소통하는 법을 배운다. 자연스럽게 이야기나 노래를 원하고 재연하게 된다.

초기의 소통은 모호하다. 그러나 놀이 규칙을 협상할 수 있을 만큼 자라게 되면 아이들은 그 애매모호성을 협상하고 해소할 수 있게 된다. 또 어린 시기의 발달은 가능성을 리허설함으로써 이루어진다는 점을 강조한 앨리스 고프닉의 입장도 지지할 만하다. 대여섯 살 무렵의 아이들은 두세 살 때처럼 게임 규칙을 주어지는 그대로 받아들이기보다는 규칙을 놓고 협상하기 시작한다. 협상을 더 많이 할수록 아이들은 게임을 통해 서로에게 더 강하게 묶이게 된다.

놀이를 연구한 요한 하위징아는 그의 저서 『호모 루덴스Homo Ludens』에서 게임 규칙의 준수와, 규칙이 어떤 것이어야 하는지를 토론하는 것 사이에 차이를 주목했다. 하위징아에게 이 차이는 아이들이 언제라도 선택할 수 있는 정당한 대안으로 보였다. 현대 심리학은 그것들을 인간 발달 과정에서의 한 시퀀스로 본다. 최근 연구에 따르면 순전한 복종은 발달 단계에서 제일 먼저 나타나고, 협상의 힘은 그보다 늦게 나타난다. 여기서 심오한 결과가 발생한다. 발달 과정에서 우리는 어떤 종류의 협력을 원하는지, 거래조건이 무엇인지, 어떻게 협력할 것인지를 선택할 수 있게 되는 것이다. 그 결과 협력의 경험에 자유가 도입된다.

어떤 작업을 할 때 대단히 정밀한 조화를 이루려면 목표물을 향해 부드럽게 움직일 수 있도록 서로 긴밀하게 협력해야 한다. 그렇게 함으로써 매우 정확한 시기에 맞춰 완벽한 공조를 이룰 때 비로소 공동의 목표를 효율적으로 추구할 수 있다. 클래식 음악을 연주할 때 우리는 인쇄된 악보를 사용하는데, 악보가 연주를 지배하는 것처럼 보일 수 있다. 하지만 인쇄된 악보에 찍힌 잉크 점들이 그 음악이 실제로 어떤 소리가 날지 다 말해주기에는 부족하다.

리허설의 목표는 작곡가가 악보를 적어나갈 때 마음속에서 들은 소리를 재현하는 데 있다. 예를 들면 슈베르트 팔중주에서 작곡가는 여덟 명의 연주자가 처음에는 공유하던 선율을 조각조각 부순다. 이는 아주 미묘한 작업이다. 그 작업을 해내려면 다른 연주자들과 함께 작업을 해야 하고, 그들이 내는 소리와 다를 수밖에 없는 내 소리가 그들의 소리와 통합되어야 한다. 악보와 음향 사이에 이런 간극이 있기 때문에 지휘하는 선생님은 학생들에게 "읽지 말고 들어!"라고 주문한다. 리허설 때도 마찬가지다. 리허설은 집단적 경험이다. 리허설을 하면 한 연주자가 다른 연주자들에게 어떻게 들릴지를 파악하게 한다. 그리하여 리허설은 음악적 습관을 공유된 의식의 영역으로 끌고 들어간다. 연주자들은 리허설을 통해 상호작용을 해야 하고 서로에게 이익이 되도록 교환해야 한다.

예술을 하려면 협력해야 하는 것이다. 예술은 우리의 사회성을 다듬고 강화하며, 상상력의 자원을 더 쉽게 이용하게 하고, 자신의 힘으로 삶을 만들어나간다는 자신감을 높여준다. 예술이 상상의 세계를 생각하고자 하는 우리의 성향을 촉진하면 할수록 우리는 현실세계도 새로운 관점에서 바라볼 수 있게 된다. 그럼으로써 예술은 우리와 세계의 관계를 근본적으로 변화시킨다.

함께하는 세계의 형성

아이의 가리키는 제스처에서 보았듯이 세계를 여는 우리의 존재 방식은 기본적으로 함께하는 것이다. 이것은 실제로 일을 하는 데 필요한 어떤 특별한 사회적 자질이라고 할 수 있다. 연극이나 연주회를 할 때와 팀으로 농구를 하는 것은 그 구성원들이 집단적인 형태로 함께 일하기를 창조할 것을 요구한다. 사람은 다른 사람들이 하는 것을 행하고 그 기반 위에 발전시킴으로써 연기자, 음악 제작자, 음악가, 무용가, 그리고 운동선수가 된다고 여겨진다. 고급 기술과 형식을 통해 기본적인 것을 배우면서 강사와 동료를 창의적으로 모방하고 그들에 의해서 완성될 것이라는 것이 기대되고 강화된다.

함께한다는 것은 일을 완수하는 기계장치에 윤활유를 쳐주는 것과 같다. 백지장도 같이 들면 좋듯이 세계를 마주하여 우리가 취하는 태도는 함께하기라는 형태의 구조를 갖는다. 그 구조는 세계를 향한 길들을 스스로 개척할 수 있도록 한다. 아이들에게 함께할 수 있는 정신적 유연성의 성장과 발달을 최대한으로 끌어올리는 것은 놀이다. 함께 놀이하는 것은 사람들의 공동체 속에서 관계를 탈바꿈시킬 수 있으며 그것은 나와 너 사이의 완성의 성취감을 공유하게 한다. 다른 사람에 대한 의무의 이행(혹은 불이행)에서 느끼는 감정, 도움을 받고 친구가 있다는 감정, 적대자와 싸우는 데서 느끼는 감정, 목표를 성취하거나 성취하지 못하는 데서 느끼는 감정 등등.

아이들은 놀이를 즐긴다. 대개 놀이는 다른 아이들과 함께 이리저리 뛰어다니며 하게 된다. 아이들이 크면서 바뀌는 놀이 유형이 어느 문화에서나 비슷한 것을 보면 놀이는 인간의 발달 과정에서 인류 공통의 특징이라고 할 수 있다. 어린 시절의 놀이 중 가장 일반적인 놀이가 신체놀이이다. 신체놀이는 친구를 따라잡거나, 레슬링을 한다거나, 싸우는 흉내를 내며 노는 놀이를 말한다. 아이들은 노는 법을 배울 필요가 없다. 갓난아기 때는 물건을 갖고 노는 과정에서 그 물건으로 할 수 있는 일이 무엇인지 알아가기도 하고, 또 생각지 않았던 결과가 나오면 매우 즐거워한다. 사물지향놀이는 어떤 물건을 만지거나 두드리거나 분해한 뒤 다시 조립하는 것처럼 물건을 가지고 하는 놀이를 말한다. 이처럼 놀이는 아이들의 신체를 발달시키는 데 도움이 되며, 각종 사물과의 관계를 통해서는 각자가 처한 환경에서 자신에게 직간접적으로 일어날 수 있는 도구 사용의 능력을 준비시키는 놀이를 한다.

왜 어린아이가 인형이나 자동차 장난감을 가지고 놀며 시간 가는 줄 모르고 즐거워하는 것일까? 장난감이 대상 세계를 모방하고 있기 때문이다. 엄밀히 놀이는 아이들이 커서 맡아야 하는 사회적 역할을 위한 예비과정만이 아니다. 역할놀이의 경우를 보더라도 대개 친한 친구들끼리 작은 규모로 하는 게 보통인데, 아이들이 어른들의 행동을 따라 함으로써 또래들과 어울리고, 사회에서 인정하는 방법으로 경쟁하거나 협동하는 방법을 배운다고 일반적으로 생각한다. 과연 그런 놀이들이 아이들이 자라서 사회에서 할 일을 미리 준비시키는지 어떤지는 의문이다. 역할놀이 안에서 아이들은 사물의 특징에 휘둘리지 않고 사물을 상징적으로 다룰 줄 하는 능력을 발달시킨다. 예를 들어 아이들은 컵이 없는데도 뭔가를 컵으로 간주하며 때론 빈손으로라도 컵으로 마시고 있는 듯한 흉내를 낸다. 컵의 색이나 형태와 무관하게 컵의 기능을 이해하고 그것을 상징화해서 '컵으로 마시는 흉내'를 내고 있었다는 말이다. 아이들은 자기와 다른 삶의 방식에 대한 호기심으로 흉내 내는 것 그 자체를 즐긴다. 인간의 가장 근원적인 기쁨과 즐거움이 바로 이 흉내 내기에 있기 때문이다.

영화와 스포츠 같은 어른들의 놀이도 내용이나 규칙이 더 복잡해졌을 뿐, 그 본질도 모방에 있다. 오히려 놀이는 아이들이 속한 사회에서 고유하게 필요로 하는 사회적 기술을 익히고, 또 몸을 단련시킬 수 있는 기회를 제공한다. 더 중요한 것은 놀이하는 사람들이 상황과 상호관계의 의미를 함께 구성하게 되면서 관계의 변화가 역할의 변화를 촉진한다는 것이다. 놀이하는 사람들 간의 관계와 역할이 어떻게 바뀌며 그러한 변화가 남들과 관계를 맺고 대화하고 창조하고 세계를 보는 방법을 함께 구성하는 데 어떤 의미를 지닐 것인지를 이해하는 것은 중요하다. 놀이 참여자들은 자신들의 실제 관계와 판단과 가치관, 그리고 심지어 규칙까지 함께 창조하고 지시하는 협력자들로 이해된다.

모든 사회적 종은 혼자 있을 때보다 함께 있을 때 더 번영한다. 그렇지 않다면 사회를 형성할 필요도 없을 것이다. 인간의 몸은 강력한 힘이나 속도를 가지지 못했지만 수십만 년 동안 우리의 행동을 조정하는 능력을 발달시켜왔으며 함께 살아가는 거주지를 건설했다. 존재한다는 것은 거주하는 것이고, 거주한다는 것은 모든 존재와 사물들 사이에 함께 있는 것이다. 함께 있다는 것은 많은 것을 모으는 것이다. 그것은 동일한 것들이 아무런 솔기 없이 같은 것이 아니라, 다른 것들이 모인 것이다. 인간 존재들이 어떻게 함께 있는지 그리고 어떻게 다른 존재나 사물들과 함께 속하는지에 대해 주의 깊게 생각해볼 필요가 있다.

생후 2년이 되면서부터 타인을 식별하고 관심을 가지고 그것을 언어로 심화시키는 언어적 사고를 하게 된다. 이때부터 본격적으로 인간 고유의 지적 능력이 지속적으로 발달할 수 있는 튼튼한 토대가 만들어진다. 많은 숫자가 모여 협동을 하려면 세상에 대한 정보를 공유할 수 있어야 한다. 더 섬세하게는 머리와 눈의 방향, 표정과 자세의 변화를 읽어낼 수 있어야 한다. 더 복잡한 것은 그 외적 신호들을 가지고 목표, 의도, 욕망을 직관적으로 추론하는 능력이다. 게다가 누가 더 신뢰할 만한 사람인지에 대한 믿을 만한 정보가 있으면 작은 무리는 더 큰 무리로 확대될 수 있다. 누가 지도자가 되고 누가 어디서 사냥을 하고 누가 누구와 짝을 지어야 하는지에 대해 합의할 수 있는 인간이야말로 더욱 긴밀하게 함께할 수 있는 협력관계로 발전시켜 나갈 수 있다.

개미나 벌도 많은 숫자가 모여 함께 일하는 능력이 있지만, 이들의 일하는 방식은 경직되어 있으며 그것도 가까운 친척들하고만 함께한다. 늑대와 침팬지의 협력은 개미보다는 훨씬 유연하지만, 협동 상대는 친밀하게 지내는 소수의 개체들뿐이다. 세상에 대한 정보의 공유 수단을 가진 인간은 수없이 많은 이방인들과 매우 유연하게 협력할 수 있다. 개미는 우리가 남긴 것이나 먹고 침팬지는 동물원이나 실험실에 갇혀 있는 데 비해 인간이 세상을 지배하는 이유는 바로 이것이다.

인간 존재는 언제나 세계 속에 있다. 그와 동시에 세계로 향하는 길들을 열어야 하는 과제가 아이와 성인에게 주어져 있다. 아이에게는 자립하기에 충분한 능력이 갖추어지지 않아 성인과 함께하는 것이다. 홍수가 났을 때 모래주머니를 쌓는 주민들 사이에서 세계에는 서로 나누고 연결될 때 빛을 발하는 영역이 있다는 것을 알게 된다. 삶의 아주 초기 단계에서 인간은 함께하기를 리허설하고, 그 차이와 변화 형태들을 탐구하는 법을 배운다.

아이와 성인은 세계의 동행자가 된다. 생후 2년이 지나면 눈사람을 만들 때와 같은 공동 작업에서 함께 협력하는 사회적 능력이 형성된다. 부모들이 권장하지 않더라도 어린아이들은 그런 행동을 하게 된다. 그들은 세계의 맥락 속에 편입되고, 세계의 의미들을 이해하며 의도를 갖고 타인들에게 자신을 맞추기 시작한다. 함께 행동하기 위해서는 서로를 이해하고 응답하는 기술을 터득해야 하는데, 그 과정은 매우 어려우면서도 분명한 해답조차 없는 형극의 길이며, 흔히 파괴적인 결과로 이어진다.

비고츠키에 따르면, 우리 신체가 할 수 있는 것이란 그 홀로 할 수 있는 것을 의미하는 것이 아니라 그가 환경과 더불어—도구로서든, 조력자로서든—할 수 있는 것을 통해 정의된다. 이것이 근접발달영역Zone of proximal development[29] 개념이다. 이 개념으로 인해 우리는 아마 타고난 능력에도 불구하고 그 능력을 넘어서는 방법을 깨닫게 된다. 가령 생리적 나이가 10세이고 정신발달연령이 8세인 두 아이가 있다고 해보자. 이 아이들은 8세 수준의 문제를 다룰 수 있을 뿐, 그 이상의 수준은 다룰 능력이 없어 보인다. 그런데 한 성인이 문제를 다루는 다양한

29. 이것이 주목을 받게 된 것은 IQ검사를 비롯한 각종 지능 검사에 비판적이었기 때문이다. IQ가 똑같은 어린이들도 서로 다른 근접발달영역을 지닐 수도 있다. 근접발달영역은 고등정신기능의 문화적 발달을 설명하는 중요한 개념이다. 고등정신기능은 개인의 내부에서 자연적으로 발생하는 초등정신기능과 달리 개인의 외부에 속해 있는 타인의 정신기능을 자신의 것으로 내면화함으로써 형성된다는 것이다. 비고츠키의 근접발달영역은 개체발생에서 새로운 심리기능의 발달을 도모하는 발생적 영역을 한계 짓는 개념이다. 간단히 말하면, 이미 발달된 심리기능과 앞으로 새롭게 발달할 심리기능과의 격차(gap)라고 할 수 있다. 다시 말해 '이미 벌써와 아직 아니' 사이의 발생적 격차인 것이다. 비고츠키는 이 영역을 현재는 발아 상태에 있으나 미래에는 성숙하게 될 기능들로 구성되어 있다고 보고 이를 '발달의 싹'으로 비유한다. 그런데 근접발달영역은 미리 정해져 있는 것이 아니라 발달이 일어난 연후에 그 범위를 확인할 수 있는 것이다. 이에 대해서는 졸저, 『경쟁을 넘어 발달교육으로』, 2015, 살림터, 37-50쪽. 박현진, 『비고츠키 예술심리학과 도덕교육』, 2010, 교육과학사, 21-41쪽 참조.

방식을 제안하여 이 아이들이 문제를 해결할 수 있도록 돕는다고 해 보자. 그 결과 한 아이는 12세 수준의 문제까지 다룰 수 있고 다른 아이는 9세 수준의 문제를 다룰 수 있게 된다면, 두 아이는 같은 수준에 있다고 할 수 없다. 현행적 문제해결 능력이 같아도 도움을 받을 때 성취할 수 있는 능력은 다르기 때문이다.

이처럼 독자적으로 문제를 해결할 수 있는 현실적 능력 근방에서, 성인의 안내나 보다 능력 있는 또래와의 협동을 통해 도달할 수 있는 능력이 바로 근접발달영역이다. 비고츠키는 명확히 강조하기를, 학습이 이끄는 발달의 사회적 성격은 집단적이고, ZPD는 유일하거나 우선적으로 양자적 관계가 아니며, ZPD에 가장 핵심적인 것은 사람들이 무엇을 함께하는 것이라는 점이라고 했다. 예를 들면, "학습은 아동이 그가 속한 환경에서 사람들과 상호작용하고 그의 또래들과 협동할 때만 작동할 수 있는 다양한 내적 발달 과정들을 일깨워준다." 아이가 머리 하나만큼 더 크게 된다는 것은 단순한 "하나의 행위"가 아니라 합주단의 공연이다. 근접발달영역은 적극적으로 그리고 사회적으로 창조된다.

무언가를 할 수 있는 몸의 능력은 하나의 몸으로 규정되지 않으며, 항상 그것은 힘-관계들의 장 혹은 맥락의 도움을 받으며 그에 의해 부추겨지고 또한 그것들과 긴밀한 연관을 가진다. 스피노자는 이것을 몸의 개체화라고 한다. 한 개인의 몸은 수많은 부분들을 포함하며, 이 부분들은 전체에 대해 상대적으로 독립적이다. 위는 소화를 위해 반복적으로 움직이고, 손은 물건을 집는 운동을 반복적으로 하고, 뇌도 반복적인 사고 작용을 한다. 한 개인의 개체라고 할 수 있는 그 신체 역시 또 다른 개체—예를 들어 공동체를 하나의 신체로 보았을 때—의 일부일 수 있는데 이것이 바로 개체화가 뜻하는 바이다.

물론 주체가 반드시 개체가 아니라 집단일 수도 있다. 그러나 보다 기초적이고 근본적 의미에서는 이 모든 것의 담지자는 개체이다. 집단적 주체도 개체의 환경 속에서 일어나는 여러 요인들과의 상호작용과 현상의 결과물이기 때문이다. 개체화란 신체가 환경이나 도구와 통합되어 또 하나의 개체를 이루는 것이다. 하나의 개체는 여러 개체로 구성되어 통합된 개체화의 효과이기에 모든 개체는 집합체라고 할 수 있다. 개인, 가족, 학교 등 집합체를 구성할 수 있는 개체의 범위 자체가 무한정 넓어질 수 있지만, 개체의 범위는 관점에 따라 상대적이다. 교실을 개체화하는 것은 교사와 학생, 책상과 걸상, 각종 교부재 등의 여러 가지 개체들로 구성되는 것이다. 교육은 이 개체들의 구성적 활동인 것이다.

　함께한다는 것은 개체화하고 개체화되는 구성적 활동 과정이다. 여러 몸들이 모여서 서로 협응하면서 집합적 신체, 즉 서로 협조하고 협동하면서 협력의 신체적 상태를 구성하는 것이다. 이때 축구공도 신체의 구성물이다. 공이 선수들을 작동시킨다. 공이 움직이면 전체 게임 역시 그와 아울러 움직인다. 마치 11명이 모여서 하나의 집합적 신체가 축구팀을 만들어 단일한 신체적 리듬에 따라 움직이는 것과 같다. 11명은 한 팀을 이룸으로써 구성원 간의 나와 너 사이의 상호 완성감을 강화한다. 그 과정에서 개인에게는 역부족인 상황들을 극복하게 된다. 이때의 공유되는 감정, 즉 나와 너가 되는 에너지는 새로운 정서이다. 그것은 대화적 유대감 속에서 상호 간의 이해를 경험하는 감정인 것이다. 그 감정을 바탕으로 팀워크는 색다른 집합적 신체의 리듬감을 창안하게 된다. 리듬은 삶의 본질적인 부분이다. 우리 삶은 대부분 리듬과 속도로 결정된다. 여러 사람이 하나의 집합적 신체를 이룬다고 말하는 것은, 그 개개인이 동일한 속도는 아니라 해도 하나의 리듬으로 움직이고 있는 때다.

타인과의 대화에서도 리듬은 아주 결정적인 소통 수단이다. 상대방이 내 이야기를 제대로 듣고 이해하고 있는가를 어떻게 판단하는가? 얼굴 표정과 몸짓이다. 아주 섬세한 영역이다. 그러나 모든 판단은 바로 이 섬세한 영역에서 이뤄진다. 이때 말하는 사람과의 리듬이 맞아야 제대로 소통이 되는 것으로 판단한다. 하나의 공통된 리듬이 사라져 각자 다른 리듬으로 움직이기 시작한다면 그 집합적 신체는 해체되어 종말에 이르게 된다.

인간 신체의 의식적·무의식적 움직임은 가장 원초적인 표현매체이자 도구로서 실용적인 수단에서 표현적인 수단에 이르기까지 인간이 살아가는 데 가장 중요한 기능과 역할을 한다. 어떤 경우에는 오히려 언어를 능가하는 의사소통을 주도하기도 한다. 인간은 움직임을 창조하는 과정에서 각자 자신의 고유한 방법으로 움직임의 요소들을 결합하고 있으며, 몸과 환경과의 관계를 새롭게 변화시키면서 개인적, 예술적, 문화적 성향을 나타낸다.

유럽에 문자가 들어오기 전에는 신체를 이용한 비언어적 소통 행위를 통해서 문화적 내용들이 표현되고 보존되었다. 이는 인간의 움직임이 공간적이고 역동적인 몸의 움직임을 통해 인간 간의 의사소통을 주도하는 언어 중의 하나로서 매우 중요한 의미를 가지고 있음을 말해준다. 그래서 인간은 의식적으로 혹은 무의식적으로 움직임을 사용하며, 자신이 살고 있는 문화 안에서 정교하게 암호화하거나 상징적인 의미를 표현하기 위해 끊임없이 움직임을 창조한다.

문자가 없는 문화권에서는 이 신체적 행동지식이 비상한 의미를 지닌다. 이 신체적 행동지식은 리듬, 제스처, 소리로 특징지어지고 주체의 신체 전체를 포괄하는 행동들, 이를테면 낭독하는 자와 그 낭독을 들는 청자의 행동들로 표현된다. 그 내용들은 말해지고, 암송되고, 연기되었으며, 공연에 참여한 사람들에 의해 청취되고 보존되고 전승되었다. 이것은 제스처적 소통으로 이루어졌다. 제스처는 연기적 성격을 띠고, 신체를 관습적으로 사용하는 일이며 연출하는 성격을 띤다. 신체전체가 진동하여 울리고 공진을 불러일으키는 악기처럼 도구가 된다. 제스처적인 대화에서 말로 표현된 메시지가 교환되는 것은 아니다. 신체는 자신을 직접 전달하며 신체의 움직임은 문화적 의미들을 활성화한다.

인간의 의사소통은 음악에서 출발한다. 엄마와 아기가 마주하기에서 정서 조율을 할 때 상호작용적 리듬을 타듯이, 함께 겪는 체험 역시 몸들로 구성된 집합적 신체와 관련되어 있기에 마주침의 리듬을 불러일으킨다. 그것은 마치 음악을 들으면 몸이 저절로 움직이는 현상과 같다. 음악의 박자가 몸의 동작과 관련되어 있기 때문이다. 몸이 움직이면 마음 또한 따라 움직인다. 이 과정에서 아기는 자신과는 구별되는 또 다른 존재가 자신과 동일한 감정을 다른 방식으로 표현하고 있음을 경험하게 된다. 자신과 타인의 구별은 이렇게 시작된다. 이렇게 하여 자아는 음악적 상호작용을 통해 형성되는 것이다. 그런데 상호작용의 리듬이 흐트러지면 인간은 불안해한다. 엄마 품의 아기에게만 해당되는 것이 아니다. 다 큰 어른도 마찬가지다. 불안은 아주 쉽게 전염된다. 흐트러진 상호작용의 리듬으로 인해 자아의 확인이 불가능해지는 것이다. 그래서 불안할 때에는 음악을 듣거나 천천히 걸으며 몸으로 느끼는 편안한 리듬을 되찾는 것도 좋은 방법이다.

원시 음악의 기능은 몸을 움직이게 하는 데 있었다. 함께 춤추고 노래하며 원시공동체는 유지되었다. 이런 점을 보면, 음악은 본능적이고 공동체적이라고 할 수 있다. 우리는 당연하게도 세상 및 타인과 관계를 맺으며, 그리고 이런 관계가 생산해내는 공통의 리듬을 통해 자아감이 형성되는 음악공동체의 사례가 있다. 지휘자 없이 연주하는 전설의 오케스트라가 있다. 줄리안 파이퍼Julian Fifer와 몇몇 동료들은 지휘자의 지휘 아래 수동적인 역할을 하는 연주자의 모습에 실망한 나머지 1972년 '오르페우스 체임버 오케스트라Orpheus Chamber Orchestra'를 설립했다. 그들의 목적은 각각의 연주자가 조직의 구성원으로서 자신을 표출할 수 있는, 세계적인 수준의 체임버 오케스트라를 만드는 것이었다. 30여 년간 오르페우스는 음악 공동체의 전설이 되었다.

오르페우스가 성공할 수 있는 비결은 의사소통이었다. 의사소통은 '끊임없이, 리드미컬하게 움직이는 왕복운동'이다. 오르페우스의 연주자들은 서로서로의 눈과 귀에 의지하여 연주를 한다. 각 연주자들은 자신의 소리에만 집중하지 않고 전체 연주가 어떻게 들리는지에 집중한다. 신호를 주는 것을 예로 들어보면, 대부분 호흡이나 눈짓으로 신호를 한다.

오르페우스에서 보여주듯이 그러한 공동의 활동 안에서 서로의 움직임에 리듬을 맞추려는 노력을 우리는 협조라는 말로 표현할 수 있을 것이다. 협조는 서로 도와주는 활동이기 이전에 서로 리듬을 맞추어 함께 움직이는 능동적인 시간적 공조 현상이다. 결국 협조를 통해서 오르페우스 단원들 간에 상호주체성이 생산되고 사회성이 생산된 것이다. 바로 이것이 연주자 개개인의 내면에 들어 있는 잠재력을 일깨우는 것이다.

물론 하나의 리듬 속에서 함께 활동하고 하나의 공동체를 구성하는 것 그 자체가 전혀 새로운 것은 아니다. 함께하는 체험을 통해 강조하는 바는 결국 협력적인 관계 속에서 삶을 생산하고 재생산하여 자기해방의 거대한 잠재력을 창출하려는 것이다. 체험을 함께한다는 것은 순간적인, 그러나 때로는 좀 더 지속적인 관계의 충돌이나 분출일 뿐 아니라, 힘들과 강도들의 이행 혹은 이행의 지속이다.

이런 체험에 관한 핵심적인 질문 중 하나는 '누가' 혹은 '무엇이' 나쁜 감정을 좋은 감정으로, 좋은 감정을 나쁜 감정으로 변환시키는 것으로 보이게 되는가이다. 오르페우스의 목표인 집단적인 음악 표현을 위한 이런 열정과 상호적인 책임은 강력한 영향력과 배가된 능력으로 전환된 것같이 보인다. 오르페우스에서 알 수 있듯이 연주자들과 악기 등으로 구성되는 신체들의 집합적 구성이 어떤 관계를 맺느냐에 따라 넓은 지평선이 열릴 수도 있고, 제한되고 흩어진 좁은 길이 열릴 수도 있다.

음악에 폴리포니polyphony라는 용어가 있다. '다수'를 뜻하는 그리스어의 'polys'와 '소리'를 뜻하는 'phonos'의 합성어이다. 여러 성부를 가진 음악으로 다성음악이라고도 한다. 여러 개의 선율이 어느 정도의 독립성을 유지하면서도 동시에 결합되는 형태다. 여러 성부가 노래하다 보니 화음이 생겼고, 그때부터 음악은 흥미롭고 재미있는 것이 된다. 여러 가지 복잡한 규칙도 생겨난다.

음악적 폴리포니를 소설과 같은 문학 작품 해석에 적용한 이는 러시아의 문학비평가 미하일 바흐친이다. 그가 보기에 인류의 동시대적 문화는 폴리포니아적 세계인 것이다. 즉, '각기 완전한 가치를 띤', 그리고 '동등한 권리의 각자 자신의 세계를 가진', '다수의 목소리와 의식들'의 세계이다. 따라서 소설이란 주인공의 독백으로 이루어지는 것이 아니라, 서로 다른 가치관을 가진 인물들이 대등하면서도 상대적인 존재임을 인정함으로써 다양한 목소리들의 대화로 구성된다는 것이다. 서로 다른 목소리 사이의 틈이 존재해야 해석이 가능하고 상상력도 생겨난다.

그런데 스피노자의 주장에 따르면, "누구도 몸이 무엇을 할 수 있는 가를 아직 규정하지 못했다"는 것이다. 이 말은 정신에 비해 신체 역량을 절하해온 전통에 대한 고발이다. 스피노자는 인간 환경으로 다른 신체들과의 관계에 주목하는데, 실존 안에서의 마주침을 조직하여 물리-화학적-생물학적 변형의 실험을 하자는 경험주의적 제안을 하고 있는 것이다. 누군가에게 첫눈에 반하여 당신의 심장 박동이 목에까지 올라와 뛰는 것을, 손바닥에 땀이 나는 걸 느낄 수 없다면, 당신이 사랑에 빠졌다는 걸 어떻게 '느낄' 수 있겠는가? 이처럼 어떤 상황에 따른 유기체적 떨림이나 동요의 현상을 정서라고 한다. 정서는 행위의 장 안에서 발생한다. 예컨대, 산책로를 걷다가 갑자기 뱀을 만나게 되는 경우 위험스러운 상황으로 돌변하면서 정서적 충격이 일어난다. 슬픈 일을 겪고 하염없는 눈물이 뺨을 타고 흐르는 것을 경험하지 않는다면, 내가 진정 슬퍼하고 있는 것인지 알 수 있는가? 만일 이유 없이 갑자기 식은땀이 옆구리를 타고 흐르고, 배 속에 벌레라도 든 듯 울렁거린다면 나는 불안해하고 있는 것이다. 피부 속으로, 뼛속으로 차갑게 스며드는 바람은 끔찍한 추위가 올 것을 예감하게 하는데, 이 추위는 곧 고립과 향수, 소외, 절망의 감정이기도 하다. 더위와 추위, 온기와 냉기, 열정과 냉정을 알아차리는 것은 몸의 능력이 알아차리는 것이다.

　우리는 생활을 하다 보면, 육체적으로 불편해질 때 문제가 있다는 것을 안다. 그리고 그 문제를 해결하게 되면 몸이 편안해진다. 단순히 해냈다는 감정이 아니라 문자 그대로 발이 절로 굴러지고, 얼굴에 미소가 피어나고, 웃음이 터져 나오는 것이다. 이처럼 정신은 몸에 의존한다. 그 말은 정신이 몸에 대하여 특별한 태도를 취한다는 것을 의미한다. 만일 내가 친구와의 의리를 저버렸을 때 수치심을 느낄 수 있다. 이 수치심은 정신이 몸과 분리될 수 없다고 생각하기에 어디에도 몸

둘 바를 모르는 부끄러움을 느끼는 것이다. 들뢰즈에 따르면, "몸은 정신의 수단이나 그릇이 아니며, 오히려 모든 정신 행위에 들러붙어 있는 '분자적 진흙'이다." 그렇기 때문에 수치심을 느낀다는 것은 그건 마치 정신이 몸에게, '네가 나를 부끄럽게 만들었어, 네가 부끄러워해야 돼'라고 말하는 것과 같다.

스피노자가 설명하듯, "신체는 많은 변화를 겪을 수 있지만, 그럼에도 불구하고 인상이나 흔적을 계속 간직한다." 이렇게 간직하고 축적되고 기질을 만들며, 그래서 주체성을 형성하는 몸의 능력에 주목할 필요가 있다. 타인의 자발적인 미소에 자신의 자발적인 미소로 응답하지 않을 수 없는 경우라면 스스로 자발적인 미소는 우리 자신의 몸에 피드백을 하여 기쁨의 생리학적이고 신경학적으로 몸을 활성화한다. 생물체는 생존을 위해서 자신의 생명 현상을 조절할 수 있는 능력을 획득하며, 자신의 기능을 보다 완전한 상태로 끌어올리기 위해 노력한다. 그 상태가 바로 스피노자가 기쁨이라고 불렀던 것이다. 이 모든 노력과 경향은 무의식적으로 작용한다.

움직이는 몸의 정동과 권력관계

세계는 몸들의 세계이다. 몸은 움직인다. 그리고 몸은 느낀다. 실제로는 이 두 가지 모두 동시에 일어난다. 몸은 느끼면서 움직이고, 움직이면서 느낀다. 다시 말해 운동과 감각이 서로를 호출하는 이러한 내적 연관을 전제하지 않고서는 몸을 생각할 수 없다. 몸은 느끼면서 움직이기 때문에 그것은 바로 자기로부터 벗어나 타자로 향하는 움직임, 즉 너와 내가 함께하는 몸을 드러내는 것/드러내지는 것이라고 할 수 있다. 몸의 노출이 발생하는 곳에서라면 어디든지 몸들의 세계, 즉 몸의 세계성이 있다.

개체들은 각자 자신의 세계를 형성한다. 개체는 다른 물체들과의 관계 속에서 운동의 변이를 겪는다. 인간의 경우, 이 운동의 변이가 심리적-생리적 차원에서 나타나는 것이 바로 감정들이다. 우리는 움직임을 통해 자신의 욕구를 충족하기도 하고, 생명체로 존재하면서 지속적인 삶을 유지하기도 하며, 때로는 희망과 고통, 사랑과 기쁨 등 자신의 감정을 표현하기도 한다. 그래서 우리는 한 사람의 작은 제스처에서부터 얼굴 표정 그리고 움직이는 동안 몸 전체에서 풍겨나는 분위기를 통해 그 사람의 심리 상태나 기분 등을 알아차릴 수 있다. 또한 이에 응하는 어떤 움직임을 내가 하게 되면 상대방도 내가 어떤 행동을 하고 있는지 그리고 표현하고자 하는 나의 생각과 의도가 무엇인지를 직감적으로 파악할 수 있다.

이러한 움직임과 느낌은 몸의 능력이면서 신체들 사이에서 운동과 감각의 관계적인 현상을 설명하기 위해 정동affect[30] 개념을 통해 접근하려고 한다. 정동은 신체의 운동적이고 역동적인 관계로 정의된다. 정동은 영향을 주고받는 신체적인 능력이며, 행동하고 개입하고 연결하는 신체적 역량의 증가 또는 감소이다. 그것은 살아 있음의 자기-느낌, 활력 또는 생생함이다. 새로운 삶의 기적은 움직임의 변화가 발생하고 관계가 창조되면서 시작된다. 어머니와 함께하는 따뜻한 자궁 안에 있는 아기… 가까이에서 어머니 심장의 리듬을 공유하며 어두운 양수와 하나가 되어 끊임없이 움직이고 구르고 돌고 변화한다. 아기가 어둠 속에서 밝은 곳으로 나오면서 스스로 숨 쉬고, 작고 둥근 몸체를 펴고 오므리고, 이렇게 항상 움직이고, 이 움직임을 통해 스스로의 존재를 드러낸다.

몸을 가진다는 것은 정동되는 법을 배우는 것이다. 그것은 다른 신체들과의 역동적인 상호작용을 통해서이다. 이때 운동과 감각의 내적

---

30. 정동은 신체의 능력에 관한 것이다. 신체는 운동과 정지 또는 압력과 저항으로 구성된 일정한 관계, 즉 혼합 혹은 복합관계로 그 모든 변화나 이행들을 보존한다. 신체들의 행위에 속하는 관계적 능력—그것의 형태가 일종의 리듬, 주름, 시간조절, 습관, 윤곽, 모양에 따라 발생하는 신체상태의 변화나 이행을 정동이라고 한다. 예를 들면 기쁨의 정동은 행동능력을 증대시키고 슬픔의 정동은 행동능력을 감소시킨다. 이 외에도 다양한 정동은 다양한 방식으로 우리가 느끼고, 글 쓰고, 생각하고, 행동하게 만든다는 점을 강조할 필요가 있다. 정동은 누군가의 생명력의 지각, 생동의, 변화 가능성(종종 "자유"라는 말로 말해지는)의 감각과 다름없다. 누군가의 "생동감"은 연속적이고, 무의식적인 자기-지각이다(무의식적 자기-반영 혹은 살아 있는 자기-지시성). 정동이 효과적으로 분석되도록 하는 것이 바로 자기-지각이라고 하는 지각, 그 호명과 의식화이다. 정동 개념은 몸과 문화 그리고 윤리와 정치의 마주침에서 생겨나는 것들에 대한 연구에 초점이 맞추어져 있다. 이에 대해서는 브라이언 마수미 지음, 조성훈 옮김, 『가상계』, 2011, 갈무리, 65-75쪽. 멜리사 그레그·그레고리 시그워스 편저, 최성희 외 옮김, 『정동이론』, 2015, 갈무리, 28-42쪽 참조.

연관성에 의한 전이轉移가 직접적일수록 느낌이 발생하고, 느낌들은 서로 접히어 포개지며, 서로 공명하고 서로에게 장애가 되고, 상호 강화하는 경향이 있다. 이 모든 것은 수량으로 계산할 수도 없고, 때로는 예측할 수도 없는 방식 및 행동으로 다시 펼쳐지는 경향이 있다. 이것은 일종의 뜻하지 않게 느껴지는 변화라고 할 수 있다.

몸은 다른 몸에 정동하거나 다른 몸들에 의해 정동된다. 몸의 상호 정동성은 춤을 추는 모습을 떠올리면 이해가 쉬울 것이다. 춤을 출 때 비로소 우리는 살아 있다는 것 자체를 즐긴다고 할 수 있다. 그것은 어떤 스텝으로 추는지에 상관없이 당신은 마음과 영혼의 소중한 부분을 끌어낼 수 있다. 춤의 움직임은 몸속의 영혼을 흔들어 깨운다. 그리고 다른 사람들이 추는 것을 도와주면서 당신 자신도 이따금 춤을 춘다면 더 신뢰를 얻고 효과를 얻을 수 있다. 이렇게 몸들이 정동되면서 몸속의 영혼은 서로를 전염시킨다.

마음과 몸은 서로 떨어져 존재하는 것이 아니다. 마음이 동해야 몸이 움직이고, 몸이 움직이면서 마음이 달라진다. 더욱이 마음을 움직이기란 그리 쉽지 않다. 만일 내가 불안감을 가지고 무거운 기분으로 등교를 하는데, 이후에 발생하는 모든 일이 나를 초조하게 만들기도 하고, 반면 어떤 때는 불안을 덜어주는 일이 발생하여 그 공간 자체가 밝고 활기차 보이기도 한다. 이때도 몸은 상호 정동한다. 이것은 인간이나 비인간인 다른 실제들에 의해 추동되고, 움직이고 실현된다는 것이며 동시에 신체의 변용affection을 동반한다. 오히려 몸이 갖는 변용의 능력을 풍부하게 할 때 마음 상태에 변화를 가져올 수 있다.

또한 신체의 변용은 다른 신체들과의 섞임에서 비롯되는 움직임의 변화일 뿐이다. 그것은 방향, 속도, 거리, 무게 등으로 공간상에서 표현된다. 그 변용을 들뢰즈와 가타리는 '되기becoming'라고 표현했다. 예를 들어 중국 무술영화에 많이 나오던 호권, 당랑권, 용권, 취권 등처럼 호랑이 되기, 원숭이 되기. 취한 사람 되기, 사마귀 되기 등, 다양한 몸의 변용을 생각해볼 수 있다. 무술의 비밀은 다양한 변용을 통해 몸의 잠재성을 끌어올리는 수련이라는 데 있다. 그 외에도 문화적으로 행해지는 제의 행사나 결혼식, 장례식에서 발견되는 움직임, 그리고 우리 주변에서 흔히 발견되는 일상적인 동작, 노동자의 기술적인 움직임 등 많은 인간의 신체적 변용을 접할 수 있다.

스피노자는 정동적 경험을 아펙투스affectus와 아펙티오affectio, 즉 정동을 촉발하는 신체의 영향력과 그것이 정동을 촉발 받는 신체에 남기는 영향 사이의 차이를 식별한다. 아펙티오는 스쳐 지나가는 것일 수 있지만 잔여물을 남기기도 하는데, 그것은 특정한 종류의 신체적 능력을 만들어내는 지속적인 느낌이다. 얼굴 표정에서 미소 짓거나 울거나 상을 찌푸리거나 하는 것들이 상대방을 향하는 동시에 그 표정을 짓는 사람 쪽으로 되돌아와서 소통하고 자극하는 그것이 정동의 작용이라고 할 수 있다. 이처럼 정동적 경험은 상호적이다. 그래서 몸과 몸이 마주치며 부딪칠 때 일어난다.

어른이 아이와 놀다가 "요놈 요놈 요 이쁜 놈"이라고 말할 때, 그것은 가엽고도 예쁜이에게 힘을 더해주면서도 진작 본인도 힘을 얻는 상호 과정의 감각이다. 이처럼 서로 기운을 북돋우는 상호과정이 생명의 과정이라면 그것은 곧 생명에 대한 감각이다. "요 이쁜 놈"을 통해 그 속에 있는 생명을 확인하는 동시에 그 생명 속에서 내 생명을 확인하는 순환이 존재한다. 그리하여 서로 힘을 얻고 재충전되는 과정들이 서로 맞물려 있는 것이다.

또한 신체의 정동작용은 이행들과 다름없다. 각각의 이행은 능력의 변주를 수반한다. 그것은 아이들의 노는 모습을 보면 된다. 아이들에게 한 시간을 주면 놀이를 열 번도 더 바꾸면서 논다. 하나의 놀이가 실패하거나 재미없어지면 좌절하지 않고 곧바로 다른 놀이로 이동한다. 이때의 정동은 생체에너지인 욕망의 리듬과 화음으로 가득한 이행의 느낌이라고 할 수 있는데 그것은 놀이의 국면들 사이에 걸쳐 있다.

한편 힘 또는 역량의 증감이란 차원에서 이해되는 정동은 들뢰즈나 마수미의 주장에 따르면, 심리적 개인에 의해 주관화된 감정과는 다른 것이다. 감정―예컨대 분노, 탐욕 그리고 불안―은 개인화되고 정상화된 사회적 구성물이다. '사랑을 표현하기'에 관해 말하는 것은 감정의 개인화를 가리킨다. 반면에 정동은 반성적인 사유를 통해 파악된 세계와의 관계를 벗어나 있다. 전-개인적이면서 동시에 의미를 만들어내는 일과 무관한 것으로서의 정동은 희로애락과 같은 감정과 다른 것일 수밖에 없다.

개인화된 것으로서, 또한 표상적인 것으로서 재현이라는 문제 설정 속에서 사고된 감정과는 구분될 수 있지만 정동과 그렇게 거리가 먼 것인지는 의문이 들 수 있다. 이를테면 감정사회학자들이 '감정은 사람들의 경험에 대한 주체의 사고도 아니며, 그러한 경험에서 나오는 자기 설명의 언어도 아니다. 감정은 자기가 관여하는 세계와의 직접적인 접촉이다"라고 말할 때, 정동에 대한 서술과 크게 다르지 않다는 의견을 제시할 수 있다.

그럼에도 불구하고 감정과는 구분되는 정동을 잘 보여주는 것이 패닉이다. 패닉보다 정동을 잘 보여주는 것은 없을 것이다. 패닉은 전염된 것으로, 즉 전염의 운동 안에서 존재하는 것으로 기술된다. 다시 말해 그것은 사람을 열띠게 만들지만 그러한 패닉의 원천은 아무것도 아니다. 패닉은 공포를 일으키는 신의 이름인 팬pan에서 유래했으며, '이유 없이 엄습하는 공포'란 뜻을 담고 있다. 이러한 '이유 없는' 공포나 불안에서의 '이유 없음'은 바로 의미화에 저항하는 것이면서 동시에 심리적인 개인적 주체에 선행하는 것으로서의 정동을 밝혀준다. 미메시스의 핵심에는 패닉 현상에서 보았던 정동 전염이, 즉 특정한 정동들이 이 신체에서 저 신체로 전달되는 생명신경학적 수단이 작동한다. 정동이 전염성이 있는 것으로 생각하는 것은 정동이 몸의 표면에 영향을 미치면서 어떻게 여러 몸 사이를 오가는지를 보여줌으로써, 심지어 어떻게 몸의 표면이 형성되는지에 주목하게 된다.

실번 톰키스가 거론했던 각각의 선천적인 정동들은 목소리는 물론 얼굴을 통하여 신속하게 자동으로 전달되므로, 강력한 정동 전염 공급자이다. 상대방의 표정이나 표현 등을 자동적이고 무의식적으로 모방하면서 감정적 전염 현상까지 일어나게 된다. 관심을 끄는 것은 부정적 감정의 전염이 긍정적 감정의 전염보다 훨씬 더 빠르고 전염성이 높다는 사실이다. 긍정적 정보로 야기되는 기쁨이나 즐거움 같은 감정보다 부정적 정보로 야기되는 슬픔, 분노와 같은 감정에 사람들은 더 빨리, 더 적극적으로 반응한다. 부정적 정보가 생존에 훨씬 더 중요하기 때문이다.

정동의 전염 현상에서 흥미로운 것은 관찰자의 표정에 응답하여 모방 충동이 표정을 활성화하면서 동일한 정동을 이끌어낸다는 점이다. 사람들은 표정을 읽는 데 전문가이며 그래서 얼굴은 정동의 표현과 소통에 중요한 역할을 한다. 내가 어렸을 적에 놀이터에서 매일같이 하던 일이 '정동 시험affect trial'이었다. 이제 막 피어나는 남성성의 작은 전쟁터인 소년들의 무리에서, 우리는 서로를 못살게 굴고, 약 올리거나 화를 북돋았다.

다들 아는 비결은, 감정은 최소한으로 하고 냉정을 유지하는 것이었다. 다른 사람을 놀려서 성질을 돋우는 게 일이었다. 그러면 상대방은 얼굴이 빨개지기도 하지만, 더 큰 수학은 그 사람이 '미쳐서' 결국 폭발하도록 만드는 것이었다. 항상 누군가는 그렇게 됐다. 물론 항상 그런 것은 아니었지만. 우리가 자신을 스스로 통제할 수 없다는 게 분명해 보였다. 정동은 들통을 내버려서 분란의 소지가 된다. 숨겨둔 마음, 축축한 내 손바닥, 당신의 목소리에 묻어 있는 분노, 그들의 눈에서 반짝이는 기쁨. 당신이 모른다고 항변할 수도 있겠지만, 우리는 모두 알고 있다.

진짜 당신은 누구인가, 어떤 존재인가가 드러나버릴 거라는 것을, 바로 당신의 뛰는 핏줄에, 당신이 흘리는 땀의 양에, 숨죽인 기대감에, 자신도 모르게 씨익 나와버리는 웃음에, 당신의 눈 속 반짝임에 말이다. 이처럼 정동은 당신을 뭉개 버리기 위해 적과 내통하는 스파이이며, 당신만의 거짓말 탐지기이다. 정동이라는 것에 순수한 상태나 어떤 근원적 상태가 전혀 없다면 도대체 어떻게 발생하는 것일까? 정동은 상호작용이 일어나는 사이in-beetween-ness의 한가운데서, 즉 주고받는 행위 속에서 행위 하는 능력과 행위를 받는 능력의 한가운데서 발생한다. 정동은 다양한 마주침의 리듬과 양태를 따라 일어나고 사라지는 신체적인 능력과 힘들의 긴장과 이완인 것이다.

자본주의가 정보경제로 이행함에 따라 노동과 사회적 실천에서 정동의 생산이 주목을 받고 있다. 그것은 정동적 노동 그 자체로 직접적으로 공동체들과 집단적 주체성들을 구성하기 때문이다. 인간적 접촉과 상호작용을 기반으로 하는 정동적 노동은 건강 서비스에서는 주로 돌봄의 형태로 이루어지며, 패스트푸드 종사자에서부터 금융 서비스 공급자에 이르기까지 일정한 역할을 수행한다. 정동 노동은 몸과 관련되어 있지만 그것의 생산물들은 손으로 만질 수 없는 비물질적 특성을 갖는다. 즉 편안한 느낌, 행복, 만족, 흥분, 열정이 그 생산물이며 심지어 결속감이나 귀속감도 포함되기 때문에 비물질적이다.

정보경제로 이행하는 것은 노동의 질과 노동과정에서의 성격의 변화를 반드시 수반한다. 정보, 통신, 지식 그리고 정동은 생산과정에서 기반이 되는 역할을 하게 된다. 정보화 과정은 공업에서 서비스 직업— 예를 들면 건강관리, 교육에서 운송, 연애오락, 광고에 걸친 방대한 범위의 활동들을 포괄한다. 대부분의 직업들은 고도로 유동적이며 유연한 기술들을 필요로 한다. 더 중요한 것은, 그 직업들은 지식, 정보, 소통 그리고 정동이 맡는 중심적인 역할에 의해서 일반적으로 특징지어진다는 것이다.

자본의 사회적 재생산 과정에서도 정동적 전회가 일어나고 있다. 이런 변화가 포함하는 것은 정보와 이미지를 중심으로 한 가치와 새로운 노동 형태의 도래 그와 더불어 규율, 감시, 통제의 생명장치적 네트워크의 부상 및 분자과학과 디지털과학의 발전이다. 정동하는 신체 능력의 증대와 축소는 다각적인 권력 기술들을 통해서 조정되며, 다양한 형태의 지식(신경과학, 다양한 심리 분과학문들, 분자과학, 시스템이론 등)을 통해 알려진다. 이러한 현대의 권력 구성체의 이름을 '통제'라고 한다.

정동이 '통제'라고 불리는 권력 구성체에서 생체권력의 범례적 대상이 되는 동시에, 아무 모순 없이 그것에 대항하는, 유일하지는 않지만 최고의 희망이 된다는 데에는 생산적인 역설이 존재한다. 정동은 연합하고 협력하고 형태를 만드는 노동의 물질적 힘에서 필수적인 것이다. 여기서 정동은 명령하고 포획하고 제한하는 권력의 유효성에 대한 한계로서 설정된다.

권력이란 이해관계의 갈등을 궁극적으로는 해소해나가는 하나의 전개과정이다. 그래서 권력은 누가, 무엇을, 언제, 그리고 어떻게 획득해나가는가에 영향을 미치게 된다. 어떤 사람들은 권력을 하나의 자원, 즉 소유물로서 인식하는 반면, 다른 사람들은 그것을 어떤 의존관계로 특징지어지는 하나의 사회적 관계, 즉 사물이나 사람에 대한 영향력 관계로 간주한다. 미국의 정치과학자 로버트 달Robert Dahl이 제시한 권력의 정의에 따르면, 권력이란 '다른 사람으로 하여금 만일 그렇지 않았으면 행하지 않았었을 어떤 일을 행하도록 만들 수 있는 능력'을 의미한다.

지금까지의 권력은 그것을 획득한 계급의 '소유'가 된다는 것으로 이해했다. 권력은 국가권력이며, 권력 그 자체는 국가장치 한가운데 소재하고 있다고 생각되어왔다. 이것이야말로 권력을 소유하는 자(지배자)와 권력이 행사되는 자(피지배자)를 구별해주는 특징이다. 그러나 푸코 Michel Foucault는 권력이 이런 방식으로 진행되지 않는다고 말한다. 푸코의 '권력의 미시물리학'에 따르면, 권력은 소유물이 아닌 관계들의 상호작용을 통해 행사된다. 그것은 한 사회에서 복잡한 전략적 상황에 부여되는 이름이다. 푸코의 정의는 대단히 단순하게 보인다. 권력은 '타인의 행위에 대한 행위'로 정의된다. 즉, 권력은 행위자로서 타인의 능력을 배제하기는커녕 오히려 전제하며, 일련의 개방된 실천적·윤리적 가능성에 근거해 혹은 이를 통해 작동한다.[31]

권력은 메커니즘상 무한하다고 말할 수 있다. 권력은 소유할 수 있는 실체가 아니라 일정한 관계 속에서 자리하고 있기 때문에 무한하다고 할 수 있는 것이다. 권력은 그 자체로 있는 것이 아니라 개인들 사

---

31. 푸코의 생각으로는 자아의 기술을 터득한 사람은 무엇보다도 윤리적 인간이다. 그는 교사와 제자의 관계에 서, 듣는 법, 침묵 속에 앉아 있는 법을 익히는 것이 중요하다고 말한다. 여기에서 말하려고 하는 것은 사람과 타자와의 관계는 언제나 긴장을 내포하는 권력의 관계라는 것이다. 푸코의 자아의 기술에 대한 정의에서는 사실 바로 타자와의 관계에서 '통어력(governmentality)'을 확보하려는 의도를 포함한다. 이것은 사제 관계에서는 물론이려니와 정치의 세계, 남녀 관계를 비롯하여 가족 관계에서 그러하다. 이에 대해서는 김우창, 『기이한 생각의 바다에서』, 2012, 돌베개, 104-108쪽 참조.

이에서, 가정의 내부에서, 교육관계에서 그리고 정치적 결사체 안에서 다양하게 작용하고 있는 권력 관계의 그물망을 찾아낼 수 있다. 그리고 이러한 그물망에서 찾고자 하는 가능성이 바로 해방인 것이다.

사회 속에서 권력은 결코 고정되고 폐쇄된 체계가 아닌 끝없이 열려 있는 전략적 게임인 것이다. 그런 점에서 권력은 힘의 관계이며, 더 나아가 모든 힘의 관계는 '권력관계'이다. 전략적 게임에서 작동하는 힘은 근본적으로 다른 힘과의 관계 속에서 존재하며, 따라서 어떠한 힘도 이미 관계, 즉 권력이다. 힘은 힘 이외의 어떤 대상 또는 주체도 갖지 않는다. 힘은 다른 힘이라는 대상만을 가지며, 관계라는 존재만을 가진다. 즉 그것은 '작용에 대한 작용, 실존하는 작용에 대한 작용, 또는 현재나 미래에 일어날지도 모르는 작용들에 대한 작용인 것이다.'

큰 문제를 해결하다 보면 사람들의 이해관계에 영향을 주기 마련이다. 이러한 이해관계는 대개 서로 다르기 때문에, 역학관계가 중요해진다. 입양 절차에는 아이와 친부모, 양부모, 그리고 정부 기관 및 독립 기관의 이해관계가 복잡하게 얽혀 있다. 얻을 수 있는 만큼 걸어야 할 것도 크고, 감정적 요소와 경험적 요소가 섞여 있고, 힘의 관계와 영향력이 미묘하게 얽혀 있는 것이 바로 입양 문제다. 다양한 이해관계를 만족시키는 일은 언제나 어려운 일이다. 날씨가 변하는 것처럼, 또한 예측이 가능하거나 아닐 수도 있는 것처럼, 특정 영역의 협력과 갈등의 '인간 날씨' 또한 오랜 시간을 거쳐 변할 것이다.

입양 과정에서 입양 에이전시의 역할은 이해관계가 있는 사람들이 유연함을 지니고 서로 존중할 수 있도록 돕는 것이다. 참가자들이 다른 참가자들의 감정과 서로의 이해관계를 인식하는 폭을 넓히기 위해 노력해야 한다. 그리하여 처음부터 모르는 사람들 간에 편안한 관계를 유지하고 감정적 변화를 용인하면서, 어떤 일이 일어날지는 정확히 모르지만 다 같이 아이와 맺는 관계의 고리를 만드는 것이 중요하다.

입양 과정에서 보았듯이 권력은 상호적이다. 푸코적 의미에서 권력은 타인의 행동에 작용하는 어떤 방식에 가깝다. 개인의 행동방식은 타인에게 일정하게 영향을 미치기 때문이다. 그래서 권력의 마당에서는 크고 작은 작용과 반작용의 복잡 미묘한 영향관계가 일어난다. 그런 권력은 단순히 행동을 금지하고 억압하고 부정하는 권력을 뜻하는 것이 아니기에 본성상 악이라고 말할 수는 없다. 그렇기 때문에 다양한 정동들이 목표, 예상 결과와 실제 결과, 맞물리게 하는 경첩의 작용, 공간 형태 등에서 다양한 권력의 가변적이고 다양한 양식들과 겹치는 방식을 이해할 필요가 있다.

사람들과 사회 속에서 어울려 사는 데 매우 중요한 관계를 익히는 일은 어른이 되어서뿐만 아니라, 어린 시절을 보내는 동안에도 매우 중요하다. 아이들은 어릴 적부터 또래 아이들 사이에서 어떤 서열을 조성한다. 이런 모습은 심지어 취학 전 아이들 사이에서도 볼 수 있다. 이렇게 친구들과 서열을 만들며 노는 동안 자연스레 어른이 되어 살아갈 사회를 경험하게 될 뿐만 아니라, 아동기에 경험하는 또래 문화를 배울 수 있다.

친구들 사이에서 우세한 위치의 아이들은 예를 들어 장난감의 경우처럼, 아이들에게 중요한 물건들을 더 많이 차지한다. 또한 아이들 사이에 세력관계가 확실해지면 친구들과 싸우는 일도 줄어들어 더 사이좋게 놀고, 친구들과의 협동과 또래 사이에서 우세한 지위를 차지하기 위해 경쟁하는 법도 배우게 된다. 이런 모든 경험이 아이로서 살아가는 데, 그리고 성인이 되어 살아갈 사회의 역학 관계를 배우는 데 도움이 된다.

경쟁적이거나 협동적인 세계에서 힘이 어디에 있는지 그리고 그 역동성이 무엇인지 아는 것은 중요하다. 힘들 사이의 관계나 권력관계를 표현하고 있는 목록들을 보면, 고무하고 야기하며, 유혹하고 쉽게 또는 어렵게 만들고, 확대하거나 제한하고 좀 더 개연적이게 만들거나 그렇지 않은 것 등등. 이러한 것들은 힘 사이의 관계들을 조정하고 정렬시킴으로써 힘 사이의 관계들을 실행한다고 볼 수 있다. 그렇기 때문에 권력은 근본적으로 억압적이 아니다. 앞에서 언급한 바와 같이 푸코는 권력을 소유나 교환이 가능한 어떤 실재로 보지 않으며, 폭력이나 억압이라는 메커니즘을 통해 발휘되는 것으로 보지도 않는다.

또한 권력은 하나의 중심을 갖지 않으며, 사회의 모든 지점에서 서로 얽혀 있고 각 지점에서 그때그때 생산된다. 권력과 지식의 결합, 몸의 정치학에 기저를 두는 권력의 편재성은 푸코의 전방위 감시 체제 panopticon에서 잘 보여준다. 전방위 감시체제는 시각주의를 총체적으로 포괄하는 감옥이며, 그 체제는 몸을 요소별로 해부하고, 몸 행위를 계획적으로 조작하는 "정치 해부학"에 근거한다. 그 체제의 핵심어인 감시는 규율원칙에 따라 작동하는 '보이지 않으면서 보고 있는' 전능한 경계에 의한 통제로 간주된다. 지식과 권력을 통합하는 전방위 감시 체제는 기술관료주의적 정치를 수동적으로 모형화하면서, 근대적 인간을 대상으로 규율적 인간을 지속적으로 만들어내도록 윤리적 정형술 整形術을 실천하는 역할까지 한다.

정동이 무엇이고 무엇을 하는가 하는 질문은 다양한 정동들이 가변적이고 변덕스러운 권력의 양식들과 복잡하게 얽혀 있는 겹침을 따라 감으로써 대답할 수 있을 것이다. 역사를 바꾼 중국 혁명가들의 대장정에서 그 이전과는 다른 주체성을 형성해낸 굴곡진 과정은 정동과 권력의 관계의 어떤 단면을 보여준다. 1934년 중국공산당은 8만 4,000명의 미숙한 신참내기들과 훈련을 한 번도 받은 적이 없는 무리들로 구성돼 있었다. 국민당 군대가 모든 퇴로를 차단하는 고립화 전략을 펼치면서 중국공산당은 위험에 처했고 수세에 몰렸다. 중국공산당은 이 위기를 아무런 방해를 받지 않으면서 벗어나기 위해 역사상 가장 위대한 퇴각의 하나로 꼽히는 대장정을 시작한다.

1934년 10월부터 1935년 10월까지의 대장정은 퇴각이자 진보였다. 여정 자체만 보고 장정을 파악할 수는 없다. 장정의 과정에서 결속된 관계와 파괴된 관계, 승리한 당파와 패배한 당파, 서로 분리되었다가 다시 만난 동료들, 성공한 사람들과 낙오된 사람들 등 다양한 관계가 얽혀 있다. 장정에 참가한 사람들은 모든 사람들을 당장에 삼켜버릴 수도 있는 혹한의 추위와 심각한 기아, 그리고 크나큰 상실감에 맞서 함께 이겨냈다. 대장정이라는 역사를 바꾸는 대단한 모험에서 집단의 동일성과 동료애를 형성했다는 것이 어떤 문제보다 중요한 것이다. 사람들을 천천히 연결하고 하나로 묶을 수 있었기에 그 장정은 성공할 수 있었다.

중국혁명 과정이 보여주듯이 정동은 아래로부터 오는 권력의 생산적 효과를 목격할 때조차 언제나 권력의 형태들과 결합되어 있으며, 이들은 서로를 단순히 대체하는 것이 아니라 공존하고 반향하고 개입하고 변화시킨다. 그것들은 서로 다른 논리와 시간 조직을 가지지만, 서로 공명으로 묶여 동일한 사건을 다르게 되풀이하는 복합적 수준의 조직화를 창조적으로 발생시킨다. 그것은 마치 프랙탈적 존재론fractal ontology뿐만 아니라 복잡성 이론에 깔려 있는 비선형적 인과성을 상기시킨다. 정동이 작용하고 있는 수준들—거주하기, 돌아다니기, 노동하기, 놀이하기 등은 무한하게 증식될 수 있다. 그것은 잠재적 공존과 상호 연결 안에서 공명한다. 따라서 정동의 순환과 분배를 알고 그것과 공조하고 추적하는 권력 형태들을 이해할 필요가 있다.

언어와 문화적 존재의 발달

　출산 후 처음으로 아기에게 말을 거는 산모들을 관찰하였더니, 관찰 기록 내용은 "왜 얼굴을 찡그리는 거니? 이 세상이 약간 놀랍다는 말을 하고 싶은 거니?"와 같은 말이 가득하다. 산모들은 아기가 자신이 하는 말을 이해한다고 믿지는 않는다고 말한다. 그럼에도 불구하고 산모들은 계속 아기와 얘기한다. 아기가 하는 짓에 의미를 부여하고, 그에 따라 반응한다. 어느 정도 시간이 지나면 산모들은 상호작용 양식을 개발한다. 여기에는 아기와 상호작용하면서 만든 사회적 현실에 따라 아기와 상호작용하는 작은 세계도 있다. 이것이 바로 아기가 접하는 최초의 '문화'이다. 자신을 둘러싸고 있는 세상과 다른 사람들의 행동을 이해할 수 있게 하는 기본 틀인 문화가 갓 태어난 아기에게조차도 이렇게 형성되기 시작한다.

　엄마를 비롯하여 성장하는 아이가 필요로 하는 여러 사람의 도움 대부분은 결국 삶의 무대가 되어야 할 보다 넓은 사회의 도움으로 가능하다. 엄마와 아빠, 할머니와 할아버지, 형제자매 그 밖의 다른 사람들은 교육과정도 없고, 아이에게 공부할 문법책과 사전을 주지도 않으며, 옆에서 말없이 있지도 않는다. 그들은 아이를 동료 화자, 느끼는 사람, 생각하는 사람, 그리고 의미를 만드는 사람으로 받아들인다. 아이의 성장과 발달, 행동양식은 물론 아이의 내적 본성조차도 준準사회적으로 남는다는 것은 개인 간 관계는 항상 사회적 관습에 둘러싸여 있으며, 개인적 삶은 가족에 의해 크게 영향 받고, 말로 하는 생각은 언어의 흔적을 갖고 있다는 의미이다. 또 사회에는 이러한 도움의 전통이 퇴적하여 문화를 형성한다. 문화는 인간이 더불어 사는 복합적이고 다양한 방식들 즉, 관습, 신념, 성향, 도덕, 예술, 지식, 세계관 등을 가리키는 말이다. 또한 문화는 자연의 재원을 이해하고 사용하는 방식과 인간이 서로를 이해하고 이용하는 방식이다. 이런 관념 저변에는 인간이 의미와 가치의 세계에 거주한다는 사실이 깔려 있으며 그 바탕에는 의사소통이라는 활동이 있다. 의사소통을 기반으로 공유되는 삶이 문화인 것이다.

인간에 가까운 침팬지 같은 동물에 대한 연구를 통해 언어가 생기기 전에 우리 조상들이 어떤 식으로 모여 살았을지 그림을 대강 그려 볼 수 있다. 다른 일부 동물들처럼 침팬지들도 신호 체계를 사용하지만 극히 소수의 정해진 메시지만을 전달할 수 있다. 그들도 철두철미하게 사회적인 동물이기 때문에, 격리되어서는 정서적으로 성숙할 수 없으며, 모방학습을 통해서 가장 중요한 행위 수행 능력의 대부분을 획득한다. 문화가 결여된 인간은 아마 생태적으로는 재능이 있지만 완성되지 않은 원숭이가 아니라, 전혀 정신을 거치지 않은, 따라서 아무 일도 일어날 수 없는 괴물일 것이다. 사피엔스의 뇌는 인간 문화의 테두리 안에서 생겼으며, 문화의 테두리 밖에서는 생존할 수 없는 것이다. 기본적으로 인간은 언어를 배우고 사용할 수 있는 능력을 갖고 있다. 아기가 옹알이를 시작할 때, 자신을 화자 공동체로 받아들이고 대화를 창조하는 주위 사람들 덕분에, 어떻게 말을 하는지 알기도 전에 혹은 자신이 말을 한다는 사실을 알기도 전에 이미 말을 하고 있는 것이다.

사람들은 끝없이 다양한 메시지를 주고받을 수 있다. 언어는 우리에게 이해의 능력을 부여한다. 언어에 이런 능력이 있는 것은 경험을 개념적으로 조직하는 일을 가능하게 해주기 때문이다. 단어와 문장을 구사하는 능력을 갖추기 전에는 세계에서 일어나는 인과관계의 힘에 무조건적으로 휘말릴 수밖에 없다. 그러나 언어를 경험하게 되면서 세계를 대하는 우리의 위치는 달라진다. 언어가 세계에 관계한다는 것은 언어의 사실적·상징적 체계를 통해서이다. 세계의 인과율에 기호체계로 반응할 수 있게 되면 세계가 우리의 사고 체계 안에 수용되고 편입될 수 있는 이해 가능한 것이 된다. 즉 언어를 사용한다는 것은 이 기호체계의 기율을 수용한다는 뜻이다.

다섯 살에서 일곱 살까지의 아이는 교육기관에 얽매이지 않은 자연의 프로그램을 따라 이미 예정하여 놓은 기술과 능력을 발달시켜나간다. 그 후 아동기 초기에 가장 큰 영향을 미치는 요소는 문화이다. 몇 가지 교육 형태는 이 시기에 체계화되기 시작한다. 그러므로 아동의 운명은 점차 문화 내에 존재하는 선택, 그리고 교육기관에 매이게 된다. 말하자면 언어의 사용은 사회적 질서에 복종한다는 일이다. 따라서 사람은 언어를 통해 자신의 욕망을 절제하고 사회적으로 순치하는 것을 배운다. 언어의 사용이 욕망의 금지나 지연이라는 말은 이런 점과도 관련된다. 김우창에 따르면, 언어를 통해 사람은 즉자적인 세계에의 예속으로부터 풀려나와 대자적인 세계의 넓이를 바라볼 수 있게 되고 직접적인 본능의 강박에서 해방되어 사회와 문화의 규범 속에 사는 사회적·문화적 존재가 된다. 또 이와 동시에 사람은 세계와 사회와의 상호작용 속에 스스로를 하나의 개체로서 발전시켜갈 계기를 가질 수 있게 된다.

우리를 문화적 존재로 만드는 기본적인 능력은 언어이다. 우리는 의미, 문화, 언어가 본질적으로 서로 얽혀 있다고 본다. 애가Agar는 언어, 문화, 의미의 불가분성을 표현하기 위해 언어문화languaculture라는 용어를 쓴다. 인디언 특별구역의 호피족에 대한 연구에 따르면, 호피족의 언어가 무시간적인timeless 언어였다는 견해가 있다. 즉, 호피족의 언어에는 '시간'의 개념이 없다는 것이다. 호피족 인디언은 시간을 측정할 수 있거나, 세어지거나 단위들로 나눠질 수 있는 어떤 실체로 보지 않는다. 그러므로 '시간은 돈이다'라고 하면서 시간을 절약하기 위한 연습이나 시간 관리에 대한 책들을 쓰는 것 또한 현명하지 못하고, 필요하지도 가능하지도 않다고 볼 수 있다. 애가는 말하기를 "미국인들은 시계와 달력들의 세계 속에서 똑딱거리며 살아가고, 호피족 사람들은 발생하는 사건들의 세계 속에서 살아간다."

한편 브루너에 따르면, 문화심리학의 주요 교육적 입장들 중의 하나는 분명히 학교가 문화적으로 독립하여 그 자체만으로는 존재할 수 없다는 것이다. 문화심리학은 교육이 문화에서 어떤 기능을 제공하는지, 그리고 교육이 문화 속에서 생활하는 사람들의 삶에 어떤 역할을 하는가 하는 점에 일차적으로 관심을 둔다. 학교가 학생들에게 무엇을 가르치고 있는지, 실제로 어떤 사고방식이나 "언어등록기"를 가르치고 있는가 하는 것은 학교가 학생들의 삶과 문화에 어떻게 자리하고 있는가 하는 문제와 결코 떨어질 수 없다. 바로 그것이 대부분의 학생들이 교과목에 관한 것만이 아니라 '잠재 교육과정'이라는 형태로 학교를 경험하는 방식이며, 그 속에서 자신들이 만들어내는 의미가 어떠한 것인지를 결정하게 된다.[32]

내가 어떤 문화적 존재가 되는가 하는 것은 어떻게 항해를 하고 바느질하고 글씨를 쓰게 되는가를 아는 문제만이 아니라 특정의 신념을 선택하고 여러 가지 절차와 의례에 의미 있게 참여하느냐의 문제를 포함하는 것이다. 그것은 사물이 나에게 의미를 갖는 방식에 따라 규정되며, 사물이 나에게 의미를 지니거나, 나의 정체성의 문제가 해결되려면, 해석의 언어a language of interpretation를 통해야만 한다고 한다. 또한 그 획득 과정이 다양할 수 있다. 그러나 다음 세대가 그 영역의 잘 규정된 절차를 따르지 않는다면 그 문화는 지속될 수 없다.

이렇듯 언어는 세계를 경험하고, 자신의 감정을 해석하고, 다른 사람, 과거, 미래, 절대자 등과 자신의 관계를 이해하는 서로 관련된 일단의 방식과 다름없다. 때문에 언어는 단순한 의사소통의 매체인 것만은 아니다. 예컨대 우리의 경험은 우리가 그것을 해석하는 방식에 의해 존재하는 것이며, 해석하는 방식에 의해 부분적으로 형성된다고 한다. 언어를 매개로한 개인과 문화 간의 상호작용은 개인적 사고에 공적인 것을 부여해주고, 그리고 동시에 문화의 삶의 방식, 사고방식, 혹은 감정에 어느 정도 예기치 않은 풍요함을 부여해준다. 예를 들면, "한국인은 역동적이다" 혹은 "프랑스인은 현실적이다"라고 애기할 수 있는 것이다. 결국 우리는 개인이 가지고 있는 마음의 힘과 수단, 즉 문화가 그 마음의 실현을 돕거나 방해하는 수단들 간의 상호작용에 대해서 부단히 탐구해야 할 것이다.

김우창이 줄리아 크리스테바의 업적에 대해서 정리한 바에 따르면 존재와 언어의 탄생을 정신분석에 기초하여 인간의 무의식으로부터의

---

32. 브루너가 보기에 그동안 교육의 문제에 대한 논쟁이 많았지만 그것은 성취수행과 기준에 중점을 두었기 때문에 교수-학습의 문제는 실질적으로 다루지 못했다는 것이다. 브루너는 가르치는 활동의 측면에 대한 네 가지 아이디어들―주체적 행위, 반성, 협동 그리고 문화―중에 문화에 방점을 찍는다. 학교는 문화에 대한 준비와 준비 운동을 하는 것이 아니라, 문화 그 자체이다. 또한 문화는 사고하고, 믿고, 행동하고, 판단하는 데 있어서 잘 확립되어 있는 안정된 방식이 아니다. 브루너는 문화를 체계적이고 안정된 사고나 신념(행위나 판단방식)으로 보지 않는다. 이에 대해서는 제롬 브루너 지음, 강현석·이자현 옮김, 『교육의 문화』, 2005, 교육과학사, 247-252쪽 참조.

성장에 연결하려 했다는 것이다. 사실 사람이 말과 사물을 단순히 도구로서 또는 객관적 대상물로서 대하는 것이 아니라 그것을 즐김의 대상으로 보다 적극적으로 수용한다는 것은 이러한 것들의 무의식 속의 충동과의 관계를 생각하지 않고서는 설명되지 않는다는 것이다. 또는 더 나아가서 인간 내면에 리비도의 공간이 없이는 말과 사물의 현상이 드러날 수가 없다고 할 수도 있다. 다시 말해 이 공간에서 사람의 무의식적 충동과 언어적 표현작용이 연결될 수 있게 된다는 것이다. 결국 개인과 그 충동의 사회적 질서에로의 편입을 나타내는 '상징적인 것'이 합쳐지는 것이다. 욕망과 상징이 합치되듯이, 사물과 상징이 여기에서 연결된다고 할 수 있다.

훌륭하게 집을 짓는 벌과 개미라고 할지라도, 초보 목수를 뛰어넘지 못한다. 아무리 어설픈 목수라도 집을 짓기 전에 완성될 집의 형태를 미리 머릿속에 그릴 수 있기 때문이다. 바로 이런 능력을 '기호로 매개된 행위'라고 비고츠키는 설명한다. 그는 문화란 '기호 혹은 상징으로 매개된 활동'이라고 정의한다. 아동은 자라면서 언어와 같은 문화적 기호를 내면화한다. 이는 단순한 기호의 내면화가 아니다. 기호로 매개된 행위, 즉 문화적 활동을 내면화하는 것이다.

자극에 대한 반응이 직접적이며 즉각적으로 일어나는 자연적 상태는 수만 년이 지나도 별 변화가 없다. 생존에는 도움이 될지언정 고차적 정신과정으로의 발전은 불가능하다. 이에 반해 상징으로 매개된 활동은 공동체 구성원에게 삶의 의미를 부여한다. 의미를 공유할 때 우리는 행복함을 느끼면서 안전하게 함께할 수 있다. 인간의 모든 문화적 활동은 기호로 매개된 행위의 확장이다. 문화, 즉 상징으로 매개된 활동은 사냥한 사슴의 숫자를 나무에 칼집으로 새겨 넣어 상징을 만들어내고, 그것을 기억하는 인지 능력에서 시작된다. 상징으로 매개된 사유 행위를 통해 의미를 공유하는 소통이 가능해지고, 공동체의 가치가 유지될 수 있게 된다.

타인의 행위를 이해하는 것도 마찬가지이다. 무슨 말을 하는가와 관계하여 화자에게 지침을 제공해주는 그 모습과 이야기는 자아의 특성에 대해 큰 영향을 미칠 수 있다. 또 어떠한 개인은 이미 그 언어로서 또는 언어 이전의 몸짓으로 하여 상황 전체에 범주적으로 작용하고 있었다고 할 수 있다. 언어는 당연히 어떤 의사소통에서도 중심이 되는 것이다. 그래서 먹고사는 것과 상관없이 문화가 필요하다. 문화는 공통된 언어와 역사적 전통을 공유하는 사람들의 단순한 집합이 아니다. 문화는 사람들이 수행하는 역할이 무엇이고, 그 역할에 부합하는 지위가 무엇이며, 그 지위에 표해야 할 존경이 어떠한 것인지를 보다 구체적으로 상세화하는 제도들로 구성되어 있다. 모든 공동체는 더 충만한 삶을 만들기 위해 음악가, 마술사, 선원, 사회사업가, 무사, 무당, 약사, 의사 등 수많은 역할들을 필요로 한다.

언어가 가능한 문화적 존재는 실제적으로뿐만 아니라 개념적 이유로 인해 공동체의 구성원이 된다. 한 공동체의 구성원이란 그 문화의 원리―가치, 권리, 교환, 책임과 의무, 기회, 권력의 체제―에 의해 형성된 인간을 의미한다. 부계사회는 남자에게 남성적으로 생각하고 행동하라고 가르치고 여자에게는 여성적으로 생각하고 행동하라고 가르친다. 남성적이라고 평가받는 속성들은 여성적이라고 평가받는 속성에 비해 더 높은 가치를 부여받는다. 문화는 우리 삶의 모든 측면에서 광범위한 영향을 미침으로써 우리를 독특한 공동체 문화의 구성원으로 특징짓는다. 미시적 측면에서 보면, 각 개별적인 인간들이 얼마만큼의 자신의 희생과 비용을 들여서, 어떤 기대되는 성과를 가지고 자신들을 그 체제에 적응시키는 실재와 의미를 나름대로 구성하게 된다.

한 문화에는 한 공동체가 체험한 원형이 반영되어 있기에 그 공동체의 집단적 자기이해와 정체성을 간직하고 있다. 따라서 문화는 이것을 전승하고 교육하며 나아가 모방하는 과정이며, 개인에게는 의미 있는 선택의 범위를 제한하는 기능을 가진다. 부계사회에서 남성은 자신의 남성성을 요람에서 무덤까지 평생 끊임없는 의례와 퍼포먼스를 통해서 증명해야 한다. 여성의 일도 끝나는 법이 없다. 여성은 평생 스스로와 타인들에게 자신이 충분히 여성적이라는 사실을 확인시켜야 한다.

우리는 자신에게 의미 있는 선택의 옵션을 제공하는 문화 내에서 살지 않으면 가치에 대한 자신의 믿음을 발전시킬 수 없고 자신의 삶의 방식을 선택할 수도 없다. 개인에게 있어 의미 있는 선택은 특정한 문화적 콘텍스트를 배경으로 해서만이 이루어질 수 있다. 달리 말하자면, 자유는 반복된 가르침과 습관화를 통해 우리가 공동의 어휘와 표현 양식 및 수단을 지니는 문화적 콘텍스트 내에서만 의미 있게 행사될 수 있다.

그렇다면 우리는 대체 어떻게 언어로 세상을 경험하고 이해하게 되는 것일까? 어떤 상황이란 것이 이미 인간적 의미로 차 있다. 언어는 이 의미 속으로 개입해 들어가는 하나의 수단이다. 생후 9개월 정도 되면 아기와 엄마는 서로 시선을 공유하려고 끊임없이 시도한다. '이게 뭐야?'라는 아기의 언어적·비언어적 신호와 엄마의 현란한 대답으로 아이의 일상은 꽉 채워진다. "이건 기차야!" "이건 의자야!"라는 엄마의 대답을 통해 아기는 단어의 의미를 익히며 타인과 공유하기 시작한다. 함께하기를 할 수 없다면 의미 공유는 절대 불가능하다.

인간은 자신을 둘러싸고 있는 세계가 어떻게 움직이고 있는지, 그리고 다른 사람들은 어떻게 행동하며 살아가고 있는지에 대한 기본적인 지식과 믿음을 갖추고 있어야 한다. 자신을 둘러싸고 있는 세상과 다른 사람들의 행동을 이해할 수 있는 기본 틀, 혹은 그 의미를 해독할 수 있는 장치coding device가 곧 '문화'인 것이다. 문화를 인간이 의미를 만들어내는 실천의 터전으로 이해할 때, 문화란 언어라는 매개체 없이는 결코 이루어질 수 없을 것이다. 따라서 여기서 문화소통, 언어에 주목하게 된다.

문화에 대한 다양한 시각이 존재하지만, 문화를 이해하는 가장 중요한 방식은 인간의 의사소통과 의미작용을 매개하는 상징물symbols로 바라보는 것이라 할 수 있다. 이것은 상징을 만들어내는 인간의 능력에 주목하게 한다. 인간은 사물이나 어떤 특정한 행위에 인위적으로 의미를 창작하여 부여하는 능력과, 아울러 이런 상징물 또는 상징행위를 이해하는 능력을 가지고 있다. 대체로 우리가 문화적 현상이라고 부르는 것들은 인간의 상징 행위에 의해 형성된 것이다. 상징물로서의 문화 개념은 인류학자 클리퍼드 기어츠Clifford Geertz에게서 유래한 개념으로, 이때 문화는 언어와 기호의 의미작용에 의해 만들어지는 텍스트에 담겨 사람들 간에 공유하는 것으로 이해된다.[33]

문화를 묘사할 때 우리는 흔히 '공유된 가치', '공유된 신념', '공유된 의미', '공유된 이해', 그리고 '공유된 감각' 등의 표현을 함께 쓴다. 이처럼 문화란 사회적 세팅social setting에 일방적으로 '부과' 내지는 '강요'되는 것이라기보다는, 어디까지나 사회적 상호작용 가운데 '스스로' 개발되는 것이라고 볼 수 있다. 문화는 그것이 소통의 형태들과 사건들,

---

33. 기어츠에 따르면 문화는 본질적으로 기호론적인 것이며 인간을 자신이 뿜어낸 의미의 그물 가운데 고정되어 있는 거미와 같은 존재로 파악한다. 즉 문화는 기호들의 그물망인 것이다. 따라서 문화의 분석은 법칙을 추구하는 실험적 과학이 되어서는 안 되며 의미를 추구하는 해석적 과학이 되어야 한다. 해석학적 접근은 사회적 행동에서 의미가 갖는 중요성을 강조한다. 사회적 실재는 사람들로부터 오는 말, 상징, 그리고 행동에 의해 구성된다. 의미가 언어 및 비언어적 메시지로부터 발생하는 것처럼 언어 사용은 사회적 실재를 창조하고 유지한다. 이에 대해서는 클리퍼드 기어츠 지음, 문옥표 옮김, 『문화의 해석』, 2012, 까치, 11-13쪽 참조.

양식들의 발명인 한에서, 달리 말하면 우리에게 물음을 던지고 또 우리에게 제기하는 물음에 귀를 기울이는 기술/기예art인 한에서—이런 문제에서 우리에게 결정적으로 도움을 줄 수 있으며, 또 줄 수 있어야 한다.

상징 형식의 하나인 조직에서의 삶은 과정적인 것이다. 즉, 조직은 고정된 실체가 아니라는 것이다. 조직은 항상 언어와 말 속에서, 그리고 그것을 통해서 직조되는 활동과 실천을 통해서 구성되고 재구성되는 역동적 과정이다.[34] 조직문화와 관련하여 산업사회학자 토니 왓슨 Tony Watson은 문화를 "인간 집단 구성원들에 의해 공유된 의미체계이고, 그것은 무엇이 좋고 나쁜가, 옳거나 그른가, 그리고 그 그룹의 구성원들이 생각하고 행동하는 적절한 방법이 무엇인지를 정의한다"고 본다. 우리에게 세계적으로 잘 알려진 기업 중에서 맥킨지 앤 컴퍼니 Mckinsey & Company만큼 탄력 있는 문화를 갖추고, 성공을 거둔 기업은 많지 않다고 한다.[35] 그 회사에는 삶과 일의 중심이 되는 세 가지 중요

---

34. 우리가 속한 조직에서 접하는 그러저러한 '사태'들이 어떻게 특정한 의미로 적셔지는지, 즉 어떻게 의미가 형성되는지를 이해할 수 있어야 한다. 그러한 과정의 핵심에 언어가 자리하고 있다. 보덴(D. Boden)은 말하기를 "언어는 모든 조직의 혈액과 같다. 그리고 언어는 조직구조를 만들고 조직구조에 따라서 만들어지기도 한다"는 것이다. 그렇다고 해서 우리가 언어를 단순한 객관적으로 실재하는 것들을 반영하는 거울, 즉 불변의, 변경 불가능한 '그물망'으로 보는 것은 아니다. 오히려 그것은 언어가 조직 실재를 창조하기도 하고 반영하기도 한다는 뜻이다. 언어를 사용하는 것은 특정한 실체를 구성하는 사회적 과정에 참여하는 것이다. 조직과 관련된 의미의 세계들(worlds of meaning)과 그것들이 어떻게 구성되는가를 탐구하게 되면 그 세계들에 대한 역사, 사회, 정치적 상황들과 그에 대한 경험들에 대해서도 검토하게 된다. 이에 대해서는 수잔 티체·로리 코헨·질 머슨 지음, 신병현 옮김, 『언어와 조직』, 2013, 커뮤니케이션북스, 8-24쪽 참조.

35. 대개 조직들은 특정 개인이나 그룹에 힘이 쏠릴 수 있기 때문에 균형을 맞추는 것이 중요하다. 맥킨지 앤 컴퍼니는 매우 다양한 개인들로 구성되어 있지만 결국 그 개인들의 잠재력이 모여 '전체'가 되는 것이다. 문제는 그 잠재력을 어떻게 실현시키느냐는 것이다. 조직의 동일성을 창조하는 것은 긍정적일 수도 부정적일 수도 있다. 긍정적인 형태로는 사람들을 하나로 묶는 기회와 공통의 관심(이익), 그리고 전통이 있다. 부정적인 형태로는 위협이나 문제가 잠재되어 있다가 한꺼번에 폭발할 수 있다는 점이다. 두 사람 사이의 가장 단순한 협력에서부터 세계에서 가장 큰 조직에 이르기까지 모든 관계는 개인의 능력을 인정하는 동시에 개인이 조직 안에서 그 능력을 발휘할 수 있느냐에 달려 있다. 이에 대해서는 크리스토퍼 호에닉 지음, 박영수 옮김, 『리더들의 생각을 읽는다』, 2009, 예문, 137-143쪽 참조.

한 힘이 있다. 첫 번째는 이 기업의 설립자인 마빈 바우어Marvin Bower 다. 두 번째는 지도 원칙, 세 번째는 두려움이다. 이 세 가지가 맥킨지를 지탱하는 역동적인 힘이다.

먼저 마빈을 보자. 이제 막 입사한 사원들조차 마치 마빈을 잘 알고 있는 것처럼 그를 마빈이라고 부른다. 맥킨지의 모든 사람들은, 어떤 수준에서든 자신이 마빈과 관계가 있다고 느낀다. 대부분의 직원들이 마빈이 정말 어떤 사람인지에 대해서 기본적인 것도 모를 수 있지만 말이다. 이 조직의 어느 곳에 가든 사람들은 마빈에 대해 이야기한다. 마빈에 대한 논평은 전설적인 인물에 대한 존경에서부터 연민, 혹은 보수파에 대한 반감에 이르기까지 다양하다. 출장이 잦고 관계를 맺는 것이 어려운 글로벌 회사에서, 직원들이 마빈과 맺는 관계는 맥킨지의 가장 효과적이면서도 미묘한 힘이 될 것이다.

두 번째는 지도 원칙들이다. 전 세계의 어느 사무실이든지 맥킨지는 행동을 추진하고 기업의 가치를 상징하는 12가지 지도 원칙을 고수한다. 이 중 두 가지는 '전체는 하나를 위하고 하나는 전체를 위하여'라는 개념을 집약해서 보여준다. 첫 번째 원칙은 "권리를 받아들이고 자기 관리하에서 책임을 수행하라"이고, 두 번째는 "이의를 제기하는 것은 의무이다"라는 것이다. 모든 직원은 회사에 대한 책임과 모든 구성원에 대한 책임을 가져야 한다. 동시에 서로를 믿고, 솔직하게 이야기함으로써 그들의 강점을 이끌어낸다.

세 번째는 두려움이다. 맥킨지의 전 대표는 신입 사원들과 함께 앉아서 그들의 경력 계발과 업무평가 기준에 대해 논의한 적이 있었다. 신입 사원들은 치열한 경쟁과 진정한 리더를 찾는 데 어려움과 두려움이 있다고 말했다. 기준에 미치지 못할 것에 대한 두려움, 회사가 제시하는 이상에 이르지 못할 것에 대한 두려움, 심지어 자신의 마음을 표현하는 것에 대한 두려움도 있었다.

토론과 상담이 끝나고 그는 노골적으로 말했다. "여러분, 이 회사는 풍요롭고 복잡한 문화를 가지고 있습니다. 그러나 우리의 원칙과 가치가 실제적인 것이라 해도, 이 회사가 성공할 수 있는 이유는 그런 고결한 것들만이 아닙니다. 정작 필요한 것은 두려움에 대한 경각심과 경쟁심입니다. 기대 이상의 성과를 올릴 수 있는 사람들이지만 성공을 확신할 수 없는 사람들을 한자리에 모아둠으로써 생기는 두려움과 경쟁심이죠. 이 점을 이해하십시오. 하지만 그것에 너무 신경 쓰지는 마십시오, 초월하십시오."

이처럼 사회적 조직과 사회적 교환, 생존 수단을 생산해내는 과정에 질서를 부여하는 것과 같은 행위들은 의미화 체계 없이는 불가능하다. 문화는 사람들이 특별한 상황에 특별한 행동을 이끌어내는 것에서 일련의 서로 연결된 규칙들이다. 그리고 문화는 협상을 통해 사람들이 주어진 상황에서 만족하는 방법의 행동에 이르는 것까지도 포함한 지식이다. 예를 들어 이야기 형태의 의미화 체계가 전하는 사건은 현재나 미래의 행동 선택, 청자와 연관된 상황이나 사람들과 직접적인 관계가 있다. 혹은 행동을 추론하는 방법을 말해주기도 한다. 즉 사회적 계획을 인도하는 유추나 '우화'가 될 수도 있고 추종하거나 경멸하는 모델이 될 수도 있다. 혹은 단순히 인물, 상황, 행동의 이미지가 되기도 한다. 이야기는 화자에게나 청자에게나 늘 전략적이다.

언어는 사회와 동시에 생겨난다. 언어뿐만 아니라 이미지, 몸짓, 사회적 행동, 의복들 모두 사회적으로 부여된 의미들이며 상징질서의 요소들이다. 언어는 단지 가장 유연하고 가장 복잡한 의미화 체계일 뿐이다. 문화는 많은 경우 언어 영역과 일치한다. 언어는 세계에 의미를 부여한다. 우리는 언어가 보여주는 대로 현실을 인식한다. 심지어 언어로 세계를 구성하여 '언어로 구성된 세계'를 그것을 실제로 존재하는 세계와 일치한다고 믿고 있다. 그 언어의 구성성은—인류학자가 주장한 것 이상으로—문화를 생성하고 전달하며 그곳에 우리의 위치를 정한다.

비트겐슈타인은 『철학적 탐구』에서 '언어게임'과 함께 '삶의 형식'이라는 개념을 소개한다. 우리는 비트겐슈타인을 통해서 언어게임이 한 단어의 의미를 결정해주는 언어적 상황의 총체를 말하고 있다는 것을 알고 있다. 말하자면, 한 단어 또는 문장의 의미는 언어 사용자의 상황, 목적, 또는 특성과 상관없이 독립적으로 존재하지 않는다. 그러한 언어게임들은 구체적 의미를 결정할 수 있을 정도로 안정된 체계이기는 하지만 여전히 유동적이다.

사람들은 표현양식을 배우기 위해 외부의 사물을 포착하는 것이 아니라 비트겐슈타인의 언어게임 개념처럼 사회적 상황 안에서 수행을 통하여 적절히 표현하는 방법을 알도록 이끄는 관습을 연습한다. 비트겐슈타인은 이러한 언어게임 작동의 근원적 조건으로서 삶의 형식을 소개하고 있다. 동시에 비트겐슈타인은 삶의 형식을 '받아들여져야 하는 것, 주어진 것'이라고 말함으로써 그것을 우리의 경험과 인식의 궁극적 지반으로 간주하고 있다는 것을 알 수 있다. 우리가 살고 있는 세계를 해석하기 위해서 우리는 비트겐슈타인의 삶의 형식과 같은 의미의 틀을 필요로 한다.

하버마스의 생활세계 개념 역시 의사소통적 행위의 주체들에게 의문의 여지 없이 당연시되는 가정으로 주어진다. 하버마스는 사회를 크게 생활세계와 체계로 구분한다. 생활세계란 의사소통 행위의 지평과 배경이면서 동시에 의사소통 행위를 통해 재생산된다. 하버마스의 의사소통적 행위는 한 행위가 목적으로 하는 바가 대화자 상호 간의 이해를 이끌어내는 것, 그들 간에 공유하고 있는 지식을 토대로 서로 간에 신뢰의 관계를 형성하고 서로를 이해하는 관계를 형성하는 것을 목적으로 할 때를 가리킨다.

그것의 궁극적인 목적은 다른 사람에게 영향을 미치려는 시도 속에서가 아니라, 세계 속에서 어떤 것에 관하여 하나 또는 그 이상의 행위자를 포함하는 일치 또는 상호 이해에 도달하고자 하는 시도 속에서 표현·실현되는 것이다. 의사소통 행위의 모델을 명료화함에 따라, 하버마스는 문화적으로 전승되고 언어적으로 조직된 해석적 양식들의 축적으로 간주되는 사회문화적 생활세계라는 상보적인 개념을 도입한다.

반면에 체계는 사회의 조직적 구성체를 의미하며 정치·경제·행정이 제도적으로 이루어진 모든 것을 의미한다. 여기에는 화폐와 권력이 개입함으로써 다층적이고 복잡한 관계들이 형성되고 수많은 갈등들이 일어난다. 체계의 관점에서 체계와 생활세계와의 교환관계를 보자면, 생활세계의 요소들은 각각 화폐와 권력이라는 매체에 맞게 추상화되어야 한다. 기업체계에서 조직 성원의 노동력은 임금을 통해 보상받는 것이며, 생활세계에서는 재화와 서비스의 소비자 역할을 수행하게 된다. 행정체계에서는 행정 서비스의 수혜자 역할과 다른 한편으로는 권력의 정당성을 조달하는 시민 공중의 역할을 수행한다. 문제는 이런 교환 구도 자체가 아니라, 이런 교환이 체계에 의해 일방적으로 주도하면서 생활세계 재생산의 고유한 논리가 손상되는 경우다. 하버마스는 이러한 현상들을 어떻게 해소될 수 있는가에 대해 관심을 갖고 이런 방향으로 소통 행위의 이론이 구성된다.[36]

문화는 그것의 의미가 구성원들에 의해 해석되고 재교섭되면서 끊임없이 재창조되고 있는 과정 속에 있는 것이다. 그런데 의미를 생산해내고 의사소통하는 모든 방식들은 어떻게 작동하는 것일까? 간단한 대답은 언어들이 재현representation을 통해 작동한다는 것이다. 재현은 의미를 생산해내는 실천들 중 하나이다. 예를 들어 국기는 한 나라를 대표하거나 상징한다. 그래서 스포츠 경기에서 국기가 날릴 때, 그것은 그 국가가 그 경기에 참가했음을 알린다. 교황은 로마 가톨릭 공동체를 대표해서 말하고 행동하는 동시에 로마 가톨릭의 상징이기도 하다. 과거의 사건들을 다시 보여주는 전기물, 공공장소에 세워진 동상들 등도 마찬가지이다.

그런 점에서 언어는 재현의 체계들이라고 할 수 있다. 우리는 재현 체계를 통해 다른 사람들과 의사소통될 수 있는 복잡한 의미들을 형성해낼 수 있다. 생각은 언어에 전적으로 의존하는 것은 아니지만 보편적인 상징 질서 없이는 상상할 수도 없다. 벤베니스트에 따르면, "생각이란 사물에 대한 재현물들을 구성하고, 이러한 재현물들을 작동시키는 힘일 뿐이다. 그것은 본질적으로 상징적이다." 상징은 우리가 의사소통하고자 하는 의미들을 대표 혹은 재현, 즉 상징화한다.

재현이 실제 사회에서 살고 있는 사람들의 삶과 경험에 대해 맺는 관계는 복잡하다. 우리가 다른 사람들을 어떻게 대하는가는 우리가 그들을 어떻게 보는가에 근거한다. 이 근거는 모두 재현으로부터 나온다. 언어는 우리의 생각과 감정을 다른 사람이 하는 것과 대략 비슷한 방식으로 재현할 수 있다. 그리하여 우리의 경험에 형태를 부여하고, 그것을 명료한 윤곽을 갖는 사건으로 그려내어 타인에게 제시한다. 요컨

---

36. 보다 중요한 것은 하버마스의 이론적 관점을 통해서 우리는, 생활세계 내의 의사소통적 합리성을 증진시킬 필요를 개념적으로 부각시키고, 합당한 만큼의 체제적 합리화와 생활세계의 의사소통적 합리화 사이에 적절한 균형을 저울질해볼 수 있다. 교육이 관련되는 시점은 바로 이 시점이다. 하버마스의 의사소통적 합리성 이론이 교육이론으로 해석될 수 있는 것은 그것이 가능성에 관한 이론이기 때문이다. 의사소통적 합리성의 논제에 반영된 그의 관점은 현대 사회에서 우리가 겪고 있는 여러 다양한 실천적 문제들의 원인은 어디에 있고 그것들을 해결하기 위해서 우리는 무엇을 하여야 하는지에 대한 포괄적인 안목을 제공하고 있다는 점에서 지극히 교육적인 이론이라고 할 수 있다는 것이다. 이에 대해서는 한기철, 『하버마스와 교육』, 2008, 학지사, 24-25쪽 참조.

대 언어는 세계를 다양한, 하지만 일관된 기준으로 잘라내고, 정리하고, 상징화하고, 나아가 개개의 상징을 연관시켜 시스템을 만들고 있는 것이다.

이 세계는 문화적으로 전수되고 언어적으로 조직된 일련의 지식으로 구성된다. 세계의 방대한 정보 가운데 불필요한 것들을 버리고 상징화함으로써, 우리들은 하나의 상징을 다른 상징과 조합시키고 새로운 상징, 요컨대 새로운 지식을 만들 수 있게 된다. 이 세계에서 자라나는 어린이가 가치관을 내면화하고 일반화된 행위 능력을 획득하게 하는데, 동시에 주체는 사회화 과정을 통해 자신의 고유한 정체성을 형성한다. 이러한 과정을 통해서, 문화적 지식은 검증과 교정을 거치게 되는 것이다.

마찬가지로 본인만 접근할 수 있는 개인적인 '체험'은 언어로 이야기됨으로써 공공의 경험이 되고, 전승 가능하거나 축적 가능한 지식이 된다. 그런데 이 이야기가 사람들 간에 소통 가능한 것, 즉 소통할 만한 가치가 있는 것을 찾아내는 과정이 전제되어야 한다. 이야기는 항상 전략의 요소를 가지고 있다. 우리는 누구의 관심을 무엇으로 사로잡을지 판단해야 한다. 일단 이야기는 화자의 개성을, 즉 자신만의 삶의 방식을 생생하게 드러낼 수 있어야 한다.

또 이야기가 남게 되는 것이 어떤 과정을 거쳐 가능하게 되는지도 따져봐야 하는데 그것은 아렌트의 공적 영역에서의 정치적 행위를 통해서 어느 정도는 설명 가능하다. 공적 영역은 인간의 정치적 행위에 의해 창출되는 공간을 말한다. "공적"이라는 용어는 세계가 우리 모두에게 공동의 것이고, 우리의 사적인 소유지와 구별되는 세계 그 자체를 의미한다. 세계에서 함께 산다는 것은 본질적으로, 탁자가 그 둘레에 앉는 사람들 사이에 자리 잡고 있듯이 여기서 사람들을 결집시키

고 관계를 맺어주며 서로 분리시키는 힘이 발현된다.[37]

아렌트 정치 개념의 가장 특징적인 점은 인간의 다원성 혹은 복수성을 적극적으로 고려하고 있다는 사실이다. 인간이라는 점에서는 모두가 같지만 어느 누구도 이제껏 살아온, 현재 살고 있는, 그리고 앞으로 살게 될 누군가와 동일하지 않다. 모든 인간 개개인의 삶은 독특하며, 이 때문에 복수성은 인간 행위의 조건이 되는 것이다. 자기의 고유한 모습을 드러내는 행위가 정치 행위의 본질이다. 정치적 행위란 이러한 개성이 형성되고 드러나게 되는 행위이며, 정치 영역이란 이런 행위를 통해 자기현시를 이루어내는 장을 말한다.

그런 점에서 아렌트의 공적 영역에서는 정치적 행위가 표현과 소통의 계기를 내재하고 있는 언어 행위라는 것에 주목할 필요가 있다. 인간의 복수성의 나타남은 언어 행위를 통해서만 가능하다. 언어 행위는 그 하나로 일종의 행위이다. 언어가 동반되지 않은 행위의 경우 언어를 통해 그 행위가 갖는 고유한 특성과 의미가 설명될 필요가 있기 때문에 개인의 독특성의 드러남은 언어에 의존하게 된다. 그래서 아렌트는 "언어의 기능과 인간의 복수성이라는 사실은 상호 대응한다"라고까지 말한다.

참고로 아렌트는 인간의 활동을 세 가지로 구분한다. 인간의 생물학적 필요를 충족하기 위한 노동활동, 인간의 삶과 연관된 보다 항구적인 인공물을 만들어내는 작업, 그리고 인간이 모두 다르다는 복수성

---

37. 아렌트의 공적 정치공간을 가장 잘 이해한 사람은 미국 독립혁명기에 정치 지도자이자 사상적 지도자였고 제2대 대통령이었던 존 애덤스이다. 존 애덤스가 기록한 바에 따르면, "남자나 여자나 아이들이나, 노인이나 젊은이나, 부자이거나, 가난하거나, 높거나 낮거나, 똑똑하거나 어리석거나, 무식하거나 박학하거나, 누구라 할 것 없이, 사람들은 주변 사람들, 자신이 알고 있는 범위 안의 사람들이 자기를 보고, 말을 들어주고, 말을 걸어주고 인정하고, 존경할 것을 바라는 강한 욕망으로 움직이는 것을 본다." 이러한 다른 사람과의 관계에 대한 열망을 특히 두드러지게 표현하는 것이 정치 행동이다. 이에 대해서는 김우창, 『기이한 생각의 바다에서』, 2012, 돌베개, 128-134쪽 참조.

혹은 다원성의 사실에 근거하여 이루어지는 행위가 그것이다. 그런데 아렌트는 노동과 작업이 아닌 행위가 인간의 정치활동의 핵심을 이룬다고 하였다. 행위는 항상 어떤 생산물을 지향하는 노동의 필연성이나 작업의 유용성과는 달리 실행 자체에서 완전한 의미를 갖는 자기목적성을 갖는다. 바로 행위의 이 자기목적성 때문에 인간 고유의 인격성과 위대성을 드러나게 한다.

자기목적성의 활동으로 이해되는 인간 행위의 문제는 바로 우리 삶과 활동에서의 자유freedom의 문제와 자연스럽게 연결된다. 자유롭다는 말의 의미는 삶의 필연성에 종속되지 않고, 타인의 명령에 복종하지 않으며, 타인을 명령하는 자리에 앉지 않는 것, 통치하거나 통치되지 않고 지배하거나 지배당하지 않는다는 것이다. 그렇다고 아렌트는 인간 삶에서 정치만이 오직 가치 있는 행위라고 인식하지 않았다. 아렌트는 결코 행위만을 내세우지는 않았다.

다만 아렌트는 근대 사회에서 행위의 실현이라는 차원에서 볼 때, 자유가 급격히 위축되었고 그와 더불어 공적 영역도 급속히 축소되어 인간의 삶이 획일화의 위험에 노출되었다고 우려한다. 아렌트가 말하는 정치적 행위는 자신의 고유한 누구 됨의 모습을 공적 영역에서 드러내고, 이를 통해 다른 사람들에게 평가되고 상호관계를 맺는 것이야말로 평등성이 보장되는 정치인 것이다. 정치 공간이 존재한다는 말은 이러한 자유와 평등의 관계가 이루어지는 공간이 존재한다는 것이다. 그러면서 그것은 다른 한편으로, 다른 생명체와의 공존 공간 그리고 실존의 존재론적 바탕으로 열리는 잠재적 공간이기도 하다.

그런데 개인의 이익과 사회적 가치가 혼란스러운 이때에 정치적 행위는 어떠해야 하는 것일까? 예를 들어 베이컨의 네 가지 우상 중에서 시장과 극장의 우상으로 연결되는 과시 소비 현상에서 살펴볼 수 있겠다. 과시 소비는 상품 시장의 한 특징이다. 하지만 사회적으로 개인의 과시 소비 추구가 심각하다고 한다면 그것은 다분히 많은 사람들이 신분의 상징적 가치를 탐하여 벌어지는 쟁탈전 때문이다. 물론 소비과정에는 사용가치나 교환가치 차원에서 사회에서 인정할 만한 가치가 있다. 다만 시장의 우상이 사람들 상호 간의 교환과정에서 생겨나는 오류이듯이 사회적 소통과 순환과정에서 사회적인 인정에 의해서 매개되는 가치들은 대개가 의도적으로 부풀려진 것들이 많다. 이런 경우 개인은 전적으로 정당화된 사회의 명분을 표방하면서 사적인 이익을 숨겨진 동기로 삼는 존재에 불과하다. 게다가 무반성적으로 받아들여지는 소비 사회의 우위가 득세한다면 그런 사회에서 개인은 뒤틀린 모습으로 비치게 된다. 이런 사회의 우상들을 허상으로 인식하고 자신의 편견을 극복하도록 노력하는 정치적 행위가 필요하다.

아렌트는 여전히 인간의 복수성 혹은 다원성 개념을 놓치지 않으면서도 인간의 행위와 정신적 삶이 어떻게 관계하는지에 관심을 갖고 있었다. 공동체 감각이라고도 번역될 수 있는 이 감각에 대하여 다양성과 개성의 측면을 부각하려는 아렌트는 말하기를, 공통감각은 "현실과 사실성을 지각하고 이해하고 처리하는 우리의 정신기관mental organ"이라는 것이다. 이를테면 그것은 매 순간의 개별적 대상에 대한 즉각적인 판단에 관여한다. 물론 선입견 없는 세계 인식이 가능한가라는 문제는 제기될 수 있지만, 우리의 인지cognition나 지능intellect이 가르쳐주는 사실적 진리의 한계를 뛰어넘어서 그 속에 담긴 뜻을 찾는 행위에서부터 사고가 시작되어야 한다. 이 뜻을 찾는 행위, 다른 말로 하면 사물과 일에서 무엇이 진정한 것인지를 가려내는 행위가 사유의 핵심으로 이해된다.

실제 사람이 하는 일은 공시적 삶의 특성상 인간적 테두리 안에서 일어나는 것일 수밖에 없다. 인간은 결국 자신을 넘어가는 세계 속의 존재이기 때문에 그 한계 속에 있게 된다. 그 한계 지어진 테두리 안에서 각 자의 삶은 의미 있는 것으로 정당화되기 마련이다. 이 테두리는, 적어도 인간의 가능한 범위 안에서는, 우상으로 부과되는 것이 아니라 반성적으로 수용되는 것이라야 한다. 중요한 것은 개인의 실존을 둘러싸고 있는 사회적 차원이다. 사회성의 일방적 강조는 사회의 이름으로 모든 것을 전략화하기 때문에 다원적인 가치의 근거가 없어지게 된다.

이러한 왜곡이나 명분과 거리를 유지하는 인간적 테두리에서의 행위와 정신적 삶이 공통감각을 형성한다. 그것은 지극히 현실적인 차원에서 자신의 삶을 살고자 하는 노력이면서 다른 한편으로 이것은 일종의 존재의 관계성을 파악하는 능력이다. 이것은 자기 자신이 다른 이의 입장이라면 사태가 어떠할지 생각할 줄 아는 능력, 그 사람의 이야기를 지적으로 읽을 수 있는 능력, 그러한 위치에 처한 이라면 가질지 모르는 감정·소망·욕구를 이해하는 능력을 의미한다. 그러한 능력으로 반성적 과정을 거치면서 온전하면서도 하나의 삶의 공간을 이루게 된다.

인간이 인간답게 삶으로써 번영eudiamonia을 누리기 위해서는 정치적 행위는 반드시 필요하다. 아렌트의 공적 영역에서 벌어지는 언어 행위는 인간의 다원성의 조건을 충족한다는 점에서 일대일의 대화관계가 아니라 일대다의 관계를 염두에 둔다. 마치 배우가 관객들과 적극적인 소통관계가 성립하는 상황을 떠올릴 수 있다. 그래서 아렌트는 연극과 같은 공연예술을 정치 행위를 설명하는 데 이용한다. 한 사람의 개성을 드러내는 영웅적 행위가 입에 거론되며 인구에 회자하는 것처럼 '이야기하다'라는 언어 행위는 사람과 사람 사이에 놓인 언어 네트워크를 매개로 '경험'을 모방하고, 그것을 공동체화하는 운동이다. 그러한 경험은 '이야기하는 것'을 통해 전승되고 공동화한다. 이야기 행위는 매 순간 행위의 장면에서 완결되고 잊히는 것이 아니다. 그것은 기억 속에 축적되어, 다음에 같은 종류의 행위를 할 때, 그것을 규제하는 하나의 규범으로 기능할 것이다.

한 언어공동체에서 성장해가는 과정을 통해 언어를 매개로 학습과정이 이루어지므로 이 과정을 통해 공통감이 형성되는 것은 당연하다. 그런데 아렌트는 공통감 속에 용해되지 않는 개인의 고유한 부분이 존재한다는 것을 거듭 강조한다. 그것은 그 나름의 일반적 서사구조를 가질 가능성이 다분히 있다. 사람들은 자신의 삶이 평범하고 보통인 채로 자신의 독특함을 느끼는 순간을 갖는다. 아렌트의 언어관은 개인의 고유한 모습을 드러내는 표현적 기능에 방점이 찍힌다. 드러나야 할 개인의 정체성 형성 자체가 표현하는 언어 행위에 의존한다. 따라서 언어는 단순히 도구적으로 이해된 것이 아님이 분명하다. 아렌트에게 이야기하는 언어 행위는 다양한 사람들이 모여 있는 곳에서 자신의 개성을 드러내는 정치 행위로 간주될 만하다. 이야기를 하는 사람은 복수의 다른 사람들에 보여지고 들려지는 정치적 영역에서 자신의 개성을 드러내는 정치 행위를 하는 것이다.

조직사회와 실천공동체

　사회에는 수많은 조직이 있고 사람들은 모두 일상에서 그중 여러 조직과 관계를 맺고 있다. 우리 모두는 어떤 모습으로든 조직에 속해 있고, 조직을 통해 활동하고 살아간다. 작게는 가족에서부터 학교와 기업, 군대, 공공기관, 심지어는 국가에 이르기까지, 조직은 우리 생활과 불가분의 관계를 맺고 있다. 어떤 조직은 무척 오래되었다. 예컨대 가톨릭교회는 거의 이천 년간 존재해왔다. 20세기에 들어 조직의 수는 폭발적으로 증가한다. 크기와 복잡성에서도 마찬가지이다. 조직은 그런 의미에서 현대 사회의 특성이다.

　조직은 원래 거기에 있던 사람들 모두가 떠난 뒤에도 남아 있을 수 있다. 백 년을 훌쩍 넘긴 연세대학교나 2대에 걸쳐 경영되고 있는 현대자동차, SK와이번스와 같은 사회조직은 그것들이 처음 만들어졌을 때의 성원들이 다른 사람들로 모두 대체되었음에도 불구하고 존재한다. 조직은 그저 '많은 수의 사람들'도, '하나의 거대한 사람'도 아니다. 이런저런 상호 의존 양식으로 조직되는 사람들의 구성체를 '조직사회'라고 할 수 있다.

　그런데 조직이 그 자체가 목적인 경우는 그리 많지 않다. 즉, 그것은 대개의 경우 다른 목적을 달성하기 위해 창조된 도구일 뿐이다. 이러한 사실은 조직이라는 단어의 기원에서도 그대로 반영되어 있는데, 조직은 '도구' 또는 '연장'의 뜻인 희랍어 'organon'에서 유래되었다. 이러한 맥락에서 볼 때, 그간 과업이나 목표, 혹은 목적과 같은 단어들이 어떻게 해서 가장 기본적인 조직적 개념들이 되어왔는지는 충분히 수긍이 갈 수 있다.

조직은 특정한 업무를 수행하기 위해 짜인 사람과 자원의 체계이다. 그런 조직은 나름의 규칙을, 상급자와 하급자를, 각자의 의무가 상세히 규정되어 있는 잘 정리된 분업체계를 가지고 있다. 물론 특정한 목적도 당연히 가지고 있다. 어떤 목표를 달성하기 위한 모종의 활동을 수행하는 데 도움이 되도록 고안된 조직은 연장이나 도구의 개념으로 발전되어온 기계적 수단인 것이다. 이런 경우 조직이란 모름지기 가장 효율적인 방식으로 운영되는 합리적인 시스템이어야 하며 또 실제로 그렇게 만들어질 수 있다는 것이다.

우리는 흔히 조직과 관련하여 일종의 기계적인 관계의 집합을 상정하고 이야기하곤 한다.[38] 우리는 조직이 마치 하나의 기계장치인 것처럼 은연중 가정하고 있다. "목표를 세우고 그것을 향해 매진하라", "합리적으로, 효율적으로 그리고 명확하게 조직화하라" 등의 예시들에서 알 수 있듯이, 평소 우리의 태도 속에 종종 깊이 내재되어 있는 조직을 생각하는 우리의 사고방식─즉, 기계적으로 구조화된 조직관을 잘

---

38. 조직 개념이 실제로 '기계화'되기 시작한 것은 특히 유럽과 북아메리카 대륙에서의 산업혁명과 궤를 같이 하는 기계의 발명 및 확산과 더불어서이다. 왜냐하면, 산업혁명 후 여러 산업과 공장에서 실제로 기계가 도입되고 사용됨으로써, 이제 조직의 운영 역시도 이러한 기계 장치의 요구에 적응하도록 새롭게 요구되었기 때문이다. 만일 우리가 산업혁명 과정이 파생시킨 조직에서의 새로운 변화 양상을 역사적으로 추적해본다면, 우리는 조직생활이 왜 전반적으로 관료제화, 일상화되어갔는가에 대해서 쉽게 이해할 수 있다. 이에 대해서는 가레쓰 모르간 지음, 박상언·김주엽 옮김, 『조직의 8가지 이미지』, 2004, 지샘, 34-40쪽 참조.

표현해주고 있다. 따라서 모름지기 조직이란 기계장치처럼 효율적이고, 신뢰성 있고, 예측 가능한 방식으로 운영되어야 하는 것처럼 생각하고 또 그렇게 기대하는 경향이 있다.

매일매일 수도권의 전철들은 그 많은 역을 오가며 승객 수백만 명을 실어 나른다. 이 체계는 대개 잘 돌아간다. 어떻게 그 많은 기차가 대체로 정시에 운행될 수 있을까? 엄청나게 복잡한 그 시간표가 어떻게 지켜질 수 있을까? 그것은 조직 메커니즘이 작동하기 때문이다. 병원이나 항공정비, 금융기관, 관광회사와 같은 조직은 적어도 정확성과 안정성 그리고 명확한 책임성이 최우선적으로 필요한 운영 부문들에 관한 한, 이러한 기계적인 접근 방법은 종종 조직 성공을 가져오는 핵심적인 관리 비결로 인식되고 있다.

기계적 장치의 아이디어로 설계되었으면서도 매우 크고 복잡하며 고도로 통제된 조직을 관료제라 부른다. 관료제는 위계적으로 구성된 일종의 조직이라고 할 수 있는데, 그것은 마치 하나의 기계를 설계하듯이 그와 비슷한 접근법으로 설계된 조직이다. 여기서 사람들은 특정한 책임을 맡고, 규칙이나 성문화된 규정, 그리고 자신보다 높은 직위의 사람이 행사하는 강제 수단에 따라 행동하게 되어 있다.

관료제적 조직 원리로 관리되는 대표적인 조직 중의 하나가 학교이다. 학교는 교육위원회나 지자체의 감독을 받는, 교장을 위시한 운영진을 갖고 있다. 교육부처에서 나온 감사는 학교가 제대로 운영되고 있는지, 규정은 지켜지고 있는지 감독하고 확인한다. 학교에는 나름의 내부 규정도 있어 교장은 교사와 학생들이 이를 지키도록 한다. 학교 업무는 상세하게 구획되어 있다. 초등학교에는 학급별로, 중등학교에는 과목별로 교사가 있다. 여기에 상담과 양호, 사무 인력도 있다. 교사들은 학교 운영진의 지시에 따라야 한다. 그러나 운영진도 내키는 대로가 아니라 규칙에 따라 결정해야 하고 제한된 특정 사항에 대해서만 교원들에게 지시할 수 있다. 학생들은 교실에서 교사가 이르는 대로 행동해야 하지만 학생들에 대한 교사의 권한은 매우 제한적이다. 학생들의 여가 시간에 대한 교사 권한은 거의 없으며 옷차림이나 머리 모양에 대한 통제 수준은 학교별로, 또 나라별로 다르다.

관료제에서 역할은 그 속성이 공식적이다. 역할은 문서로 규정되며 원칙상 공정하다. 상황에 관계없이 해야 할 일이 규정되어 있다. 공정함이란 교장의 손자이거나 외모가 특출한 학생이라고 해서 예외적으로 다루어지지 않는다. 즉 동일한 규칙이 모두에게 적용된다는 것을 뜻한다. 상급자와 하급자 간 관계와 업무 분담도 공식적 규칙에 명기된다. 관료제의 이러한 공식성은 일의 조직화에서 예전의 다른 어떤 것보다 효율성을 높여주는 형식구조를 유지시키게 한다. 제도화된 규칙과 규정은 그 종사자로 하여금 목적을 이루기 위한 최선책을 취하도록 유도하고, 아니 그렇게 하지 않을 수 없게 한다.

청소년을 주요 고객으로 삼고 있는 패스트푸드점 또한 관료제의 일부로 볼 수 있다. 실제로, 대기업이 많은 수의 패스트푸드 체인을 소유하고 있다. 더욱이 패스트푸드점은 관료제가 개척한 합리화의 원리를 도입하고 있다. 맥도날드는 맥도날드화McDonaldization를 가져온 관료제와 기타 원리들을 결합했다. 흔히 '맥잡', McJobs으로 일컬어지듯이 형편없이 비숙련된 단순 직무들로 특징지어지는 맥도날드 햄버거 체인의 조직설계 및 운영원리가, 이제는 현대 사회의 구석구석에 걸쳐 조직화의 일반적인 원칙이자 상징으로 보편화되어갔던 것이다.

우리들은 사회 및 조직생활의 모든 국면에서 합리화를 지향하는 기본적이면서도 또한 숨은 힘들에 의하여 지배되게 된다. 사회학자로서 베버는 관료제의 확산이 불러올 일반적인 사회적 결과는 물론 관료제가 가져올 사회의 인간적인 측면에 대한 여러 가지 효과에 대하여 깊은 흥미와 관심을 가지고 있었다. 베버는 관료제화가 통치 영역에서만 진행될 것이라 생각하지 않았다. 관료제는 근대 국가 및 자본주의적 기업에서 공히 필수 불가결한 도구가 되었기 때문이다. 하지만 국가를 통치하고 기업을 경영하는 데 필요한 수단으로서의 관료제와, 거역할 수 없는 추세로서의 관료제화bureaucratization는 분명히 구별할 필요가 있다. 관료제화는 질서와 자유의 대립을 새로운 형태로 구체화시키고 있기 때문이다.

베버가 비판한 관료제적 접근법은 인간의 정신과 자율적인 행위 능력을 잠식하면서 인간생활의 거의 모든 측면들을 일상화시키고 기계화시킬 잠재력을 가졌다고 보았으며, 또한 보다 민주적인 조직 형태의 가능성을 축소시키는 커다란 정치적 결과를 가져올 것이라고 생각했던 것이다. 사실상 베버에게는 이 합리화의 과정 자체가 하나의 지배양식인 것이다. 우리들이 규칙과 규정을 통한 관리에 점차 종속되게 되고, 또 수단과 목적, 비용과 이득을 연결시키는 엄격한 계산과정에 몰입해감에 따라서, 우리들은 점점 더 합리화의 과정 그 자체에 의해 지배되게 된다. 비인격적인 원칙과 효율성에 대한 추구가 곧 우리들을 규율하는 새로운 채찍이 되어가게 되는 것이다.

인간은 종종 자신이 짜놓은 거미줄에 스스로 갇히곤 한다. 조직은 사회적으로 구축된 실체이기도 하지만, 또한 동시에 이렇게 구축된 조직 자체가 종종 그 스스로 독자적인 존재와 힘을 갖게 되어, 그 조직을 만든 사람들에게 일정한 통제력을 행사해 갈 수 있게 된다. 역사학자이자 저널리스트이며 뉴욕 독일문화원을 이끌고 있는 크리스토프 바르트만은 『사무실 생활Leben im Buro』에서 새로운 사무실 문화에 대해 이렇게 고찰했다. "오늘날의 사무실에서는 책임자들이 아니라 프로

그램들과 도구들이 결정권을 행사한다. 과거에는 자신들에게 지도력이 있음을 당연시했던 운영진은 하나의 유기적 개체가 되어버린 사무실 안에서 뒷전으로 물러나 있는 것처럼 보이며, 이제는 그 사무실-개체들 자체가 합의와 계약 내용들을 바탕으로 스스로 운영해나가고 있다. 사무실에서 하나의 혁명이, 다시 말해서 관리 통제의 혁명이 일어난 것이다. 한때 사무실이었던 곳이 이제는 오피스가 되었다. 지금은 새로운 제2의 관료 체제의 시대이다. 현재 우리를 지배하고 있는, 또는 우리가 스스로를 통제하도록 도와주는 컴퓨터 소프트웨어와 경제경영학, 긍정심리학의 연합체를 우리는 오피스라고 부른다."

우리는 우리가 당면한 세계를 관리하고 조직한다고 하면서, 실제로는 자기 스스로를 관리하고 조직하려고 애쓰고 있다는 점을 깨닫게 된다. 여기서 특히 중요한 사실은, 우리가 가장 기본적인 조직 개념이라고 생각하는 것들 중 많은 부분들이, 바로 '복잡한 것을 단순하게 만든다는 생각'에 기초해 있다는 것이다. 이런 이유로, 조직에의 관료제적 접근은 조직에서 수행되는 제반 활동과 기능들을 명확하게 정의된 구성 요소들로 구분하는 것을 무엇보다 큰 장점으로 강조한다. 또 대부분의 과학 분야나 일상생활에서도 우리는 세계를 가능한 한 단순화해서 관리해가고자 한다. 즉, 단순화시켜서 통제하기 쉽게 만들고자 하는 것이다. 그렇게 함으로써, 실제로 세계가 우리의 통제하에 있으며, 우리는 우리들의 실체보다 더 영향력이 크다는 신화를 창조해낸다. 바로 이러한 경향에 대해서 베버는 '합리성의 쇠 감옥iron cage of rationality'이라고 명명하였다.

이러한 현대 조직사회의 추세에 반응하면서 새로운 변화의 패턴을 만들어내려는 시도들이 있다. 파편화된 사회질서에도 불구하고 개인이 스스로를 자립적인 개인으로 정의하면서 자기를 이해하고 실현할 수 있는 삶의 방식을 모색하여야 한다. 스위스의 사회연구가 에티엥 웽거는 다양한 형태의 집단들의 학습과정에 대한 연구를 바탕으로 '실천공동체communities of practice'[39]라는 개념을 만들었다. "실천공동체란 공통의 관심사를 가진 사람들이 모여서 각자의 성과와 열정을 나누어 가지고, 자신들이 하는 일을 더 잘하려고 함께 학습하는 집단을 말한다."

실천공동체는 개인의 자립성과 자기실현을 보장하는 조직문화적 조건의 한 범례를 보여준다. 실천공동체는 개인들 간의 상호주관적인 행위로 환원되지 않는 공동체 자체의 고유한 의미구조에 기초한 공동체성이라고 할 수 있다. 그것은 상호성의 원리와 공동체성의 이념을 조화롭게 결합시킨 일종의 공동체의 권력을 의미한다. 아렌트의 관점에 따른다면, 이 권력은 폭력과는 구분되는 것으로 서로 자유롭게 만나는 사람들이 권력을 구성하고 사람들이 흩어지면 권력도 사라지는 것이다. 즉 권력은 다수의 모여 있는 존재에서 생기고 이 권력은 특정 개인의 폭력을 막는다. 각기 다른 개인들이 이 실천공동체에서 활동할 수 있는 건 각자의 평등을 보장받고 각자의 목소리를 존중하도록 요구할 수 있는 권력이 있기 때문이다.

공통의 과제에 대해 공동으로 학습하는 집단은 모두 실천공동체라고 규정할 수 있다. 좀 더 부연하자면 실천공동체는 어떤 활동을 중심으로 해서 함께 모이는 사람들의 집단으로서, 특정한 가치와 신념의 공유와 권력 관계를 기반으로, 상호 간의 관여를 통해, 말하고 행동하는 독특한 방법을 발전시키는 사람들의 집단을 일컫는다. 실천공동체

---

39. 실천공동체는 기관이나 기업, 마을 공동체, 학교, 학술단체, 시민단체 중에서 구성원들로 하여금 '우리 집단'에 대한 자부심과 자신이 그 일원이라는 것에 자긍심을 느낄 수 있게 하는 고유한 문화를 가진 집단을 일컫는다. 이에 대해서는 하랄트 벨처 지음, 원성철 옮김, 『저항안내서』, 2015, 오롯, 227-231쪽 참조.

에 참여하는 성원 개개인은 목적론적 행위를 수행하고자 한다. 이 행위자는 그가 속한 현존의 사실적 사태에 대한 지식을 소유하고 있으며 그것을 그 어떤 형태로 변경하려는 의도를 가지고 있다. 목적론적 행위가 행위 상황을 공유하는 구성원들의 상호작용을 통해 함께하는 실천공동체로 전환되어야 한다.

웽거의 연구에 따르면, 실천공동체는 첫째로 모두 뚜렷한 정체성을 지닌다. 이러한 정체성은 집단 공동의 목표와 구성원들의 능동성으로 형성된다. 하지만 구성원들이나 구성원들의 네트워크가 모두 동일한 관심을 가진다는 점 자체가 중요한 것은 아니다. 중요한 것은 공동의 목표를 이루기 위해 구성원 하나하나의 독창적인 전문성이 발휘되어야 한다는 점이다. 모든 구성원들은 학습과정에서 자신의 독창성에서 비롯된 새로운 무언가를 제안한다. 아울러 과정 속에서 공동의 목표라는 것도 달라질 수 있다. 실천공동체의 목표는 "참여자들 자신이 정하기 때문이다. […] 결국 중요한 것은 뚜렷한 목표를 세우는 일이 아니라, 참여자들 사이에서 상호작용하며 개개인의 창의적인 노력을 묶어낼 수 있는 연결고리를 만들어내는 일이다."

둘째로 실천공동체는 관념 속에 가상으로 존재하지 않고 현실 속에서 구체적으로 존재한다. 목표를 이루기 위해 함께 학습하고 눈앞의 과제를 수행하는 과정 속에서 공동체의 구성원들은 정보를 교환하고 서로에게 도움을 준다. 요컨대 그들의 실천과 학습은 대화를 통해서 이루어진다. 잘 짜인 조직 같은 것은 필요치 않다. 예를 들어 새로운 미술양식이나 음악사조는 조직이 아니라 정보의 교환을 통해 발전한다. 서로 다른 수많은 실천공동체들의 연대로 추진되고 있는 [에너지 자립마을인] 트랜지션 타운 운동도 정형화된 조직을 가지고 있지 않다.

셋째, 성공적인 실천공동체는 웽거의 표현을 빌리면 자신이 사용하는 재료와 도구의 표준 레퍼토리를 스스로 개발한다. 그것은 통념적인 의미의 도구일 수도 있지만, 역사나 경험일 수도 있으며, 공정이나 전략·기술일 수도 있다. 구성원 개인이 개발한 새로운 레퍼토리의 공유 과정도 비정형적으로 조직된다. 아무리 중요한 것이라도 정보는 정형화된 회합을 통해서가 아니라 티타임 같은 때 커피 한잔을 같이 하면서 서로 나눈다.

만일 정체성과 교환, 레퍼토리라는 이 세 가지 요소가 성공적으로 결합되었다면, 그것은 그 실천공동체가 구성원들의 경험과 능동적인 참여, 전문적인 능력, 독창적인 관심을 사회적 실천 속에서 역시 성공적으로 결합시켰음을 뜻한다. "실천은 추상적으로 존재하지 않는다. 사람들이 의미를 공유하고 있는 어떤 것을 실행으로 옮길 때 비로소 실천은 존재하게 된다. […] 실천은 하나의 집단 안에서 구성원 서로가 영향을 주고받는 참여를 통해 생명력을 얻는다."

실천공동체의 목적론적 행위는 아리스토텔레스 이후 인간 행위에 관한 철학적 이론의 핵심이 되어온 개념이다. 목적론적 행위는 "행위 수행자가 주어진 상황에서 성공적으로 기능할 것으로 예상되는 수단들을 선택하고 그것들을 적절한 방식으로 적용함으로써 그 어떤 목적을 달성하거나 원하는 사태를 이루는 경우"를 가리킨다. 하버마스는 특히 수행자가 자신의 행위의 결과를 예견하면서 자신과 동일한 의도를 가진 다른 행위자의 판단을 염두에 둘 경우, 그것을 가리켜 전략적 모형이라고 지칭한다. 이 모형은 개인으로 하여금 자기실현과 '좋은 삶'을 가능하게 하는 동기의 원천이 될 수 있다. 전략적 모형이 구현하는 공동체의 권력은 개인에게 자립성과 행위 능력을 부여한다. 현대적 용어로 표현한다면 공동체의 권력이 지닌 임파워먼트empowerment적 성격에 주목할 필요가 있다.

공동체의 권력은 개인의 상호작용으로 환원되지 않는 공동체 자체의 자기 관계 속에서 형성되는 집합적 권력으로 공동체의 구성원에게 행위 능력을 부여하는 권력이다. 웽거의 실천공동체야말로 구성원들로 하여금 능동성과 용기, 자신감과 상상력을 겸비한 특별한 자신의 모습을 확립할 수 있게 하는 '우리 집단'이다. 즉 '내가 없는 우리'에서 '내가 있는 우리'의 집단적 주체성이 구현된 것이다. 이런 실천공동체만이 참여의 두 가지 전제 조건인 정체성과 기쁨을 안겨줄 수 있기 때문이다. 이것은 상호주관적인 사회적 관계나 상호성의 원리로만으로는 설명되지 않는 공동체 자체의 고유한 층위에서 나오는 것이다.

조직심리학자 칼 와익Karl Weick은 우리가 실재를 형성하고 구조화하는 과정을 실행의 과정a process of enactment으로 묘사하였다. 와익의 이 '실행' 개념은 세계를 창조해나가는 데서 우리가 무의식적으로 수행하게 되는 능동적이고 적극적인 역할을 강조하고 있다. 인간 시스템은 자신의 정체성과 그것을 존속시키는 과정들에 대해 반추해볼 수 있는 특별한 능력을 가지고 있다고 할 수 있다. 그렇게 해나가는 가운데, 그들은 종종 새롭고 의미 있는 변화의 패턴을 주도해나가게 되는 것이다.

비록 우리는 스스로를 아주 객관적인 성질을 갖는 터전 혹은 실재에서 삶을 영위하고 있는 것으로 종종 간주하고 있지만, 실제로 삶은 우리들에게 이보다 더 많은 어떤 것을 요구하고 있다. 조직 내 구성원들은 문화적 지식, 즉 가치, 태도, 규범 등을 포함하는 암묵적이며 명시적인 규칙들에 관한 지식이 있어서, 조직 세팅 내에서 편안하게 행동할 수 있다. 그러한 우리들의 삶의 모습이란 것이 우리가 늘 해오던 방식대로 '관행적인' 행동방식을 계속해나가도록 우리들에게 강요하지만 삶은 우리들의 실재를 존재하도록 만들기 위해 우리로 하여금 다양한 해석 체계를 적용하여 끊임없이 상황을 재구성해나가는, 참으로 능동적인 역할을 수행하도록 요구한다.

실천공동체는 구성원들로 하여금 자신이 세상의 뭔가를 변화시켰다는 긍정적인 감정, 곧 "자기 효능감"을 마음속 깊이 느끼게 한다. 사람들은 누구나 긍정적인 감정을 느끼기를 바란다. 그리고 자신에게 그런 긍정적인 감정을 불어넣었던 상황을 유지하려고 한다. 어떤 상황에서 자기 효능감을 경험했던 사람은 그 상황을 유지하기 위해 능동적으로 행동한다. 실천공동체에서는 '우리 집단'이면서 구성원들이 자기 효능감을 경험하고 있다는 것에 주목할 필요가 있다. 그것은 대동단결의 집단주의도 아니며 개인들 간의 계약적 관계도 아닌 것이다. 또한 이데올로기적인 주입도 아니고 강제 규정의 합의에 의해서도 성취될 수 있는 것이 아니라고 할 수 있다. 이것은 공동체의 내적 권력 증대와 이를 통한 구성원들의 행위 능력의 증가라는 관점에서 이해되어야 한다.

우리는 판단하고 소통이 이루어지는 의사소통 공동체의 일원으로 살아간다. 그런데 이 사회는 대체로 무반성적으로 투입되는 정보들로 구성된다. 어떤 한정된 경계에 의하여 정의되는 공동체는 아我와 타他, 적과 동지를 구분하고 대인對人 긴장력을 높여 집단의 결속과 충성을 강조함으로써 집단 내부에서도 강제력을 만들어낸다. 권력이 기능하는 데에 성원들의 동의가 필요하지만 그것은 권위와 상징의 신화화 그리고 사회적 명분을 표방하게 된다. 이렇게 되면 개인의 개인 됨이 좁은 자기에로 침잠하지 않을 수 없다.

목적과 수단이 갈라지고 늘 숨은 의도나 동기를 의심하게 되는 좁은 자아의 한계를 넘어가게 하는 것은 현실의 사회적 관계에 의하여 촉발된다. 이 관계를 보편화하는 훈련 속에서 집단적 주체성이 되고 다시 보다 넓은 보편성—자연과 우주적인 진리에로 나아갈 수 있다. 보다 성숙한 인격의 형성을 위해서는 보다 도덕적이고 보다 정치적인 인간 품성에 대응하는 '진정으로 기쁨과 행복에 찬 공동체'가 전제되어야 한다. 큰 도시나 국가가 아니라 작은 마을, 마을의 모임이 이에 해당된다고 할 수 있다.

그러려면 당연하게도 아렌트가 제안한 바 있는 공통감각은 공동체와의 관계 속에서 그리고 우리의 현실적 삶 안에서 무엇을 어떻게 할수 있을 것인가를 파악해야 한다. 이것은 실제적인 이해력이며, 상황에 대한 특수한 감수성과 감각 능력으로서 상황 안에서의 불편부당하여 공정하며 사적 이해로부터 벗어난 무관심적인 태도를 지칭한다. 즉, 원래 우리 마음의 순수한 상태로서 어떤 사적 욕망에 사로잡힘이 없는 것을 말한다.

한 인간 속에 있는 모든 감각들을 통합하여 얻는 종합적이고 전체적인 감득력인 공통감각은, 한 사회 속에서 사람들이 공통common으로 지니는 정상적 판단력sense, 즉 그것은 자명한 상식과 대응하면서 상식의 기초로서 상정된다. 그럼으로써 상식과 관련된 다방면의, 그러면서도 자명하지 않은 채 근본적으로 서로 관련된 문제들을 보다 잘 파악하고 발전시킬 수 있다. 이것이 바로 판단력의 정치적 속성인 것이다. 자아가 중심이 아니라 세상이 중심이고 어떤 목적에 사로잡힘이 없이 여기·지금의 평안함으로 있는 것을 말한다.

말하자면 정상적인 판단력인 공통감각은 자신이 속한 삶과 공동체, 사회 안에서 벌어지는 것과 연관된 감각이다. 우리의 판단력이 공통감이라는 사실은 우리의 판단이 반드시 다른 사람들과 이웃의 존재를 전제한다는 것이다. 이런 이유 때문에 아렌트는 판단 작용을 논증을 통한 합의의 도출이라고 하지 않고, "동의를 호소wooing 또는 courting"하는 것이라고 말한다. 이 말에 따르면, 판단 내용이 다른 사람의 공통감에 호소되어 수용될 때 소통되었다고 할 수 있다. 이러한 수용은 판단자의 실존의 표현에 대한 전적인 수용을 의미한다.

우리가 가지는 판단력에는 자기 자신만을 넘어 공동체를 위한 고려가 함께 있으며, 더불어 구체적인 삶의 측면에서 작동한다. 공동체 안에서 움직이는 공통감각은 공통성과 안정성을 지닌 것으로 일정한 사회와 문화라는 공통된 의미를 장소 속에서 충분히 알고 있는 것, 자명한 것이라고 할 수 있다. 그러면서도 늘 변하고 새로워지는 삶 속에서 그때그때 그 상황에 알맞은 나와 타인을 위해 함께 올바른 것을 찾고 실천해가는 감각이자 능력이다.

인간은 항상 다른 사람과 같이 느끼고 있을 때에만 만족을 느끼고 쾌감을 느낄 수 있다. 무인도에 홀로 떨어져 있다면 공통감은 형성되지 않는다. 아렌트는 "인간관계망the web of human relationship"이라는 이름으로 비유하고 있지만, 어떤 사람의 영웅적 행위가 일파만파의 파장을 불러일으키는 것은 상호 개성의 인정을 바탕으로 형성된 이 그물망에서 그 망을 형성하는 사람들 간에 공통된 판단이 이루어지는 것이다. 따라서 이 그물망은 곧 소통의 망을 의미하며 동시에 판단의 망을 의미한다. 공통감은 이렇게 항상 다른 사람을 염두에 두는 것이고 다른 사람의 입장에서 생각해보는 것이다. 이런 연유로 이야기들은 기본적인 인물의 범위, 그것들이 작동하는 배경, 허용되고 이해할 수 있는 행위를 정의한다. 그리고 그것들은 가능한 역할과 행위, 사고 그리고 자아 정의가 허용되는 가능한 역할과 가능한 세계의 지도를 제공한다.

한편 언어를 통한 정치 행위는 그 행위가 이루어지는 공적 공간에서의 인간관계와 밀접한 관련이 있다. 권력을 향한 야망과 부를 향한 탐욕으로부터 정치 공간은 끊임없이 움직이고 있는 공공 행동과 언어의 자유를 뒷받침할 수 있어야 한다. 기존의 정치 상황에서 개인들은 항상 대립적인 관계로 등장해왔다면, 아렌트가 제시하는 정치는 인간의 인간다운 삶의 기본 조건이다. 우리의 공공생활이 약해지고 공통적으로 연계되어 있다는 느낌이 희미해진다면, 우리는 전체주의적인 해법을 제시하는 대중정치에 빠질 위험을 지닐 수밖에 없다. 사람들은 온갖 조종과 계략의 대상으로 간주해버리게 되고 그 상황은 직접적인 의미에서 폭력적이진 않지만 저열한 삶으로 지속된다.

아렌트는 말하기를 "대중사회를 견디기 힘들게 만드는 것은 그 구성원들의 수가 아니다. 적어도 그것이 주요 이유는 아니다. 그보다는 그들 사이에 형성된 세계가 그들을 결집시키고 관계시키고 분리시키는 힘을 잃었다는 사실이다." 정치의 본질은 여러 사람이 함께하는 토의와 숙고와 행동의 공간이라는 것 그리고 인간성 본유의 욕구인 '공적 행복'의 추구에 대응하는 것이어야 한다. 모든 문제의 해결 방식은 이익의 대결과 길항의 국면에서 불가피한 협상과 타협에 있다고 볼 수 있다. 하지만 아렌트가 주장하는 정치는 인간과 다양한 인간들이 살고 있는 세계에 초점이 맞춰져 있다. 사람 냄새가 나는 사회, 각자가 가진 다양한 향기가 인정되고 충분히 섞일 수 있는 사회, 누군가의 목소리에 귀를 기울이고 기꺼이 함께 연대하는 사회가 그런 세계이다.

네트워크

인터넷이 우리의 생활을 지배하게 되면서 누구나 네트워크라는 단어를 입에 올리게 되었다. 세상이 좁아졌다는 관념이 생겨나는 것도 네트워크에서 발견할 수 있는 일반적인 현상이다. 네트워크는 어디에나 존재한다. 즉 끊임없이 서로 접촉하고자 하는 사람들의 추구에 의해 그렇게 된 것이다. 사람은 살아가는 모든 측면에서 다른 사람들을 필요로 한다. 다른 사람들에 의해 태어났을 뿐만 아니라 자신이 필요로 하는 모든 것을 스스로 다 만들 수는 없기에 사람은 다른 사람들이 만든 것에 의존한다. 그리고 이 모든 활동은 서로 맞물려야 한다.

이러한 상호 의존성은 사람들이 서로 연결되어 있다는 것을 뜻한다. 노버트 엘리아스Nobert Elias의 사회이론에 따르면, 근대 사회는 그 구성원들의 개인성을 형성하고, 개인들은 서로 의존하도록 짜인 복잡한 사회적 그물망 안에서 개연성을 갖춘 실행 가능한 전략들을 추구하면서 살아가는 행동을 통해 사회를 만들어간다고 한다. 다시 말해 근대 사회는 개인화하는 끊임없는 활동 속에, 그리고 또한 개인들의 활동이 사회라 불리는 상호 얽힘의 네트워크를 재형성하고 재조정하는 가운데 존재한다.

우리는 상호 의존의 고리로 엮인 네트워크의 한 부분이다. 우리가 다른 이들의 행동에 영향을 받는 만큼 우리의 행동도 다른 사람에게 영향을 미친다. 그러나 이 상호 의존의 고리가 어떻게 작동하는지를 늘 한눈에 볼 수 있는 것은 아니다. 그래서 행동의 의도와 결과는 종종 서로 다를 수 있다. 그러한 의도치 않은 결과는, 서로 의존하고 있지만 의존의 전체 그림은 파악하지 못한 사람들의 행동이 서로 연결되면서 빚어진 결과다.

하나의 세포 안에 갇혀 있는 미시적 세계에서부터 무한한 인터넷의 세계에 이르기까지, 세계의 구성 성분들이 어떻게 서로 맞물려서 하나의 세계를 이루는가에 대한 각 분야에서의 접근이 활발하다. 우리의 생물학적 존재, 사회적 세계, 경제, 그리고 종교적 전통들은 상호 연관성에 관한 설득력 있는 이야기 거리를 제공해준다. 우리는 의사들이 병을 고치고자 할 때 생명체들의 복잡한 상호 연결성을 간과하고 오로지 개별적인 분자나 유전자들에만 초점을 맞춤으로써 어떠한 난관에 봉착하게 되는지를 보아왔다. 아르헨티나의 위대한 작가 호르헤 루이스 보르헤스Jorge Luis Borges가 말했듯이, "모든 것은 모든 것에 잇닿아 있다."

오늘날 20억에 가까운 사람들이 자신을 기독교인이라고 칭한다. 도대체 어떻게 경멸당하던 자그마한 유대교 분파의 비정통적 신앙이 서구 세계의 지배적인 종교의 근간을 형성하게 된 것일까? 기독교 성공의 진정한 공로는 예수를 한 번도 본적이 없는 한 독실한 전통파 유대교인 바울에게 돌아가야 마땅하다. 기독교의 박해자였던 그가 서기 34년에 갑자기 전향한다. 그는 새로운 신앙의 맹렬한 지지자로 변했고, 예수의 메시지를 전파하기 위해 12년 동안 10,000마일 가까이 걸었다. 하지만 그가 무작위로 돌아다닌 것은 결코 아니다. 그는 당시의 가장 큰 공동체에 도달하고자 했으며, 신앙이 싹터서 가장 효과적으로 전파될 수 있는 장소와 사람들을 접촉하려고 했다. 그는 신학과 사회적 네트워크를 똑같이 효과적으로 사용할 줄 알았던 기독교의 최초의 그리고 가장 뛰어난 네트워크의 마스터master였던 것이다.

상호 의존적인 관계인 네트워크, 즉 연결망으로 맺어진 사람들은 네트워크 행동을 취한다. 네트워크 행동이란 자신이 속하는 네트워크에서 자신의 위치를 생각하고 타인과의 거리를 고려하여 행동하는 것을 말한다. 다시 말해 사람들이 구성하는 네트워크는 서로가 서로에게 의존하는 상호 의존으로 만들어지기도 하지만 서로가 서로에게 갖는 기대로도 만들어간다. 한 사회에서 특정한 위치에 있는 사람에게 다른 사람들이 갖는 일반적 기대를 그 사람의 역할이라고 부른다. 한 역할을 맡은 사람은 그 역할에 기대되는 것이 무엇인지를 알고, 그를 대하는 다른 사람들도 그 사람에게 어떤 것을 기대해야 하는지를 알고 있다. 이럴 때 우리는 '기대를 공유하고 있다'고 한다.

자율성을 갖는 조직 주체가 무엇인가의 공동 항을 가짐으로써 전체로서 협동하게 된다. 그러므로 네트워크에서의 과제는 자율적인 개개인이 어떻게 타인과 관계를 맺으면서 자기조직화해 갈 수 있는가 하는 것이다. 예를 들어 지리적으로 분산되어 있는 석유회사의 경우에는 이상하게도 다양한 내부의 단위 조직 간에 지식을 전달할 수 없거나 전문성과 인적 물적 자산을 활용하지 못하는 사태에 직면하게 된다. 이런 경우 사업 단위 관리자들이 자기 단위의 핵심적인 사람들을 당면한 문제를 해결하기 위해 다른 사업 단위에 파견할 수 있도록 허용하거나 심지어는 격려하도록 하는 조직문화가 핵심적인 문제이다.

사업 단위들 간의 상호성reciprocity의 규범은 모든 구성원들이 활동적으로 참여하도록 자극한다. 자기조직화의 결과로 발생하는 연계는 완만한 연결과 자발적인 관계를 중시하면서 연결망을 확장해간다. 네트워크의 활력은 의사소통에 달려 있고, 의사소통은 신뢰에 기초한다. 그것은 사람들 사이에서 협동을 불러일으킴으로써 네트워크는 확장된다. 회사는 사업 단위들이 그들 간의 정보를 공유하고 그들이 알고 있는 것을 실행할 수 있도록 네 가지 메커니즘, 즉 동료 지원, 동료 집단, 다른 연방 조직, 그리고 인사이동 등을 실시할 필요가 있다.

네트워크의 창조와 강화, 그리고 유지를 위해서는 개인적 삶의 여정에도 주의를 기울여야 한다. 특정한 문제와 상관없이 자신만의 관계를 선택하고, 형성하고, 끌어내고, 또한 그것에 기여하는 것은 역설적이게도 의사소통자의 역할이다. 우리는 네트워크를 관계 속에서 살아가는 하나의 환경으로 간주할 수 있다. 그런데 관계를 갖기 위해서는 자기가 필요하다는 것은—네트워크 안에서의 '자기라는 것은 완성된 형태로 선험적으로 존재하는 것이 아니고'—자기는 관계 안에서 존재하고 변할 수 있어야 한다는 것을 의미한다.

즉 '자기가 상호작용 속에서 자기 자신을 변화시켜 항상 새로운 자기를 초월해나간다고 하는 나선형적 순환의 과정'이 필요하다. 이 순환을 네트워크 프로세스라고 부른다. 여기서 자기초월이란 자신의 과거를 넘어 진행되는데, 이 과정에서 이기적인 자아를 극복하고 타자와의 상호 이해를 통해 자신을 성장시켜간다. 이로써 각각 자율적인 주체임에도 불구하고 타자와 연계하여 전체를 고려할 수 있게 되는데, 이는 자기 반성적인 행위에 의해 가능하게 된다.

사이버 공간이 열리면서 우리는 다원성과 다양성을 고양하는 네트워크의 집단적 조직 및 조정 방식을 실험할 기회를 얻었다. 각자는 가상 세계 속에 위치하고, 소통 행위를 통해서 그 세계를 풍요롭게 만들고 다듬는 데 기여한다. 네트워크가 이질적이고 변이가 많을수록 신뢰와 의사 소통자들의 역할이 중요하다. 즉각적 소통 능력은 교향악과 정치적 다성악의 장치를 대규모로 작동시키는 데 필수적이다. 집단이라는 것이 반드시 무리 혹은 획일성의 동의어는 아니다. 예컨대 사이버 공간의 네트워크 장치를 통해서 얼마든지 크고 작은 개량과 혁신을 연결시킬 수 있다.

이런 경우 네트워크에서 이질적인 요소를 공존시킴과 동시에 구성 요소 간의 통합을 이루어 시너지 효과를 낼 수 있다. 이종교배란 자율적인 주체가 타자와 연결되는 경우에 자기와는 성질이 다른 주체와 연결되고, 다른 빛을 비추어 자기 상황에 대하여 의문을 제기하면서 개선해나가는 것을 의미한다. 새로운 사람들이 잠재력을 실현할 수 있도록 장려함으로써 네트워크는 성장한다. 이때 필요한 윤리적 행위로는 세련된 대화·예의·처세의 규칙들이다. 소리 지르지 않기, 남의 말 들어주기, 남들이 방금 말한 것을 반복하지 않기, 남들의 질문에 대답하기, 대화 상태를 고려하여 적절히 흥미를 보이려 노력하기 등이 그 규칙의 몇몇 예이다. 윤리적 행위로 쌓아놓은 신뢰에 기초한 돈독한 관계는 이전에 생각해본 적이 없는 새로운 기회를 발견하게 해준다.

피에르 레비Pierre Révy는 네트워크 문화를 조망하면서 하나의 긍정적인 시각을 제출한다. 새로운 차원의 의사소통은 분명 우리의 지식을 상호적인 것이 되게 하고 서로 간에 그것을 알릴 수 있게 해줄 것인데, 이것이 바로 집단 지성의 조건이다. 집단 지성은 새로운 문명의 쟁점을 시사한다. 여기에서 문제 되는 것은 통신·조정·협력의 새로운 조성, 전대미문의 지적 언어 및 기술, 시간과 공간에 대한 관계 변화 등이다.

기술은 의사소통의 효율을 증가시켰지만 문자로 작용하는 정보를 처리하는 관료제라는 거대한 기계와 '통치를 받는' 사람들이 사회적으로 분화되는 대가를 치르고 있다. 네트워크를 기반으로 한 집단지성의 문제는 문자 너머, 즉 그것이 더 이상 고립된 사회기구들의 전유물로 머무르지 않게 하면서 사회의 근본적 소여를 뿌리째 변화시킬 수 있어야 한다. 단지 지적으로 지도되는 것으로 만족한다면, 우리 사회들은 스스로 설정한 목표에 도달하지 못할 것이다. 더 나은 삶을 영위하기 위해서는 집단적으로 지적 성숙이 이루어져야 한다.

사회 안에서 일어나는 일들은 대부분 사람들의 기대에서 비롯되지만, 결과는 종종 어느 누구도 예상치 못했거나 의도치 않았던 모습으로 드러난다. 잘 기획되어 제대로 통제될 것이라고 기대했던 도시라는 곳도 교통체증, 치안불안, 재개발에의 탐욕과 갈등, 도심 공동화, 구역화된 계층 간의 문화적 이질성 등 여러 가지 문제로 골머리를 앓고 있다. 이런 형국에서는 더 이상 서로에게 무엇을 기대해야 할지 알지 못하게 되고, 신뢰는 약화되며, 함께 산다는 것이 문득 종잡을 수 없고 힘든 일들이 되어버린다.

네트워크가 씨실과 날실로 짜인 천이라면, 그 천에는 잘못 짜여 흠도 있을 수 있고, 찢어진 곳도 있을 수 있다. 이것은 어느 누구도 원하거나 예견하지 못한, 즉 그것은 알 수 없는 과정의 산물이다. 종종 예상치 못한 무질서와 어긋남은 수많은 개인들의 기대와 행동이 엮이면서 빚어진, 이 알 수 없는 과정을 우리는 과연 어디까지 기꺼이 끌어안고 살 수 있을까? 무질서와 어긋남을 온몸으로 끌어안으면서 더 문명화된 질서를 세우는 고통스러운 과정으로 나설 것을 기대해본다.

문화의 근원적 토대는 윤리

　언어는 '인간적인 규모'의 소공동체 내부에서 소통하고, 그러한 그룹들 사이의 관계를 보장하기 위해서 만들어진 것이다. 언어 없이는 생각하기조차 어렵고 사람들과 접촉할 수도 없다. 이 점에서 언어는 인간의 상호작용에 반드시 필요한 것이다. 언어가 발달하고 전파되고 습득되는 과정 또한 사회적 과정이다. 사람들이 없으면 단 한 마디 말도 할 수 없다. 언어는 사람들 안에서, 또 그들을 통해서 존재하고 유지된다. 언어는 한 사회 내 어느 곳에서든 누구나 쓸 수 있다. 공·사 영역을 망라하여 교육, 종교, 오락, 경제생활을 포함한 인간 활동 전 영역에 걸쳐 공유된 언어를 기반으로 의미 있는 삶의 방식을 구성한다.

　이것이 삶의 방식인 문화의 전통으로 내려오는 것이며, 교육은 이것을 전달한다. 교육은 문화화 과정, 즉 문화로 전승된 특정한 생활방식인—생산의 구조, 가족의 구조, 사회적 관계들을 표현하고 지배하는 제도의 구조, 사회 구성원들이 의사소통하는 특징적 형식으로 들어가게 하는 일이다. 그 도구로 이용되는 것이 언어와 경험이고, 그 방법은 상호 간의 대화이며, 그 산물로 축적된 것이 바로 문화정체성이다. 문화 정체성이란 어떤 사람으로 하여금 일정한 문화권과 세계 속에 그 자신이 소속되어 있다는 것을 인식시키고, 그에 따라 살아가도록 만드는 모든 관습과 규범, 행동과 의식의 총체적 집합이다.

넓은 의미에서 문화적인 모든 것은 사회적인 것이라고 할 수 있다. 문화는 사회적 삶과 인간의 공적 활동의 산물이다. 레이먼드 윌리엄스Raymond Williams가 지향했던 것처럼 문화가 경제적·사회적 조건들을 단순히 반영한다고 보기보다는, 문화 그 자체가 사회적 관계, 예를 들어 남성과 여성, 자녀와 부모 사이의 관계들뿐만 아니라 경제적 관계들—비즈니스와 예술, 산업과 환경주의 사이의 관계 등—을 창조하고 구성하고 합법화시키는 방식인 것이다.

김우창에 따르면, 인간의 삶은 그 어느 때보다도 경제와 정치 그리고 사회의 일정한 구조적 질서 속에 있고 그것들이 이루는 복잡한 관계망에 묶여 있다. 그렇다고 이 큰 틀의 관계망이 개개인의 삶을 결정하는 것은 아니다. 삶은 이 큰 틀 안에서 일어나는 시시각각의 현실이다. 그것은 사건적 특징을 지니고 있으며, 사건으로서의 인간의 삶과 움직임은 끊임없이 이루어진다. 그리하여 이 움직임을 좀 더 세부적으로 조정하는 일이 필요하다. 여기에 관계하는 것이 윤리이다.[40]

글로벌 경제에 진입하는 입장권의 대가로서 요즘은 언제나 시장이 지배한다는 믿음이 팽배해졌다. 예전에는 인간 공동체와 가족들은 늘 명예, 충성심, 도덕, 사랑처럼 돈으로는 살 수 없는 것들에 대한 믿음을 기초로 삼았었다. 물론 돈이 서로 모르는 사람들로 하여금 보편적인 신뢰를 쌓게 해주는 것은 사실이지만, 그런 신뢰는 인간이나 공동

---

40. 우리 모두는 너 나 할 것 없이 세계가 만들어 놓은 문화적 굴레 안에서 살아간다. 인간의 현실은 도덕적 시비로 재단되지는 않지만 그럼에도 불구하고 사회로부터 주어지는 윤리적 요구와 도덕주의에 반응하게 된다. 그러나 윤리와 도덕의 근본이 자유의지에 있다는 명제는 윤리적 공론이 아니다. 진정한 자유는 외부적으로 조건 지어진 국면에서 선택에 직면하게 되는 상황 자체를 결정할 수 있는 자유이며 아울러 도덕적 필연성을 의식하고 선택하는 자유라고 할 수 있다. 이에 대해서는 졸저, 『전체 속의 전체 사고 속의 사고』, 2015, 살림터, 270-278쪽 참조.

체, 혹은 신성한 가치가 아니라 돈 그 자체 그리고 돈을 뒷받침하는 비인간적 시스템에 투자된다. 우리는 이방인이나 이웃집 사람을 신뢰하는 게 아니라 그들이 지닌 주화를 신뢰할 뿐이다.

그러나 한 사회가 제대로 기능하려면, 그 사회에는 정직성이나 합리성, 윤리나 상식이 하나의 정신문화적 토대로 자리해야 한다. 정치가 제대로 된 역할을 하려면 말할 것도 없이 정당을 비롯하여 정부와 행정기구 그리고 관료체제가 잘 운용되어야 하고, 위정자가 유능하고 정직해야 하며, 일반 시민의 의식이 각성되어 있어야 한다. 그리고 이 모든 것이 사회 구성원의 태도 속에 일종의 관습ethos으로 뿌리내리고 있어야 한다.

개인들은 특정한 시기, 특수한 사회 안에서 그들의 삶을 경험한다. 우리가 스스로를 경험하고 행동하는 방식은 우리가 존재하는 사회적 환경이나 타자들과의 관계들에 의해 구체화된다. 윤리란 한 사람이 다른 사람과 서로를 배려하며 함께 살아가기 위한 상호관계의 도덕적 원칙이다. 특히 일상의 조직 생활에서 개인과 타인과 상호작용할 때 준거가 되는 것이 윤리이며 규범이라고 할 수 있다. 인간 사회에 존재하는 삶의 모든 영역에는 윤리적 차원이 있다. 권력의 장악, 사용, 오용, 남용, 악용을 규제하기 위한 규범인 정치윤리, 기업의 생산, 유통, 이익 추구 행위를 규제하는 기업 윤리, 그 외에도 직업윤리로서 법조 윤리, 의료 윤리, 공직자 윤리 등이 있다.

윤리는 자발적 차원에서 행위자가 자신의 행위의 기준으로 적용하는 원칙이고 거기에는 강제적 제재가 없다. 그러나 어떤 행위가 타인의 이익이나 인격, 공공의 질서와 공익을 해칠 경우 거기에는 강제적인 규율이 필요하다. 이때 사회 조직의 윤리와 규범의 문제를 제기하게 된다. 그런 점에서 인간 형성은 곧 세계 형성이다. 그리고 세계 형성으로서의 인간 형성은 그 자체로 삶의 형성이 아닐 수 없다. 인간 형성과 세계 형성 그리고 삶의 형성은 한 사회의 큰 틀 안에서 문화와 윤리의 중첩적이고 긴장된 관계를 보여준다.

윤리의 형성과정은 문화의 변동과 그 궤도를 같이할 수밖에 없다. 패터슨Olando Patterson은 노예제도와 명예에 집착하는 문화 사이에 밀접한 관계가 있음을 발견하였다. 우월해지려는 욕망, 권위에 대한 복종, 관직에 대한 야망, 군인다움에 대한 숭상, 금전에 대한 집착 등은 플라톤이 생각했던 티모크라시timocracy라고 불리는 문화의 특징이라고 할 수 있는데, 플라톤이 염두에 둔 것은 스파르타이지만, 남북전쟁 이전의 미국 남부 문화에서도 이러한 징후들을 발견할 수 있다. 노예제를 살아가는 자유인들이 명예에 과도한 의미를 부여하는 까닭을 이해하기란 어렵지 않다. 패터슨은 남부인들의 자유에 대한 사랑 역시 노예제의 효과라고 보았다.

문화는 주어진 시간과 특수한 장소에서 사회를 구성하는 사회 집단 및 사회 제도들과 불가분의 관계를 맺고 있다. 따라서 문화는 사람들 간의, 사람들의 집단들 간의, 그리고 제도들 간의 상호작용을 요구하고 암시한다. 문화는 인간의 삶을 기능적이고 효율적으로 유지시킬 뿐만 아니라 한 집단 내에서 타인과의 관계를 우호적이고 조화롭게 유지하게 하는 하나의 당위적 틀로서도 작용한다. 다시 말해 우리는 다른 사람들이 우리를 어떻게 보고, 우리가 그들을 어떻게 보는지, 우리가 다른 사람들에게 어떻게 행동하고, 그들이 우리에게 어떻게 반응하는지의 관점에서 규정되고, 또 스스로를 규정한다.

이것은 자아라는 것이 다른 자아 가운데에서만 자아일 수 있다는 의미를 함축한다. 자아는 그것을 둘러싼 다른 자아에 관계없이 기술될 수 있는 것이 아니기 때문이다. 내가 누구인가라는 문제는 화자의 상호교환에서 그것의 원래적인 의미를 발견하게 된다. 그러므로 내가 말하는 곳을 정의함으로써, 즉 가계도, 사회적 공간, 사회적 지위와 기능의 지형, 내가 사랑하는 사람과 나의 친밀한 관계, 그리고 또한 나의 가장 중요한 규정적 관계가 살아남는 도덕적·정신적 정향성의 공간에서 내가 누구인가를 정의한다.

한 사회의 질서를 유지시키고 인간의 행동과 사고를 그 사회의 발전을 위해 바람직한 방향으로 이끈다는 점을 고려한다면, 문화의 가장 근원적인 토대는 윤리이다. 윤리는 행동과 사고가 관습적으로 누적된 양식으로부터 저절로 우러나오고, 이렇게 나온 생활양식의 전체가 문화이기 때문이다. 윤리적 행위는 문화를 통해, 교육을 통해 실행될 수 있다. 문화의 경우는 윤리적인 행위를 실천하는 수단이라고 할 수 있다. 특정한 윤리적 행위는 문화 속에 녹아들어 자리를 분명히 잡았을 때 구체화될 수 있다.

윤리는 문화를 통해 배양되고 성장하지만 동시에 문화를 초월할 수 있는 능력도 함께 그 가운데 자라는 것이다. 자신을 희생하고 타인을 환대할 수 있는 태도와 의지는 우리가 태어나고 자란 문화를 통해 양육되고 그렇게 하도록 격려를 받을 때 비로소 가능하다. 문화적, 종교적 편견에서 벗어나게 하는 것도 윤리적 결단을 내릴 수 있어야 한다. 전통적으로 윤리는 한편으로는 '좋음(선, 가치)'의 문제로, 다른 한편으로는 '옳음(권리)'의 문제로 다루어져왔다. 이 두 가지 전통을 서로 구분해주는 것은 바로 이들이 제기하는 각기 다른 문제가 있는 것이다. 즉, 기본적인 권리 및 자유의 틀과, 사람들이 그 틀 안에서 선택하여 추구할 만한 선 관념을 구분해야 한다는 것이다. 이를테면 국가가 공정한 틀을 유지하는 것과 특정한 목적을 지지하는 것은 전적으로 다른 것이다.

아리스토텔레스적 전통에서 윤리학의 중심 문제는 '무엇이 좋은가?'에 있다면, 칸트적 전통의 도덕이론이 제기하는 중심 문제는 '무엇이 올바른가?'에 있다. '좋음'의 윤리학의 대표적인 예는 아리스토텔레스의 『니코마스 윤리학』이다. 그 책 첫 문장은 다음과 같이 시작된다. "우리가 하는 행동과 선택은 어떤 좋은 것을 목표로 한다." 즉, '좋음'의 윤리는 선이라는 가치를 추구하는 것을 우리 행위의 목적으로 설정하고 이 목적을 실현하는 과정에서 실천이성의 역할을 중요시한다. 아리스토텔레스적 전통에서 중심 문제가 되는 '좋음'은 각 개인이나 집단이 가지고 있는 이상적 삶, 또는 행복한 삶에 대한 규범적 표상이다.

그런가 하면 '옳음'의 윤리학의 대표적인 예는 칸트의 『도덕형이상학』이다. 이 책의 요지는 "네 의지의 준칙이 언제나 동시에 보편적 입법의 원리가 될 수 있도록 행위하라"는 것이다. 따라서 '옳음'의 윤리는 언제 어디서나 인간이 따라야 하는 보편타당한 행위 법칙이 있다고 보고 이 법칙에 대한 준수 의무를 중요시한다. 칸트적 전통에서 '옳음'의 문제는 정확히 특정한 삶의 방식이나 선 관념을 지지하지 않는 데 있으며, 모든 인간이 따라야 할 도덕적 원칙을 해명하기 위해서 제기된 것이기에 일종의 황금률이라고 할 수 있다.

이런 점에서 '무엇이든지 남에게 대접을 받고자 하는 대로 너희도 남을 대접하라'는 가르침과 같은 황금률은 항상 특정한 사회적 조건에 독립하여 그 타당성이 보장되는 보편주의적 것일 수밖에 없다. 모든 사람들이 다른 이들이 자신에게 행하기를 바라는 방식으로 다른 이들에게도 행한다면 그것은 곧 이웃에 대한 사랑으로 충족될 것이다. 개인의 권리를 조건으로 하는 정의 원칙들이라고 할 수 있는 황금률은 결코 좋은 삶에 대한 특정한 관점을 전제로 해선 안 된다. 황금률은 대개 자기 자신과 타자, 나와 남 사이의 상호성의 규칙으로 이해된다. 말하자면 황금률은 일종의 윤리적인 주고받기, 윤리적인 거래 관계의 기본 규칙으로 볼 수 있다. 이런 의미에서 황금률은 모든 인류가 가장 기본적으로 공유하는 최소한의 보편 윤리의 규칙이다.

'좋음'의 윤리가 목적론적 관점을 취한다면 '옳음'의 윤리는 의무론적 관점을 취한다. '좋음'의 윤리가 인간 능력의 최대한의 실현, 즉 인간에 의해 성취될 수 있는 정점을 향해 간다면, '옳음'의 윤리는 그것이 없이는 최소한의 질서 잡힌 사회가 유지하기 어렵게 되는 지점, 즉 밑바닥에서 출발한다. '좋음'의 윤리는 고대 희랍의 소규모 공동체인 도시국가를 사회적 기반으로 하고 있었으며 이런 사회에 적합한 덕 윤리를 추구하고 있었다.

아리스토텔레스에 따르면, 훌륭한 구두장이가 되려면 구두 짓는 기술을 익혀야 하고 훌륭한 피리 연주자가 되기 위해서는 피리 부는 기술을 익혀야 하듯, 인생을 훌륭하게 영위하기 위해 특정한 삶의 기술이 필요한 것은 당연하며 그것이 바로 덕德, virtue인 것이다. 덕은 반복·훈련함으로써 선행을 행할 지속적 성향으로서 덕을 갖추게 된다. 이렇게 해서 얻어진 지속적 행위 성향으로서 덕이야말로 도덕적 실행의 역량이고 행복한 삶의 기술이라 할 수 있다. '좋음'의 윤리에서 언제나 문제가 되는 것은 무엇이 좋은 혹은 가치 있는 것인지와 관련하여 불확실성이 존재한다는 점이다. 이 불확실성을 가능한 한 줄이기 위해서는, '좋음'의 문제도 결국은 어딘가의 지점에서 현실로 넘어가, 어떤 척도 내지 규범 아래에 놓일 수밖에 없다. 최고선이 무엇인지 모른다는 이유로, 현실에서 인간이 되는 대로 살지는 않는다.

한편 서구 근세는 그야말로 서구 윤리학사에서 혁명적인 전환기였다. 전통적인 공동체가 해체되고 이해를 중심으로 이합집산하는 원자적 개인들로 이루어진 근세 사회는 합리적 이기주의자들의 간의 약속으로서 시민법에 의거한 법의 지배rule of low, 즉 법치사회로의 전환이 불가피한 상황이었다. 그러나 사람들 간의 복잡한 상호관계를 관리, 경영하기 위해서는 법규범으로 충분하지 못하며, 법치사회를 보조하고 보완하는 나름의 윤리체계를 구상하지 않을 수 없었던 것이다. 그것의 대표적인 예를 든다면, 윤리적, 정치적 담론이 '정의로운 사회'에서 '인권'으로 전환했다는 것이다.

물론 일제 강점기를 거쳐 분단 체제를 유지하고 있는 남한 사회는 조선시대의 유교적 윤리 규범—삼강오륜, 충효사상, 가족주의의 연장선인 친족주의, 연고주의 등—을 해체하고 그것을 대체할 개인의 자유와 자율에 근거한 근대적 윤리체계를 형성하지 못했다. 특정한 충성과 의무, 전통에 의존할 수밖에 없는 공동선의 정치가 선입견과 편협한 태도로 이어지고 최악의 경우에는 전체주의적 유혹의 길로 들어갈 가능성이 높다고 할 수 있다. 현대의 국민국가는 아테네의 도시국가와는 다르며, 현대 생활의 다양성과 규모를 감안한다면 아리스토텔레스의 정치윤리는 기껏해야 향수를 불러일으키는 유물에 불과하다는 주장도 어느 정도의 설득력을 지닌다.

근대적 사회 윤리는 그 사람의 나이, 성별, 출신 배경, 직업, 국적, 종교, 인종에 관계없이 추상적인 인간을 상정하고 개개인을 하나의 인격체로 존중할 것을 요구한다. 즉 개인이 자신에게 적합한 생활방식과 행복의 모델을 마음대로 취사선택할 수 있고 개인의 특성을 유지할 수 있는 권리로 담론의 중심이 전환한 것이다. "너의 준칙이 항상 보편적 법칙 수립의 원리로서 타당할 수 있도록, 그렇게 행위하라"는 칸트의 윤리 원칙에 따라 인간의 유일한 도덕적 행위 양식은 모든 사람에게 차별 없이 적용될 수 있는 행위 양식이며 인간의 인격이란 세속적인 영역을 벗어난 거룩한 차원으로서 감히 범할 수 없는 초월적 위엄을 가지고 있는 것으로 본다.

개인의 자기주장에 무게중심이 실리면서 매우 복잡하면서도 가치관이 다원해가는 경향을 띠고 있었던 까닭에 새로운 윤리체계 또한 도덕적 행위자들에게 좀 더 명시적이고 최소한의 부담을 지우는 규범체계가 필요로 해졌다. 이 같은 시대의 요청에 부응하는 '옳음'의 윤리에서 문제가 되는 것은 우리에게 의무를 부과하는 보편타당한 법칙들이 극히 제한되어 있다는 점이다. 사람의 행위를 인도하기 위한 최소한의 기준 내지 원칙이 있다고 할 때는, 먼저 사람이 규칙을 이해하고 준수할 수 있어야 하며 자기 행위에 대해 책임을 지는 존재라는 것이 전제되어야 한다.

그런데 윤리적 규준들이 시공간을 따라 구조화되고, 마침내 행위습속으로 자리를 잡아가게 되면 좀처럼 변하지 않는 도덕이 되는 것이다. 도덕은 시공간의 맥락에 따라 집단 구성원들이 상호작용에 의해 구성한 협약 체계로서 구성원들에게 부여되는 당위적인 행위 규범이다. 도덕은 개개인의 본능적 욕구를 억제하면서 그들을 공동체에 순응시키는 대가로 '안녕'과 '존속'을 보증해주는 일정한 지침으로 작용한다.

도덕의 지평은 그 강도와 가변성, 적용 범위의 차원에서 매우 다양한 형태로 구조화된다. 즉 개인이 속한 작은 집단에서의 역할 규범부터 시민사회의 행위 규칙, 이데올로기와 종교적 교리 등 다층화된 형태로 존재한다. 삶의 질서 유지는 궁극적으로 법의 강제력에 의존하지만 사람의 모든 움직임을 법으로 통제한다는 것은 불가능해 보인다. 가령 버스 정류장이나 지하철 환승역에서 줄을 서서 기다리는 것은 교통질서의 원활한 운영에 필수적이다. 그러나 그것은 쉽게 법으로 강요될 수 없다.

김우창에 따르면, 법보다 좀 더 유연한 표현이 윤리 규범이라고 할 수 있다. 윤리에서 핵심적인 사실 하나는, 그것이 사람의 삶에 자연스럽게 작용하는 것이면서도 의식화되고 규범이 되며 인간 행동의 원리가 될 수 있다는 것이다. 이 의식화는 경험적 사실에서 시작하여 일반화, 더 나아가 이론화가 된다. 이 과정은 최종적으로 경험을 초월하는 선험적 구조와 형식에 이른다. 어쨌든 윤리는 경험 속에 있으면서도 그 나름의 문법을 갖는다. 윤리는 사건의 상황에 직면하여 합리적이고 일관된 결론에 도달하게 하고 윤리적으로 문제가 되는 것들에 대해서 우리에게 이해를 심화시킨다. 그것은 궁극적으로 인간의 상호관계에서 존중되어야 하는 윤리 원칙에 대한 의식에서 나오는 것이다.

어떤 문화도 이러한 윤리성에 반하거나 연관을 배제하는 경우는 없다. 그리고 바로 이러한 문화의 윤리성이 바로 문화를 인간만의 고유한 것으로 규정짓는 근거이기도 하다. 문화의 윤리성은 '아주 당연한 세계의 구성' 요인이 되어 슈츠Alfred Schutz가 말한 대로 생활세계를 살아가는 '레시피recipes', 즉 살아가기 위해 선대에 의해 만들어진 다양한 생활방식, 기대, 역할, 상호작용, 언어, 기술 등을 망라하는 삶의 지침으로서 거의 무의식적인 전형typification으로 작용한다.

이것은 일반적인 사회 구성원 모두가 '별달리 회의하지 않고 묵묵히 지켜가는 규범체계'인 것이다. 파티의 예에서 볼 수 있듯이, 도착하면 먼저 와 있던 사람들과 여러 방식으로 인사를 나눈다. 어떤 사람과는 악수를 하고, 어떤 사람과는 키스를 하고, 다른 사람과는 포옹을 하고, 또 다른 사람의 경우에는 등을 두드리기도 한다. 이렇게 인사를 할 때 규칙이 뭔지를 세세히 따지지는 않는다. 이처럼 사용설명서를 일일이 찾아보지 않고도 우리는 사회를 살아간다.

개개인의 구체적인 삶의 관점에서 살핀다면, 문화는 삶의 전체 맥락과 질서 그리고 인간의 존재 방식의 가능성을 조형하는 제도로서의 문화—그중에서도 상호작용의 형식인 의례와 관습에 관한 것이 될 것이다. 의례와 관습은 삶을 하나의 지속적인 통일성 속에서 파악하려 한 것이라고 할 수 있다. 그것은 삶의 풍요로움과 통일성의 양식일 것이다. 이때 마음은 삶의 전체적인 현실의 일부이다. 물론 허례허식의 경우가 되는 것도 염두에 두어야 할 것이다.

제도라는 관점에서 보면 사람들의 일상생활은 선택의 연속이 아니라, 기존에 해왔던 방식, 즉 관행routines의 연속이다. 행위는 무수히 많은 의사결정과 선택이 연속되는 과장이라고 할 수 있는데, 매 순간마다 "어떻게 하는 것이 나에게 가장 유리할 것인가" 혹은 "어떻게 행동하는 것이 내 이익을 극대화시킬 것인가"를 검토하고 의사결정을 내리는 것이 아니다. 시간은 일상성 속에서 그리고 습관과 관습 속에서 지나간다. 이것 없이는 사람의 삶은 살 수 없는 것이 되고 만다.

삶에서 정해진 일상적 습관의 중요성을 인정한 윌리엄 제임스는 다음과 같이 말한 일이 있다. "담배 한 대 피우고, 물 한 잔 마시고, 시간 맞추어 자고 일어나고 하는 것이 모두 미결정 상태에 있는 것", 다시 말하여 이러한 모든 것이 결단과 결심을 요구하는 사항이 된 것만큼 사람을 "비참하게 하는 것은 없다." 대부분의 경우에는 그냥 이때까지 해오던 방식대로 선택하고 행동할 뿐이다. 이러한 자동적인 습관이 없다면 사람은 한없이 작은 일에 사로잡혀 큰일을 해낼 엄두도 내지 못했을지도 모른다. 결단이나 결심이 없이 저절로 되어가는 이것이 제도로서의 문화에서 말하는 당연시되는 것taken-for-granted의 의미이다.

제도로서의 의례와 관습에서 당연시하는 무의식성은 무지의 무의식성과는 다른 것이다. 어떤 경우에나 지식과 정보가 일단 주체화되었다가 무의식으로 가라앉는 것은 의식작용의 특성의 하나이다. 의례의 수행에서 무의식적인 당연시함은 사유가 실천으로, 그리하여 거의 삶의 원리로 동화된 때문일 것이다. 삶의 일부로 단련되어 관행화된 수행적 기능이라 할지라도 그 속에는 높은 지적 능력이 작용하는 것을 부정할 수 없다.

유교문화에서 예의 중요성은 아무리 강조해도 지나침이 없다. 예는 사회의 전통과 관습에서 만들어진 형식이다. 유교적인 예를 가장 긍정적으로 해석한 허버트 핑가레트Hubert Fingarette는 자신의 저서 『공자: 신성한 것으로서의 세속인Confuctus: The Secular as Sacred』에서 예를 인간의 상호 의존과 존경을 내용으로 하는 성스러운 의식이라고 해석한다. 이 상호 존중은 사실 높은 차원의 이성적 의미를 갖는 것이라고 할 수 있다.

정화열이 인용한 바에 따르면, 인간의 성품에 관한 공자의 생각은 예와 인으로부터 나온다. 이 둘이 합쳐질 때 인간의 존엄성을 긍정하는 유교적 도가 나온다. 예가 '신성한 예로서의 인간 공동체'에 대한 긍정이듯이, 인은 '책임감으로서의 인간 공동체'에 대한 긍정이다. 예는 인간을 의례적 존재로 보는 유교적 전망인 반면, 인은 공동체적 존재로서의 인간 존재에 대한 찬양이다. 그러나 인간의 의례적 행위는 공동체적 행위이다. 핑가레트가 표현한 것처럼, "인은 오직 예가 발전하는 만큼 발전하며, 예 안에서 자신을 형성한다."

그러나 예를 해석하는 데 주의해야 할 점이 있다. 이를테면 자발성이 결여된 엄격하고, 범례화되고, 관습적인 방식으로 행위를 수행하는 것으로서 오해되어서는 안 된다. 마찬가지로 인을 '심리학'적인 범주로 오해해서도 안 된다. 그것은 흔히 서구의 윤리적·사회적 이론의 역사가 보여준 것처럼, '윤리적 개인'을 '사회'에 반대되고 사회와 이분되는 것으로 인식하는 것이 아니다. 예와 인은 모두 외적인 것의 내재화, 내적인 것의 외재화 사이의 변증법적인 상호 교환으로 보아야 한다.

공자는 인간의 실존을 조화시키는 존재로 찬양한다. 그래서 어떤 죽음, 비극, 내적 위기 혹은 죄를 인간의 공동 실존의 구성체 속에서 중요한 적소를 갖는 것으로 생각하지 않았다. 왜냐하면 그것들은 예와 인의 윤리적 교훈 밖에 혹은 너머에 존재하는 '특별한' 것들이기 때문에 공자는 그것들에 언급하기를 꺼렸다. 예와 인은 인간의 본성에서 '좋음' 혹은 '나쁨'을 확정하지 않는다. 하지만 예와 인은 말과 행위 모두에서 '수행적'이기 때문에, 인간 자질의 좋음과 나쁨은 의례적이고 공동체적인 행위의 수행에 의해 결정된다.

한편 문화의 윤리성은 이성적 규범화를 전제로 하면서 반드시 성문화할 필요는 없지만 그것은 규범적 행위를 통해서 확인된다. 규범적 행위는 특정한 사회집단에 소속하여 자신의 행위를 통하여 공동의 가치를 실현하는 일을 추구하는 공동체의 일원이 수행하는 행위를 가리킨다. 규범적 행위를 언급할 때 우리는 한 개인의 행위가 주어진 상황에서 공동체 내 구성원들 간의 기대를 표현하고 있는 특정한 규범에 따르고 있는지 아니면 그것을 위반하고 있는지에 주목하게 된다.

규범적 행위는 한 사람의 역할 수행자로 소속되어 있는, 그리고 그 속에서 타인들과 규범적 상호작용을 이루며 삶을 살고 있는 사회집단을 전제하고 있다. 이 행위가 발생하는 것은 사회집단의 구성원이 사회화를 통해 서서히 스며드는 공통의 가치와 규범을 공유하고, 자신들 행위의 정당화로서 이런 규범들을 자연스럽게 획득된 것일 경우이다. 규범적 행위를 할 경우에 비로소 사회적으로 받아들여지고 소속되어 있다는 의식이 형성되는데 이것은 거의 무조건적인 인정의 안전장치를 의미한다. 이것은 바로 사회적 수용과 문화적 소속 그 자체가 삶의 기본이 되는 한 요소로서 인정되어야 할 이유이다.

위협에 함께 대응하고, 상호 호혜적인 구호활동을 벌이며 서로를 존중하는 사회적 공동체에서 문화의 윤리적 속성에 대한 구체적인 사례를 볼 수 있다. 역사가 그렉 뱅코프의 '탄력공동체resiliente Gemeinschaften'[41] 연구는 그런 점에서 상당히 흥미롭다. 뱅코프는 주민들이 스스로 조직한 필리핀인들의 구호 네트워크 사례를 통해 탄력적인 공동체가 얼마나 놀라운 결과를 만들어내는지를 분명히 보여준다. 브뤼셀에 있는 '재해역학 연구센터'에 따르면 필리핀은 지구에서 재해가 가장 많이 발생하는 나라들 가운데 하나이다. 오랜 식민지 침탈과 국가권력의 무능 등의 이유 때문에 믿을 만한 재해예방기구나 재해대책기구 같은 사회적 인프라가 제대로 구축되어 있지 않다.

그런 조건하에서 닥친 재해를 극복하기 위해서 관계가 어떻게 구성되는가를 묻는 조건의 탐구에 질문을 던져야 한다. 필리핀 탄력공동체의 윤리적 기반은 이타성이 아니다. 하지만 상호 호혜의 규범에 따라 작동하는 탄력공동체는 이타성에 기초한 집단보다 훨씬 풍부한 결과를 만들어낸다. 태풍 때문에 집이 무너져 공동체의 도움으로 새 집을 지은 가족에게는 다음 번 재해 때는 다른 이웃을 도와야 하는 의무가 부과된다. 곤궁에 처한 이웃에게 돈을 빌려주지만 어디까지나 그가 공동체의 기금에 출자한 경우나 사정이 나아진 뒤에 계속 출자할 경우에 한한다.

뱅코프는 탄력공동체의 이러한 기본 원리를 '단기적 이타'와 '장기적 이기'의 조합이라고 나타냈다. 당연한지도 모르겠지만 이 원리에는 다음과 같은 가혹한 규칙이 담겨 있다. 누군가 자신에게 부여된 구호의

---

41. 필리핀인들의 탄력공동체는 잦은 재해와 이에 무능한 국가권력에 대한 대안이라고 할 수 있다. 하루에 평균 다섯 번은 필리핀 어딘가에서 지진이 일어나고 태풍은 일 년에 평균 스무 번은 몰려온다. 이런 상황을 놓고 볼 때 결국 재난으로부터 자신을 지키려면 주민들이 스스로 구호 시스템을 만들 수밖에 없었다. 이에 대해서는 하랄트 벨처 지음, 원성철 옮김, 『저항안내서』, 2015, 오롯, 231-244쪽 참조.

의무를 수행하지 않으면, 그는 그 뒤로는 곤경에 빠져도 어떤 도움도 받지 못한다. 상호 호혜적 균형에 근거한 이런 구호 시스템은 보험회사의 수학적 계산을 통해서가 아니라 사회적 지능을 통해서 회복탄력성을 만들어낸다. 탄력공동체에서 보여주듯이 삶을 함께 만들어간다는 것은 사건의 발생 현장에서 언제나 함께 이야기되고 함께 움직이는 만남과 생성의 결합적 관계에 있는 것이다. 결국 함께하기 위한 관계를 구성한다는 것은 누구를 인정하고 무엇을 숭상함으로써 이룰 수 있는 일이 아니다. 지금-여기서 발생하는 사건들의 가능성을 탐색하고 기획하는 것, 공통의 리듬이 발생하는 조건을 발견하고 실행하는 것이다.

일찍이 사회학자 해럴드 가핑클Harold Garfinkel은 우리들의 삶의 양식 혹은 사회적 실재를 구성하는 일상적이고도 너무나도 당연시되는 여러 측면들이, 사실상 많은 기술들을 필요로 하는 능숙한 완성accomplishment의 과정임을 보여주었다. 우리가 지하철을 타고 가거나, 이웃을 방문하고, 또 정상적으로 걸어갈 경우, 우리는 단지 뚜렷하게 의식하지만 않을 뿐, 사실상 많은 사회적 기술들을 적용하고 있는 것이다.

아리스토텔레스는 기술을 테크네technē라고 규정했다. 어떤 일이 일어나게 만들고 그것을 잘 실행하는 테크닉 말이다. 대화할 때 좀 더 진지한 사회적 기술들이 있다. 잘 듣는 기술, 전략적으로 처신하는 방법, 합의점을 찾아내어 의견 다툼을 처리하는 기술, 혹은 힘든 토론에서도 좌절하지 않는 능력 등이 그런 기술이다. 줄타기 곡예사가 높은 줄을 탈 때, 그는 이 곡예의 필요한 기술에 대해 의식하지 않을 뿐만 아니라 연기가 끝난 뒤 받게 될 자신의 수입 몫에 관해서도 아무것도 생각할 수 없듯이, 대부분의 일상생활에서 우리들이 수행하는 세속적인 활동의 '완성' 과정에서도 마찬가지인 것이다.

문화란 단순히 '정해진 규칙의 준수' 이상의 것일 수 있다. 이러한 사실은, 규칙이란 것 자체가 항상 불완전한 것이기 때문에, 규칙을 적용해나가기 위해서는 단순히 규칙 자체에 관한 지식 이상의 것이 요구된다는 것은 사실이다. 교통법규는 사회문화적으로 구성된 것이다. 훌륭한 운전이 교통규범을 준수하는 문제라고 해도, 그리고 교통규범을 위반하는 것이 훌륭한 운전이 될 수 없다 해도 훌륭한 운전은 분명 특정한 규범을 준수하는 것 그 이상이다. 교통법규에 자유로운 운전 같은 것은 없다고 해도 그럼에도 분명히 어떤 특정한 교통법규에 의존하지 않는 좋은 운전하기의 형식적인 특징은 존재한다.

일반적으로 문화는 제도를 통하여 삶의 방식을 표현한다. 그것은 신화, 법규, 관례, 말하고 생각하는 방식, 심지어 유니폼 등의 복잡한 상징적인 장치에 의해 정당화된다. 모든 문화는 나름의 전형적인 신념, 규범, 가치를 가지고 있지만, 이것들은 끊임없이 변화한다. 환경의 변화나 이웃 문화와의 접촉에 반응해 스스로 모습을 끊임없이 바꾼다. 스스로의 내부적 역동성으로 인해 변이를 겪기도 한다.

자연이든 도시이든 물리적 환경 못지않게 중요한 것은 문화이다. 문화 속에서 우리 자신의 의미를 발견하고 실재에 대한 우리 자신의 시각을 만들어간다. 김우창은 제도적 환경을 주관적 관점에서 본 것이 문화라고 하면서 그 핵심에 있는 것이 사람의 마음이라고 한다. 이를테면 어떤 장미가 외면적으로는 다른 것들과 똑같이 보임에도 불구하고 그의 장미가 언제나 유일무이한 존재일 수 있는 것은 우리가 그것을 마음으로만 볼 수 있기 때문이다. 마음으로 본다는 것은 감각적 외면 저 너머 존재의 영혼에까지 침투해 들어가는 것이다. 그리하여 한 존재를 우리의 순수하고 너그러운 마음으로 감싸줄 때 그것은 귀중한 존재가 된다. 자연과 사물 역시 오로지 마음만이 발견할 수 있는 그것만의 존재감을 지니고 있다.

문화야말로 그런 인간의 마음을 구성한다. 마음의 구성 도구가 문화이다. 설사 제도가 있고 법이 있고 규칙이 있다고 하여도 그것을 현실 속에 지킬 마음이 없다면 모두 껍데기에 불과하다. 성심과 성의가 없는 곳에 제도와 법이 기능할 수는 없는 것이다. 칸트의 묘비명에는 "생각하면 할수록, 날이 가면 갈수록, 내 가슴을 놀라움과 존경심으로 가득 채워주는 두 가지가 있다. 그것은 밤하늘에 빛나는 별과 내 마음속 도덕법칙이다"라는 말이 새겨져 있다.

감정의 윤리적 함축

　사람들은 대개 별 노력 없이 얻는 번듯한 삶을 추구하지만 사회생활에서 어느 정도의 고통과 무질서를 의식적으로 회피하면 커다란 불의가 생겨나는 것으로 보인다. 고통은 인간의 삶을 의미 있게 만들어준다는 말이 상투적으로 들리지만 또한 고통 없는 사회라는 시각은 결코 실현될 수 없다고 할 것이다. 우리는 뜻밖의 일을 당했을 때 그것을 어떻게 받아들일까? 번듯한 삶의 가면 아래 이루어지는 틀에 박힌 삶에 안주하는 모습을 문제 삼을 수 있다.

　어떤 사태나 상황으로부터 받은 감정이 충격적이면 충격적일수록, 나의 견고한 일상성은 깨지고 주관적 편견에 깊이 매몰되어 있는 나를 밖으로 끌어내는 계기가 된다. 그럴수록 자신의 편견에 물들지 않고 사태 자체를 생생하게 경험할 수 있게 된다. 이렇듯 감정이 지닌 수동적 충격성은 윤리적 성찰의 길로 들어서게 한다. 감정이입 역시 윤리적으로 이해하고자 한다면 타자를 하나의 대상으로서가 아니라 주체이자 같은 인간으로서 이해하고자 한다는 점에 주목해야 한다. 이 지점에서 감정이입은 인식론적 범위를 넘어서 윤리적 노력으로 이해해야 한다.

인간 삶에서 윤리가 갖는 의미는 거창한 철학적 인간론만이 아니라 일상생활에서도 느낄 수 있다. 윤리는 삶 자체를 다스리는 틀이다. 공동체에 습속화되어 있는 윤리는 그 구성원들에게 일정한 책무를 요구한다. 넓게는 생활규범으로서 사회화의 기제이기도 하며, 사람들의 상호작용 속에 살아가게 하는 일상의 지식이 되기도 한다. 그것은 삶의 규범으로서 작은 일들에도 스며들어 타자를 인지하고 평가하는 잣대이며 자신의 행위를 조율하는 틀이 된다. 그런 경우에는 자연스러운 느낌으로 다가온다.

김우창은 말하기를 사람의 감정이야말로 일상적인 삶에서 인간관계를 맺어주고 서로를 하나로 묶어주는 친화력이라고 한다. 감정의 인력引力은 적절하게 조절되고 양식화되어 사람들로 하여금 집단의 성원이 되게 하는 자원이 된다. 그런 때의 감정은 대체로 관계 조정의 일정한 수단으로 합리화된 감정이다. 이를테면 너그러운 감정은 윤리적 사회가 존립하는 데, 그것이 성립하고 유지하는 데 중요한 역할을 한다. 동정심의 사회적 의미를 인정하고 그것의 확산을 돕는 것은 좀 더 인간적인 사회를 위해 반드시 필요한 요건이다.

삶의 현장에서 윤리는 문법이 아니라 자연스럽게 활용되는 언어이며 감정의 흐름이다. 윤리는 감정의 회로를 통해 실현된다. 감정의 자연스러운 움직임에 이미 윤리적인 것이 들어 있다. 스피노자에 따르면, 정념적인 모든 감정에는 두 가지 요소가 들어 있다. 첫 번째로는 실재적이고 내적인 요소로서, 욕망의 근원 자체를 말하며, 두 번째로는 우연적 요소로서, 상상에 의해 표상된 외부 사물들에 대한 욕망의 집착을 말한다. 인간이 실현하고자 하는 목적은 변덕스러운 활동도 순간적인 활동도 아니며 인간의 목적 전체는 인간의 존재 그 자체라고 할 수 있다. 그러기에 삶만이 긍정될 수 있는 것이다.

욕망이 무질서한 성향이 아니라 삶의 힘으로서 이해되는 즉시, 그리고 법칙이 외적 명령이 아니라 사물들의 본질에 대한 표현으로서 이해되는 즉시, 대립은 멈추고 욕망과 법칙의 절대적 통일성만이 남게 된다. 따라서 자기 자신을 하나의 진리 자체로서 긍정할 수 있으며 자신에 대해 "나는 나의 삶 자체"라고 말할 수 있다. 이럴 수 있는 욕망이 바로 개인의 내적 법칙이며, 법칙이 바로 자기 자신과 자신의 덕에 의해 의식을 갖는 욕망인 것이다.

사람의 존재 의식은 대체로 감정적 느낌으로 채워진다. 이 감정은 언어에서나 행동범절에서나 여러 형태들의 속에 들어 있을 수 있다. 이것은 인간관계에서 감정이 여러 형태로 매체가 될 수 있다는 것과 동시에 그것이 일정한 방향으로 정형화된다는 것을 말하는 것이기도 하다. 그래서 감정적 반응은 인간의 가치와 윤리의 중요한 원천으로, 그리고 정치적 행위의 적절한 토대로 인식된다. 이를테면 많은 페미니스트 저술들은 "개인적인 것이 정치적인 것이다"라는 접근 방식의 일환으로, 저자 자신의 개인적인 감정 경험을 상세하게 논의하고, 그것을 이용하여 여성성의 문화적·정치적 의미와 함의를 확장시켜왔다.

그런데 감정을 정의하기란 쉬운 일이 아니다. 감정은 인간 행위 중 신체적인 영역과 정신적인 영역의 중간적인 부분에 위치하여 양쪽에 다 걸쳐서 나타나는 것이라고 할 수 있다. 좀 더 구체적으로 말한다면 감정이란 (신체의) 생리학적, (정신의) 인지적, (행위의) 행동적 요소가 동반된 우리 몸 모든 기관의 갑작스러운 반응이라고 할 수 있다. 실제로 그 반응은 기쁨과 무서움 또는 질투와 부러움 같은 감정, 슬픔과 우울함 같은 것들—즉 여러 개별 감정이 얽혀 있는 총체로서 매우 복합적이고 다면적인 속성을 지니고 있기에 단일 감정으로 환원시킬 수 없다.

재거Jaggar는 감정을 바라보는 방식이 복잡하고 일관성이 없다는 점을 지적하면서 감정은 광범위한 현상을 포괄한다고 주장한다. "그것은 공포에 대한 아주 순간적인 '자동적' 반응에서부터 한 개인 또는 어떤 대의에 대한 평생의 헌신에 이르기까지, 고도로 문명화된 심미적 반응에서부터 배고픔과 갈등에 대한 획일적인 반응에 이르기까지, 그리고 만족이나 우울과 같은 배경적 분위기에서부터 직접적 상황에 대한 강렬하고 집중적인 몰입에 이르기까지 걸쳐 있다." 아주 다양한 현상들을 포괄하고 있음에도 다만 구체적인 속성이 강조되는 것은 그것이 감정이 발현되는 상황과 깊은 연관을 맺기 때문이다. 즉 특수한 상황에 따라 감정의 한 측면이, 지배적으로 드러남으로써 유기적 감정 덩어리의 발현적 속성을 드러내기도 한다.

　서구의 문화에서 인간의 신체적 속성을 실망의 원천으로 인식되어 왔다. 감정은 육체화된 감각으로 고려되었기 때문에, 감정은 이성과 합리성의 안티테제로 간주된다. 이러한 관점에서 볼 때, 감정은 적절한 판단과 지적 활동의 방해물이다. 그러나 김우창은 삶의 현장에서 행동을 움직이는 것은 많은 경우 이성보다는 감정이라고 한다. 김우창에 따르면 감정 자체도 인식론적 의미를 갖는다. 전통적으로 동양의 사고에서 '정精'의 뜻이 단순히 사람의 마음이 일어나는 내적 심리의 변화만을 나타내는 것이 아니다. 정보情報, 사정事情, 정세情勢, 정황情況 등에서 알 수 있듯이, 감정은 현실과 대응하는 어떤 심리적 기능을 말하는 것임은 틀림이 없다.[42]

---

42. 개인의 주관적 체험에서 주요한 것은 감정이다. 감정은 주체가 없이 존재할 수가 없다. 우리가 감정에 대해서 주목하는 것은 감정이 현실과의 관계에서 인식적 기능을 갖는다는 것이다. 정보나 정세를 현실 입력 그리고 그에 대한 반응이라고 할 때, 여기에 일정한 관점이 상정될 수밖에 없는 것이다. 군중집회의 경우에도 군중들의 열광은 개인적 주체가 집단적 주체에 통합된 경우라고 할 수 있다. 이에 대해서는 김우창, 『체념의 조형』, 2013, 나남, 62-66쪽 참조.

감정은 우리와 세계의 관계를 인식하는 수단이다. 감정의 인식기능은 다른 사람들이 자신의 행동을 어떻게 생각하는 것과 관련하여 자기규제기능을 갖는다. 감정이 사회질서를 유지하는 기능을 수행하는 것이다. 그리하여 사람들이 왜 규범에 순응하고 사회통제가 어떻게 작동되는지를 이해하게 된다. 공자는 "예가 아니면 보지 말고, 예가 아니면 듣지 말며, 예가 아니면 말하지 말고, 예가 아니면 움직이지 말라"고 했다.

보고 듣고 말하고 행동하는 것은 인간 삶의 기본 양식이다. 그런데 예가 아니면 그렇게 하지 말라는 것은 예가 바로 삶의 규범이라는 것이다. 이 규범은 정해진 도덕률이 아니라 스스로 본분과 정황에 맞게 행동해야 함을 말한다. 이런 경우에 감정은 상황에 적합하게 행동하게 해주는 중용을 찾는 역할을 할 수 있다. 이는 능동적 감정이며 우리의 일상에서 올바른 일들을 실천할 수 있게 해주는 감정이라 할 수 있다.

감정과 관련된 의식은 바로 이러한 인식, 느낌, 행동이 상황논리 및 원리와 결합되면서 출현하기 시작한다. 따라서 감정은 개인적 현상이기도 하지만 사람들 간의 관계 속에서 구성되는 상호주관적 현상으로 간주된다. 정황에 대한 올바른 인식은 예의 분별 능력을 말해준다. 이때의 예는 정해진 규범을 따르는 것이 아니라 매 순간 그 정황에 적절히 맞도록 행하는 것이다. 이러한 방식으로 사람들의 감정표현은 사회적으로 틀 지어지고 상당 정도 관리의 대상이 된다.

혹실드Hochschild에 따르면, 감정관리가 점점 상업화되어 감정노동자의 수가 20세기 초반 몇십 년 이래로 증가해왔다는 것이다. 감정노동자란 고객의 욕구와 노동 상황의 요구에 맞게 자신들의 감정을 조정하는 대가로 보수를 받는 개인들(이를테면 객실 승무원, 매춘부, 사회복지사, 판매노동자)를 지칭한다. 그는 감정노동을 "관리되는 마음의 상업적 왜곡"이라고 부르면서, 감정이 사회적 규범에 의해 덜 규제될수록 좋다고 암시한다.

모든 심정적 반응은 상황 전체에 대한 판단을 바탕으로 일어난다. 감정은 인지의 중요한 보조 수단이다. 그것을 통해서 사람은 자신의 바람과 함께 그와 관계된 사실적 사정을 알고, 자신이 받아들이고 있는 가치들을 확인하게 된다. 이렇게 감정 경험은 우리의 자아에, 그리고 도덕적 측면을 포함하여 우리가 다른 사람들을 평가하고 상대하는 방식에 필수적인 것으로 인식된다.

공자가 "예로 선다立於禮고 했을 때 이는 바로 정황에 따른 선택을 의미한다. 정황과 맥락을 파악한다는 것은 무엇보다 자신의 위치를 알고 있음을 전제로 한다. 삶의 모든 행로는 정해진 길을 가는 것이 아니라 맥락에 따라 움직이는 것이다. 그러므로 자신의 위치를 파악하지 않고서는 움직일 수가 없다. 선다는 것은 끊임없이 반성하며 개선하는 인간의 고유한 수행 양식이라 할 수 있다. 이 관점에서 감정은 개인의 측면에서 행해지는 적극적 지각, 동일시, 관리를 포함하는 자기성찰적인 것으로, 그리고 실제로 성찰성을 통해 창조되는 것으로 파악된다.

순수 우리말에 '낌새'라는 말의 의미는 느낌으로 판단되는 형상, 모양새를 말한 것이다. 느낌은 공감적 체험이면서 그때의 형상은 짐작되는 전체성을 암시한다. 느낌의 상태에서 우리는 세계 안에 세계와 더불어 있다. 여기서 더불어라는 말은 저쪽에 있는 세계에 맞서는 것과는 다른 것이다. 느낌은 세계와 한데 묶여 있다. 또한 느낌은 감각적 체험으로서 신체 상태에 대한 지각이다. 느낌은 느낌의 본질이자 느낌에 독자적인 내용을 부여하는 신체의 상태, 이 필수적인 신체 상태의 지각에 수반되는 변화된 사고방식, 그 주제와 관련해 느껴지는 정서와 합치하는 생각들을 모두 포함한다.

그러한 감각적 체험은 의식의 성장과 더불어 지각적인 것으로, 또 인식으로 발전하지 않으면 안 된다. 윤리를 자연스러운 것이 되게 하는 것은 감정의 자율적인 작용이고 다른 한편으로는 이성적 기율이 그것을 보강한다. 윤리는 감정의 상태이면서 이성 또는 정신의 수련으로 인해 가능해지는 인간의 존재양식이다. 인간의 일들에 작용하는 윤리적 관심과 의지는 정신의 자기 초월의 한 표현이라고 할 수 있다. 정신은 그 자체로 수련의 대상이 된다.

스코틀랜드 철학자 데이비드 흄은 인간 심리의 감정적인 측면이 도덕적·윤리적 태도의 기본이 된다고 주장한 사람이다. 윤리적 규범에 대한 그의 생각의 기초에 놓인 것은 이성보다는 감정이 행동을 유발한다는 것이다. 어떤 행동적 선택은 감정의 움직임이 있어서 일어난다고 할 수 있다. 그러나 흄의 생각에 감정은 윤리적 심성의 기반으로서 극히 취약한 기초가 될 수 있을 뿐이다. 그것은 감정이 변덕스러운 특징을 지녔기 때문이다.

그럼에도 불구하고 라이언과 바바렛Lyon and Barbalet이 주장하듯이, "우리의 몸과 사회세계를 분명하게 연계시킬 수 있게 해주는 것이 바로 감정(느낌/감상/정서)이다." 그들은 계속해서 감정을 '육체화된 사회성'으로 기술한다. 핑켈스타인Finkelstein의 경우에도 감정은 '사회적 담론의 심장'으로, "인간의식을 상징하는 것이자 공중예절에 본질적인 것"이라고 주장한다. 그런 점에서 보면 감정성은 인간과 사회의 교차점에 위치해 있으면서 윤리적 토대를 이룬다고 할 수 있다. 사람들은 개개인의 일상적 삶의 기반 위에서 느끼고 경험하는 자아감과 감정을 통해 사회와 결합한다.

인간의 사회성에 연결되는 도덕적 감수성이 단순히 감정에 머물 때, 그것은 튼튼한 보장이 될 수 없는 것은 분명해 보인다. 우리가 어떤 상황에 처하여 행동으로 옮겨 가는 데에는 참으로 다시 이성의 도움이 필요하다. 그리하여 인간의 행동적 선택에서 감정과 이성은 교차하면서 하나로 결합하게 된다. 인지과학자 안토니오 다마지오는 "최악의 경우든 최고의 경우든 감정을 표현하고 느끼는 능력은 이성의 일부"라는 결론을 내렸다. 감정은 심지어 불편한 감정까지도 우리에게 필요하다는 것이다.

김우창에 따르면, 많은 경우 감정과 이성은 일체적으로 작용한다. 정상적인 상태에서 사람의 마음은 일체성 속에서 움직이기 때문이다.[43] 감정과 밀접한 상관관계에 있는 것은 그 사람이 가지고 있는 욕구의 형태다. 우리가 소망하는 것이 감정을 통해 밖으로 표출된다는 뜻이다. 그리고 그 소망은 상상, 즉 머릿속으로 꿈꾸거나 속으로 바라는 것들을 통해 구체화되어 밖으로 표현된다. 이러한 현상은 시간적 차원 위에서 이루어진다. 다시 말해 과거의 기억 그리고 앞으로의 삶에 대한 희망과 기대의 청사진을 토대로 형성된다는 의미다. 이러한 것들 모두가 합쳐져 우리가 세상에 대해 품고 있는 전체적인 그림이 만들어지게 된다. 세상을 바라보는 생각과 믿음, 무엇이 옳고 무엇이 그르다고 판단하는지, 어떤 것을 정당하거나 부당하다고 생각하는지의 기준 또는 합리적이냐 비합리적이냐를 가르는 경계가 한 사람의 세계관이다.

---

43. 사람은 자신의 마음을 통하여 스스로의 삶의 지속을 확인한다. 우리가 일상적으로 보고 느끼고 하는 모든 것이 마음을 움직이고 결국은 마음을 형성한다. 마음은 삶의 흐름을 타고 전개하면서 끊임없이 자신을 어떤 형태로든 체험의 질로 변형시킨다. 많은 경우 느낌은 우연하고 일시적인 현상이라기보다는 오래된 체험의 한 절정으로서 일어나는 것이다. 그것은 개인의 깊은 체험과 체험이 매개되는 인간 현실 또 거기에 개입되는 외부적 세계에 대한 복합적 의미를 밝혀주는 듯이 한 순간을 이루는 경우가 많다. 그럼으로써만 이성적인 것도 삶에 대하여 살아 있는 의미를 가질 수 있다. 이에 대해서는 졸저, 『전체 안의 전체 사고 속의 사고』, 2015, 살림터, 124-134쪽 참조.

3.

나 혼자 되기

개체발생의 인지생물학적 특징, 자기생산과 자율성

생명현상은 하나의 자연현상이라는 점에서 많은 진척을 이루었다. 생명현상이라는 것도 여타의 자연현상과 마찬가지로 보편적인 자연법칙에 순응해 발생한다는 것이 분명해졌다. 생명은 분명히 하나의 물질현상임에도 불구하고 생명의 진정 놀라운 점은 의식이 발현한다는 점이다. 특히 의식의 생물학적 바탕을 이루는 신경생리학적 현상에 대한 이해가 깊어짐에 따라 여기에 대한 합리적인 이해의 실마리가 잡혀가고 있다. 이러한 의식은 우리에게 존재론적으로 그리고 인식론적으로 매우 중요한 논의의 소재를 제공한다.

두 사람의 칠레 출신 과학자 움베르토 마투라나Humberto Maturana와 그의 제자 프란시스코 바렐라Francisco Varela는 인식활동의 생물학적 기원에 대한 연구를 하였다. 특히 마투라나 이론의 천재적인 점은 바로 생물체계 이론과 인지이론의 구체적인 결합에 있다. 그들은 말하기를, "인지는 생물학적 현상이며 그리고 오직 생물학적 현상으로서만 이해될 수 있다. 인식의 영역으로의 그 어떤 인식론적 통찰도 이러한 이해를 전제한다."

마투라나와 바렐라는 생물의 조직에 대한 이론에서 오토포이에시스

autopoiesis라는 개념을 창안하였는데, 이것은 자기auto와 제작poiesis의 결합어이다. 이 단어는 자기생산, 자기직조, 자기조직화, 자기생성, 자율, 자기구조화 등 사용 맥락에 따라 여러 가지 용어로 부를 수 있는 개념이다. 오토포이에시스는 살아 있는 시스템들—다시 말해 생명체계의 조직이 변화해가는 과정을 이해하는 데 새로운 관점을 제공한다. 이 개념은 "물질을 자기 자신 속으로 변형시킴으로써 그 작동의 산물이 곧 자신의 조직이 되게 하는 체계"로 규정하고 있다. 예를 들어 우리가 섭취하는 음식물들은 우리의 몸을 재생하는 데 거의 다 쓰이는데—간은 한 달, 피부는 두 주, 뼈는 두 달 정도가 걸려서 모든 세포를 바꿔낸다고 한다. 즉, 우리는 우리 자신을 만드는 일, 다시 말해 지속적인 생존을 보장하는 자기생산에 대부분의 에너지와 물질, 신진대사를 사용하는 것이다. 자기생산체계란, 체계를 구성하는 요소들을 다시 순환적으로 생산하는 체계, 즉 자신의 구성 성분의 생산을 거쳐서 자신을 생산하고 유지하는 그런 체계이다.[44]

이때 체계와 환경의 구별은 체계 스스로에 의해 만들어진다. 유기체로서의 몸은 자신을 성장시키고 유지하려고 에너지적으로는 열려 있지만 정보적[형식부여적]으로는 환경에 닫혀 있어 스스로의 경계 조건을 만들어낸다. 생명은 경계가 뚜렷하며 일정한 구조화된 질서를 특징으로 한다. 이것은 생명이 성립하기 위한 체계의 작동상의 폐쇄성이라는 주제를 다루게 한다. 니클라스 루만Niklas Luhmann의 체계이론에 따

44. 이는 생명체의 모든 활동이 다른 생산물을 만들기 위해서가 아니라, 바로 자기 자신을 재생하는 데 대부분의 에너지-자원-물질을 소모한다는 것을 의미한다. 마투라나와 바렐라는 "생물을 특징짓는 것은 자기 자신을 말 그대로 지속적으로 생성하는 데 있다. 이런 뜻에서 우리는 생물을 정의하는 조직을 자기 생성 조직(autopietische organisation)이라 부르고자 한다"라고 말한다. 그렇기 때문에 생명 개체 내부에서 일어나는 작용은 생태계와 마찬가지로 외부 환경으로부터 분리된 부드러운 내부 환경을 조성한다. 즉, 개체 내부에서의 자기생산과 자율적 활동을 특징으로 한다. 그런 점에서 보면 우리 자신을 만드는 것은 우리의 활동의 과정이자 수단이며 목적인 셈이다. 이에 대해서는 신승철, 『구성주의와 자율성』, 2017, 알렙, 96-103쪽 참조.

르면, 작동상의 폐쇄성이라는 테제가 우리에게 중요한 의미를 갖는 측면은 체계가 체계 자신의 작동을 통해 자신의 경계를 설정한다는 것, 그리하여 자신을 환경으로부터 구별하고, 또한 그럴 때만 체계가 체계로서 관찰될 수 있다는 점이다. 즉, 체계와 환경의 구별은 스스로에 의해 만들어진다. 체계는 아무렇게나 만들어지는 것이 아니다. 체계가 체계에 특수한 작동을 통해 스스로를 생산하는 방식을 통해 체계와 환경의 구별이 이루어진다. 따라서 작동은 처음부터 끝까지 언제나 체계 내에서만 가능하고, 언제나 체계 내에서만 사건으로 여겨질 수 있다.[45]

생명 내부에서의 자기생산은 반복을 특징으로 한다. 마치 기계처럼 말이다. 생명도 반복적인 운동을 통해—자기 자신을 포함하여—무언가를 생산한다는 측면에서 기계이다. 마투라나와 바렐라는 기계 machine를 "서로 사이에 일정한 관계를 만족시킬 성분들로 이루어진 하나의 기능적 단위체unity"로 규정하면서, 생명체를 기계로 보는 것이 적절하다고 말한다. 우리가 알고 있는 단순한 기계는 투입을 통한 자극이 일정한 규칙에 따라 산출로 전환되고, 정보 또는 일정량의 에너지를 투입하면 반드시 기계가 작동하고 일정한 결과를 생산하는 기계이다.

오토포이에시스의 개념에 따르면, 생명체계들은 자기의 폐쇄적인 동학 속에서 스스로를 생산하는, 스스로를 조직하는, 스스로를 지시하는 그리고 스스로를 보존하는 자기생산적인 기계이다. 자기생산적 기계는 자신이 조금 전에 했던 것에 비추어 스스로를 조종하고, 자신이

---

45. 예를 들어 생명체는 살고 또한 계속 살아가는 데 성공함으로써 이러한 차이를 생산한다. 사회적 체계는 독자적 생명체들 사이의 관계가 수립되는 커뮤니케이션을 통해 그리고 이 커뮤니케이션이 계속되는 커뮤니케이션의 연결 가능성에 관한 고유한 논리, 고유한 기억 등에 따라 이루어짐으로써 체계와 환경의 차이를 만들어낸다. 이것이 중요한 것은 체계가 자신의 작동을 통해 환경과 접촉할 수 없다는 결론에 이른다는 것이다. 이에 대해서는 디르크 베커 편집, 윤재왕 옮김, 『체계이론 입문』, 2014, 새물결, 119-130쪽 참조.

해야 할 일을 일관되게 유지할 수 있도록 만드는 통제장치를 갖고 있다. 따라서 이를 좀 더 일반화하여 표현한다면, 기계는 예측할 수 없거나 또는 기계가 자기 스스로에 대해 물음을 제기할 때 기계가 어떠한 상태에 있는지를 정확히 알고 있는지에 대해서만 예측 가능성이 존재한다.

마투라나와 바렐라가 말하는 자기생산적 기계는 성분들의 생산(변형, 파괴) 과정 네트워크로 조직된 것이다. 그런데 이것이 생산하는 성분들은 먼저 그들 간의 상호작용과 변환을 통해 새로운 구조들과 기능들을 추가하고 확장하여 그들을 생산해낸 과정 네트워크를 연속적으로 재생 및 구현한다. 즉 네트워크로서의 자기생산 기계는 오직 항상 전체로서만 진화할 수 있다. 그러한 네트워크는 스스로를 구현해낼 위상학적 영역을 규정함으로써, 이것(기계)의 존재 공간 안에서 하나의 구체적인 단위체가 되도록 만들어나간다.

마투라나와 바렐라가 중점을 두는 것은 생명의 특성이 자기생산적 성격을 지닌 조직 안에 나타난다는 것이다. 그들은 기계라는 '닫힌' 관계의 시스템을 통해 스스로를 생산해나갈 수 있는 이러한 능력을 지칭하기 위해, 자기-생산이라는 독특한 용어를 만들어내었던 것이다. 모든 살아 있는 시스템들은 단지 자기 스스로에게만 준거하는—즉, 되돌아 자기 스스로를 가리키고 마는 맴돌이적 성격을 가진 조직으로서, 조직적으로 '닫혀' 있으며, 자율적auto-nom으로 상호작용하는 시스템이라고 마투라나와 바렐라는 주장하였다. 이 개념과 연관되는 진화생물학적으로 중요한 통찰이라고 한다면 그것은 먹이 섭취, 호흡, 물질대사, 번식, 감각가능 등의 상이한 영역들의 기관들이 복잡하게 서로 접속됨으로써 중요한 역할을 한다는 것이다. 다시 말해 개별 기관의 생존과정은 다른 기관의 생존과정까지 자극하고 지원하며 영향을 미친다. 한 영역에서의 기관의 진화는 항상 다른 영역 기관의 진화 수용능력에 의해서 규정되며 경로화된다고 할 수 있다.

한편 생명이 자기생산된다는 점 그리고 생명의 개체적 독립성과 관련된 작동상의 폐쇄성 테제는 자율, 자기결정, 자치, 고유성, 특이성 등의 개념군을 구성해낸다. 마투라나와 바렐라는 말하기를 "우리는 자율이란 개념을 흔히 쓰는 뜻으로 쓰고 있다. 곧 자기가 따르는 법칙이나 자기에게 고유한 것을 스스로 결정할 수 있는 체계는 자율적이다." 개체가 자율적인 이유는 스스로를 만들고 결정할 수 있는 생명의 자기생산 능력이 있기 때문이다. 생명은 자기생산조직을 바탕으로 개체적 자율성에 따라 인지생물학적 현상을 보여준다. 인지생물학에 따르면, 생명체계들은 인지체계이며, 과정으로서의 생명은 인지의 과정이다.

모든 자율적 체계는 조직상으로 볼 때 폐쇄되어 있다. 인식은 체계가 작동상 폐쇄되어 있기 때문에 가능하며 오히려 우리는 시스템 내부에 관찰자로서 존재할 수 있게 된다고 말할 수 있다. 체계는 전적으로 그리고 완벽하게 내재적 작동에 기초한다. 따라서 관찰자는 항상 어떤 규정을 하는 요소로서 그 단위의 기능 작동과 결부되어 있다. 즉, 관찰자는 작동을 관찰하지만 관찰자 자체가 하나의 작동이다. 체계는 자신의 인식 작동을 갖고 환경 속으로 전진하는 것이 아니라 작동의 연결과 작동 사이의 추론 관계, 즉 다음 번 인식이 무엇이 될 것이며 무엇을 기억할 것인가 등을 항상 체계 내부의 작동에서 찾아야 한다.

관찰자의 인지체계 역시 작동상 폐쇄되어 있다. 조직상의 폐쇄성은, 다시금 어떤 현상 영역을 확장하는 단위를 생성한다. 그뿐만 아니라 한 단위가 폐쇄성에 의해서 수립되는 즉시, 단위는 명백하게 그 단위가 자신의 정체성을 잃지 않으면서도 상호작용할 수 있는 영역을 규정한다. 바로 그 영역은 관찰자에 의해서 고찰되는 것과 같은—주변 환경에 관하여 기술할 수 있는 상호작용의 영역으로서—즉 예를 들면 그 단위에 대한 인지적 영역이다. 정체성 메커니즘, 현상 영역의 생성 및 인지 영역은 모두 다 폐쇄성을 통한 조직의 구체화라는 테두리에서 하나의 주어진 영역에 통괄된 인접한 개념이다.

한편 장 피아제는 유기체라는 자율적 총체성으로부터 어떻게 의미 significance가 생겨나는지를 밝혀내는 데 기여했다. 어린이들이 감각운동 행위를 통해 자신들의 세계를 형성해가는 방법을 연구함으로써 그는 지각적 대상의 구성이 어떻게 개체 발생에 기초하는가를 연구하였다. 피아제는 인지가, 심지어 가장 높은 수준의 인지로 보이는 것조차 유기체 전체의 구체적인 활동, 즉 감각 운동 결합 sensorimotor coupling에 기초하고 있다는 생각을 정립하는 데 성공하였다. 이것은 인지가 주어진 세계에 대한 이미 완성된 마음의 표상 효과가 아니라, 세계 내에서 한 존재가 수행하는 다양한 행위의 과정에 기반을 두고 마음과 세계가 함께 만들어내는 것임을 확인시켜준다.

간단히 말하면 이 세계는 우리에게 주어진 그 어떤 것이 아니고 우리가 움직이고 만지고 숨 쉬고 먹으면서 만들어가고 있는 그 어떤 것이다. 바렐라는 이것을 "발제로서의 인지cognition as enaction"라고 한다. 왜냐하면 발제란 실제적인 행함에 의하여 만들어진다는 뜻이 담겨 있기 때문이다. 그것은 "함이 곧 앎이며, 앎이 곧 삶인 것"이다. 마투라나와 바렐라의 입장에서는 "우리는 세계의 공간을 보는 것이 아니라, 우리의 시야를 체험하는 것이다"라는 앎에 대한 함을 주장한다. 바렐라는 시인 안토니오 마카도의 말을 빌려서, '발제enaction'라는 개념을 "걸어가면서 길을 놓는" 행위로 기술했다. "길을 걷는 것은 너의 발길이다. 너는 걸어가며 길을 놓는다." 발제는 하나의 법칙을 규정하는 행위이면서 그와 동시에 하나의 행위의 실연performance 혹은 실행을 함축하고 있다.

에반 톰슨Evan Thompson에 의하면 발제는 하나의 법칙을 발제하는 행위이지만, 그와 동시에 하나의 행위의 실연performance 혹은 실행을 함축하고 있다. 그러기에 생명체는 능동적으로 스스로를 발생시키며 유지하는 자치적 행위자들이며, 그에 의해서 자신에게 고유한 인식 영역을 발제, 혹은 산출하는 것이다. 또한 톰슨이 말하기를 생명체의 자기목적적인 자율성은 철학적으로는 칸트의 판단력 비판에서 찾을 수 있다고 한다. 칸트에 의하면 생명체는 자연의 산물이지만, 인공물과는 달리 자연적인 목적을 갖는다고 한다. 칸트는 내재적 목적과 상대적 목적을 구별하는데, 후자가 어떤 목표를 위한 수단으로서의 효과가 갖는 유용성이나 이득이라면 전자는 직접 목적 그 자체로 간주되는 효과에 속한다. 칸트는 생명을 갖는 유기체를 인간에 대한 상대적 목적을 갖는 것으로 간주하는 것에 반대하면서 내재적인 목적을 갖는 존재로 본다.

생명활동은 발제적 접근 과정과 동떨어져서 존재하는 것이 아니라, 생명활동 자체가 발제적 인지활동을 동반하고 있는 것이다. 자율성 역시 자기생산체계 이전에 따로 존재하는 것이 아니라 자기생산체계의 발제적 인지활동을 통해서, 그 활동에 참여함으로써 비로소 존재하게 된다. 물론 자기생산체계 안에 있는 요소들의 관계는 인지체계 안에 그것과는 근본적으로 다르지만, 자기생산은 인지의 생성을 위한 조건을 창출하고, 다시 인지는 커뮤니케이션을 위한 조건을 창출한다. 그렇기 때문에 자기생산, 인지 및 커뮤니케이션의 영역들은 존재론적으로 상이한 영역들로 간주될 수밖에 없다.

특히 인지 체계와 커뮤니케이션 체계는 충분한 자기생산적 안정성을 갖고 함께 진화하고, 언어의 발달은 우리의 의식으로 하여금 동물들도 수행하는 복잡한 지각 활동의 영역을 벗어나 우리에게 익숙한 형태의 다른 활동들을 분화시킬 수 있도록 해주었다. 후설의 선험적 현상학에서 보여준 그의 통찰에 따르면, 의식의 작동은 현상과 관련을 맺을 때, 즉 어떤 사태 자체가 제 스스로 주어지는 하나의 생생한 현실성인 현상을 지향할 때만 성립할 수 있다. 이때 현상이 외부 세계여야 하는지 그리고 외부 세계가 무엇인지는 별개의 물음이다. 의식은 의식 내재적으로 현상과 관련을 맺으며, 따라서 동시에 자기 자신과 관련을 맺는다.[46]

후설은 의식이 갖는 시간적 의미도 명확히 감지하고 있었다. 모든 의식의 작동은 기억과 함께, 즉 금방 무슨 일이 일어났는지를 곁눈질하면서 이루어지고, 또한 예상과 함께, 즉 다음의 두 개, 세 개의 의식 과정에서는 무엇이 올지를 예견하면서 이루어지고, 그 때문에 경험과 이론으로부터 영감을 얻는 예상, 즉 장기적인 기억을 발전시킨다. 이 모든 것은 체계 안에서 발생한다. 이렇게 체계이론적 의식을 근거로 우리는 자기 자신을 환경으로부터 구별하여 서술할 수 있다. 따라서 현상학은 새로운 현상 개념을 통하여 의식의 독립적인 힘을 보여준다. 의식은 운동을 멈출 수 없다. 의식은 자기운동이라는 형태를 취하면서 주관적 체험의 숨겨진, 간과된 의미를 드러내는 것이다.

마투라나와 바렐라의 인지생물학적 태도가 의미하는 바는 존재론적 차원에서 국지적이고 유한하며 가까운 곳에서 이루어지는 우리의

---

46. 후설이 용어를 가끔 다르게 쓰기도 하지만 사고 대상인 현상을 'noema'라고 부르고, 이에 반해 'noiesis'는 성찰적으로 접근하는 사고 과정이나 의식 과정 자체 또는 의식의 성찰성과 의식이 관련을 맺는 세계의 현상성을 뜻한다. 말하자면 의식의 구조는 의식의 성찰성과 현상의 차원의 연결을 통해 보장된다. 이 연결은 팽팽하다. 즉 의식은 결코 다시는 자신에게 돌아올 수 없게 될 정도로 환경 속에서 헤매지 않으며, 그렇다고 해서 의식이 '나는 내가 생각하는 것을 내가 생각하는 것을 내가 생각하는 것을 생각한다'를 지속적으로 다루는 것은 아니다. 다시 말해 언젠가는 현상을 필요로 한다. 이에 대해서는 로버트 소콜로프스키 지음, 최경호 옮김, 『현상학적 구성이란 무엇인가』, 1992, 이론과 실천, 225-228쪽 참조.

삶이 곧 앎이라는 것이다. 즉 우리가 실천하고 행동하면서 생명활동의 과정에서 구성하는 앎인 것이다. 앎과 삶의 동시적 관계는 삶의 원형대로 살려고 한 사람들에게서 쉽게 볼 수 있다. 테레사 수녀에게서 봉사는 삶 자체였다. 아인슈타인에게도 물리는 곧 삶이었다. 그들에게서 봉사와 물리는 삶 속에서 함과 앎의 동시적 과정이었던 것이다. 그들은 적어도 봉사와 물리에 관해서는 세상 누구보다도 뛰어난 안목과 식견을 가지고 있었다. 그리고 무엇보다도 그들은 봉사와 물리라는 일을 사랑하였다. 이것은 봉사와 물리에 관한 뛰어난 능력을 얻기 위해 치밀한 준비(공부)에서 얻은 것이 아니라 그 속에 치열하게 살았기 때문에 얻은 결과이다. 어떤 목적을 위해 산 것이 아니라 봉사와 물리라는 그 자체에 살았다. 이것이 바로 생명의 자기생산과 인지생물학이 함의하는 존재론적 시사점이라고 할 수 있다.

자기-생산 관점은 모든 참 활동의 전제이다. 이것은 윤리적 체계에도 해당된다고 할 수 있다. 윤리적 체계에서는 내면적 생산 활동이 지고의 미덕이며, 그 전제는 일체의 아집과 탐욕으로 이루어진 자기중심주의를 극복하는 것이다. 자기-생산 이론의 윤리적 함의는 "자신으로부터 빠져나오는 것"을 의미하며 이것은 여러 가지 비유로 묘사된다. 이를테면 "자아를 출산하는" 과정으로, "자아의 내부에서, 그리고 자아를 넘쳐서 흐르는" 그 무엇으로 칭한다.

사람과 동물은 생명체이다. 생명체의 특징으로 가장 대표적인 것은 다양성의 근간이 되는 개체 고유성이다. 여기서 개체라는 것은 물질에 근거한 자기만의 형태form를 지니고 주위와 구별되는 경계를 지니는 것을 의미한다. 마투라나와 바렐라가 주장하는 바를 참고한다면 개체 고유성의 기원은 '자기생산'이라고 할 수 있다. 그들은 자기생산이라는 개념을 주창하면서 생물학적 현상을 새로운 시각으로 조명하고 있다.

자기생산이 생물학적 현상들을 이해하기 위한 해명의 열쇠로 여겨지는 가운데, 논의의 초점도 조절이라는 측면에서 자율성Autonomie이라는 측면으로 옮겨진다. 자율성이란 문자 그대로 자기에 대한 법칙이다. 자기생산은 생명의 자율성에 대한 설명이다. 마투라나와 바렐라의 주장에 따른다면, 생명은 '자기생산의 능력을 가진 개체'라고 할 수 있다. 개체는 단순한 존재가 아니다. 모든 개체는 개체마다 다 복합적이다.

생명체계의 조직상의 폐쇄성 즉 닫혀 있음은 특별한 개체성, 즉 환경에 대한 체계의 자율성을 규정한다. 생명체계들은 환경과 관계하여 일종의 자기-준거적인 폐쇄성을 획득하려고 하기 때문에 체계가 더 많은 등급의 자유를 누릴수록, 그 체계는 더욱더 자신을 실현하고, 자신에게 고유한 구조와 기능을 실현한다. 이를테면 '나는 누구지?', '나는 조금 전에 무얼 했지?', '내가 지금 어떤 기분이지?', '내가 여전히 이 일에 관심을 갖고 있나?' 등과 같은 물음을 끼워 넣고 나서야 비로소 자기 준거적 고리loop가 작동하게 되어 개체의 자율성이 확보된다.

이러한 생각은 우리들로 하여금 자기정체성을 더욱 공고히 하고 또 스스로를 재생산해가도록 한다. 그러한 시도들은 자기-준거적인 과정의 일부로서 자기형성을 인식하게 함으로써 삶에 관한 우리의 이해에 또 다른 깊이를 더해주고 있는 것이다. 이와 같은 자기-준거적인 과정에 따른 삶을 비유한다면, 그것은 마치 생기 있게 활동하는 사람은 채워짐에 따라 커져서 결코 가득 차지 않는 그릇과 같다고 할 수 있다.

한편 조직상으로 폐쇄되어 있는 생명은 자신의 유한한 경계를 형성하면서 동시에 그것을 자기생산하기 위해서 노력하고 실천하는 것이 기본적인 형태라고 할 수 있다. 그러나 만약 이러한 조직상의 폐쇄성이 붕괴되면, 단위는 사라진다. 바로 이것이 자율적 체계의 특징이다. 신경생리학적 과정이 완전히 폐쇄적이며 순전히 내재적으로 이루어지듯이

루만의 체계이론에서 의식 역시 폐쇄적 체계이며 자기 준거와의 연결을 통해 의식 또한 내재적이라고 한다. 의식이 내재적이라는 것은 다행스러운 일이다. 만일 그렇지 않다면 누구나 다른 사람의 의식 속으로 들어가 어떤 생각을 만들거나 어떤 지각을 지각하도록 만들 수 있게 될 것이기 때문이다.

자연인의 발달노선, 자애와 애기

자연의 모든 것―푸르고 넓은 바다, 끝없이 펼쳐진 하늘, 흐르는 구름에 둘러싸인 산과 골짜기 등은 사람의 마음에 기쁨을 불러일으킨다. 우리가 마음속의 풍경을 찾아 헤매는 것도 이러한 자연 세계와의 원초적 조화를 갈구하기 때문이다. 거대한 자연의 움직임 속에서 사람의 존재는 참으로 위태로운 것처럼 보이기도 하고 기적처럼 귀한 것으로 생각되기도 한다. 우리가 자연 속의 인간을 생각하는 것은 거기에서 인간적 경험의 진정한 출발의 극極을 찾고자 하는 것이다. 그러한 관점에서 인간은 감성을 가지고 있으면서, 동시에 더 넓게 인간적 가능성으로 스스로를 열고 그 가능성을 자신의 것으로 한 사람이어야 할 것이다. 그렇다면 자연 속의 인간이란 어떤 사람인가?

유학에서는 천지의 만물에는 생명을 향한 본성이 내재되어 있다고 보고 이를 '인仁'이라고 부른다. '인'은 인간관계에서만 통용되는 윤리적 덕목이 아니다. 물론 '인'은 인류 세계에서 인간이 실천해야 할 최고의 덕목이기도 하지만, 궁극적으로는 생명의 본성이자 생명의 원리라고 할 수 있다. 『주역』에서는 천지 만물에 편재해 있는 생명체의 본질적인 특징을 생명의지生意라고 파악한다. 생명의지는 생명체의 바깥에서 계획적으로 부여된 것도 아니고 존재 세계의 외부에서 의도적으로 설계된 것도 아니다. 생명의지는 생명체 자신이 가진 본래적 특징으로서 자기목적성이라는 말 외에는 달리 표현할 길이 없다. 모든 생명체는 자신의 생명을 유지하기 위해서 능동적으로 노력하고 애쓰는 성향을 지닌다.

루소는 그의 『에밀』에서 '자애自愛, amour de soi'와 '애기愛己, amour propre'를 구별했다. 그러면서 온전히 자신만을 위해 존재하는 자연인인 유아 시절에 자기애가 충족되지 못한 아이는 나중에 남을 위해서도 존재할 수 없다고 한다. 그런 사람은 전 생애를 통해서 두 개의 힘과 싸우는데, 그 두 개의 힘 사이에서 방황하면서 자신과 일치하지 못하고 결국 자기를 위해서도 남을 위해서도 이바지하지 못하고 생을 마감할 뿐이라고 한다.

루소에 따르면, 자연인의 삶의 근본적 동력은 자기에 대한 사랑, 자애이다. 그것은 원초적 본능으로 동물의 생명 보존의 본능과 같은 것이다. 자연인으로서의 어린이가 가지는 최초의 감정이 자기-보존의 성향인 자기-사랑인 것이다. 자애는 인간 교육의 차원에서 보면 아직 사고가 발달하기 이전의 신체나 감정, 느낌의 차원을 중시하라는 것을 의미한다. 어린 시절 혹독한 삶의 현실에서 신체나 감정이 필요로 하는 것들을 온전히 배려 받지 못한 아이는 그 마음이 왜곡되기 쉽고 자기 보존에 대한 두려움이 많기 때문에 자유롭게 세상과 만나지 못한다. 또한 자신이 겪은 것을 밖으로 가지고 나와서 객관화시켜 보지 못하고 세계에 대한 벽을 쌓고서 자신 속에 침잠해버리는 경향이 있다.

어린이만이 아니라 모든 생명체들은 자연적으로 자기를 사랑하고 보존하고자 한다. 자기-사랑은 생명을 가진다는 점에서 지니게 되는 감정이며, 자신의 생명을 보존하고자 하는 감정이다. 그렇기 때문에 자기-사랑은 인간적 의미의 도덕적 기준을 적용할 수 없는 것이다. 자연 상태에서의 인간은 도덕과는 무관한 인간인 것이다. 자기-사랑에서의 자기란 생명적 자아를 말하는 것이지 다른 사람을 만나면서 자신을 인간으로 느끼는 존재로서의 자아가 아니다.

모든 생명 현상의 핵심은 자신의 삶을 유지시키기 위한 노력이라고 할 수 있다. 이것은 인간 본성에만 특별히 적용되는 것은 결코 아닐뿐더러 이러한 생명 현상을 스피노자는 '코나투스conatus'라고 명명한다. 코나투스의 원래 뜻을 비유적으로 말해보자면, 움직이는 물체가 계속 움직이려고 하는 성질인 '관성'이라고 할 수 있다. 실제로 존재하고 있는 한, 각 사물은 자기의 존재를 보존하려 노력하고 있다. 이런 의미에서 자신의 존재를 지속적으로 유지하려는 생명의 힘을 표현하는 분투, 노력, 그리고 경향이라는 말이 코나투스에 가장 근접한 단어들일 것이다.

이것은 생명체가 수정된 순간부터 개체발생을 위한 방향성을 지니며 이것은 미처 태어난 신생아가 의식 없이 모유를 향해 움직이는 동작을 보이듯 내적 방향성으로서의 넓은 의미의 생명력이라고 할 수 있다. 스피노자 스스로의 설명에 따르면, "각각의 개체는 스스로의 힘으로 가능한 경우에 자신의 존재를 계속 유지하고자 노력한다." 또한 "각각의 개체가 자신의 존재를 유지하고자 노력하는 것은 곧 개체의 본질이다." 스피노자의 개념에 대해서 안토니오 다마지오가 오늘날의 시각에서 언급하기를, 살아 있는 생명체가 생존을 위협하는 수많은 기이한 것들에 맞서 자신의 구조와 기능의 일관성을 유지하도록 만들어졌음을 암시한다는 것이다.

그런데 이 코나투스가 인간의 의식과 함께 나타날 때, 이 노력은 욕망을 이루며, 욕망이라는 이름 아래 인간의 성향들, 충동들, 의욕들의 총체가 지칭된다. 누구에게나 가장 원초적인 욕망은 아마도 살고자 하는 욕망일 것이다. 다시 말해 '자기 보존의 욕망'인 것이다. 이 욕망은 단순히 심리학적 현상이기에 앞서 생물학적 현상이며 나아가 존재론적 현상이다. 그렇기 때문에 이 욕망은 생명체의 자아정체성을 이루고 있는 개체 고유성의 기원이 된다고 볼 수 있다. 프랑스의 철학자 베르그송의 표현처럼 '생의 의지'라고 표현할 수 있지만 모든 생명체의 개체 고유성은 결국 이러한 욕망의 집합이며, 이것은 자아를 이루는 터전이 된다. 자연의 생명력 자체 나아가 존재의 기본적 활력이 욕망이란 이름으로 개념화되는 것이다.

개체발생적 차원에서 자연인의 일차적 관심은 자기-보존이다. 사람은 저마다 자기-보존이라는 것에 특별한 책임이 있기 때문에 그의 조심성의 최초이고 또 가장 중요한 것은 끊임없이 거기에 주의를 기울이는 것이며, 또 그래야만 한다. 즉 자연인은 완전히 자기를 위해서만 존재한다. 루소의 말을 빌리자면, 자기애와 공감이라는 원초적 본능은 이성적이고 덕성 있는 인간의 내면에서 공동선에 대한 사랑으로 함께 융합한다. 이것이 정치적 맥락에서 일반의지로 알려진 것이다. 즉, 그것은 합리적 원리에 따라서 자신의 의지를 자율적으로 규제하는 능력이다.

물론 자애에는 연민이나 사랑과 같은 특수한 감정에 따른 타자에 대한 의식이 없다. 자애적 자아는 자신의 삶을 잘 유지하기 위해서 무엇보다 자신의 현재 상태를 인정하고 잘 알 수 있어야 한다. 마치 배고픈 사람이 자신의 배고픔만을 생각하는 것과 같다. 배고픈 사람에게 먹을 것을 줄 수는 있지만 그를 대신해서 먹어주지는 못한다. 이것을 레비나스는 '자신에 대한 향유'라고 말한다. 즐기고 누리는 행위는 무엇에 의존하지 않는 독립적 행위이다. 향유의 순간, 어떤 것에 의존하지 않고 홀로 무엇을 누린다는 사실에 주체의 주체성의 기원이 있다고 레비나스는 생각한다. 그에 따르면, 향유를 통해 내면성이 형성되고 내면성을 통해 '자신'과 '자신 아닌 것' 사이의 분리가 출현한다. 따라서 향유를 통해 자아가 비로소 출현한다고 볼 수 있다. 말하자면 향유는 나 자신이 나 자신으로 실현하는 과정이고 이 과정을 거치면서 나는 하나의 개별적 인격으로 등장한다. 향유는 개체에게 자유를 주고 각자의 삶을 각자의 것으로 떠맡게 해준다.

자신의 몸과 마음을, 자신의 의견과 감정, 흥미와 욕구를 스스로 돌아보고 감지하며, 이를 소중히 여기고 사랑하게 해야 한다. 무엇보다 중요한 것은 자신의 삶을 살 줄 알게 하고, 자신의 삶을 향유하게 되어 비로소 행복한 인간이 되어가는 것이다. 그런 자애적 자아는 스스로에 대해 입법자일 수 있다. 입법자는 무엇을 원하는지, 무엇을 할 것인지를 스스로 결정할 수 있는 사람이다. 개인의 자율은 전적으로 자신에 대해 자신이 입법자 역할을 수행할 수 있는가에 달려 있다.

비록 이것은 자기 폐쇄적이지만 그것을 넘어갈 수 있는 도덕적 가능성을 갖는다. 하나의 인격체로서의 너에 대한 도덕적 자각이 일어날 수 있기 때문이다. 이는 타자를 관심과 존중을 받을 만한 가치가 있는 존재로 지각하는 것을 의미한다. 그 가능성은 자애가 자신의 온전함, 진정성, 일관성의 의지에 대하여 기초가 된다는 데에서부터 시작된다. 따라서 일반의지를 따른다는 것은 모든 사람의 이해관계에 있는 것을 의지하는 능력을 대변한다는 것이다.

이러한 일반의지의 기초를 가지지 않는 사회성은 애기가 된다. 다른 사람들의 사적 의지에 의존하는 이것은 자신을 타인의 눈에 비치는 외면적 효과와 평가로 값 매김 하려는 이기적 자기 사랑이다. 다른 사람들의 관심과 주목을 받게 되면서 그들의 평가를 의식하게 되는 것이다. 그런 타인의 시선을 의식하는 순간 생각과 감정은 완전히 다른 방식으로 현존한다. 타인이 나를 노골적으로 의식하고 관찰하고 예의 주시하고 있다는 것을 느끼는 순간 본인이 의도하지도 않은 관심 때문에 당황스러운 감정이 일어날 수 있다. 헤르만 헤세의 자전적 소설 『수레바퀴 아래서』는 어떻게 한 아이가 그 부모와 그를 배출한 마을과 또한 허영심에 가득 찬 교육자들의 목적주의로 인해서 마치 "수레바퀴 아래에" 끼인 것처럼 무섭게 학업만 강요당하다가 죽어갔는지를 잘 그려주고 있다.

애기의 자아는 늘 타자를 필요로 하는 까닭에 한없이 다른 사람을 향하여 나아간다. 그러면서 물론 그것은 깊은 동기에서는 자기 팽창의 방편이다. 여기에서의 자기 팽창은 진정한 자기를 왜곡하고 잃어버림으로써 생겨나고 커지는 자아로 이어진다. 자애적 자아가 내향적 세계에서 오로지 나를 배려하며 나와 대면하면서 나에 대해 생각하기 시작하는 단독인의 발상이라면, 애기의 자아는 자신만을 유일하게 예외적인 존재로 만들려는 전형적인 독단인의 발상이다. 다른 한편으로 애기는 다른 사람과의 관계에서 순정성을 없앨 뿐만 아니라, 다른 사람이 그 사람 자신보다도 나를 사랑할 것을 요구하는 폭력성을 띤다. 어떤 경우에나 그것은 허세와 경멸, 수치심과 질시의 모태이다.

자연 속의 인간은 타고난 대로의 인간이다. 그는 자연대로의 가능성, 자연의 충동, 성품을 받아들이고 표현한다. 이 자연스러운 인간의 "영혼은, 아무것에 의하여서도 혼란되지 않으면서, 현재의 존재의 느낌에 스스로를 내맡긴다." 이것은 자연의 감각적 쾌락을 향유하는 것을 말하는 것이기는 하지만, 특정한 쾌락을 탐닉하고 그것을 열광적으로 추구하는 것을 의미하지 않는다.

루소에게 교육은 자연성, 즉 생명성의 원리에 따라야 한다. 교육은 학생이 자신의 고유성, 즉 자연성에 확고히 뿌리를 내리고 성장하도록 하는 조력이어야 한다. 따라서 교육의 최초 단계에서 무엇보다 중요한 것은 신체적, 감각적 생명의 자유롭고 건강한 발달이다. 아이들에게 자연스러운 방법, 즉 아동의 흥미를 끌 수 있는 방법으로 신체적, 감각적 기능을 잘 발달시키도록 하며 다양한 감각적 경험을 충분히 하도록 한다. 그의 견해를 보면, 이성이란 태어날 때부터 마음속에 존재하는 것이 아니라 인간의 여러 가지 능력들이 골고루 발달함을 통하여 종합적으로 완성되는 고차적 능력이다. 따라서 이성은 단지 인지적 능력이 아니라, 인간의 신체적, 감각적, 정신적 활동이 개념적, 논리적 사고에 수렴되는 것이며, 실천과 그대로 연결되며, 살아 있는 정신이다.

루소에게 바람직한 인간상은 사회 속에 존재하는 사람이 아니라 자연의 주어진 대로의 삶 속에 있는 인간에서 발견된다. 루소의 경우에도 그가 독립적 개인의 주체로 서기 위해서는 그 주체성을 호명하는 큰 주체가 필요했다고 할 수 있다. 거짓된 사회적 가치를 극복하고자 하는 루소에게 필요한 것은 사회를 넘어가는 초월적 질서의 부름이었다. 자연은 이 질서를 나타낸다. 루소의 자연 속의 인간이란 사회관계의 타락—권력 투쟁과 부의 과시적 경쟁, 그리고 일반적으로 인간관계의 악화로부터 자유로운 인간의 행복한 모습을 이상화한 것이다. 루소는 자기 충족적인 자연인과 사회인의 사이에 큰 간격이 있음을 잘 알고 있었다. 자연의 자질 위에서 도덕적·정치적 덕성을 첨가하여 성장하는 것이 루소가 생각한 이상적인 교육의 방향이라고 할 수 있다.

김우창이 정리한 바에 따르면 사회와 인간에 대한 루소의 명상의 출발점은 주어진 대로의 삶을 사는 자연 속의 인간이다.[47] 이 삶을 움직이고 있는 것은 자기에 대한 사랑이다. 모든 것은 스스로를 사랑하고 스스로에 의지하는, 그리고 태어난 대로의 자연인의 연장선상에서 이루어지는 것임은 틀림없다. 이것은 무반성적으로 부과하는 거짓된 사회적 가치를 그릇된 것으로 인식할 수 있게 한다. 루소가 인지한 이러한 이미지는 이미 삶의 전체를 조감하고 그것을 전체적으로 평가하고 있다는 것을 말한다. 이 자애의 개념에는 이미 보편성의 지평을 바탕으로 하여 사물을 보는 사유가 움직이고 있는 것이다.

47. 루소는 자기 충족적인 자연인과 사회인의 사이에 큰 간격이 있음을 잘 알고 있었다. 대개 인간이 사회적 접촉을 통해서 만나게 되는 사회 체제는 부패하고 타락한 체제이다. 그것이 개인의 행복을 크게 왜곡하는 것이다. 그러므로 루소에게는 사회의 공적 공간은 쉽게 행복의 공간이 아니라 불행의 공간이 된다. 그러나 루소의 교육론 『에밀』에서는 소년 에밀이 자연으로부터 벗어나 사회로 나아가야 한다. 적어도 열두 살까지의 교육의 주안점은 에밀을 사회의 침해로부터 지켜내는 일에 있다. 즉, 자연의 자질 위에서 도덕적·정치적 덕성을 첨가하여 성장하는 것이 루소가 생각한 이상적인 교육의 방향이었던 것이다. 이에 대해서는 김우창, 『기이한 생각의 바다에서』, 2012, 돌베개, 147-153쪽 참조.

혼자 됨의 능력 형성

　분주한 삶을 사는 현대인은 단지 자기 자신과의 대면을 피하기 위해 고요함을 회피하는 데 익숙해 있다. 그래서 정말로 철저하게 혼자가 된다면 상당수의 사람들은 일단 공황 상태에 빠질지도 모른다. 수학자이자 철학자인 앨프리드 N. 화이트헤드는 종교를 "사람이 자신의 고독으로써 만들어내는 것"이라고 정의했다. 혼자라는 것은 고립되거나 고독한 개별자가 아니다. 혼자 되기는 사회적 실천에서 개인의 내면성이 지니는 중요성을 보여준다.

　개인의 내면성이 사회적 실천의 영향을 받는 것은 사실이지만 그럼에도 불구하고 이 외적인 실천으로 환원되지 않는 영역을 포괄하고 있다. 이것은 서양 근·현대의 철학에서—특히 칸트 이후의 독일 관념론에서 "자아"라는 이름으로 연구되어왔다. 근대적 개인의 해소되지 않는 독특한 내면성의 문제를 근대 사회가 직면한 근본 문제로 보았던 것이다. 근대적 개인의 내적 고독함을 통해 주목한 것은 개인들 간의 형식적인 상호주관적인 관계로 채워지지 않는 개인의 내적인 자유와 개인의 행위 능력에 관한 문제였다.

　윤리적 인간이 탄생하기 위해서는 집단으로부터 벗어나 홀로 지닐 줄 아는 독립적 개인의 존재를 인정하는 것이 필요하다. 그런데 한국인은 여럿이 함께 있는 것을 좋아한다. 반면 홀로 조용히 있는 시간은 처량하게 생각하는 사회적 분위기가 있다. 물론 인간은 홀로 고립되어 지낼 수 없다. 따로 홀로 지내다가 남과 더불어 지내는 것이 인간이다. 칸트의 코페르니쿠스적 전회의 의미는 자아의 내면성을 틀 지우는 의미의 형식을 규명했다는 것에 있다. 즉, 인식의 형식, 의지규정의 형식, 미감의 형식을 말하는 것인데, 그것은 내면을 채우는 의식의 내용을 모두 비웠을 때 비로소 발견되는 내면의 형식 틀인 것이다. 이 내면의 형식에 어떤 내용을 채워야 하는가가 혼자 됨의 과제라고 할 수 있다.

헤겔에 의하면, 이 근대적 개인의 내면성은 개인들 간의 상호성의 원리로 해소될 수 없는 독특한 내면성이다. 그래서 이 내면성은 가족 간의 사랑이나 법적인 인정 등에 의해서도 해소되지 않는 독특한 공간인 것이다. 물론 혼자라는 것을 거대한 외적인 강제들에 내던져져 자기 스스로 자신의 존립을 꾸려가야 하는 근대적 개인의 고독한 내면성을 주체화하는 경우 그것은 사회에 나타나는 병리 현상의 원천일 수 있다. 그러나 혼자라는 것이 네거티브 성향만을 의미하지 않는다.

때로 혼자라는 것은 인생의 전략이자 자신의 삶을 연출하기 위한 지침이 될 수도 있다. 개성의 원천으로서 혼자라는 것은 성숙을 위해 누구나 불가피하게 거쳐야 하는 통과의례인 것이다. 혼자 있음은 내가 더 성숙되는 과정에서 반드시 겪어서 지나쳐야 하는 일이다. 그것은 자기 성숙의 과정이며, 만일 이것을 받아들이지 못한다면 어느 한계 이상으로 성숙할 수 없고, 늘 타인이나 외부적인 것들에 얽매이게 된다.

정신분석학자 라캉Jacques Lacan이 보여줬듯이 거울단계는 개인을 구성하는 데 결정적 역할을 한다. 이유기가 끝날 무렵, 즉 생후 6개월에서 10개월 사이에 아이의 신체감각은 아직은 기관들을 조화시키는 능력이 부족하여 절단되고 해체되는 느낌이 지배적이다. 그런데 아이는 우연히 거울에 비친 자신의 상을 들여다볼 때 환호하는 행복감을 표현하게 된다. 왜냐하면 유아는 거울에 비친 자기 모습 속에서 완전성과 제어 가능성이라는 멋진 환상을 본 것이다. 그것은 예전에 도달해보지 못한 신체적 체험으로서 자신의 거울이미지를 신체적인 통일체로 바라보았던 것이다.

거울이미지는 아이와 유사하지만 그와 동시에 아이의 파편화된 신체적 현실에 상응하지 않기 때문에 상상적이다. 이제 아이는 거울에서 본 이미지를 미메시스적으로 만회하려고 한다. 이 통일체의 이미지, 즉 거울 속 모습에서 유아가 '완전한 인간'일 수 있다는 것은 유아의 정신적 진보를 추동하는 에너지원을 형성한다. 그 이미지는 유아가 추구하는 것을 구조화한다. 이렇게 아이는 스스로 자신을 구성해가는 것이다.

'혼자 있을 수 있는 능력'은 심리학자 에릭 에릭슨Erik Erikson이 '자신에 대한 믿음'이라는 어구로 암시했듯이 일종의 자기관계의 실제적인 표현이다. 왜냐하면 어린아이는 어머니의 사랑을 확신함으로써 걱정없이 혼자 있을 수 있는 자신에 대한 믿음에 도달하기 때문이다. 어린아이가 심적으로 건강한 인격체로 성장하는 과정에서 얻게 되는 진보는 개인적인 잠재적 충동이 조직화되는 과정에서 나타난 변화가 아니라 상호작용 구조상의 변화이다. 에릭슨이 보여준 바에 따르면 아이는 네 살 무렵에 자신의 행동거지를 성찰적으로, 즉 자의식을 가지고 탐구할 수 있게 되는데, 이는 자아에서 분리된 행동이다. 에릭슨의 말을 일상적인 용어로 표현한다면, 부모나 또래들이 알려주거나 교정해주지 않더라도 아이들의 자기비판 능력이 더 커진다는 뜻이다. 에릭슨의 주장에 따른다면, 이런 일을 할 수 있을 때 아이는 '개별화'된다. 다섯 살 무렵의 아이들은 활발한 수정주의자가 되어, 그 전에는 자기들에게 유용했으나 더 이상 그렇지 못한 행동들을 편집한다.

영국의 소아과 의사이자 심리학자인 도널드 위니콧Donald W. Winnicott은 아이가 혼자 있을 수 있는 능력은 바로 어머니의 지속적 보살핌에 대한 아이의 신뢰에 의존하고 있다고 주장한다. 즉 갓 태어난 젖먹이는 생명을 유지하기 위하여 엄마와 서로 융합되어 있기 마련이다. 바로 이런 점 때문에 인간의 삶의 초기에 비분화된 상호주관성 단계인 공생기 단계를 벗어날 수 있어야 한다. 위니콧의 연구는 결국 양자가 서로를 독립된 개인으로 수용하고 사랑할 줄 알게 만드는 상호행위 과정이란 어떤 특성을 지니는가 하는 문제에 초점을 맞추게 된다.

처음에 아이는 자신의 부모를 확실한 대상으로서 파악하지 못하며, 그래서 완전히 충분한 감정 또한 느끼지 못한다. 아이의 세계는 공생적이며 기본적으로 자기도취적이다. 하지만 점차 아이는 자신만의 '과도기적 대상물'의 도움으로 홀로 있을 수 있는 능력을 계발하게 된다. 부모가 부재할 경우 아이 스스로를 위안할 수 있게 하는 담요, 푹신푹신한 동물[인형]들을 위니콧은 '과도기적 대상물'이라 일컫는데, 이 사물의 도움으로 마침내 아이는 '엄마 없이 홀로 노는' 능력을 계발할 수 있다. 이 능력은 아이가 자신만의 자아를 형성하고 있다고 확신케 하는 핵심적 표지다. 이 단계에서 아이는 자신만의 필요가 충족되는 모종의 범위 안에 있는 누군가가 아니라 완전한 사람으로서의 부모에게 자신을 연결시키기 시작한다.

위니콧은 아이가 서서히 '자신의 고유한 개인적 인생'을 발견하기 시작한다는 의미에서 스스로 혼자 있을 수 있는 아이의 능력을 '신뢰성 있는 어머니의 지속적인 존재'에 대한 경험에서 기인하는 것으로 본다. 오직 '개인의 심리적 현실에서 좋은 대상'이 존재하는 한에서만 아이는 내버려진다는 두려움 없이 자신의 내적 충동에 관계할 수 있으며, 또한 개방적이고 창조적 방식으로 이 충동을 따르려고 시도할 수 있다.

아이의 창조성, 즉 인간의 상상 능력은 '혼자 있을 수 있는 능력'을 전제한다. 위니콧은 상상 놀이에 관한 가장 영향력 있고 매력적인 설명 중 하나를 제시한다. 위니콧이 주목한 경험적 현상에 따르면, 생후 몇 개월이 지난 아이는 자신을 둘러싼 물질적 환경의 대상들과 고도의 정서적 관계를 맺으려는 강한 경향을 보인다. 어린 시절, 우리들은 대부분 아낌없이 애정을 쏟고, 그래서 사실상 자신과 분리할 수 없을 만큼 애착을 가졌던 여러 가지 장난감, 담요, 옷가지 등을 가져본 적이 있을 것이다.

위니콧은 인간의 성장에서 이러한 '과도기적 대상물'이 가지는 핵심적인 역할을 강조한다. '과도기적 대상물'이 가상이냐 실재냐 하는 물음은 중요하지 않다. 그것은 중간매개 영역으로 자리 잡는다. 이러한 중간매개적 대상들이 발견되는 발전단계에서 먼저 추측할 수 있는 것은, 앞에서 언급했듯이 이 대상들이 외부 세계로 사라져버린 어머니에 대한 대체물이라는 점이다. 그리고 아이는 자신만의 '과도기적 대상물'의 도움으로 홀로 있을 수 있는 능력을 계발하게 된다. 그리고 이 과도기적 대상물들이 '자신'과 '자신이 아닌 부분' 사이의 구별을 개발하고, 또 어린아이로 하여금 외부 세계와의 관계를 형성해가는 데 기여하는 소위 '환상의 영역area of illusion'을 창조하는 데에서 극히 중요하다고 위니콧은 주장하였다.

그에 따르면, 아이의 상상놀이는 상호주관적으로 수용된 환상 형성 작업에서 시작된다. 여기에서 한 걸음 더 나아가 이 매개 영역은 성인들이 문화적으로 대상화시키는 모든 관심이 심리적으로 등장하는 장소라는 것이다. 아이는 정서적 관계를 맺는 대상들을 놀이 식으로 다루는데, 이 중간 매개적 영역에서 놀이에 열중하는 아이에 대해서 다음과 같이 말한다. 위니콧에 따르면, "어떠한 인간도 내적 현실과 외적 현실을 연결해야 한다는 압력에서 벗어날 수 없고, 또한 이 압력에서의 해방은 의심할 것 없이 중간매개적 영역을 통해서 예술이나 종교 따위에서 나타난다는 것이다."

위니콧이 보기에 성장과정에서 정말로 중요한 것은 놀이였다. 놀이야말로 건강한 인성 형성의 핵심이라고 생각한 것이다. 놀이는 사람들 사이의 공간에서 일어나는 유형의 활동인데, 이 공간을 위니콧은 '잠재 공간potential space'이라 부른다. 여기에서 사람들—처음에는 어린이, 나중에는 성인은 타인과의 직접 대면에서 느낄 수 있는 것보다 덜 위협적인 방식으로 타자성에 관한 아이디어를 실험해볼 수 있다. 놀이에서 아이들은 놀이 속의 성인 활동에 자신을 투사하여 문화적으로 정형화된 성인의 활동을 모방하면서 아이들은 지적 발달을 위한 기회를 만들어낸다. 부모 또는 아이들과 상호작용하는 놀이에서 점차 자신감과 신뢰를 발전시켜간다. 그리하여 깊은 공감과 상호 호혜성에 관한 이루 말할 수 없는 가치를 지니는 연습을 수행하게 된다.

결론적으로 위니콧은 자신의 연구를 통해 개인의 정신적 건강은 자기 자신의 충동적 삶과 유희적·탐험적으로 교류하는 것에 달려 있다는 결론을 끌어낸다. 놀이가 발전하면 아이는 경이wonder를 느낄 줄 아는 능력을 발전시킨다. 어린이집에서 배우는 동시와 동요는 벌써 아이들로 하여금 꼬마 동물, 다른 아이, 심지어 움직이지 못하는 사물을 흉내 내는 연기를 하게끔 자극한다. "반짝반짝 작은 별, 아름답게 비치네"는 그 자체가 이미 경이의 패러다임이다. 거기에는 형상에 주목하는 일 그리고 그 형상에 하나의 내적 세계를 부여하는 일이 수반되기 때문이다.

비고츠키는 아이의 발달적 변화를 통해서 인간이 자기 존재 형성에 능동적이고 열성적인 참여자라는 것을 보여준다. 학교에 입학하기 이전에 아이들은 부분적으로 어떤 활동에 놀라운 정도의 대단한 지구력으로 몰두할 수 있다. 만 7세쯤의 아이들은 대개 스스로가 선택한 과제나 어른에 의해 제기된 과제에 몰두하는 경향을 보이는데, 이런 과제들에 대해 비판적으로 물어보지 않고 그렇게 한다. 그들은 오직 활동에 대한 기쁨으로 기꺼이 세어보고 셈을 하여 그림을 그리거나 글씨를 쓴다. 이런 활동에서 아이들은 대략 만 9세가 될 때까지 자신이 충분할 정도로 노력하든가 오래 배우게 되면 모든 목표를 달성할 수 있다고 확신하게 된다. 이와 더불어 어떤 과제에도 지속적으로 주의를 향하기 위한 전제가 주어져 있다.

아이는 발달의 각 단계에서 자신과 자신의 세계에 효과적으로 영향을 줄 수 있는 수단들을 획득한다. 비고츠키에게 발달의 핵심적 측면들 중 하나는 자기 행동을 통제하고 지배하는 능력의 증가다.[48] 놀이는 필요와 의식의 변화를 위해 훨씬 더 광범위한 바탕을 제공한다. 상상적 영역과 상상적 상황 속에서의 행동, 의도적 계획의 수립, 실제 삶의 계획과 의지적 동기의 형성, 이 모든 것이 놀이에서 나타나 놀이를 취학 전 발달의 최고 수준으로 만든다. 바흐친에 따르면, 특히 상상의 세계를 만드는 모든 행위에는 그 세계를 형성하고 형태를 잡고 마무리 짓는데 미적 가치가 있다고 한다. 그런 관점에서 보면 가다머의 놀이에 대한 입장은 의미가 있다. 가다머는 놀이가 존재론적 설명을 하기 위한

---

48. 비고츠키에 따르면 언어적 사고에 의해 행동은 통제되고 규제된다. 말하기는 지각, 기억, 문제 해결과 같은 행동들을 조직하고 결합하고, 통합하는 역할을 한다. 주체의 활동 역시 대상 그 자체가 아니라 주체의 탐색 행위 안에서 일어난다. 이때 두드러지는 것은 주의를 기울이고 탐구하는 지적 행위이다. 다른 한편으로 자기 행동을 숙달한다는 것은 의지가 발달한다는 것이다. 인간은 자기 행동의 숙달 능력에 의해 자신의 통제하에 자기 반응을 복종시킨다. 이에 대해서는 졸저, 『경쟁을 넘어 발달교육으로』, 2015, 살림터, 85-93쪽 참조.

단서라고 주장한다. 예술 작품에 대한 미적 경험을 놀이의 일종으로 보고 가다머는 미학으로부터 놀이에 대한 분석으로 전환한다. 놀이는 언제나 자기표현을 한다는 것이다. 놀이는 놀이하는 사람의 의식과는 독립된 그 자신의 본질, 즉 놀이의 원리를 가지고 있다. 그 원리가 놀이를 수행하는 사람들에 대해 우위를 점하여 놀이자의 행위와 반응이 놀이의 원리를 반영하게 된다. 그런 점에서 보면 놀이 수행자가 놀이를 표현한다고 할 수 있다.

따라서 "놀이하는 사람은 놀이의 주체가 아니라, 놀이가 단지 놀이하는 사람을 통해서 표현Darstellung될 뿐이다." 이것은 놀이는 놀이자의 참여를 통해서만 구체적인 의미를 가진다는 것이다. 결국 놀이의 수행자들이 놀이의 창조자가 될 수 있다는 것은 예술 작품이 관람되거나 읽히는 한에서만 그것의 구체적인 존재를 가질 수 있다는 것과 연결된다. 또한 놀이가 놀이자의 수행을 통해서 구체적인 존재 형태를 가지고 있다면 이 구체적 존재는 분명히 변할 수 있다는 것을 포함하고 있다. 놀이는 똑같은 방식으로 이루어지는 경우가 없기 때문에 서로 다른 상황과 직면하게 된다. 따라서 서로 다른 결과를 포함하게 된다. 이것을 예술 작품과 연관시켜 보면, 예술 작품의 의미는 결정된 어떤 것일 수 없고 그것이 드러나고 표현되는 상황에 따라 변화한다는 것이다.

학교 시기에 놀이는 사라지는 것이 아니라 현실에 대한 태도에 스며든다. 놀이는 학교 수업과 공부와 같은 규칙에 기초한 의무적 활동 속에서 그 내적 연속성을 가지게 된다. 아이들은 놀이를 통해서 여유를 가지고 있을 때 온전하게 자기 자신으로 존재해본 경험을 가져볼 수 있다. 그래야 대상을 찬찬히 볼 수 있고, 다른 사람의 시각에서 볼 수 있으며 그의 상황을 상상해볼 수 있다. 그래서 편파적이지 않을 수 있고 무엇이 아름답고 역겨운가, 무엇이 옳고 그른가를 판단할 수 있다. 의무와 과제와 미래의 목표에로 내몰리기 전에 아이들은 충분히 여기 지금 현재에서 살 수 있어야 하고, 현재에서 항상 여유를 가지고 힘이 남아서 주변을 돌아볼 여유가 있고 그래서 그 주변과 자연과 세상의 아름다움을 발견하고 기뻐하고 즐거워할 수 있어야 한다.

정신분석가인 롤프 하우블Rolf Haubl에 따르면, "삶의 예술이 목표로 하는 것 중 하나는 자기 자신에게 머물고 자신을 잃어버리지 않는 방식으로, 항상 지속적으로 그렇지는 못하더라도 언제나 다시금 온전한 자신으로 되돌아오는 방식으로 자신의 삶을 이끌어가는 것이다. 즉 혼자 있는 상태를 추구하되 외롭지는 않은 방식으로 살아가는 것이다." 아이가 성장과정에서 자신이 혼자 있을 수 있는 능력을 갖지 못한다면, 결국 어떤 삶의 조건이 갖추어져도 행복할 수 없고, 늘 무엇인가를 갈구하고 다른 대상에게 얽매이게 된다. 이들은 자신이 타인이나 세상으로부터 이해 받지 못하거나 인정받지 못하고 있다고 생각한다. 나아가 세상에 혹은 자기 주변 환경 속에 자신이 제대로 속해 있지 못하다고 생각하기 쉽다.

철학자 오도 마쿼드Odo Marquard는 말하기를, "우리 현대인들을 힘들고 고통스럽게 하고 혹사시키는 것은 외로움이 아니라 (…) 무엇보다도 홀로 있는 능력의 상실이다." 혼자 있을 수 있는 능력과 자신의 개별성을 유지할 수 있는 능력을 잃어버린 것이다. 혼자 있을 수 있는 능력을 상실한 사람에게는 혼자 있다는 것이 고립의 형태의 형벌에 다름없지만, 살다 보면 복잡하게 얽혀버린 타자관계와 자기관계의 균형을 회복하고 싶은 사람에게 '혼자'라는 것은 균형 회복을 위해서 반드시 거쳐야 하는 과정이다.

혼자일 수 있는 능력을 상실한 사람들은 자신의 삶에 대한 스스로의 입법자가 되지 못한다. 자신의 삶을 자신을 대신하여 디자인해주는 그 누군가가 없으면 그 사람은 한순간도 견딜 수 없다. 자신의 목표를 스스로 설정하는 입법자의 기능을 지닌 개인만이 입법자로서의 자기 계획을 실현하는 실행의 과정에서 관리의 중심에 서있을 수 있다. 게다가 관리의 과정에서 발생하는 결과에 대한 자기 통제의 권능을 획득할 때 자율적인 인간이 될 수 있는 것이다. 그리하여 혼자서 이러저러한 것들에 관계없이 스스로의 삶을 가꾸어나가게 된다. 즉 자신의 삶의 입법자가 되는 것이다. 입법자는 자아의 본성을 함양하고 자기의 의식 활동을 성찰하여 점검하는 자기주재력power of self-sovereignty을 자아의 전 영역에 걸쳐 빈틈없이 행사한다.

개인은 누구나 스스로의 삶을 결정할 수 있는 입법자의 능력을 지닐 수 있다. 입법자의 혼자 있을 수 있는 능력이란 무엇을 할 것인가, 무엇을 욕망한 것인가, 무엇을 추구할 것인가, 어떤 가치를 따를 것인가를 스스로 결정하고 설정하고 참조하고 고민하여 수정할 수 있는 능력을 말한다. 우리가 혼자 있는 경험을 긍정적으로 받아들인다면 그야말로 자유롭고 독립적인 사고와 집중력으로 이어진다. 게다가 이 둘은 창조성을 위한 아주 중요한 조건이기도 하다. 혼자 있을 수 있는 능력이 있는 사람만이 자신에게 진정 관심을 가질 줄 아는 자유로운 존재이다. 자유는 자신의 목표를 스스로 정할 수 있는 자유다. 자신의 목표를 스스로 정하고 무엇을 할 것인지를 스스로의 원리에 따라 결정할 수 있는 것이 자유이다. 그런 점에서 개인이 각자의 삶에서 자유의 입법자가 되는 과정은 아주 특별한 경험인 것이다.

근대는 무엇보다 인간을 타자와 구별되는 단독자, 나뉠 수 없는 개별적인 개체로 이해한 데서 시작되었다. 개체의 발견은 근대의 일차적 특성이며, 근대의 인간이 자신을 독립된 개체의 개별성으로 인식하게 된 것은 그때까지의 공동사회가 붕괴하면서 생겨난 필연적 결과이다. 인간이 자신 이외의 다른 가치로 환원될 수 없는 궁극적 개체로 자각하게 됨으로써 비로소 인간이 자신을 자신 이외의 다른 모든 것으로부터 해방시키려는 자유의 이념이 얻어진다.

우리는 항상 자기 운명을 결정할 수 있는 것은 아니지만, 단순히 환경의 희생자이기만 한 것은 더더욱 아니다. 타율적인 자연 필연성으로부터 독립하여 스스로 행위할 수 있는 자유―강요나 강박에 의하여 움직이는 것이 아닌 의식적으로 선택할 수 있는 자유가 전제되어 있어야 비로소 도덕 법칙이 성립 가능한 것이다. 이처럼 스스로 법칙을 수립하는 자유의 능력을 칸트는 '자율성'이라고 명명한다. 따라서 칸트에게서 '자율성으로서의 자유'와 '도덕'은 불가분하게 연결되어 있다. 그런데 인간이 자신을 공동체와 구별된 어떤 개체로 이해될 때 문제가되는 것은 자신만의 인식 원리의 준거와 도덕적 판단기준이다. 이것을 근대는 개체로서의 인간이 가진 고유한 권리와 보편적 이성에서 찾았다. 또한 그것에 근거해 행위의 주체로 자리하게 된다. 도덕성 역시 이성의 원리를 행위로 실천할 때의 규준을 의미하게 되었다. 이때의 이성은 칸트 철학에서는 실천이성으로 작동한다.

이성은 삶을 고양해주는 귀중한 것이다. 이것은 삶에 대한 경이감과 더불어 우리를 삶 전체로 열어주는 창문이다. 인간의 이성은 결정적인 역할을 하며 그것의 결정적인 수행기관은 손과 눈 그리고 귀이다. 그 활동반경은 도구의 이용 덕분으로 무한하다. 인간은 자신의 행동 형태를 조직하는 법칙 체계를 가지고 있지만, 다른 생명체와는 달리 도구의 도움을 통해 행동반경을 확장한다.

이때 이성은 전체의 원리, 즉 부분과 부분의 조정과 조화를 보장해줄 수 있는 원리인 것이다. 따라서 스스로를 형성한다는 것은, 주로 성장 과정의 문제라고 할 수도 있지만, 더 확대하여, 삶의 전체를 스스로 형성해간다는 것을 말한다. 이때의 지적 깨달음은 특별한 의미를 갖는다. 사람은 독립적이고 자율적인 존재이며 삶의 구극적 현장이 개별적 개체에 있다는 것을 확인하게 된다. 그것을 통해서 비로소 자기형성의 과정이 어떤 의미 있는 것으로 파악되고 거두어들여질 수 있는 것이 된다. 그러면서 그것은 그 전체를 구성하는 부분들의 원칙적 평등성을 고려할 수 있어야 한다. 그때에 사람은 자유로우면서 주체적인 존재라고 할 수 있다.

지능의 발달과 역량적 접근

우리는 태어나면서 처음부터 세계에 나오고 세계 속에서 살아간다. 이미 그 세계는 형상화되어 있고, 정돈되어 있으며, 의미 있는 세계로서, 사람들은 이미 그 세계의 일부다. 여느 생물들과 달리 인간은 세계 속에 있는 것만으로 충분치 않다. 사람들은 그 세계의 한 부분이 되어야 하고 그 속에서 한 역할을 해야 한다. 인간에게도 부여된 자연적 소질—이를테면 식물의 성장기능에 더하여 동물의 욕구기능까지 포함하는 생물학적으로 프로그램화된 지능은 이러한 과제를 해내기 위한 필수 조건 이상의 아무것도 아니다.

여기서 지능이란 단순히 지능적인 기술을 의미하는 것만은 아니고 환경에 적응하여 살아남는 능력을 의미하는 것이다. 이러한 지능은 생명체를 포함한 모든 종류의 시스템에도 해당될 수 있는 개념이다. 인지생물학적 차원에서 보더라도 유기체와 같은 살아 있는 시스템이 환경 조건에 반응하면서 자아의 생물학적 일관성을 유지하는 지능은 거의 본능의 일부라고 할 수 있다. 인지생물학적 관점에서 보면, 지능은 구체적인 경험 조건들에 관심의 초점을 두고 있다. 그 관심의 초점은 의미를 구성하는 '관찰'(인지)이 된다. 인지는 생물학적 현상이며, 현상을 체험하는 유기체에 관련된 것으로 생각한다. 모든 앎의 근원이 관찰하기다. 따라서 인식의 문제도 지각에 주목하게 된다. 관찰하기는 관찰자의 구성이며 이 구성은 자의적으로 형성되는 것이 아니라 생물학적, 인지적 그리고 문화적인 조건에 따라 달라진다. 지각이나 인식은 외부 세계를 복사하는 것이 아니라 관찰자의 인지체계가 행하는 조작들의 목록화라고 할 수 있다. 돌이 지날 무렵 벌써 대부분의 아기들은 '세상에 대한 상징화'가 가능하게 된다. 그들 자신의 언어 속에 몇 단어를 인식하고 그들이 '엄마'나 '전화'라는 말을 들었을 때 그 상황에 맞게 고개를 돌리고 알아들을 수 있게 말을 한다. 이러한 지적 용솟음의 주요 수단은 최종적인 구성 요소인 상징이다. 상징에 대한 자발적인 관심과 폭발, 즉 아낌없이 상징들을 사용하고 다른 사람이 사용하는 상징에 몰입하고 그 상징을 애호하는 것은 인간만의 독특한 현상이다.

랑시에르에 따르면, 대개 지능은 사색에 골몰하는 것도 아니고 존재를 반영하는 것도 아니다. 인간의 지능은 보고 말하고, 우리가 본 것과 말하는 것에 주의를 기울이는 하나의 힘만 있다. 누군가의 지능을 말한다는 것은 그가 말하고 행하는 것에 주의를 기울이는지를 검증함으로써 자신의 실력을 펼치고 있는가 하는 것이다. 우리는 어린아이가 주의 집중하여 얼마나 빨리 말을 배우고 유창하게 자신을 표현하는가를 알고 있다. 한 살 된 아기는 기껏해야 몇 단어를 알고 있을 뿐이지만, 세 살 된 아동은 간단한 문장을 말할 수 있다. 다섯 살이 되면 매우 정교하고 문법적으로 거의 완전한 문장으로 간단한 상황, 농담 혹은 자신의 이야기를 하거나 알아들을 수 있다. 또한 욕구가 멈추는 곳에서 지능은 쉰다. 사람들은 그들의 욕구와 실존적 상황이 그들에게 요청하는 지능을 개발한다.

대여섯 살 된 아동은 자신의 문화 내의 주요한 상징체계 내에서 읽고 쓸 수 있게 된다. 아동은 이제 단순히 드러난 것만이 아니라 그 이면의 의도나 믿음에 비추어 말과 행동을 이해할 수 있다. 이제 아동은 남들과 똑같이 생각하고 행동하지 않는다. 각자는 서로 자기만의 특별한 환경과 세계에 살고 있고, 지능은 그러한 주어진 환경과 세계 속에서 자신에게 알맞은 생각과 행동을 하도록 돕는다. 동시에 아동은 이미 상당한 지적 토대를 형성했다. 상징을 사용할 수 있는 이런 능력은 아동으로 하여금 낯선 경험을 통해 배우게 하고, 그에게 의미가 있으며 다른 사람에게도 분명히 전달될 수 있는 의사소통 방법을 만들어내도록 한다.

지능은 대개 행동의 통제를 그 주 임무로 한다. 그것은 신체에 꼭 필요한 습관들을 들이기 위한 노력, 지능에 새로운 관념을 명령하고 그 관념을 표현하는, 새로운 방식을 명령하기 위한 지칠 줄 모르는 노력, 우연히 산출된 것을 의도대로 다시 만들고, 불운한 상황을 성공의 기회로 바꾸기 위한 지칠 줄 모르는 노력 등이 그러한 것들이다. 사람이 살아간다는 것은 생존의 수단을 찾는다는 것을 말할 뿐만 아니라 그 수단과 수단을 서로 잇고 또 그 전체 환경을 새로 만들어내며, 이러한 생존의 기본을 넘어서 세계와 존재의 전체에 대한 접근을 확대해나간다는 것을 말한다. 지능은 이러한 과정에서 지적 능력이 된다. 그리하여 자신의 생존을 위해서 제기할 필요도 없는 문제들을 제기하게 된다. 즉, 인간은 존재와 삶의 의미를 묻게 된다.

보다 넓고 지속적인 관점에서 자아를 형성하고 그 환경과의 대사를 가능하게 하는 데에는 그때그때의 필요에 반응하는 지능 이상의 원리를 요구한다. 보다 높은 지속과 일관성의 원리로 작용하는 것을 이성이라고 부를 수 있다. 인간은 이러한 이성을 갖기에 단순히 목전의 이해관심의 해결에 몰두하는 것을 넘어서 존재 전체의 본질과 의미에 대해 사유할 수 있다. 모든 인간적 필요 중에서 '이성의 필요'는 광범위한 사유 없이는 제대로 충족될 수 없다. 이성은 두뇌와 마음이 결합되었을 때, 다시 말해서 감정과 사고가 통합되고 양자가 모두 합리적일 때에 발생한다. 이성은 우리를 자기 자신 외의 다른 존재들과 연결시켜 주며, 그러한 연결 속에서만—그리하여 생각을 전달할 필요가 있기 때문에, 언어가 의사소통에서 필요하지만—우리는 자신을 포함한 만물이 공유하고 있는 면들을 이해함으로써 더 보편적이고 본질적인 것을 알게 된다.

그렇다면 이성은 누구에게나 주어져 있는가? 데카르트에 따르면, 이성은 우리에게 공평하게 주어져 있고, 또 이성에는 개인 간의 질적 편차가 존재하지 않는 동등한 것이라고 한다. 문제는 그런 이성이 원석과 같기에 잘 갈고 닦지 않으면 보석이 되지 못한다는 것이다. 즉 사유의 의무를 강조한다. 사유하지 않고 멈추게 되면 우리의 이성에는 녹이 슬고 빛이 바래게 된다.

자기 삶의 자리에서 치열하게 스스로 묻고 답한다면 그 사유는 이성의 진정한 깊이를 담아낸다. 스피노자는 이성이 제대로 작동하면 우리는 자유를 얻게 된다고 한다. 인간은 자유롭게 자신의 삶을 영위할 수 있다고 느끼고, 자신이 자신의 삶의 주인이라는 사실에 기쁨을 느낀다. 이 기쁨 속에서 더 사유하면 사유할수록 나의 이성은 더욱 활발히 작용하게 되고, 이성의 한쪽 측면만이 아닌 전체적인 측면을 사용할 수 있게 된다. 이러한 지능과 이성의 발달은 객관적 세계와의 관계에서 잘 드러난다. 그것은 진짜로 객관적 세계를 반영하고 있는지 아닌지, 혹은 어느 정도 성공적으로 반영하고 있는지, 즉 행위자가 자신과 세계의 관계를 얼마나 잘 이해하고 있는지가 관건이기 때문이다.

세계일주 단독항해의 경주는 참가자의 지능과 이성적 능력이 함양되는 과정을 잘 보여준다. 매년 봄, 프랑스의 벤디에서는 벤디 글로브 Vendee Globe라는 경기가 열린다. 경기는 단독으로 진행되며, 세계를 최대한 빨리 일주하고, 6개월 안에 4만 3,000킬로미터를 항해하며 다시 출발점으로 돌아와야 한다. 중단은 없다. 극단적 항해 경기에 여러 번 참가한 프랑스의 이자벨 오티시에르Isabelle Autissier도 이 경기에 참가했다. 오티시에르의 진정한 성격은 그녀가 자신의 삶과 경력에 대해, 그리고 해가 갈수록 점차 증가하는 시험과 도전을 추구하면서 얻은 기술과 자신감에 대해 이야기할 때 나타난다.

그녀는 분명 가장 큰 규모의 문제에 이르기 위해 노력하면서 작은 규모의 문제를 해결하기 위한 기술을 체계적으로 구성할 줄 아는 전문가다. 그녀는 이렇게 말한다. "제가 바다에서 저 자신을 신뢰할 수 있었던 이유는 단계적으로 전진하고 어떤 일을 맡든지 어려움을 미리 예측하고 균형을 잡으려 노력했기 때문입니다." 그녀는 주어진 환경을 최대한 이용해 탄력을 만들어내고 그동안의 훈련과 본능적인 직감을 통해 새로운 위험에 직면할 때 과감하게 부딪히면서 사태를 헤쳐나간다.

한편 이성은 외부 세계에 대한 통제력을 확보하는 수단이기도 하지만 외적인 대상 세계의 강제력을 떠나서 인간 내면의 원리가 될 수 있다. 이성은 마음속 깊은 곳에 자리를 잡고 주체적 활동으로 표현되는 것이기에 그것을 대상적으로 파악할 수는 없다. 김우창에 따르면, 이성은 순수하게 그 자체로 움직이는 것이다.[49] 실천의 영역에서 이성의 존

---

49. 이성이 참으로 주체적 활동의 표현이라면, 그것은 대상적으로 파악할 수 없다. 우리가 삶의 기율을 세우기 위해 자신의 일생을 되돌아보든 아니면 어떤 상황을 되돌아보든, 혹은 자신 안에 들어온 타자의 관점을 이해하려고 한다면 되돌아봄의 움직이는 이성이 작용하기 마련이다. 이 경우에 물론 이성은 내적 필연성의 근원으로 작용하기 때문에 다른 이차적인 목적에 봉사하는 것이어서는 안 된다. 그것은 순수하게 그 자체로 움직이는 것이어야 한다. 이러한 이성이 전제되는 것은 개인의 자유와 자율성이면서, 이 자유와 자율성의 강조는 사람을 저절로 도덕적 선택으로 유도하리라는 것이다. 이에 대해서는 김우창, 『깊은 마음의 생태학』, 2014, 김영사, 84-89쪽, 136-140쪽 참조.

재는 그 나름의 방식으로 훨씬 섬세한 움직임 속에 있어서 쉽게 드러나지 않는다. 살아 움직이기는 하되, 이성이나 도덕적 가치가 불분명하고 판단의 향방이 미정의 상태에 있을 수밖에 없는 것은 구체적인 상황의 다양성과 예측 불가능성에 기인하는 것이다.

그럼에도 불구하고 움직이는 이성으로 인해 참으로 상황에 맞는 도덕적인 판단을 가능하게 한다. 이는 사유함으로써 나의 세계를 넓힐 때―즉, 자신의 신념과 전제, 가치들을 풍부하게 할 수 있을 때 비로소 가능해진다. 이성은 만물의 질서와 원리이면서 또한 자기 존재에 알맞게 구성하는 주체적인 질서와 원리도 된다. 그러므로 하나의 인간으로서 내 안에 있는 나만의 질서와 원리를 찾도록 하는 것 또한 이성의 기능이다. 그런데 이성이 의지의 활동성에 의해 추동되어 움직이지 않는다면 결코 지적인 행위는 산출되지 않는다. 이런 의미에서 의지는 스스로 수행되는 행위에 대한 지배성을 의미한다. 이성과 의지의 상호작용을 통해 움직이는 이성은 자기를 표현한다.

이 이성의 주의 깊은 움직임으로 인해 우리는 자기가 가진 지적 주체로서의 본성을 의식하게 된다. 그 의식이 자기에게로 향한 것일 때―후설의 용어를 빌리자면, 의식의 내재적 발생 혹은 초월론적 발생이라고 할 수 있는데, 이것을 주체의 자의식이라고 할 수 있다. 이 과정에서 자의식은 하나의 의식이 항상 다른 의식들과 서로 연결되는 발생적 특성을 가지면서 나름의 통일된 의식의 흐름을 형성한다.

지적 주체의 활동성을 강조하는 경우에는 의지 개념에 주목할 필요가 있다. 의지의 주체는 자발적 동기에 고무되어 자기 자신을 투여하여 스스로를 대상화함으로써 활동한다. 이때의 대상화란 단순히 자신을 대상화시키는 것이 아니라 주체의 자기 이해 과정을 포괄하는 과정이다. 이것은 인격의 형성과 관계한다. 인격은 상호주관적 연관을 통해서 직접적으로 형성되는 것이 아니라 자신과의 순수한 관계 속에서 내적으로 성찰하면서 형성되는 것이다. 자신의 사고 과정을 숙달하기 위하여 자신과의 순수한 내적 관계를 전제하는 성찰적 과정 없이는, 또한 자기 자신의 행동 과정을 숙달하지 않고서는 인격 형성을 위한 자기 자신에 대한 지적 주체로서의 본성을 의식할 수 없다.

결국 우리는 움직이는 이성으로 인해 자기 자신을 모르는 것은 불가능하다는 결론에 이른다. 그래서 우리는 자신의 약점과 강점을 알게 된다. 이성의 움직임으로 인해 우리는 물체에 대해서나 자기 자신에 대해서 실행하는 행위 속에서 자신을 체험한다. 체험이란 후설이 말한 것처럼, 의식의 작용뿐만 아니라 의식 내용 및 의식 대상 모두를 지칭하는 것이다. 특히 그 어떤 것을 의식하는 의식이 작동하고 있다는 것 때문에 우리는 행동함으로써 비로소 스스로를 인식하는 이성적 존재가 자기로 되돌아가게 되는, 즉 반성을 할 수 있는 것이다. 반성이란 사유 실체가 하는 순수한 숙고가 아니다. 그것은 자신의 지적 행위에, 자기가 그리고 있는 길에, 그 길로 항상 나아갈 수 있는 가능성에 대하여 사유하는 것이다.

그 때문에 진정 자신다움을 구성하는 것도, 이를 알게 되는 것도 모두 움직이는 이성을 통해서이다. 이성과 주체성은 이렇게 만난다. 따라서 실천적 이성, 또는 이성적인 존재의 의지로, 이성은 스스로 자유롭다고 여겨야 한다. 우리는 이성을 바탕으로 정확한 판단을 내려야 한다. 즉, 많은 경험과 끊임없는 나 자신과의 질문 및 답변을 통해 나의 고정관념과 사고의 경계를 인식함으로써 보다 넓은 세계를 만들어 가는 것이다. 인간은 본능의 구속에서 벗어나 이성을 갖고 있기에 이렇게 낯선 세계에 던져져 있으면서도 이 세계를 자신이 살아야 할 세계로 인수하지 않으면 안 된다. 우리는 자신이 처한 실존적 조건들에 맞게 행동하고 그 조건들을 필연적이며 실재하는 것이라고 의식하고 있는 한, 우리는 우리 자신에 대한 진실을 알고 있는 것이다.

다른 한편으로 이성적 존재는 먼저 자신의 역량—세계와 자신의 존재 의미를 밝혀주고 자신이 세계에서 어떻게 살고 행동해야 할지를 아는 존재이자, 그 역량과 관련하여 스스로에게 거짓말하지 않는 존재이다. 그렇다면 역량capabilities이란 무엇인가? 이에 대한 답은 한마디로 "이 사람은 무엇을 할 수 있고 무엇이 될 수 있는가?"라는 물음에 대한 대답과 같다. 이 대답에는 사람을 목적으로 대우하라는 원칙을 옹호하고 개인의 역량을 만들어내는 것을 목표로 삼는다. 또한 사람이 목적이라는 원칙은 사람을 목적으로 생각하며 존중해야지 단순한 수단으로 여기면 안 된다는 칸트의 의무 개념을 나름대로 해석한 것이라고 할 수 있다.

사람을 목적으로 생각하려면 예측 가능한 효과를 염두에 둔 의도된 목표나 동기로부터 자유로워야 한다. 이러한 제약으로부터 벗어나고자 아렌트는 모든 인간들 자신이 세계에 태어남으로써 새로운 시작을 개시하는 능력을 내재하고 있다고 한다. 그 말은 우리가 어떤 존재이며 주체가 된다는 것이 무엇을 의미하는지에 대한 것이기도 하다. 대체 어떠한 능력이 인간을 대상이나 물체, 물건 또는 단순한 육체가 아닌, 주체가 될 수 있도록 하는 것일까?

역량의 관점은 인간 존엄성에 어울리는 삶을 살 수 있도록 자유의 영역을 보호하는 데 주된 관심을 기울인다. 개인들이 진정 자유를 행사하기 위해서는 기본적으로 외부적인 장애로부터 자유로워야 할 뿐만 아니라 가치 있는 것을 추구할 능력과 판단, 기회와 조건을 가져야만 한다. 새로운 시작으로서 자유라고 하는 아렌트의 탄생성 개념을 참고한다면, 역량은 새로운 것을 시작할 기본적인 능력인 것이다. 만일 시작할 수 있는 능력으로서 자율성을 고수하는 경우 역량은 곧 선택할 기회를 의미한다. 사실 어떤 사람의 기회와 선택의 문제, 즉 사람은 무엇을 할 수 있고 무엇이 될 수 있는가 하는 문제는 언제 어디에나 존재한다.

이런 점에서 역량이라는 개념을 이해한다면, 우리는 자신을 규정할 역량을 존중하게 된다. 누구나 각자의 방식으로 선택을 한다. 빌헬름 슈미트에 따르면, 현대 세계에서 인간은 '선택을 해야만 하는' 존재가 되었다. 역사적으로 오랜 투쟁을 통해 얻어낸 선택의 자유가 이제는 피할 수 없는 '선택의 의무'로 바뀐 것이다. 장 폴 사르트르가 말한 암울한 명제처럼, 우리는 자유라는 저주스러운 운명에 처해 있다. 때론 우리에게 선택할 능력이 없는 경우도 많고 우리가 한 가지 결정을 내리면 곧바로 다른 선택들은 배제하는 것이기도 하다. 이런 점에서 보면 인생 자체도 우리가 우연히 이 세상에 존재하게 되었다는 이유만으로 저절로 살아지는 것이 아님은 분명하다.

우리는 자신이 선택한 삶의 방식이 갖는 가치에 관해 잘못 생각할 수 있으며, 심지어는 후회하거나 부끄러워하며 그 삶을 되돌아볼 수도 있을 것이다. 각자의 선택은 그 자체로 존중받을 필요가 있다. 그리고 각자는 존중받는 만큼 자신의 선택에 대해 책임을 져야 한다. 선택은 자유이고, 자유에는 그 자체로 고유한 가치가 있다. 어쩌면 모든 사회에서, 모든 사람의 삶에서 제기되는 문제일 것이다. 센Amartya Ku-mar Sen은 어째서 역량이 삶의 질을 비교하는 최상의 개념들인지 보여주고 있다. 인간 존엄성에 어울리는 삶을 살아가려면 어떤 역량이 필요한가라는 것을 문제 제기해야 한다. 역량이라는 말은 보통 복수형capabilities으로 쓴다. 사람의 삶의 질을 구성하는 중요한 요소는 한 가지가 아니라 여러 가지이고 그 안에서도 질적 차이가 있다는 점을 강조할 필요가 있다.

역량은 진정한 자유의 필수적인 전제 조건이다. 말하자면 역량을 증진하는 것은 자유의 영역을 넓히는 것이다. 센은 역량을 '실질적 자유'이자 선택하고 행동할 수 있는 기회의 집합으로 정의하며 이렇게 말한다. "사람의 '역량'은 성취할 수 있는 기능의 선택 가능한 조합을 가리킨다. 역량은 일단 삶의 질을 비교 평가하고 기본적 사회정의에 관한 이론을 세우기 위한 개념으로 정의할 수 있다. 그것은 사람이 얼마나 잘 사는지를 알아내는 데 깊은 관심이 있다. 그러려면 집중적으로 살펴봐야 하는 것은 역량이 확실하게 보장되는지의 여부인 것이다."

사람을 목적으로 보면서 총체적 잘 살기나 평균적 잘 살기가 무엇인지 묻고 사람이 어떤 기회를 활용할 수 있는지 살핀다. 선택과 자유를 중요하게 생각하고, 기회와 실질적 자유를 증진하는 사회가 좋은 사회라고 주장한다. 이때 선택과 자유는 오롯이 사람 자신의 몫이다. 그것은 단지 목적과 가치에 대해 심사숙고하고 그 내용을 정하는 이는 개인이기 때문에 목적과 가치의 선택에서 그 개인이 최종 결정권을 가져야 한다는 것을 의미할 뿐이다. 목적과 가치를 선택하는 그 판단 과정은 원칙적으로 행위 주체의 통제하에 있는 사적이고 개인적인 과정이기에 누구나 기회와 실질적 자유를 적극적으로 누릴 수도, 누리지 않을 수도 있다.

그런 점에서 선택의 자유는 의지활동과 밀접하게 연관되어 있다. 아우구스티누스에 따르면 의지는 인간의 감각기관과 외부 세계를 결합시키는 통합력, 그리고 인간의 상이한 정신활동을 결합시키는 통합력이다. 의지는 욕망의 기제나 지성과는 달리 "일련의 연속적인 것을 자발적으로 행하는 능력이다." 따라서 의지는 행위의 근원으로 이해된다. 그것은 의지가 감각들의 관심을 인도하고 기억에 각인된 이미지를 관장하며 지성에 이해의 자료를 제공함으로써 행위가 발생할 수 있는 기반을 제공하기 때문이다.

의지는 의도하는 나의 모든 행위의 이면에 우연성이란 경험을 기대한다. 의지는 완전히 자유롭게 발현되기 때문에 우연성은 자발적인 의지의 본질적 속성이다. 이렇듯 의지와 행위는 예측 불가능성이란 공통성을 지니고 있다. 그래서인지 아리스토텔레스는 선택이 중요하다고 보았다. 선택의 자유가 없는 노예의 삶은 아무리 아늑한 것이라 하더라도 좋은 삶일 수 없다고 자각했기 때문이다. 말하자면 사람이 스스로 사고하고 선택하지 않으면 덕 있는 행동을 할 수 없다고 생각했던 것이다. 이것은 개인의 진정한 자율성을 기반으로 한 비판적 반성이나 합리적인 숙고의 결과이어야 하기 때문이다. 아리스토텔레스는 자유주의자는 아니었지만, 선택하는 과정을 거치지 않고 저절로 채워지는 만족은 인간 존엄성에 어울리지 않는다고 보았다. 그뿐 아니라 교육을 제대로 받지 못할 때나 선택의 자유가 주어져도 의미 있는 선택을 하기 힘들다는 말도 했다.

역량은 무엇보다도 개인의 것이다. 집단의 역량은 개인의 역량에서 나온다. 다시 말하지만 역량적 접근은 사람을 목적으로 대우하라는 원칙을 옹호하고 각 개인의 역량을 만들어내는 것을 목표로 한다. 한 개인을 다른 개인이나 전체의 역량을 위한 수단으로 이용하는 것을 지향하지 않는다. 역량의 관점에서 인간 존엄성 개념을 지침으로 활용하면 전통 속에 담긴 다양한 입장을 평가할 수 있게 된다.

사람의 선택은 다양하다는 생각, 그리고 선택의 자유를 존중하는 것은 곧 그 사람을 존중하는 것이라는 생각을 무시해서는 안 된다. 지극히 개인적이고 이색적인 선택도 없지 않지만, 대부분은 문화적·종교적·민족적·정치적 정체성에 따른 선택이다. 그런 점에서 문화적·종교적 표현의 자유는 대단히 중요하며 이것은 문화적 다원주의를 반영하려는 노력으로 나타나야 한다. 이것은 아렌트의 다원성 개념과 연관지어 생각해볼 수 있다. 인간의 다원성은 '구별되고 있는 인격들'의 윤리적 주체를 끝까지 고수하는 것이다. 그것은 다양한 목소리, 다양하게 해석될 수 있는 행위의 실존적 맥락에서 인간적이며 윤리적인 주체를 옹호한다.

다원성의 실존적 윤리적 조건이 조성되려면 말과 행위뿐만 아니라 사고활동의 차원에서 판단능력이 전제되어야 한다. 판단은 상상 속에 존재하는 다른 사람과 나누는 대화라고 할 수 있다. 그들의 입장에서 생각하고, 그들의 관점을 고려하면서 판단을 하려면, 부재한 것을 상상력을 통해 재현하여 그것을 반추하는 성찰적 사고를 할 수 있어야 한다. 우리는 상상과 성찰의 두 과정을 통해 우리 자신과 대상 사이에 적절한 거리를 유지하여 전체의 윤곽을 파악하게 된다. 그것은 우리는 판단을 통해 우리 자신보다 다른 사람의 관점에서 사물을 볼 수 있기 때문이다. 이와 같은 '확장된 사유'로서의 판단은 일반화가 가능한 형태를 띨 확률이 높을 것이며, 자연히 보편화가 가능한 것들에게 정향지어져 있다.

따라서 어떤 규범적 개념을 구성할 때는 사람의 선택을 존중하는데 신경 써야 하고, 사람이 자신의 선택에 따라 자신을 표현할 공간을 신중하게 보호해야 한다. 그것은 공적 차원의 필요성을 제기하는 것이다. 다원성의 개념에 기초한 공적 차원은 푸코의 진단인 개인화와 전체화 경향 사이에 중간 세계를 제공해준다. 그리고 우리는 한층 분명한 자세로 다양한 사람의 선택을 존중하고 그 선택을 표현한 것을 보호하려고 해야 한다. 더 나아가 많은 사람이 의미 있는 삶의 영역에서 마음껏 발휘해야 할 선택 능력이 부당하게 억눌려서는 안 된다.

감각적 체험의 진정성

　요즘 아이들은 산속으로 걸어 들어가 홀로 피어 있는 꽃을 본다든지, 한밤중 고개를 들고 반짝이는 별을 쳐다본다든지 하는 일이 마음에 어떤 양식으로 작용하는지 이해하지 못한다. 이해하기는커녕 왜 그래야 하느냐고 되물을지 모른다. 자연에 대한 관심을 환기시키는 미국의 시인이자 수필가인 월트 휘트먼Walt Whitman은 이렇게 말한다. "발은 땅에, 머리는 하늘에, 생활은 소박하게, 이상은 높게." 이 말은 자연에 내재한 좋음의 법칙을 아름다움과 함께 유용성과 편리의 개념에 결부시킬 수 있는 감각을 인간이 지니고 있다는 것을 잘 표현해준다. 즉, 도덕감각과 미적 감각이 서로 별개의 것이 아니라 서로는 동일한 것의 두 속성이라는 것이다. 이 감각이 외적인 대상에 적용될 때는 취향이 되고, 인간의 행동과 성격, 성향과 같이 내면적인 것에 적용될 때는 도덕감이 되는 것으로 보았다.

　꽃과 별은 그저 자연이다. 꽃을 보며 즐기기보다는 먹고살기 위한 생존의 일상을 견뎌야 하고, 별을 보고 생각에 잠기기보다는 당장 필요한 돈, 직장이나 자식 생각에 걱정이 태산 같은 나날의 연속이다. 하지만, 바로 그렇기 때문에 오히려 자주 자연과 마주해야 하지 않을까?

꽃을 바라보고 별을 올려다보면서 삶의 고단함을 위로받다 보면 자신의 삶을 전혀 다른 방향에서 바라보는 마음의 눈을 뜨게 될 것이다.

루소에게 감각은 자연 체험의 통로이다. 그 역시 좋음과 아름다움을 동일한 것으로 간주하고 있으며, 그 자체로 좋음인 자연에는 '비례균형'과 '조화'가 있다고 간주한다. 루소가 감각적 체험을 통하여 추구하는 것은 지속하는 생존의 느낌으로 변조되는 것이며, 이것은 그의 자연스러운 실존의 리듬 속에서 일어나는 것이다. 김우창에 따르면 어떤 경우에 우리의 실존은 순전히 감각에 의하여 지탱된다고 해도 과언이 아니다. 우리가 감각에서 생존의 현실감을 얻는다는 것은 사람이 본래적으로 외부 세계에 열려 있는 존재라는 것을 의미한다.

루소에게 있어 좋은 삶이란 존재의 좋음을 보다 충분히 느끼는 삶이 되도록 하는 데에 있다. 그래서 별은 내가 가는 길의 여정을 안내할 것이고 꽃들도 아름다운 용기를 줄 것이다. 그런 루소에게 존재란 삶의 토대일 뿐만 아니라 삶의 목적이자 진실한 척도이기 때문에 삶의 질은 사람이 자신의 존재를 느끼는 정도와 같다. "산다는 것은 숨 쉬는 것이 아니다. 활동하는 것이다. 모든 우리의 기관, 우리의 감각, 우리의 능력을 사용하는 것이고 우리에게 존재감을 주는 모든 것을 사용하는 것이다."

루소가 사랑한 것은 자연이고 자연의 구체적인 사물이며 그것이 주는 감각적 기쁨이다. 그에게 무엇보다도 큰 위안의 원천이 된 것은 자연의 풍경이고, 또 꽃과 나무들의 식물원이었다. 그의 최후의 소원은 문필의 세계를 버리고 자연으로 돌아가는 것이었다. 사회와 인간에 대한 루소의 명상의 출발점은 주어진 대로의 삶을 사는 자연 속의 인간이다. 자연 상태의 인간은 독립된 채로 삶을 살지만 쉽게 행복에 도달하는 존재로 간주된다. 그가 쉽게 행복에 도달할 수 있는 것은 자연으로부터 부여받음과 동시에 자연에 내재한 법칙을 넘지 않는 욕망을, 역시 자연으로부터 부여받은 능력으로 충분히 충족시키는 '자연적 좋음'을 지녔기 때문이다.

김우창에 따르면, 루소의 자연과 자연 상태의 인간에 대한 그의 생각이 구성적이라고 할 수 있다. 루소의 자연인들은 우연한 기회에 서로 만나서 교류하게 되고 점차 모여 살게 되면서 사회를 이루게 된다. 존재의 사회적 확장을 통해 현존감을 증가시킴으로써 행복한 삶을 살려는 욕망은 개인적 삶과 사회적 삶과의 균형 속에서 조화를 이루어야 하는 문제와 결부될 수밖에 없다. 개인에게 있어 개인적 삶과 사회적 삶의 비례균형과 조화를 추구하려는 바는 감각과 이성의 동시적 혼합이라는 자기형성의 노력에서 얻어진 정신의 효과일 가능성이 크다.

루소가 "우리는 활동적이고 생각하는 존재를 만들었다. 이제 남은 일은 그를 완성시키기 위해 사랑하고 느끼는 존재로 만드는 것—말하자면 감각에 의해 이성을 완성시키는 일"이라고 말한다.[50] 이 말에 따르면, 루소의 자기형성은 자신의 본성에 부여된 감각, 이성 등과 같은 구성 인자들의 비례균형과 조화에 이른 "잘 정리된 본성"의 상태에서 활동하는 것이다. 그러니까 루소의 감각은 모든 사람이 함께 가지고 있는 감각이면서 동시에 특수한 이성적 작용을 통해 다듬어진 감각이다. 감각적인 것과 동시에 이성적인 일반화나 확대에 의하여 가능해지는 것이다. 그것은 자연의 질서 전체에 대한 직관적 이해에 이어진다.

---

50. 루소의 견해에 따르면, 이성이란 태어날 때부터 마음속에 존재하는 것이 아니라 인간의 여러 가지 능력들이 골고루 발달함을 통하여 종합적으로 완성되는 고차적 능력이다. 따라서 이성은 단지 인지적 조작 능력이 아니라, 인간의 신체적, 감각적, 정신적 활동이 개념적, 논리적 사고에 수렴되는 것이며, 실천과 그대로 연결되며, 살아 있는 정신이다. 그렇기 때문에 교육도 자연성, 즉 생명성의 원리에 따라야 한다. 교육의 최초 단계에서 무엇보다 중요한 것은 신체적, 감각적 생명의 자유롭고 건강한 발달이다. 이에 대해서는 박재주, 『서사적 자아와 도덕적 자아』, 2013, 철학과현실사, 243-252쪽 참조.

이러한 혼성의 감각적 체험에서 오는 느낌은 어긋나지 않는 삶의 길을 가는 데에 중요한 계기를 이룬다. 이 느낌은 일종의 취향이라고도 할 수 있는데 자신의 행위에서 기인하는 직감적 즐거움을 통해 그 자신의 현존감을 최대한 많이 느낌으로써 참된 행복에 이르게 된다. 특히 아름다움을 아는 능력인 취향인 경우 좋은 삶을 살기 위해 반드시 함양해야 할 능력의 하나일 뿐만 아니라 취향은 지혜와 같은 방식으로 완성되는 것이기 때문에, 참된 지식에 그 토대를 둘 때 비로소 올바르게 함양된다.

김우창은 많은 경우에 추상적인 이데올로기나 그런 정도로 체계화되지는 않았더라도 무반성적으로 일반화된 세계관에서 파생되어 나온 상투적 이념에 대하여 이 감각은 시험제가 될 수 있다고 한다. 감각이 우리의 판단에서 지극히 강력한 증거로서 작용하고 어떤 사항의 진정성을 시험하는 시험제가 될 수 있기 때문이다. 이러한 감각적 시험은 구체적인 실존적 계기에서도 적용된다. 결혼과 관련하여 사랑에 빠진 당사자들과 집안의 어른들의 견해의 차이는 사안에 대한 정보와 판단의 차이이면서도 자식이 겪은 감각적 체험을 부모와 공유할 수 없기 때문에 일어날 수 있다. 연인들이 공유한 사랑 체험은 그들만의 고유한 감각적 세계인 것이다. 젊은 당사자들의 사랑은 간단한 합리주의적 관점에서 이해할 수 없는 진실을 가지고 있다고 봐야 한다.

우리의 그때그때의 삶의 현실을 충만하게 하는 것은 감성으로 들어오는 감각적 인상들이다. 그 삶은 '지금'과 '여기'로 이루어져 있다. '지금'과 '여기'는 시간적으로, 공간적으로 가장 개별적인 것을 가리킨다. 감각적 인상들이 포착되는 그 순간에는 다른 순간이 함께 겹쳐져 들어가 있을 수 없고 그것만으로 있는 단순한 것이다. 이러한 점이 감각적 확신으로 인해 '이것'이라는 대상을 생겨나게 하는 것이다. '이것'은 감각적 확신에 의해 직접적으로 지시되고 파악되는 구체적 개별 사물이다. 어떤 혼돈의 여지도 없는 감각적 확신은 따라서 사물의 이름을 가지고 그 사물을 지칭해서는 안 된다. 이미 이름은 다른 것과의 구별을 포함하기 때문이다. 그래서 감각적 확신의 대상은 '이것'이다.

발도로프 교육에서는 이를 '명증성의 경험'이라고 한다. 루돌프 슈타이너Rudolf Steiner는 말하기를, 사람은 '말하자면 신적인 존재로서' 베일을 벗고 자기에게 드러나 보이는 대상들의 작용 및 대상들의 존재적 신비에 관한 인식을 얻을 수 있다. 그러한 인식의 체험은 배우는 사람들에게 직접적이며 내적인 확실성과 함께 그 자태를 나타내는데, 그것은 단순한 체험이기보다는 지적 체험의 성격을 띤다. 어떤 것 자체를 이해했다 또는 할 줄 안다는 확실성이 공부하는 사람들에게 자주성을 부여하는데, 이런 자주성은 올바른 결과 또는 바람직한 결과를 단순히 적용하는 일보다 더 높이 평가되어야 한다.

우리의 현재, 우리의 실존은 순전히 감각에 의하여 지탱된다고 할 정도로 그 비중은 높다고 해야 할 것이다. 감각의 가득한 흐름이 우리로 하여금 어떤 사건과 상황에 우연하게 사로잡히게 하여 그것은 우리에게 개체적 실존의 독자성을 부여한다. 사실 이런 경우의 감각적 확신이 파악한 '이것' 속에는 단순하지만은 않은 많은 다른 것들이 함께 놀고 있고, 개별자가 아니라 복잡한 여러 규정들을 포함하고 있다. 그 안에는 많은 '지금'의 예들과 '여기'의 예들이 들어가 두루 펼쳐져 있기에 보편적이고 복잡한 것이다. 감각은 언뜻 보기에 대상을 있는 그대로 우리 의식 앞에 가져다주고, 대상은 감각 속에서 가장 구체적이고 확실하게 드러나는 것이 보인다. 때론 진리는 눈으로 직접 봄으로써 확인된다. 상자 속에 무엇이 들었는지를 알려면 직접 그 상자를 열어보고 눈으로 확인해야 하는 것이다.

한편 감각에서 생존의 현실감을 얻는다는 것은 사람이 본래적으로 외부 세계에 열려 있는 존재라는 것을 의미한다. 들뢰즈에 따르면, 우리의 사유는 우연한 사건에 의하여, 그 사건이 주는 감각의 강제에 의하여 '비자발적으로' 시작된다. 수동적인 자극의 느낌이 없이는 우리가 어떤 그것을 표현하고, 그것에 우리의 주의를 기울일 수가 없다. 현상학적으로 말하자면 우리는 자신의 심리상태에 대해서 얼마만큼의 능동적 해석의 여지를 얻기 전에, 그러한 상태를 대부분 먼저 닥쳐오는 것으로, 그러니까 우리들이 거기에 수동적으로 내맡겨지는 감정으로, 욕구로, 의도로 만나게 된다.

우리는 오로지 우연적인 만남으로부터 유발되는 고통과 즐거움으로부터 질문을 던질 수밖에 없으며, 한 번도 주어진 적이 없는 그 의미를 찾기 위하여 감각적 고통/즐거움으로부터 유발된 비자발적 능력을 활성화하기를 바랄 수밖에 없다. 그것은 내가 사유하고 싶은 것들을 사유하기 위하여 능력들을 자발적으로 동원하고 일치시키는 것이 아니라, 감각의 강요에 의하여 사유를 시작하게 되고, 능력들을 비자발적으로 동원하는, 수용적이고 수동적인 사유가 된다. 이때 능력의 수용성과 수동성은 능동성의 결핍으로 정의되는 것이 아니라, 오히려 능동성의 가능 조건으로서 이해된다.

누스바움Martha Nussbaum은 스토아 철학의 '카탈렙시스katalepsis' 개념을 끌어들여 설명한다. 제논Zenon은 사람의 외적 세계에 대한 지식은 궁극적으로 세계에 대하여 사람이 갖는 특정한 지각적 인상에 근거한다고 했다. 여기에서의 감각의 증거는 어떤 다른 것으로도 쉽게 반박할 수 없는 확신이 된다. 그러나 모든 감각이 삶의 진실에 대한 신뢰할 수 있는 증거가 되는 것은 아니다. 하지만 그것은 감각이면서도 감각을 초월하는 어떤 신성한 성격—제임스 조이스가 말한 에피파니epiphany

와 같은 구조에 비슷한 성격의 특정한 계기가, 사건이나 상황의 전모를 드러내 보여준다. 에피파니는 원래 그리스도 탄생 시 동방박사가 찾아가는 데서 보듯이, 그것은 어떤 신적인 것이 출현하는 순간을 뜻하고, 더 넓게는 진리를 깨닫는 한 순간을 뜻한다. 문학의 많은 부분이 에피파니의 현상을 포착한 것이라고 할 수 있다. 이 같은 신적 계시나 현현顯現 혹은 인식론적 각성의 순간을 뜻하는 것이 아니더라도 우리의 삶에는 미묘하고도 불가사의한 전환의 순간이 가끔 있다.

말하자면 그것은 특별한 계기에서 일어나는 실존적 고양의 순간이기도 하면서도 사실은 매일 매 순간의 크고 작은 느낌 속에 숨어 있다고 할 수 있다. 김우창은 말하기를 강한 감각적 또는 지각적 인상은 삶의 진실에 대한 중요한 증거이다. 감각적 인상은 수동적으로 감각기관에 투사되는 것이라기보다는 우리의 심성에 의해 통합된다. 이 통합적 기능은 우리의 삶의 깊은 핵심에 연결되어 있다. 개인과 사회의 관계 하에서 보더라도 진리에 대한 기본으로서 개인의 중요성을 다시 확인하는 일이 된다.

인간적인 현실은 모두 체험적인 내용을 가지고 있다. 그리고 체험은 개인을 떠나서 생각할 수 없다. 인간 현실의 진상이나 경험에 대한 일반적 서술은 체험들을 귀납적으로 집계한 것이다. 사회를 이야기할 때에도 그 구조나 구성이 좋은 것인가 나쁜 것인가는 그 이론적 정합성만으로는 말할 수 없다. 그것은 체험적으로 시험될 수밖에 없다. 이것은 사회관계의 경우에도 그러하다. 원만한 사회관계가 있는 사회인가 아닌가는 결국 그 사회에 사는 사람들의 느낌으로 시험된다고 할 수밖에 없다는 말이다.[51]

우리가 보고 듣는 것은 감성 속에서 통합된다. 이때 감성의 원리는 감각적 세계에 깊이 뿌리내리고 있으면서 또 우리의 가장 깊은 의미에서의 주체성, 이를테면 미적 감각의 차원에서 이것은 이미 무의식적으로 작용하는 삶의 원리로부터 의식적인 주체의 원리로 작용하는 상태에 와 있다. 우리가 보고 듣는 것이 여러 사람에게 공통되거나, 우리가 보고 듣는 것이 하나의 조화된 스타일 속에 통합될 수 있는 것이 될 때, 사람들이 그들의 감성에 따라 행동한다고 하더라도 그들은 하나의 통일된 조화의 질서 속에 있는 것이다. 그리하여 감성적으로 행동한다는 것은 일단은 가장 절실하게 육체적이며 정신적 존재로서의 인간의 주체적 자유에 맞게 행동하는 것이다.

---

51. 체험의 우위성은 특정한 형태의 실존 방식을 이해할 수 있게 해준다. 김우창은 사람이 공간적 존재로서 원초적인 있음이 기본적인 실존 조건이라는 점을 강조한다. 현장에서 갑자기 느끼게 되는 구체적인 진실에 대한 느낌과 판단이 인간 진실의 중요한 부분으로 인정받기도 한다. 다른 한편 데카르트가 중요한 철학자가 되는 것은 과학이나 철학의 문제만이 아니라 자신의 체험적 진실에 충실하고 그의 사고가 그의 삶 전체에서 우러나온 것이기 때문이다. 이에 대해서는 김우창, 『기이한 생각의 바다에서』, 2012, 돌베개, 165-172쪽. 『깊은 마음의 생태학』, 2014, 김영사, 69-82쪽 참조.

심미적 이성의 초월성

갓난아기는 세상에 태어나서 엄마를 완전히 알아보고 엄마와 완전히 친해진 다음에 비로소 아빠를 알게 되는 것이 아니다. 그렇다고 아기는 자신을 가장 밀착시켜주는 엄마의 손가락부터 발가락까지 모든 것을 완전히 익힌 다음에 아빠와 가족들을 차례로 익히는 것이 아니다. 처음부터 아기는 자신의 주변에 왔다 갔다 하는 가족 전체를 아주 뿌옇게 익히다가 차츰 차츰 전보다 더 명확하게 익히게 되는 것이다. 전체로부터 차츰 부분으로 접근한다. 이미 오래전부터 심리학 분야에서는 형태Gestalt를 "전체"로 해석하는 게슈탈트 심리학이 발달했다. 분명한 것은 우리가 인식하든 아니든 반드시 전체로부터 삶이 시작된다는 사실이다. 이를테면 삶은 처음 뿌옇게 나타나는 전체 속에서 시작할 뿐이다. 따라서 우리의 사고도 이러한 전체로부터 시작되어야 한다. 즉 삶에서는 전체가 항상 먼저이다. 즉 전체는 부분보다 먼저이고 전체로부터 사고해야 삶을 온전하게 이해할 수 있다.

이 심리학에 따르면 우리가 무엇을 볼 때 우리가 보는 것은 그 무엇이다. 그러나 다른 한편으로는 이 무엇만을 보는 것은 아니다. 그것을 둘러싸고 있는 다른 배경과 더불어 보는 것이다. 이러한 지각 현상은 게슈탈트 심리학이 밝혀낸 표상figure과 바탕ground의 관계로 예시될 수 있다. 우리의 지각, 느낌, 생각, 행동은 일체 직접적으로 주제화되거나 의식되지 않더라도 크고 작은 바탕과의 관계에서 이루어진다.

딱딱하거나 부드러운 물건, 잘 구워진 생선, 향기로운 포도주 등 이러한 표현들이 가능한 것은, 그 사물들을 바라볼 때 바탕이 제공하는 배경에 대하여 표상적 성격을 가진 경험들이기 때문이다. 특히 주목하고자 하는 것은 표상의 지각이 바탕의 성질에 의하여 미묘하게 달라질 수 있다는 사실이다. 더욱이 바탕의 뒷받침이 없이는 표상지각이 불가능할 수도 있다. 표상 뒤에는 반드시 바탕이 존재하고 있다는 사실을 인정하는 것은 심미적 이성을 이해하는 데서 매우 중요하다.

김우창이 말하기를, 이러한 경험들이 가능한 것은 어떤 감각들이 특정 지각작용에 대해서보다 우리의 행동 전체에 대하여 바탕을 이루기 때문이라고 한다. 결국 이 바탕들은 전체적으로 '자아와 자아가 만나는 사물들에 대한 바탕'이 되는 것이다. 우리가 백지 위에 잉크든 색채든 그 어떤 다른 것이든, 이 재료들로 그려지거나 쓰이고 있다고 할 때, 즉 표현하기 이전에 존재하는 백지의 여백은 무엇일까? 하얗게 비어 있는 그 공간이야말로 삶의 바탕 혹은 테두리로서의 세계 전체라고 할 수 있다. 그러므로 여백을 생각한다는 것은 삶의 바탕을 생각하는 것이다. 삶이 고단할수록 그리고 파편화된 삶의 조건 속에 놓여 있을수록 우리가 놓치고 있는 삶의 여백에 대한 여지가 남기 마련이다.

그런데 현실적으로 어떤 사항의 바탕을 이루는 것 또는 테두리는 일정한 것이 아니다. 그것은 우리의 필요와 능력에 의하여 정해지거나 혹은 우리의 관심의 이동과 더불어 이동한다. 문광훈은 이런 현실을 '움직이는 전체'[52]라고 한다. 이 전체는 인간에게 일목요연한 하나의 덩어리로 나타나지 않는다. 그것은 느끼고 생각하고 행동하는 각자에게 각각의 형태로, 이질적이거나 동질적이기도 하면서, 아니 수많은 이질적인 요소들이 서로 얽힌 채 나타난다. 끊임없이 변하는 유동적 현실에 밀착하여 바탕이나 테두리를 이성적 질서 속에 거두어들일 수 있는 한 원리를 메를로퐁티는 '심미적 이성'이란 말로 불렀다. 이 이성을 통하여 무엇이 드러난다고 한다면 그것은 '개념 없는 보편성'일 뿐이다.

실제로 개념 없이는 실용적 관심과 이해에 관련된 그 무엇도 인식할 수도 계획될 수도 없다. 여기서 미지未知의 사물은 기지既知의 개념에 의한 환원 작업에 저항하지 못하고 예속되어 버린다. 심미적 이성은 추상적인 개념이나 규칙을 내면화하는 지능과 다른 것이고 학문이나 박식의 능력과도 다른 것이다. 보편성의 검토 작업에서 심미적 감식력은 개념적 추상이 아니라 경험의 구체에 골몰한다. 우리는 표상과 바탕의 그 경계에 대한 집착 속에서만 기지의 개념이 벌이는 상투성의 허물을 벗어날 수 있다. 그리하여 새롭게 경험되는 사건들 앞에서 명명의 기회를 포착할 수 있다.

심미적 감식력은 수없이 많은 생각을 유발하되 끝내 말로서는 형용할 수 없는 어떤 한계나 초점에 이르게 한다. 그것은 마치 결코 개념적 규정에 이르지 못하는 어떤 소용돌이와 같다. 그러나 이 소용돌이의 원심력과 구심력의 긴장 속에서 표상과 관념들은 끝없이 증식, 변이한다. 그리하여 심미적 감식력은 이 구체를 보편성의 지평 안으로 유도

---

52. 문광훈의 '움직이는 전체'는 전체성과 초월 원리를 의미한다. 넓은 세계는 특히 그것이 일체적인 무한성으로 이해될 때, 다시 말해 전체성으로 확산되는 무한성은 유한한 인간에게 초월성으로 나타나는 것은 당연하다. 분명한 것은 우리가 인식하든 아니든 반드시 전체로부터 삶이 시작된다는 사실이다. 게슈탈트 심리학자들이 지적하듯이 우리의 지각작용의 기본 법칙 중 하나는 어떠한 대상이든지 그것의 배경과의 관계에서만 지각된다는 것이다. 이 배경의 최종적인 것은 물론 세계 전체이다. 초월 원리는 직접적으로 경험되는 세계에 대하여 전체로서의 배경과 구도를 조성하게 하는 반성적 사유에 관한 것이다. 김우창은 초월적 이성을 전체성을 지향하는 사유 속에 배치한다. 전체성에 대한 요구는 사람이 가진 근본적인 요구의 하나이다. 그것은 전체를 어떤 식으로건 포괄하는 의미를 가지며, 이성의 능력은 전체를 파악하는 것이라 할 수 있다. 이에 대해서는 졸저, 『전체 안의 전체 사고 속의 사고』, 2015, 살림터, 40-43쪽, 242-247쪽 참조.

하여 재해석하는 활동을 촉발한다. 그런 연유로 예술 경험에서 감성은 이성처럼 정연하게 자리 잡고, 이성은 감성처럼 유연해진다. 그리하여 현실 분석과 사물 파악이 확장된다.

그런데 사람들의 관심이 다 다르고 끊임없이 바뀌는 것이라고 한다면 우리의 삶의 공통된 틀에 대한 이해가 있을 수 없고 그렇다면 공동 행동 역시 어려울 것은 명약관화하다. 그러나 심미적 이성은 모든 이해 관계를 떠난 무사심한 지평 속에서 경험 세계를 총체적으로 재구성하는 전체성의 관점을 획득하게 한다. 진정한 전체성의 구성 문제는 여전히 미해결의 상태로 남아 있다. 하지만 현실의 전체적 파악이 가능하기 위해서는 심미적 거리에 의해서 성취되는 무사무욕의 객관적 이성을 펼칠 수 있어야 한다.

그리하여 반성적 활동이 가능해진다. 반성한다는 것은 '다시 비추어 본다'는 뜻이고, 이 비쳐 봄을 가능하게 하려면 일정한 거리두기를 할 수 있어야 한다. 즉, 자기에 대한 거리 없이는 불가능하다. 그것은 주어진 것에 대한 이성의 시야가 더 넓은 배경(바탕)을 획득하는 과정이다. 그것은 또한 그 안에서 위치하고 있는 표상들이 증가된 명료함 속에서 자명성을 띠어가는 과정인 것이다. 이처럼 확장되고 심화된 표상과 바탕의 지각적 현상을 조성하는 것이 바로 심미적 이성의 반성적 활동인 것이다.

배를 타고 나가 큰 바다를 바라볼 때처럼 지각작용에서의 넓은 전체성의 인식이 감각적이고 감정적인 고양의 체험으로 되는 것은 일반적으로 볼 수 있다. 전체성은 심미적 체험이 감각적으로 주어지는 대상 초월 경험이다. 김상환을 참고하면, 이 말은 두 가지 의미를 담고 있다. 하나는 초월의 가능성은 이미 감각의 차원에서 싹트고 있다는 것이다. 또 다른 하나는 감각은 무의식적으로나마 이미 어떤 전체를 구성하는 원근법적 종합의 장소라는 것이다.

이때 중요한 것은 초월의 다양한 가능성이다. 그것은 사물에 내재한 전체적 삶의 흔적을 여러 가지 방식으로 가시화시킬 수 있다. 그중의 한 초월을 예로 든다면, 인간의 소외를 방치한 채 타향화되어가는 도시 생활 속에서 이상적 삶의 가능성이 숨 쉬는 고향으로서의 정서적 체험일 수 있다. 도시 속 고향 체험은 가장 현실적인 것 속에 형이상학적인 것들이 깃들여 있음을 알게 해준다. 그것은 결국 지금 여기의 협소한 삶을 벗어나 더 넓고 깊은 삶의 가능성을 느끼며 살라는 뜻일 게다.

김우창에 따르면, 초월은 주어진 삶의 부분성이나 범속성을 전체적이고 고양된 이념으로 극복하는 경우를 말한다. 이런 경우 초월은 주로 부분과 전체의 관계에서 해석된다. 초월은 삶의 개인적이고 단편화된 경험을 넘어 전체로서의 온전한 삶에 대한 관점으로 이행하는 운동이다. 이 운동은 단편적 경험 속에서 아직 충분히 경험될 수 없다. 그것은 심미적 거리가 발생시키는 원근법적 종합에 의해 그 모습을 더해가는 이성의 반성적 활동이 거듭되면서 극복될 수 있다. 이 활동을 통해 전체성과 마주하는 주체는 끊임없이 자기를 돌이켜 살펴보게 된다.

헤겔Hegel은 말하기를 지혜의 여신인 미네르바의 부엉이는 땅거미가 질 때 조심스럽게 날개를 편다고 했다. 지식과 지식이라고 일컬을 수 있는 것은 무엇이든 해가 지고 사물을 밝게 비추는 빛이 없어 쉽게 발견되거나 확인할 수 없을 때 찾아온다. 헤겔의 생각을 단적으로 표현한다면, 밝은 조명은 진정한 맹목에 지나지 않는다. 이 비유에 따르면, 우선 '기정 사실' 상태에서 벗어나야 그 사물의 본질에 대한 탐색이 시작되고 그 사물의 기원, 쓸모, 가치에 대한 의문이 제기되기 시작한다. 우리의 시야를 비집고 들어와 우리의 관심과 생각을 강요하는 것들은 어설프고 다루기 힘들어 믿을 수 없고, 반발심을 일으켜서 짜증스럽게 만드는 것들이다.

우리 인간은 이성을 갖기에 자신이 아무런 이유도 근거도 없이 세계에 내던져져 있다고 느낄 수 있으며 세계와 자신의 존재 의미라는 풀리지 않는 수수께끼를 풀려고 노력하게 되는 것이다. 특히 이성의 발견은 사람과 세계와의 불확실한 관계에 대하여 보다 높은 안정성을 부여한다. 여러 행동 가능성들 중에서 하나를 선택하며 심사숙고하여 미래에 대한 전망에 의거하여 현재를 전환하려면, 어느 정도라도 현재를 장악할 수 있어야 한다. 그것은 자신의 운명을 자신이 결정할 수 있다는 자신감이기도 하다. 따라서 인간의 자기형성이—생물학적 잠재력의 발전과 경험적 지혜의 근본으로서 전통과 문화의 흡수와 함께—이성적 능력의 함양을 지향하는 것은 당연하다.

김우창은 사람들이 살면서 자신의 삶의 독특함을 느끼는 순간에 주목한다. 자신에 대해 다시 한 번 생각해볼 때이다. 어느 가치와 결정이 진정 자신을 위한 것인지 진지하게 생각해볼 계기를 가질 필요가 있다. 가치 창조는 개체적 인간의 독자성 구성에서 중요한 의미를 갖는다. 개인은 독자적인 존재이면서 보다 큰 바탕에 열려 있음으로써만, 참다운 가치를 갖는 존재이다. 사람이 정신적으로 존재한다는 것은 좁은 자아의 한계를 넘어 보다 넓은 보편성에로 나아가려는, 즉 좀 더 넓은 이해와 활동을 향하여 나아가는, 그러니까 보편성을 지향하는 동력이 정신의 움직임에서 온다는 것을 의미한다. 보편성을 향한 움직임은 논리적 능력 그 자체보다도 현상과 자기초월을 향하여 움직이는 인간 내의 어떤 동력으로 인한 것이라고 할 수 있다. 즉 그것은 자아에 대한 형성적 노력이라는 정향을 만들어낸다. 이러한 개인의 독자성에서 출발하는 개체는 자신을 발견하고 형성하는 일을 운명으로 받아들이지 않을 수 없게 된다.

 개체적 인간의 독자적 가치는 칸트적으로 말하여 무목적의 목적성을 보여주는 어떤 심미적 형식으로 설명될 수밖에 없을 것이다. 그것은 모든 이해 관심을 떠나 자기 자신에 대한 관심을 추구하는 것이다. 왜냐하면 심미적 형식은 본성상 도구성과 반대되는 목적, 다시 말해서 자기합목적성을 추구하기 때문이다. 그것은 심미적 영역을 넘어 본래의 자기 자신과 만나는 존재론적인 드러남을 나타내는 것으로 생각할 수도 있다. 많은 초월적·정신적 가치는 이러한 무목적의 목적성의 형태를 갖는다고 할 수 있다. 가장 기본적인 관점에서 가치의 독자성은 개인이 선택하는 것이다. 그럼으로 하여 그것은 개인의 자유의 표현이다. 이것은 다시 사회적인 의미 그리고 한 발 더 나아가 존재론적 의미를 갖게 된다.

 이성의 반성적 활동은 심미적 계기에 의해 보다 적극적으로 매개된다. 그럴수록 심미적 이성은 언어와 사고와 행동에서 스스로를 부단히 능동적으로 재구성하며 변형적 실천 속에서 판단력으로 발휘된다. 심미적 이성은 최고 형태의 주체적 사유의 형태이자 삶의 진리에 부응하는 최상의 인식론적 판단 능력이다. 삶의 전체성을 지향하는 심미적 이성은 삶의 조건을 되돌아보며 성찰케 한다는 점에서 삶을 온전하게 마름질하게 한다. 그리하여 기존의 삶과는 다르게 새로운 느낌을 불러일으키고 신선하게 경험하게 함으로써 현실의 숨은 모습을 드러내고, 인간을 폭넓게 이해하며, 세계의 깊이를 스스로 자각하게 한다.

 심미적 이성을 통해서 영혼이라는 개념에 다가갈 수 있을 것 같다. 푸코는 "영혼을 위대하게 만드는 것은 모든 틀로부터, 영혼을 에워싸고 고정시키며 한정하는 이 모든 조직으로부터 해방시키는 것이며, 그래서 해방을 통해 그 진실한 본질과 진실한 목적지를 발견하게 하는 것이며, 이 목적지란 세계의 보편적 이성the general reason of world에 대한 완전한 등가물을 뜻한다." 푸코의 생각에 대하여 문광훈은 부연하기를, "위대한 영혼이란 자기를 제한하는 틀과 테두리를 벗어나 사물의 속성과 세계의 본질을 직시한다. 그러나 이 본질은 그 어떤 모호한 비의秘義나 신비에 관계하는 것이 아니라 바로 이성과 이어져 있다. 왜냐하면 바른 영혼은 모든 주변으로부터 벗어나 사안의 성격을 끊임없이 검토하고, 사물의 이름을 그 본질에 비추어 비교하면서, 그것이 무엇에서 나와서 무엇으로 돌아가는지, 또 무엇으로 이뤄지고 어떤 현실적 가치를 갖는지 끊임없이 묻기 때문이다."

그런 점에서 푸코의 영혼은 심미적 이성과 근접한다. "각각의 사물을 개별적으로 그리고 전체적으로 고려함으로써 영혼은 그 순간 평정의 주권적 무심함 그리고 신적 이성에의 완벽한 등가물을 얻는다." 즉 위대한 영혼이란 대상을 개별적으로 보면서 동시에 그 전체성을 잊지 않는다는 것이고, 이렇게 개별적 전체성에 닿아 있을 때 그 영혼은 평정한 상태에 있을 수 있다는 점에서 심미적 이성에 닿아 있다고 볼 수 있다.

구체적인 사물이나 실존하는 모든 것들은 정의상 우연적이다. 전체의 부분들로서 구체적인 사물을 다루려면, 심미적 이성의 산물인 전체가 가설 수준일지라도 전제되어야 한다. 그래야 구체적 사물들을 전포괄적 사유로 통합시킴으로써 이것들을 모두 사유 대상으로 변형시키면서 개별적 전체성의 사고에 이르게 된다. 그러니까 제대로 된 영혼 혹은 영혼의 위대성에서도 심미적 거리를 유지함으로써 무심함과 평정 그리고 이성이 하나로 만나는 것이다. 삶의 영혼으로서의 심미적 이성은 주변에서 일어나는 사건들을 초연하게 대할 수 있게 함으로써 바로 이것이 대상에 대한 객관적인 인식을 보장한다.

자기의 발견과 자아의 기술

우리는 명백히 미완성된 존재이며 따라서 자신을 향상시켜야 할 책임이 있다. 그러기에 삶은 개개인이 지닌 개별성을 성취하는 모습이어야 한다. 그것은 세계를 자기 자신의 관심사로 삼는 삶이라고 할 수 있다. 오늘날 사람들은 유행에 따르듯 서로 똑같아지고자 애쓰고 있지만, 인간의 가장 내적인 목표는 반드시 개별화를 실현하는 방향으로 노력하는 일이어야 한다. 하지만 개별성을 촉진하는 것만으로 삶을 살아지는 것은 아니다. 사람이 어떻게 그때그때마다 '세계와 함께 짜여 있는가'와 관련되어 있다. 그렇기 때문에 훨씬 더 중요한 것은 개별적인 사람이 처한 자신의 곤란과 장애를 이해하는 것이며 동시에 자신의 강점을 제대로 파악하는 것이다. 사람의 개별성은 새로운 것을 경험하기 위해 연결성을 통해서 어떤 과제, 어떤 대상 혹은 어떤 사람에게 주의를 향한다. 그것은 대상의 총체를 연결하는 것, 관계성의 총체를 생각하는 것이기도 하다.

아이의 시각이 어느 정도 발달하는 시기인 생후 두 달 이전까지, 아이는 울음에 대한 반응으로 타인의 목소리를 얻는다. 그리고 시각이 갖추어진 후 아이는 그 반응을 봄으로써 확인하게 된다. 메를로퐁티에 따르면, 생후 6개월이 지나면 아버지와 함께 거울을 마주한 아이는 자기의 눈으로 직전에 확인한, 말하고 있는 아버지와 거울 속의 사람이 같은 사람임을 그리고 그 무릎에 앉혀져 두리번거리고 있는 존재가 자신임을 알게 된다. 아이는 거울을 통하여 자기를 확인하고 즉 자아의 상을 형성하고 이제 "나-그리고-타자"의 종합적 체계를 가지게 된 것이다. 이제 아이는 공감 능력을 갖게 되면서 자기 자신과 타인, 그리고 자기 자신과 속해 있는 상황을 분리하는 법도 알게 된다. 아이는 하나의 주체가 된다.

아이의 발달을 보면 문화적이며 개성적인 조건하에서 자기의 고유한 발전을 통해 나이에 따라 일정하고 전형적인 도전들과 대결해 해결하는 길을 거치게 된다. 그 속에서 자신의 판단을 만들어내려는 새로운 충동으로 말미암아 내적으로 긴장하면서 성장하는 것이다. 인생의 처음 몇 년 동안 어린아이는 모방과 탐색, 시도와 오류를 통해 헤아릴 수 없이 많은 지식과 능력을 습득한다. 아이들은 관찰을 시작하면서 자신의 표상 속에서 현상만을 이해한다. 아이가 세계와의 관계 속에서 직접 경험을 확장시키고 심화시키면서 이러한 표상은 이제 심상으로 변한다. 즉 어떤 사물의 모습을 상상 속에서 그려낸다. 그리고 그 상상을 통해 형상화가 이루어진다. 따라서 현상 속에 숨어 있는 존재는 심상 안에서 빛을 발하기 시작한다. 아이는 삶과 세계의 관계로서 빛을 발하는 무엇인가가 자신과 연결되어 있다고 느낄 수 있다. 지능의 발달을 통해 아이는 이러한 관계늘을 이해하고 자신을 그 관계 속에 있는 인간으로 이해한다. 아이는 새로운 방식으로 '존재'에 도달한다. 이것은 아이가 감각적이고 지각적인 것에 충실하면서도 또 그것은 높은 추상적 구도 속에서 이해할 수 있는 잠재적 능력이 발달하고 있다는 것을 보여준다.

심상은 본연의 존재가 현상 속에서 드러나는 것이다. 예를 들어 아이는 그 존재 전체에서 말馬의 경우는 힘찬 다리로, 기린은 튼튼하게 수직으로 뻗은 목으로 규정하는 법을 배운다. 아이가 동물을 바라보는 눈은 이전과는 달라진다. 형상 지능의 힘으로 동물의 외형을 꿰뚫어 본다. 형상화라는 것은 현상을 그대로 재현하는 것에서부터 특이한 추상능력, 감각적인 연상에 이르기까지 망라한다. 이 모든 것을 알고 싶어 하는 아이의 노력 속에서 형상 지능은 살아 있는 것을 이해하기 위한 내면의 기관이 된다. 이 아이의 내면성이 바로 보편성에 다가갈 수 있게 되돌아봄의 공간으로 발달하게 된다.

형상화는 시각과 청각은 물론, 후각과 미각, 몸의 감각까지 동원해서 이루어지기 때문에 우리는 내면의 눈, 내면의 귀, 내면의 코, 내면의 촉감과 몸감각을 사용할 구실과 기회를 만들어야 한다. 이러는 동안 아이의 내면에서는 자신이 인간으로서 전체 동물 세계와 연결되어 있다는 판단이 점차 성숙해간다. 자신의 몸 안에서 동물 세계를 그것의 형성 안에서 바라볼 수 있는 능력이 생겨난 것이다. 아이는 자신이 지닌 형성력으로 소재를 통찰하도록 자극받아 소재 안에서 정신을 일깨우는 활동적인 예술가와도 같다.[53] 또한 하이데거 식으로 말한다면 존재적인 것과 존재론적인 것의 차이를 사고할 수 있게 된 것이다. 간단히 말하면, '존재적'이란 사물 하나하나를 떼어내서 볼 때 사물이 존재하는 방식이고, '존재론적'인 것은 그것을 큰 테두리 안에서 볼 때

---

53. 감각적인 내용은 형상화 작용을 통해서 미적인 것이 된다. 실러는 심미적인 것이 놀이의 결과라고 말한다. '슈필(spiel, 놀이, 유희)'이란 형상을 가지고 노는 것이라고 한다. 감각적 세계의 형상을 가지고 노는 것이 심미적인 것을 만들어낸다. 형상을 이해한다는 것은 감각으로부터 좀 거리를 가지고 감각적 내용을 형상으로 옮기는 것인데, 인생의 많은 것이 형상화 작용을 통하지 않고서는 아름다운 것이 될 수 없다. 원형으로서의 아름다움의 형상은 밖에서 오는 것이면서, 마음 안에 잠재된 형상의 깨우침이고, 질료에 근원적으로 내재된 가능성이다. 이에 대해서는 김우창·문광훈, 『세 개의 동그라미』, 2011, 한길사, 408-413쪽 참조.

드러나는 존재의 방식을 말하는 것이다. 낱낱이 존재하는 것은 그러한 모든 것의 밑에 있는 존재의 바탕 위에 일어나는 현상이라고 할 수 있다. 하이데거가 생각하는 '존재'는 삶의 바탕에 있는 어떤 근원적인 것, 또는 자기를 넘어서면서 자기 안에 있는 것, 여기에 귀를 기울이는 삶의 태도를 제안한다고 볼 수 있다. 그리하여 우리가 세계를 보는 것 하나하나가 아주 중요한 존재체험이면서 존재론적 사건이자 역사적 사건이라고 할 수 있다. 그런데 이 현상은 지각행위의 집합으로부터 발생한다.

우리는 자기가 아는 만큼만 세상을 보고 이해하며 해석할 수 있다. 또한 그러한 앎의 수준이 곧 그에 상응하는 행동과 실천의 수준을 낳는다. 우리 선조들이 남긴 일화가 있다. 태조 이성계는 무학대사에게 이렇게 농을 건넸다. "나는 대사가 돼지로 보입니다. 늙고 못생긴 돼지로." 그러자 무학대사는 이렇게 응대했다. "소승은 처사님이 부처로 보입니다." 언짢게 생각할 줄 알았던 대사가 웃으며 이렇게 넘기자 이성계는 다시 묻는다. "아니 나는 대사를 돼지라 놀렸는데 어찌 나에게 부처라 하는 게요?" 그러자 대사는 다음과 같은 유명한 답을 남겼다. "돼지 눈에는 돼지만 보이고, 부처 눈에는 부처만 보이는 법입니다."

이성계와 무학대사의 대화에서 알 수 있듯이, 우리 모두는 내가 알고 이해하는 대로 주어진 현실을 받아들이고 경험한다. 그런데 이러한 앎은 곧 내가 존재하고 있다는 것이자 내가 실천하는 일 그 자체와 다르지 않다. 그렇기 때문에 진정한 앎이란 대상에 대한 지식의 차원이 아니다. 인간의 자기실현을 주요한 인간됨의 방법으로 생각하는 문화가 있고 그렇지 않은 문화가 있다. 또는 그것을 인정하는 경우에도 역점의 차이가 있다. 이 인정의 차이와 역점의 차이는 다분히 인간을 어느 정도까지 주체적 존재로 파악하느냐 그렇지 않느냐 하는 데에 따라 생겨난다고 할 수 있다. 이것은 철학적 반성의 전통과 관련된 문제이기도 하고 그 현실적 기반으로서의 사회적·정치적 제도의 문제이기도 하다.

단적으로 말하면 중세 사람들에게는 미리 정해진 변하지 않는 자신의 위치가 있었던 반면, 우리는 스스로 노력해서 그 자리를 만들 수 있을 뿐 아니라 만들어야만 한다. 또한 한 인간으로서 우리가 어떤 존재인가는 더 이상 출생이나 신의 뜻에 의해 결정되지 않는다. 각 개인이 처음부터 스스로 자신을 만들어가야 하는 것이다. 프랑스 사회학자 알랭 에른베르Alain Ehrenberg는 말하기를, "사람은 더 이상 외적인 질서에 의해 (…) 움직이지 않고, 자신의 내적 동기에 의지해야 하며 자신의 정신적 능력을 꺼내 써야 한다." 사람이 자기의 삶을 형성한다고 할 때, 그것은 현실 속에서 자신을 부단히 점검하고 교정하는 가운데 자기를 구성하는 것이다. 개인은 더 이상 자신을 굳건하고 궁극적인 지점으로 자각할 수 없으며, 스스로 존재할 수 있도록 하기 위해서 끊임없이 자기실현이라는 추가적 노력을 필요로 한다.

그런데 우선 자기를 아는 것이 문제이다. 자기란 무엇인지를 밝혀야지만 자기실현을 위한 노력을 할 수 있기 때문이다. 중요한 점은 자기라는 개념이 타인이라는 개념을 암묵적으로 포함하고 있다는 것, 자기를 개선하고 배려하기 위해서는 타자의 계기를 포함해야 한다는 것이다. 타자 없이 '나'는 '나'일 수 없다. 자신은 언제나 타자에게 열려 있으며 그로 인해 자기 내부에도 자기가 지배할 수 없는 어떤 것이 존재한다는 사실을 받아들일 수 있는 것이다. 자기는 타자와 맺는 배려의 관계로만 존재하는 행위 안에 있는 것이다. 자기는 관계 속에서 끊임없이 구축되어간다.

푸코는 자기 자신에 대한 자유freedom의 창출을 강조한 사상가라고 할 수 있다. 즉, 자기와의 관계를 통하여 자기 자신을 윤리적 주체로 형성해갈 것을 강조한다. 그것은 어떤 통치방식에 직면하여 이런 식으로는 통치 받지 않으려는 자유 결정의 어떤 의지 표현이기도 하다. 푸코에 따르면, "자유는 하나의 실천이다. … 인간의 자유는 그것을 보장하려 고안된 제도나 법률에 의해 보증될 수 없다. … 자유는 그것을 보장하는 사물의 구조에 내재할 수 없다. 자유를 보장해주는 것은 자유이다." 이런 관점에서 기본적으로 푸코가 반대한 것은 완전한 자유를 보장하거나 완벽한 계몽을 이루겠다는 신자유주의적 혹은 사회주의적 기획이다.

푸코는 자유가 실천될 수 있는 조건으로 해방liberty과 권력 관계를 주장하고 있다. 푸코는 억압가설에 입각한 해방에 대해서 비판적 태도를 취한다. 해방은 억압가설에 의해서 쉽게 드러날 수 있다. 즉 해방은 더 이상 견딜 수 없는 현존 체제에 따라 반응해서 나타나는 것이다. 이러한 경우 억압으로부터 해방을 요청하는 것은 단지 억압의 부정이 될 것이다. 억압가설을 수용하고 그리고 그것이 제공하는 억압에 대한 해결책으로 제시되는 해방을 수용한다는 것이다.

이러한 점을 푸코는 마르크스에게서도 발견한다. 계급의 해방이 마치 모든 개인적 사회적 문제를 해결할 수 있는 것으로 인식한다는 것이다. 푸코가 보기에 외적인 속박으로부터 벗어나는 해방은 전제 조건일 뿐이고, 여기서 더 나아가서 윤리적으로 자유가 실천되어야 문제가 해결될 수 있다고 보는 것이다. 해방을 위한 행위는 어떤 사회적 역사적 구속을 느슨하게 하거나 제거하는 것으로 볼 수 있다. 이러한 체계에서 전개되는 자유의 실천은 바로 해방을 지속시키는 것이라고 생각할 수 있다.

푸코는 해방이 지배 상태를 권력관계로 전환시킬 수 있다고 생각했다. 푸코의 생각에서 돋보이는 점은 해방은 권력관계를 통한 자유의 실천이 가능하도록 하는 새로운 영역을 만들어낸다는 사실에 있다. 이 점은 아렌트가 해방과 자유를 구분한 것과 일치한다. 이것은 자유가 해방 이후에나 가능한 것이며 해방이 자유와 동일한 의미일 수 없다는 점을 뜻한다. 푸코는 권력이란 단순히 물리적인 것이거나 폭력이 아니며, 다른 방식으로 자유롭게 행동할 수 있는 개인을 대상으로 하는 경우에만 권력이 된다고 주장한다. 그런 점에서 자유는 권력관계의 외부에 있는 것이 아니라 권력관계에 내재하는 것이다.

권력관계란 사람들이 서로 타자의 가능한 행위에 작용하려는 행위에 의해 조직된 관계성을 가리킨다. 하지만 그것이 타자에 의한 통제를 거부하거나 그에 저항하는 다른 방식으로 행위할 가능성이 있는 한, 사람들의 자유를 부정하지 않는다. 좀 더 정확히 말하면, 권력관계는 오히려 자유가 거기에 내재한다는 것을 존립 조건으로 삼는다. 그러면서 그가 문제시한 것은 어떻게 '자기에 대한 자유'가 가능한가 하는 점이었다.

다시 말해 권력에의 저항은 주체의 자기통치를 전제하는 것이다. 주체의 자기통치는 외부로부터 강제되는 것이 아니라 스스로 행해지는 것이어야 한다. 그것은 자기와의 관계를 얼마나 독립적이고 자발적인 선택 아래 두느냐는 것이고, 바로 이 자발적 자기 추구를 어떻게 최종 목적화하는가 하는 문제이다. 나아가 자발적 독립적 자기관계를 어떻게 부단히 변형시키도록 노력할 것인가의 문제다.

푸코는 세상을 떠나기 전에 마지막으로 『쾌락의 활용』과 『자기의 배려』라는 책 두 권을 남겼다. 거기서 그는 '자아의 기술technology of the self'[54]에 대해 말하기를 "자아의 기술이란 의식적으로 성찰된 실천인 동시에 자발적인 실천이다. 이 실천을 통해 사람들은 자기 행동의 규칙을 정한다. 그뿐만 아니라 스스로를 변형시키고, 자신의 특이한 존재 속에서 스스로를 바꾸며, 마침내 자신의 삶을 하나의 작품으로 만들려 한다."[54]

이러한 주체화는 자기를 알고 자기를 변형시키는 실천이 필수적이라는 의미에서 윤리적이다. 이 윤리적 작업은 자기수양의 실천에 관한 것이다. 이것은 바깥으로부터 행동의 규칙을 받아들이고 베끼는 것이 아니라 자기 스스로 규칙을 만들어간다는 것이다. 즉 자기가 자기에게 가하는 작업으로 윤리적 주체로서 자기 자신을 생산해내는 것이다. 이것은 처세술이 아니라 자발적이며 능동적인 '삶의 기술'에 대한 이야기이다. 또한 자기의 앎을 획득하거나 행위를 선택하는 문제가 사회의 어떤 장, 권력의 망과 관련해서만 이루어지므로 정치적인 성격도 띤다.

자아의 기술을 터득한 사람은 무엇보다도 윤리적 인간이다. 이때 윤리란 인간관계의 규칙을 말한다. 푸코는 윤리를 "자유가 반성을 수용했을 때에 취하게 되는 형식"이라고 정의하고 있다. 그렇다면 윤리적 주

---

54. 푸코의 자아의 기술은, "개인들에게 자기가 가진 수단을 써서, 또는 다른 사람들의 도움을 빌려, 자기의 몸과 영혼과, 생각과, 행동과 존재의 방식에 일정한 작용을 가함으로써, 자신을 변형하여, 행복과 순수성과 지혜와 완성 또는 불멸의 어떤 상태에 이르고자 하는 기술이다." 이 기술은 철저하게 자신을 위한 것이다. 자아에 대한 전통적인 접근과 푸코의 차이는 델포이 신탁 신전 앞에 쓰여 있었다는 말, "너 자신을 알라"라는 말에 대한 해석을 소개하는 데에서부터 짐작할 수 있다. "자신을 알라"는 것은 전통적으로 참다운 의미에서의 자기가 누구인가 또는 무엇인가를 알아야 한다는 말로 해석된다. 푸코는, 여기에 대하여, "네가 신이 아니라는 것을 알라"는 해석이 있고, 또 하나, "네가 신에게 묻고 싶은 것이 무엇인가를 정확히 알라"는 해석이 있다고 말한다. 중요한 것은 '자기를 돌보는 것'이 고대 철학에서 개인의 삶이나 사회적 관점에서 제일 많이 회자된 주제였다는 것이 푸코의 생각이다.
자아의 기술은 개인으로 하여금 자신의 삶을 하나의 작품으로 만들 수 있게 해주는 행실과 실천을 규정하는 훈련을 가르친다. 좀 더 부연한다면, 푸코의 기획은 "개인들에게 자기가 가진 수단을 써서, 또는 다른 사람들의 도움을 빌려, 자기의 몸과 영혼과, 생각과, 행동과 존재의 방식에 일정한 작용을 가함으로써, 자신을 변용하여, 행복과 순수성과 지혜와 완성 또는 불멸의 어떤 상태에 이르고자 하는 기술이다." 말하자면 푸코는 이를 두고 "삶을 미학적 가치를 지닌, 그리고 어떤 양식의 기준에 부합하는 하나의 작품으로 만들고자" 하였다. 여기서 삶은 예술 작품으로, 인간은 그 예술의 작가로 본다. 이렇게 자신의 자유를 인정하는 가운데 자신의 삶을 특정한 방식으로 만들어가는 것을 푸코는 "실존의 미학"이라고 부른다. 이에 대해서는 김우창, 『기이한 생각의 바다에서』, 2012, 돌베개, 90-98쪽 참조.

체가 되기 위해서 우리가 우리들 자신들을 어떻게 바꿔야 하는지에 대한 문제는 자아를 다듬어가는 방법상 중요하다. 그래서 푸코는 '실존의 미학'이라는 관점에서 삶이 하나의 작품이 되는 경지를 그려보았으며, 그 사례들을 고대 그리스인들의 삶에서 찾아내려 했다. 여기에서 필요한 것은 자신의 자아와 자신의 행위의 어떤 국면 내지 부분이 자신의 도덕적 행위를 관장하는지에 대해 물음표를 달아보는 일이다.

그것은 "자아가 스스로를 알고, 행동 규범을 알고 진리와 처신의 규칙을 알" 때 저절로 내면화되는 행동방식이다. 즉, 자기를 통어通御함으로써 자기에 대한 자유를 확보하는 것을 의미한다. 다시 말하여 그것은 이미 이성과 진리를 자기의 것으로 한 사람의 자연스러운 사회적 표현인 것이다. 중요한 것은 이성이 사회적 행동방식에 들어 있는 절제를 분명히 해준다는 사실이다. 희랍어로 에토스ethos가 되는 윤리는 일반적 사회 풍습으로서 "존재하는 방식이고 행동하는 방식"이다. "자기를 두고 철저하게 다듬는 일을 하면, 개인의 자유권 행사는 선하고, 명예롭고, 존경스럽고, 기억할 만하고 모범이 될 에토스 안에서 펼치게 된다." 그리하여 자유의 실천과 윤리는 하나가 된다.[55]

자유의 실천을 통한 윤리적 실천에는 스스로 자신에게 필요한 의무에 적응해간다는 점이 전제된다. 자신의 성격을 형성하는 데에 문제가 되는 것은 바로 스스로를 적응시켜가는 이러한 자신에 대한 의무임을 알 수 있다. 자아의 다양한 실천을 가져왔던 의무를 분석한 후 푸코가

---

55. 푸코에게 윤리적 실천은 "주체의 존재양식"으로서, 타인에게 "가시적인 행동양식"으로 나타나는 자유의 구체적인 표현이자 "자아에 대한 자아의 노력을 필요로 하는" 개념인 것이다. 자기 실천 속에서, 자기가 자기에 대해 갖는 관계의 방식에 따라, 이 방식으로서의 실존적 기술의 내용에 따라, 얼마든지 그는 더 나아질 수 있다는 점이다. 그는 자기 자신과의 관계 그리고 타인과의 관계를 창출해내는 가능성에 집중하면서, 개인들이 어떻게 자기 자신의 성숙된 개성을 구축해가는가를 보여주고자 한다. 자기 실천에 대한 푸코의 생각들에 대해서 『주체의 해석학』을 편찬한 그로(F. Gros)는 말하기를, "내재성, 용의주도 그리고 거리의 윤리"라고 하면서 덧붙여서 "진정한 초월성은 자아의 내재적이고 집중된 완성에 있다."

내린 결과는 윤리가 자아와 타인에 대한 배려라는 것이다. 여기에서 자신과 타인들의 관계에서의 자아 형성 문제가 중점적으로 다루어지고 있다. 결국 자기를 돌본다는 것은 자기를 바르게 다스린다는 것을 말하고, 그것은 다른 사람을 다스리는 일로 즉, 사회적 에토스에 귀착한다.

한편 푸코가 인식한 자유의 실천은 언제나 진리게임 안에서 이루어진다. 그 이유는 그가 "진리에 대한 배려를 통해서만 자아에 대해 배려할 수 있다"고 보았기 때문이다. 자기 배려의 원칙에 근거하여 도덕과 진리의 관계를 구현할 수 있어야 한다. 즉 일련의 진실에 대한 깨달음을 근거로 해서 자유의 실천이 이루어질 수밖에 없다. 자신에 대한 고민은 자기 자신과의 대화를 통해서 주체가 진실에 다가가려는 노력을 수반하게 된다.

푸코의 파르헤지아parrhêsia에 대한 문제화는 자아에 대한 분석을 주된 목적으로 삼는다. 파르헤지아는 언어활동의 한 형태로서, 솔직히 말하기, 진실 말하기, 진실의 용기로 명명할 수 있는데, 그것은 진실이 요구하는 바에 따르는 질서화된 공적인 발언인 것이다. 예를 들어 생생한 사실을 전달하기 위해 위험을 무릅쓰는 언론인의 경우를 보더라도 그것은 진실을 주장하는 사람의 개인적 확신을 표현하고 다른 한편으로는 듣는 사람의 격렬한 반응과 같은 위험스러운 처지에 화자가 놓일 수 있다.

화자는 솔직히 말하기를 통해 진리와 구체적인 관계를 맺고 위험을 통해 스스로의 삶과 일련의 관계를 가지며 비판주의를 통해 자신과 또는 타인과 특정 형태의 관계를 갖는다. 그리고 자유와 의무를 통해 도덕적인 규칙과 구체적인 관계를 갖는다. 좀 더 정확히 말하자면, 파르헤지아는 그 속에서 화자가 진리와 개인적인 관계를 표현하는 언어활동이다. 그리고 화자는 자신의 삶을 위험하게 하는데 그것은 그가 진실을 말하는 것이 타인의 삶을 개선하고 도와주기 위한 의무—그가 자신을 위해 하는 것처럼—라고 간주하기 때문이다.[56]

파르헤지아스트의 '진실 말하기'와 수사학자의 '잘 말하기'의 대립이 문제가 된다. 수사학과의 대립 속에서 파르헤지아는 진실하고, 연루되고, 위험에 빠진 말로 정의된다. 진실한 말로서의 파르헤지아는 진실과 거짓을 원칙적으로 구분하지만, 수사학은 말해진 바의 진실보다는 말하는 방식에 관심을 집중시킨다. 겉치레나 과시적 효과 없이 가장 직접적이고 명확하게 한 사물을 말하는 것이 문제가 된다. 파르헤지아로 간주되기 위해서는 진실의 발화 행위가 적절하게 정의된 상황에 개입되어야 한다. 이를테면 무고한 약자의 혐의를 벗겨주기 위해 진실을 찾아 헤매는 법조인, 이데올로기의 개입으로 비틀린 역사를 바로잡기 위해 분투하는 역사가 등이 그러하다.

단순히 진실을 말한다고 해서 또는 솔직히 말한다고 해서 파르헤지아스트가 아니다. 파르헤지아스트는 그가 진실을 말할 때 위험한 상황에 놓이는 자이다. 진실을 말하는 행위 속에서 보이는 것은 그의 용기다. 실제로 파르헤지아스트가 발화하는 진실은 개인적인 의견의 형태를 띤다. 그리고 그는 그 진실을 자신의 실존에 적용시킨다는 점이 중요하다. 결국 파르헤지아스트는 의견을 의견으로 발화하면서 동시에

---

56. 푸코의 파르헤지아 개념은 윤리와 정치가 어떻게 끊임없이 서로 교차하는지를 보여준다. 이를테면 진실한 바에 대한 비판적 열정에 사로잡히지 않는 용기는 공허한 환상이요, 공허한 에너지에 불과하다. 푸코가 검토한 바에 따르면 그리스인들에게 진실에의 접근은 진실한 주체로서 도덕적으로 평가받을 만한 주체의 변화를 요구했다는 것이다. 즉 그리스 철학에서는 진실과의 관계는 즉각적으로 도덕적이다. 이처럼 그리스 철학이 재조명되는 것은, 엄격성과 정직성을 핑계로 자기 전공의 소용돌이 속에 갇혀 목소리가 들리지 않게 된 학자들과 타인들의 경청을 바란 나머지 엉성하고 공허한 담론을 발화하는 사회 운동가들 간의 거대한 분열을 조직한 음울한 시대에 절박한 진실에의 요청이 있기 때문이다. 이에 대해서는 프레데리크 그로 외 지음, 심세광 외 옮김, 『미셸 푸코 진실의 용기』, 2006, 도서출판 길, 57-85쪽 참조.

그의 삶 속에서 행동과 말을 일치하고 그의 의견은 진실이며 진실일 수밖에 없음을 증명해 보인다. 인생의 참의미를 아는 사람은 지배욕을 갖지 않는다.

사실 푸코의 근본적인 생각은 사람의 타자와의 관계는 언제나 긴장을 내포하는 권력의 관계라는 것이다. 여러 인간관계상의 여러 수준에서 어떤 것이 진실로서 인정되는 순간 거기에 하나의 권력관계가 탄생하며, 진실은 언제나 이러한 관계의 그물망 속에서 여러 대가를 지불하면서 하나의 게임처럼 모습을 드러내는 것이다. 이렇게 권력의 관계가 완전히 해소될 수 없는 것이라면 오히려 푸코는 자유로운 인간이 되기 위해 자기를 돌보는 것, 즉 자유의 윤리화를 위해 다양한 권력관계가 인정되는 가운데 '진리의 놀이' 속에 있기를 권했던 것이다.

또 한편으로 참다운 의미에서 자유를 실현한다는 것은 사람이 정신적 존재이며 그것에 따라서 산다는 것을 의미한다. 이것은 물론 일정한 가치와 목적에 따라서 산다는 것이기도 하다. 그런데 이 가치와 목적은 외부로부터 부과되는 것이 아니라 자아의 내부로부터 나오는 것이다. 따라서 시선은 내면으로 향한다. 즉 다른 이들이 어떻게 행동하는지가 아니라 그에 대해 우리가 어떻게 반응하는지를 살펴보아야 하는 것이다. 비가 오는지 태양이 빛나는지가 아니라 우리 내면에서 어떤 생각과 감정이 일어나는지를 살펴보아야 하고, 내가 기쁜지 슬픈지가 아니라 우리 몸 안에서 그 기분들이 어떻게 표현되는지를 살펴보아야 한다.

그럼으로써 무엇보다 먼저 자신의 경험과 삶을 소중히 여길 줄 알아야 한다. 가장 기본적인 관점에서 가치의 독자성은 개인이 선택하는 것이다. 그리하여 그것은 개인의 자유의 표현이다. 이때 표현되는 것은 우리가 하고 싶은 일이 무엇인지, 그것을 어떻게 하고 싶은지를 분명히 인식하고 있는 자기 자신이다. 우리가 하는 모든 일이 우리 자서전의 한 조각인 것이다. 그런 점에서 보면 개체의 진정한 자유의 실현 그리고 그것과 공동체가 추구하는 바와 꼭 일치해야 하는 것이 반드시 개체 그리고 일반적으로 인간의 모든 것에 자유로운 실현의 기회를 주는 것이라고 할 수는 없다.

헤겔에 따르면, 모든 생각하는 인간은 자신을 위한 내면적인 소명, 즉 인간성이 있다고 느끼고, 인간다움을 실현하려면 더 많은 걸음을 내디뎌야만 한다는 것을 안다. 그 과정에서 자신의 현재 모습을 변화시킨다. 이런 내면적인 소명에서 발달의 충동이 일어난다. 발달에 관한 사상에는 항상 두 가지가 포함되어 있다. 하나는 소질이라고 부르는, 이미 존재하고 있는 것이다. 다른 하나는 내면의 본질적 원칙이다. 이것은 소질을 보다 높은 완성의 단계로 변화시키고 완성 속에서 이전보다 훨씬 더 강하게 스스로를 "존재가 되도록 만든다". 헤겔에 따르면, 발달은 내면적인 소명이라는 사상 없이는 생각할 수 없다.

그것도 결국은 그 자체로 완성감을 주는 자아실현을 말하는 것이다. 사람이 자기의 삶을 형성한다고 할 때, 그것은 결국 그 자체로 완성감을 주는 자아실현을 말하는 것이다. 헤겔은 "완성 지향 충동", 즉 사람들이 할 수 있는 것과 현재의 있는 그대로의 모습에 머무르지 않는 내적인 욕구와 노력에 대해 말한다. 기존의 것을 넘어서도록 인간을 끊임없이 몰아가는 내적 충동, 바로 그것을 통해 인간은 하나의 자아, 하나의 존재가 되고, 자아는 전진해나가면서 스스로를 형성한다. 인간의 발달은 오직 자아로부터 파악될 수 있다.

이러한 자아실현은 이상적이라고 할 수 있지만, 나름대로 납득할 만한 일관성 속에서 세상과 만나게 하는 삶 자체의 총체적 구현을 암시하는 형식에 관한 것이다. 이것은 대체로 그 자체로 의미 있는 가치 창조의 행위에 집중된다. 그리하여 나라는 존재와 여러 상황을 고려하여 나만의 고유함을 지킬 수 있게 된다. 그러한 가치의 추구가 인간 자유의 표현이면서 동시에 자기실현이 된다. 그것은 결국 삶 자체를 생각하고 삶의 더 넓고 깊은 가능성을 문제 삼는 것이다.

김우창에 따르면, 내적인 의미를 갖는 자아의 추구는 불교나 도교 또는 유교와 같은 동아시아의 전통에서도 핵심적인 주제이다. 이 전통에서 보면 수신의 근본은 자기 자신으로 돌아간다는 데 있다. 이때 외부 세계를 지각하는 것보다는 자기 탐구가 훨씬 중요하다. 수신을 향한 마음챙김 수행을 함으로써 우리는 자신이 어떤 성격과 사고방식을 갖고 있는지 잘 이해하게 되고 그에 대해 거리를 둘 줄 알게 된다.[57] 잭 콘필드Jack Kornfield에 따르면 "내면의 정신적 자유를 획득하는 것이야말로 불교의 수백 가지 가르침과 수행법의 목표이자 목적이다. 그 모든 방법은 우리에게 고통을 초래하는 부정적 패턴들을 인식하고 그런 다음 놓아버리며, 대신 그 자리에 긍정적인 습관들을 채우도록 도와준다." 불교가 자기 탐구를 가장 중요시하는 것은 바로 그 때문이다.

그리고 진정한 자아의 추구에는 일정한 단계가 있는 것으로 보인다. 많은 정신적 수양의 가르침은 마음의 평정에 관한 것이다. 거기에 이르려면 자아의 사사로운 상태—이해 관계적이어서 편향되고 과민하여 생기는 변덕스러운 차원을 이겨내며 결국엔 마음을 투명하고 초연한 차원으로 고양시켜야 하는 것이다. 그러나 이것은 극히 엄격한 금욕적 수

---

57. 유교 철학에서 마음의 활동의 근원성은 중요하다. 특히 심학(心學)은 유교의 철학적 체계화를 시도한 성리학에서 핵심적인 위치를 차지한다. 마음의 수련은 주로 마음을 하나로 유지하면서 동시에 유연한 상태에 두도록 하는 수련이다. 불교에는, 깨우침을 이야기하면서, 그것이 홀연 오는 것이냐 아니면 오랜 수련을 통하여 점진적으로 얻어지는 것이냐 또는 홀연 일어나는 깨우침이 있은 다음에 수련의 오랜 여로가 시작되느냐 등등에 대한 논의가 있다. 결국 모든 실천적 또는 지적 실행에는 그 실행에 선행하는 결단이 있어야 한다고 할 수 있다. 이에 대해서는 김우창, 『깊은 마음의 생태학』, 2014, 김영사, 196-211쪽 참조.

행을 통하여 이르게 되는 종착점이다. 방황과 금욕과 고통의 여로를 거쳐서 사람은 하나의 마음의 상태에 이르게 되고, 그 마음을 일상적 행동과 마음의 바탕이 되게 함으로써 어떤 세속적인 상황이나 평정을 유지할 수 있게 된다.

김우창이 정리한 바에 따르면 불교에서 득도한 사람은 지극히 평상적인 인간이 된 것처럼 보이지만, 그것은 매우 어려운 수행을 거친 다음에 가능해진 것이다. 커다란 정신적 경험이 있은 다음에 일상으로서의 삶에 평온한 귀환이 가능해지는 것은 인간 정신의 역설이다. 풍랑 속에서도 조용한 마음을 지닐 수 있는 수양인의 경우에도 수양이 있어서 조용하게 앉아 있는 것이 아니라 풍랑을 많이 겪으면 조용하게 앉아 있을 수 있게 된다고 할 수 있다. 수양한 군자 곁에서 풍랑 속에 자고 있는 뱃사공은 풍랑을 많이 겪은 사람이다. 수양의 종착역은 자기를 바르게 돌봄으로써 안정되는 평상적인 삶으로 돌아가는 것이라고 할 수 있다.

유교의 '경敬' 공부는 주의력을 내면으로 집중하여 의식의 각성 상태 아래의 특수한 평정 상태에 이르도록 한다. '경'이 안으로 마음을 밝혀 주는 것이라고 하면 의義는 밖으로 행동을 결단하게 해주는 것이다. 유교적 수신에서 마음을 허령虛靈하게 하는 것, 즉 비우고 정신만의 상태에 있게 하는 것이 모든 것의 기본이다. 경은 일종의 특수한 심리 상태로서, 의식의 미지향적 국면에서도 항시 자신을 깨어 있는 상태로 간직함으로써, 지향 활동이 전개될 때 자아의 본성이 순일하게 발현되게 하기 위한 '성품 기르기養性'의 노력을 말한다. 퇴계의 경우에는 마음을 바른 판단을 내릴 수 있는 공정한 상태에 두어야 한다는 비교적 상식적이고 간단한 가르침을 제시한다. 그러나 그것이 어려운 일이고 또 허무에 빠지는 일이 될 수 있다는 경고도 빠뜨리지 않는다. 이런 점에서 보면, '경'은 인간의 내면을 맑게 해주고 참된 자아를 성취하게 해주는 모종의 수양 공부라는 것을 알 수 있다.

근대에 들어 문명사의 흐름이 개인의 자유를 확대하는 방향으로 전개되면서 '경'이나 수양과 같은 자기완성의 노력은 개인을 옥죄는 봉건 시대의 유물로 치부되게 되었다. 이에 따라 절제, 함양, 수양, 자기완성 등의 개념은 현대어 사전에서 자취를 감추게 되었다. '경' 공부에서 보여주듯이 전통시대의 수양론이 오히려 주체의 자발성과 자율성을 강하게 함축하고 있다는 역설을 발견하게 된다. 동양에서 수양, 수신, 수행 등은 인간이 일정한 방법으로 형성되어야 한다는 것을 인정하는 인간 이해의 일부이다.

신유학적 수양론의 출발점은 인격 주체가 "나는 어떤 성품의 인격이 되고자 하는가?" 하는 물음과 관련된 자기도약의 희구에서 비롯된다. 그리하여 '경' 공부에 내재된 결정적인 특징 중 하나는, 자기도약을 위한 동기와 동력이 타율적 강제가 아닌 주체 자신의 내부로부터 비롯된다는 점이다. 자기 수양을 위해서는 인간이 가야 할 바른 길이 무엇인지에 대한 인지적 각성이 우선 요구된다. 더불어 이를 반복적으로 훈련함으로써 의지의 강화와 도덕적 실행력을 키우고, 인정에 바탕을 둔 정서의 순화와 조율을 통해 지정의知情意의 삼원적 프로젝트로서 수양, 즉 도를 닦아야 한다.

그리고 이 같은 수양의 과정을 거쳐 성취한 도덕적 역량, 실행의 기술, 도덕적 내공을 덕德이라 한다는 점을 알아야 한다. 수양의 끝에 도달하도록 기대되어 있는 것은 대개가 전통적으로 정형화된 인간형을 일컫는다. 통속적으로 말하여 "사람이 되어야 한다"는 말은 이러한 정형성을 담고 있는 표현이라고 할 수 있다. 비록 통속적인 표현이지만 그 말 속에는 정형화된 인간의 개체적 성격을 부정하거나 그 창조적 가능성을 무시하는 것은 아니다.

서양에도 인간 수양의 이념 또는 형성의 개념이 있다. 김우창은 이 개념에 대해서 조금 더 개성적인 인간의 독자성을 존중하는 것으로 생각한다.[58] 이렇게 개별적 개체의 존재로서 파악되는 인간 형성의 개념—교양Bildung은 독일 문학과 철학에 핵심적인 개념이 된다. 18세기 후반 독일 인문주의자들이 그리스에서 찾은 교양의 이념은 전인적 인간상에 있다. 그것은 한쪽의 능력으로 치우쳐 발달한 인간이 아니라 지·덕·체가 골고루 발달하고 균형 있게 실현된 인간이다. 독일의 인문주의자들은 감성과 지성, 정신과 육체가 유기적인 전체를 이루고 있는 인간을 발견한 것이다. 그들은 전인적이고 총체적인 인간만이 자유로운 인간일 수 있다는 것을 교양의 이념으로 증명하고자 하였다. 특히 괴테에게 교양교육의 이념은 "보편성으로의 고양'에 있다. 보편성의 경험은 좀 더 큰 인간성의 경험이며, 고양이란 '자기 자신을 넘어가는' 일일 것이다.

그리하여 교양이란 해박한 지식뿐만 아니라 도덕적 품위와 용기 나아가서 문화적 예절 전체를 포함한다. 이 모든 것은 교육과 훈련을 통해서 이루어진다. 교양을 쌓는다는 것, 그것은 잠에서 깨어나는 것과 같다. 교양이란 일반적으로 말해 '사람다운 삶'에 대한 식견과 태도를

---

58. 김우창은 헤르만 헤세의 교양 개념에 주목한다. 깊은 전범적 형상을 의미하는 헤세의 교양 개념에 따르면 개인의 독자성에서 출발하는 개체는 자신을 발견하고 형성하는 일을 운명으로 받아들이지 않을 수 없게 된다. "오늘날은 어느 때보다도, 살아 있는 현실의 인간이 무엇으로 되어 있는지를 이해하지 못하는 시대가 되었다. [그는 이 소설의 첫머리 부분에서 쓰고 있다.] 개체적인 삶 하나하나는 자연이 시험하는 독특하고 값비싼 실험인데, 이것을 모조리 없애버린 것이 오늘이다. … 한 사람 한 사람은 자기 자신 이상(以上)의 것이다. 개인은 세계의 현상들이 꼭 이런 방식으로 한 번, 다시는 반복되지 않게 교차하게 된, 유일하고 특별한 그리고 의미심장한 교차점이다. 그리하여 한 사람 한 사람의 이야기는 중요하고 영원하고, 신성하다. 그리하여 각 개체는, 살아가고 자연의 뜻을 실현하고 있는 한, 놀라운 존재이고 주목의 대상이 될 만하다. 모든 개인에게 있어서, 정신은 육화되고, 모든 개체에 있어서, 피조물이 괴로워하고, 모든 사람에 있어서, 구원자가 십자가의 못에 박히는 것이다." 이에 대해서는 김우창, 『기이한 생각의 바다에서』, 2012, 돌베개, 22-25쪽 참조.

일컫는다. 교양 있는 인간은 도야된 인간이다. 인간의 인간적인 삶 자체를 총체적으로 성찰하는 지적 자세와 그 성찰의 내용을 실천에 옮기려는 의지적 자세가 교양의 토대를 이룬다.

　이론적 수양 및 도덕적 수양으로서의 교양cultus이란 어원적으로 문화라는 말과 단짝을 이룬다. 문화란 인간의 정신적, 육체적 능력이나 덕성, 교양의 함양과 형성이란 의미로 사용한다. 이러한 문화 이해는 그리스 철학에서 규범적 세계nomos와 자연적 세계physis를 구별하고, 대립시켜 생각한 데 뿌리를 두고 있다. 이처럼 문화는 규범에 의한 것이며, 이러한 규범이란 인간에 의한 것이거나 혹은 인간과의 관계에 의해 규정되는 어떤 것으로서 이해된다. 이 문화규범은 명백히 자연 상태의 어떤 것physis과는 구별된다. 이렇게 자연과 대비되는 문화란 길들여진 자연이며 자연에 없는 자연이다. 이 제2의 자연을 산출하는 것이 도야이자 교양이다. 도야란 금욕을 요구하고, 금욕이란 자연적 본성에 대한 억압이다. 그러면서도 교양을 지닌다는 것은 문화적 정체성이 가지는 다양한 차원들에 일관적인 연관성을 부여하는 매우 어려운 과제를 의미한다.

　교양은 외부에 있던 지식이 우리의 내면으로 장소를 옮겨온 상태를 말하지 않는다. 교양은 유식함이라기보다 그로 인한 정신의 변모를 말한다. 외면적인 일반적 관점에서는 파악하기 어려운 인간의 내면에 도사리고 있는 삶의 조건과 그에 대응하는 자기형성 및 자기결정의 활동에 변화를 가져오는 것이다. 그것이 곧 야생적이고 미숙한 인간이 도시적 문화 공동체의 일원으로 성숙해가는 과정이고, 이러한 변모가 또한 교육의 목적이다. 이 정신의 변모란 가까이 가는 것, 즉 이상적 인간형을 향하여 다가가는 과정이다. 그것은 어떤 이상에 접근해가는 것을 말하면서도 그것이 개성적 성취라는 사실을 중요시한다.

교양적인 인간에게 특별한 점은 그 자신이 항상 새롭게 화두가 된다는 것, 그리고 자신이 누구이며 자신에게 중요한 것이 무엇인지 질문을 던질 수 있다는 것이다. 그 질문에는 자기 자신이 스스로 만들어가는 자기 요구가 반영되어 있다. 올바르게 이해된 교양은 이러한 질문에 대한 답을 주는 복잡한 과정이다. 그러므로 교양의 인간은 어떤 도상 위에 존재한다. 그러면서도 어떤 목적을 향하거나 자신 밖의 그 어떤 것에 의해 일방적으로 전도되는 것이 아니며, 자율적인 존재가 갖추어야 할 덕목의 의미를 강하게 함축하고 있다. 20세기 초에도 교양의 개념은 독일 문학에서 중요하다. 인문주의적 인간이란 넓은 의미의 교양 있는 인간이다. 그러면서 그것의 개인적인 의미는 한층 강화된다고 할 수 있다.

고독의 힘

인간은 함께하였기에 진화할 수 있었다. 함께 더불어 하지 않았다면 인간은 호모사피엔스로 진화하지 못하고 다른 종에 의해 절멸되었을지도 모른다. 백지장도 같이 들면 좋듯이 사람은 함께하기에서 많은 것을 얻는다. 서로 나누고 연결될 때 빛을 발하는 영역이 있다. 사회분업으로 인한 편리성 증대를 생각해보면 될 것이다. 그러나 함께한다는 것이 분명한 장점을 지니지만, 인간의 모든 장점을 함께한다는 것으로 환원시킬 수는 없다. 함께한다는 것이 때로는 스트레스의 원인이기도 하다.

혼자 있는 시간을 그저 힘들고 외로운 시간으로만 간주하게 되면, 나 자신과 마주하는 삶보다 타인과 만나고 함께 시간을 보내는 삶을 더 우선적이고 중요하다고 받아들이게 된다. 타인과의 만남과 관계가 더 우선하고 중요해지면, 홀로 있음은 단지 부정적인 일로 전락하고 만다. 그러한 삶은 나 자신이 부재한 삶이고 늘 어딘가에 의존하는 삶이다. 이 시대를 살아가면서 타인에게 의존하며 문자를 보내고 메신저를 하는 동안에 서서히 자아를 상실하고 허약한 인간으로 변해가고 있는 것이 아닌지 의문이 간다. 왜냐하면 이것은 성장이 아니라 퇴행일 수 있기 때문이다.

번잡한 일상에 얽매인 채 정신없이 바쁘게만 살아가는 현대인들은 스스로를 불행한 존재라고 규정짓곤 한다. 아마 그것은 있는 그대로의 자신과 홀로 직면하지 못하기 때문일지도 모른다. 수백 년에 걸친 서구의 근대화를 불과 수십 년 만에 해치운 압축 성장 과정에서 우리는 고독할 틈도 없었다. 오히려 고독은 사치였다. 그리하여 고독에 대처하는 어떠한 문법도 배우지 못했다. 우리는 이제 모두가 개인이다. 너무나 외로워 어쩔 줄 모르면서, 그야말로 고독에 몸부림치면서도 그게 자기 운명인 줄 모르고 있다.

지그문트 바우만Zygmunt Bauman에 따르면, 우리는 대부분 진정으로 개인이 되지 못한 채 개인화되어왔고, 개인화가 야기한 결과를 감당할 만큼 충분히 개인화되지 않았다는 의구심을 갖고 있는 사람이 많다. 우리가 사실상 개인이든 아니든 상관없이 명목상 개인인 것만은 분명하다. 스스로 문제를 규명하고 관리하고 풀어나가고 스스로 알아서 꾸려나가야 하는 게 우리가 처한 현실이다.

우리 대부분에게, 울리히 벡이 『위험한 사회』에서 날카롭게 지적한 바와 같이, 개인화는 '전문가들이 사회의 모순과 갈등을 개인이 해결해야 할 과제로 던져놓고 자기 생각에 따라 스스로 알아서 판단하도록 권유하는 것'으로 생각된다. 그 결과 우리는 대부분 '체제의 모순에 대한 해법을 개인적으로 찾을 수밖에 없다.' 명목상 개인은 자신의 비참한 처지에 대해 아무도 탓할 수 없고, 자신이 실패한 원인을 자신의 나태와 게으름에서 찾을 수밖에 없으며, 실패를 바로잡으려면 스스로 더욱더 열심히 노력하는 방법밖에 없다.

프랑스의 사회학자 알랭 에른베르는 현재를 "모든 사람에게 자기 자신이 되어야 한다는 것을 개인적 의무로서 요구하는" 시대라고 본다.

예전에는 통제되고 검열받고 가혹한 처벌로 규율을 강요받았다면, 오늘날 우리는 개인적으로 결정을 내리고 스스로 주도권을 잡고 행동하도록 강요받는다. 그런 삶을 유지하려고 매일매일 자신을 질책하고 경멸하면서 살기는 쉽지 않다. 이런 삶은 고통스러운 불안감을 증가시키므로 이것에서 벗어나려면 자신의 수행 능력에 초점을 맞추려 할 것이다.

당연하게도 개인들은 자신의 상황을 단순화하려는 유혹을 느끼게 된다. 개인들이 생각해낼 수 있는 해법이라는 것은 번거롭거나 성가신 것일 수 없기 때문이다. 이러한 개인들로 가득 찬 세상에서 혼자임의 본질은 몽테뉴의 말에 따르면, "누구나 내면 깊숙한 곳에 자신만의 작업장을 간직하고 있어서, 언제든 마음대로 그곳에 들어가 자유와 고독의 성을 지을 수 있어야 한다"는 것이다. 그것은 타인과의 만남이 중요하지 않다는 것이 아니라 나라는 존재가 근본적으로 혼자라는 사실을 받아들이고 홀로서기를 할 수 있어야 삶의 다른 모든 면이 비로소 활력을 얻는다는 사실을 이해할 필요가 있다는 것이다.

다산 정약용에게 18년의 유배생활은 세상과 철저히 격리된 것이었지만, 그곳에서 오히려 세상을 변화시키는 힘을 길렀다. 그의 초인적인 저작들은 부정부패에 물든 조선의 관리들과 투쟁하는 가운데 얻은 위대한 결과물들로 오늘날까지 가장 널리 읽히는 고전들이다. 루소는 『에밀』에서 말하기를, "편견을 극복하고 사물 사이의 진정한 관계를 판단하는 가장 확실한 방법은 고립된 사람의 위치에 자신을 놓아보는 것이며, 자신에게 유용한지를 스스로 판단해보는 것이다." 루소가 권하고자 하는 바를 살펴보면 기꺼이 혼자가 되어 홀로서기를 꾀하려는 것은 스스로를 세계로부터 고립시키려는 자폐의 의지가 아니라, 그것은 우리가 자신에 대해서 갖고 있는 편견을 끊임없이 주입하는 과잉화된

'일반화된 타자'와 거리를 두는 능력을 얻고자 하는 것이다. 혼자가 된다는 것은 우리가 입고 있는 일반화된 타자가 입혀준 옷을 벗고 잠시 자기만의 방으로 들어가는 것이다.

누구나 나이가 들면 세상을 살면서 맺어온 관계들로부터 조금씩 멀어지기 마련이다. 그러면서 점점 자신과 마주하는 시간이 늘어나게 된다. 많은 작가들이 말년에 만든 작품이 더 빛나는 이유는 세상의 관심사로부터 벗어나 자신의 내면 깊숙한 곳을 응시하는 통찰력이 생기기 때문이다. 쉽게 말해서 더 이상 세속적인 삶에 기대어 이 눈치 저 눈치를 보지 않고, 오로지 마음의 거울에 비치는 자신과 마주하기 때문이다.

말년에 접어든 작가들의 내면에 깃든 마음의 거울은 현재를 상대화하는 '메타meta적 시선' 혹은 메타적 사고라고 할 수 있다. 그것은 '시선에 대한 시선' '생각에 대한 생각'을 뜻한다. 심리학에서는 상위인지meta-cognition라는 개념으로 설명한다. 철학에서는 이 메타적 시선을 성찰 혹은 자기반성이라고 한다. 거울에 비친 자신의 모습을 바라보는 또 다른 시선을 획득하는 정신적 능력인 것이다. 거울 앞에 서 자신을 비춰 보는 메타적 시선은 여유롭게 혼자 있는 시간에 제대로 작동한다.

그렇다면 이 능력의 최종 목적지는 어디일까? 서정주의 시 「국화 옆에서」를 보면 "그립고 아쉬움에 가슴 조이던, 머언 먼 젊음의 뒤안길에서, 이제는 돌아와 거울 앞에 선, 내 누님같이 생긴 꽃이여"라는 구절이 나온다. 관조하는 삶을 엿볼 수 있는 대목이다. 제대로 관조하기 위해서는 육체적 활동—의식주 문제를 해결하거나, 문명 생활에 도움이 되는 기능이나 기술적인 역량을 배양하는 일—을 멈추고 고요히 내 자신과 대화할 준비가 되어 있어야 한다. 관조란 "조용한 마음으로 대상을 살펴보고 그 변하지 않는 참모습을 헤아린다"는 뜻이다. 아리스토텔레스 철학에서 관조는 정사政事나 군무軍務 같은 바쁜 활동이 아니라, 진리를 탐구하는 이성의 활동이다. 그래서 아리스토텔레스는 관조를 가장 자족적이고 행복한 인간 활동으로 파악했다. 행복하면 할수록 사람은 더 많이 관조하게 되고, 더 많이 관조하면 할수록 그 사람은 더욱 자족적이다. 결국 관조하는 삶이란 자기와의 좋은 관계에서 시작하는 것이다.

루소는 당당하게 자기 자신과 마주하지 못하는 사람은 자신의 고독에 대해 말할 자격이 없다고 충고한다. 홀로 있음의 진정한 가치를 살펴보기 위해서는 반드시 고독에 대해 생각해보아야 한다. 고독은 타인이 아닌 나 자신과 만나는 일이며 사유하는 데 있어 반드시 거쳐야 할 본질적인 과정이다. 그것은 마치 홀로 외로이 걷는 여행을 하면서 자기 자신을 직면하는 것과 같다. 고독의 사전적 정의는 '혼자 있는 상태로서 특히 평화롭고 즐겁게 홀로 있는 상태'이다. 따라서 외로움과 달리 고독에서는 혼자 있지만 쓸쓸하고 불행한 것이 아니라 만족스럽고 즐거운 감정이 느껴진다. 그와 같은 감정은 아주 긴 도보 여행을 마친 후 예외 없이 변모된 자신의 모습을 발견할 때 느끼게 된다. 이것은 오랜 시간 스스로를 바라봄으로써 자신이 모르던 자기의 일부를 만났기 때문이다.

일상적인 삶 속에는 혼자일 수밖에 없는 것들, 반드시 혼자서 해야만 하는 것들이 있다. 레비나스는 절대적으로 혼자의 힘만으로 해야 하는 것들에 주목한다. "한 개인이 먹고 마시고 잠자는 것은 어떤 누구에게도 환원될 수 없는 개별적인 행위다. 먹을 것을 가져다줄 수 있고 잠을 잘 수 있도록 배려해줄 수 있지만, 아무도 남을 대신해서 먹어줄 수 없고 잠을 자줄 수 없다. 이것은 모두 개인의 신체를 통해 가능하다." 이러한 존재 방식을 레비나스는 '향유jouisance'라 불렀는데, 향유는 하나의 개체가 개체로서 '나의 나 됨' 즉 자기성을 확보하는 과정이다.

레비나스의 철학적 주제는 '자기성의 확보'였다. 자기성을 확보한다는 것은 단적으로 말하여 '고독을 존재의 한 범주'로 받아들이는 것이다. 사실 고독은 '개인'이 인류의 역사에 처음 등장할 때 함께 나타난 현상이다. 데카르트가 '나'라는 주어를 써서 주체의 존재 방식을 '사유'로 규정했을 때를 '근대적 개인의 탄생'으로 볼 수 있다.[59] 평균 수명 100세 시대가 열리면서, 인류 역사상 가장 오래 살게 된 각 개인은 그에 상응하는 혹독한 대가를 지불해야 한다. 바로 고독이다.

한나 아렌트는 "내가 나 자신과 교제하는 이 실존적 상태는 고독이다. 고독은 고립과는 구분된다. 고립상태에서 나는 역시 홀로 있으나 인간집단에 의해서뿐만 아니라 나 자신이라는 있음직한 동료로부터도 버림받는다. 나는 고립 속에서만 동료를 상실했다고 느낀다"라고 말한다. 자기와의 관계가 분명하게 수립되어 있는 사람들이 지닌 욕구 중의 하나가 혼자 있는 것에 대한 욕구이다. 그것은 세상과 등지는 은둔과는 다른 것이다.

평균 수명 100세 시대를 사는 우리에게 고독은 존재의 근거가 된다. 외로움에 허덕이던 사람이 누군가와의 관계에 의해 외로움에서 벗어나

---

59. 근대적인 개인을 데카르트의 생애와 관련하여 생각해본다면 그는 사유하는 자아라고 할 수 있다. 인간에게 삶의 역정이 있다면, 그것은 스스로 안에 있는 사유와 그 원리로서의 이성을 깨우치는 것이다. "코기토 에르고 숨"은 바로 이것을 말하고 있다. 이 자아는 이성을 떠맡고 있는 자아이다. 그러나 이것은 자아를 되돌아봄으로써 자기동일성을 확인하는 이성의 원리 그 자체가 아니다. 그것은 움직임의 원리 또는 움직임 그것이다. 따라서 자아는 고정된 관점에 있는 자아가 아니고 성찰의 전 과정 속에서 형성되는 자아이다. 그런 자아에 이르는 것은 구체적인 삶의 현상으로서 그것은 초월을 향한 끊임없는 자기단련을 요구한다. 데카르트가 추구한 자아의 전개가 서사적 맥락에서 자전적 형식으로 쓰여 지는 것은 그의 방법이 간단한 학습으로 얻어지는 것이 아니라, 지속적인 삶의 훈련으로 얻어지는 것이기 때문이다. 이에 대해서는 김우창, 『깊은 마음의 생태학』, 2014, 김영사, 82-93쪽 참조.

는 그 순간 혼자가 아니라는 상황은 천상의 약속이 이루어진 것처럼 느껴질 수 있다. 고독을 수용하게 되면 여유가 생기며 그동안 보이지 않던 삶의 참된 면들이 보이기 시작한다. 반대로 고독을 부정적인 것으로 보고 회피하려고 하면 할수록 극단적으로 사고하고 삶을 이분법적으로 보게 된다. 남의 탓도 내 탓도 아닌 성숙한 삶은 나 자신과 거리를 두고 내 자아 밖에서 안을 보듯 바라볼 수 있어야 한다.

레비나스는 인간이 자신의 고독을 완전히 실현하고자 할 때 존재와 관련되는 고통을 경험한다고 강조했다. 이 고통으로 그는 불안, 권태, 불면, 부끄러움과 같은 현상을 언급한다.[60] 고독을 수용하는 과정에서 고통이 필요한 것은 당연한 것이다. 혹시라도 같이 있다는 것으로 인해 혼자임으로 인한 고통에서부터 우리를 벗어나게 해줄 수는 있겠지만 구원을 보장하지는 못한다. 우리는 오히려 고독 속에서 나 자신에게 묻고 대답하며 마주해야 할 불편하고 고통스러운 것들을 차분히 마주해가면서 점점 내 삶에 책임을 느끼게 된다. 이렇게 완전한 고독을 실현하기 전까지 우리는 반드시 자기 자신 내에 있는 이 고통의 현상들을 토해내어야 한다.

우리는 타인과의 교류가 단절된 고립이나 주변에 사람들이 있다 하더라도 자신의 속마음을 털어놓을 수 없는 상태의 외로움을 안고 산다. 그런데 혼자라는 것은 내 삶 속에서 타인을 상실했다든가, 타인과

---

60. 고독한 개인이 겪는 정신적 역정의 과정은 심한 정신적 혼미와 고통의 경험으로부터 시작한다. 데카르트의 철학자로서의 생활도 그렇다고 할 수 있다. 그는 진리는 여러 사람의 견해에 휩쓸리는 데에서가 아니라 혼자 수행하는 사유로 밝혀질 수 있다는 생각을 가진 듯하다. 데카르트는 독일에 원정하는 군대를 따라갔다가 울름에서 투숙한 어느 방의 더운 난로 옆에서 생각을 집중하고 있었다. 그러던 중에 눈부시게 밝은 빛을 보고 기진하여 잠을 자게 되고, 세 가지 꿈을 꾼다. 그것은 한없는 추락, 멜론을 선물 받는 것, 천둥 번개 그리고 고요한 명상, 인생의 길에 대한 어떤 방문자와의 토의 등을 내용으로 한다. 이러한 것들은 찰스 테일러가 말한 "커다란 내적 불안정"이 그 단초가 되었다고 할 수 있다. 이에 대해서는 김우창, 『기이한 생각의 바다에서』, 2012, 돌베개, 195-196쪽 참조.

의 관계가 결핍되어 있다는 것과 같은 비극적인 결말과는 상관없는 것이다. 한나 아렌트는 이런 고립과 외로움을 극복할 수 있는 방안으로 고독을 제시한다. 내 삶 속에 일어나는 일들과 생각들은 모두 나의 의식이 겪는 체험이며 느낌으로, 나 자신과 대화 나누는 일은 매우 중요하다. 그녀는 이렇게 나 자신과 이야기 나누는 침묵의 대화를 고독이라고 하였다.

고독한 개인의 구원은 역설적으로 개인 내면에 대한 더 깊은 성찰로 가능하다. 고독을 통해 자신의 내면에서 일어나는 힘들을 인지하고 그러한 과정을 지켜보고 자신을 이해할 수 있다면, 타인과의 관계에서 자신도 타인도 소외되지 않고 함께할 수 있는 감각을 갖추게 된다. 그런 점에서 고독은 타인들로부터 도피하는 것이 아니라 오히려 타인을 향해 나아가는 자기 초월이다. 스스로 쌓은 경계를 초월하는 이가 될 때 진정 타인의 입장에서 생각할 수 있게 된다.

자기를 초월하려는 자신의 삶에 대한 성찰은 분명히 고독한 작업이다. 그 성찰이 고독한 이유는 성찰의 결과 우리가 허무와 마주하기 때문이 아니라 그 어느 누구도 자신의 삶에 대한 성찰을 대신해줄 수 없기 때문이다. 고독은 나와 내 자신이 교제하는 실존적인 상태로 자신의 내면을 천천히 들여다보고, 또 내면과 질문하고 대답을 주고받는 일이다. 그럼으로써 점점 자신에 대해 알아가고 내면과 자기 사이의 거리를 가깝게 하며 진정한 주체성에 다가서게 된다. 하지만 고독을 받아들이고 혼자가 되어보는 과정은 분명 고통과 시련을 동반한다. 이는 일종의 성장통과 같은 것이다.

고민의 브리콜라주

현재를 살아가는 우리의 고민하는 모습은 개인이라는 것을 전제한다. 그렇기 때문에 인간이 개인으로 산다는 것이 무엇인가, 또는 인간은 왜 개인으로 살아야만 하는가 하는 문제가 당연히 제기될 수밖에 없다. 즉, 실존적 물음을 던지게 되는 것이다. 이 실존적 물음에 대한 반응이 바로 고민하는 모습인 것이다. 막스 베버는 서양 근대 문명의 근본 원리를 '합리화'로 보고, 그것을 통해 인간 사회가 해체되고 개인이 등장해서 가치관과 지식의 모습이 분화해가는 과정을 해명한다.

근대 이전에는 사람과 사람 사이가 종교, 전통과 관습, 문화, 지연과 혈연적 결합 등에 의해 자동적으로 사회 속에서 굳게 연결되어 있었다. 이런 사회에서 한 사람의 행동이 다른 사람의 의지에 종속될 수 있다. 한 개인이 다른 사람의 의지나 집단이 강요하는 편견에서 그리고 전통이라는 이름으로 압박하는 완강한 습관의 굴레에서 벗어나기가 그리 쉽지 않다. 혹시라도 독립된 자아가 되려고 하면 그 사람에게는 온갖 비난과 협박이 쏟아질 수 있었던 사회였던 것이다.

그런데 사람들을 연결해주던 이러한 것들을 합리적 사고로 인해 난센스로 간주되면, '탈주술화'하게 된다. 그 결과 '우리'였던 것들이 하나씩 분리되어 '나'라는 개체가 되어버렸다. 이렇게 '개인의 자유'를 기초로 한 이른바 개인주의의 시대가 열린 것이다. 베버의 문제 인식을 고려한다면, 개인으로 살면서 고민하는 삶은 시대적 운명과 같은 것으로 간주된다. 이러한 인식하에서는 어떻게 해서 고민에서 벗어날 것인가 보다는 고민과 함께 어떻게 살아가야 하는지가 문제인 것이다.

그런데 고민하는 개인이 '나는 누구인가'라는 질문을 의식적으로 자기에게 던지면서 자아에 사로잡혀 있을 수 있다. 자아의 발견이라고 하면 곧바로 떠오르는 사람이 있다. 17세기 프랑스의 철학자였던 르네 데카르트의 '나는 생각한다. 고로 존재한다'라는 유명한 말이다. 그렇다면 고민한다는 것은 '내가 생각한다'는 것에 포함시킬 수 있는 것인가? 혹시 내가 생각한다가 습관에 불과한 것은 아닌가? 나는 생각하는 것처럼 보이지만 그것은 각각의 공동체의 습관(제도·시스템) 속에서 생각된 것에 불과하지 않은가라는 의문을 갖게 한다.

만일 '나는 고민한다. 고로 존재한다'라고 할 때는 의미가 다르다. 가라타니 고진에 따르면 고민한다는 것은 단지 생각하는 것과는 다르다. 고민하는 것은 의지의 작용이지 지성의 작용이 아니다. 그것은 공동체의 외부로 나오는 것, 즉 실존한다는 것을 의미한다. 실존하다라는 뜻의 'exist'는 '밖으로'란 뜻 'ex—'와 '서다'란 뜻 'ist'이 결합된 단어로 '밖에 서다'란 뜻이다. 고민하는 자는 공동체 속에서 의심하는 몸짓을 하고 있는 것이 아니라 공동체 외부에 존재하기를 의도하고 또 그렇게 강요받고 있는 것이다. 공동체 속에서는 어떤 나도 언어 습관 때문에 이미 사회(공동체)적이다. 그런데 데카르트에게 '의심하는 나'는 단지 사적이고 단독적일 뿐이다.[61]

심리학자이자 사회학자인 에리히 프롬에 따르면 우리에게는 두 가지 본성이 모두 있다. 고독을 회피하며 고통이 아닌 심리적 안정을 추구하는 것이 인간의 본성 중 하나이며, 다른 하나는 고통스럽더라도 자신의 개성을 찾고 주체성을 표현하고자 하는 본성이다. 전자의 경우처럼 고독을 받아들이지 못하는 이들은 주어진 자유를 포기하고 타인과의 유대관계나 군중 속으로 숨는다. 그런 사람은 공동체에 안착하는 성원으로서 고민을 회피하는 자들인 것이다.

반대로 고독을 수용하고 자유롭고자 하려는 것, 즉 부담감에 힘들더라도 자신이 자신에 의한 주도적인 삶을 살고자 하는 개체화의 과정으로 나아갈 수 있다. 그런데 진정한 자유를 얻고 완전히 개성을 찾고자 고민하는 자는 단지 사적이고 단독적일 뿐이다. 그 사람은 지금의 실존적 삶을 선택하려는 사적인 결단을 염두에 두기 때문에 고민하게 된다. 그래야만 스스로에게 질문하고 대답하며 자기 내면과의 대화를 통해 자신만의 길을 찾아갈 수 있다.

삶을 고민한다는 것은 지금을 살아가는 자신의 삶의 방식을 스스로 결정하는 것이다. 이런 경우 삶의 방식은 생산적이거나 목적을 갖는 유용한 활동이 아니다. 의식주 문제를 해결하거나, 문명 생활에 도움이 되는 기능이나 기술적인 역량을 배양하는 일도 아니다. 고민하는 바는 그런 개념들과 결별한 정신적인 자유로움 속에서 내가 진정 바라는 관심이나 가치에 대해 스스로 묻고 자신이 어떻게 존재하고 있는지를 분

---

61. 데카르트는 왜 공동체의 외부에 존재하려고 했을까? 공동체적 상식이 삶의 지혜가 되는 것임은 인정하지 않을 수 없지만, 한편 그것은 공동체적 이해를 넘어서 개인의 자율에 입각한 또는 자율적 이성에 입각한 도덕의 규칙을 생각하기 어렵게 한다. 대개 공동체적 통념은 공동체의 윤리적 건전성보다 이익을 중시하는 경향이 있기 때문이다. 이것은 도덕과 윤리를 이해관계로 환원한다. 이런 경우 실천적 지혜란 이해와 거래의 계책을 의미하는 것에 불과할 뿐이다. 삶의 지혜의 적용에 요구되는 엄정한 이성의 도덕에 도움을 청하고자 한다면 데카르트를 반면교사로 삼을 수 있다. 데카르트를 단순히 방법적 이성의 설파자가 아니라 삶의 이성 전체를 탐구하고자 한 철학자로 본다면, 그의 이성은 단순히 수학적 이성이 아닌 존재론적 의미를 가진 것이며, 삶의 실천적 현실에 대해서도 깊은 의미를 가진 것이라고 볼 수 있다. 이에 대해서는 가라타니 고진 지음, 권기돈 옮김,『탐구 2』, 1998, 새물결, 87-92쪽. 김우창,『깊은 마음의 생태학』, 2014, 김영사, 102-114쪽 참조.

명하게 느껴보는 것이다. 이것은 그렇게 존재할 수 있는 여러 가능성 가운데 하나를 선택하는 것이다. 그렇다고 제 마음대로 산다는 것을 뜻하는 것이 아님은 물론이다.

고민은 도덕적 행동의 실천을 위하여 자신이 선택한 상황 속에 살려는 의지의 발로이다. 이 의지는 상황에 철저하게 밀착하여 살려고 하는 것이다. 고민하는 과정은 자신의 존재 가능성을 바르게 이해하려고 하면서 그것을 자신의 삶에 그대로 수용하려고 삶을 기획하는 것이다. 그런데 그 과정은 우리가 인정하는 것보다 훨씬 많은 부분이 사회적인 힘들에 의해 영향을 받는다. 그러한 과정에서 고민은 도덕적 딜레마를 해결하기 위한 새로운 사고방식 또한 모색된다.

그런데 자아가 심리적으로 비대해지면 꼼짝달싹 못하게 되어 거기서 빠져나오기가 힘들어질 수도 있다. 자아라는 것은 자존심이기도 하고 에고이기도 하기 때문에 자기를 주장하고 싶고, 지키고 싶고, 부정당하고 싶지 않다는 기분이 강하게 일어난다. 우리는 자기만 생각하는 사람의 모습을 보면 피곤함을 느끼게 된다. 강제수용소를 체험한 것으로도 유명한 정신의학자 빅터 E. 프랭클은 "호모 페이션스 Homo patience, 고민하는 인간의 가치는 호모 파베르 Homo faber, 도구를 사용하는 인간 보다 더 높다", "고민하는 인간은 도움이 되는 인간보다 더 높은 곳에 있다"고 말한다.

고민한다는 것은 삶의 가능성들에 대해, 즉 그중에서 어떤 것이 우리의 미래가 될지, 오늘날 우리에게 주어진 가능성들을 바탕으로 지금 우리가 무엇을 하는가에 따라 결정한다. 다른 또 하나의 가능성을 생각해냈다면 지금 내 앞에 있는 현실 옆에 또 하나의 현실이 존재하게 된다. 물론 이 가능성이 실제로 현실로 될 기회를 얻으려면 단지 그냥 생각하는 것만으로는 충분치 않다. 가능성의 의미를 발견하려는 능동성이 무엇보다 필요하다. 그 삶이 취할 수 있는 한 방식으로 인류학자 레비스트로스가 말한 '브리콜라주bricolage'적인 형태를 참고해볼 만 하다.

브리콜라주는 '여러 가지 일에 손대기' 등으로 번역되며 바로 눈앞에 있는 것들로 필요한 모든 것을 만드는 작업을 말한다. 고민의 사고 과정은 다양한 생각들과 세상을 보는 방식들을 병렬시키는 것으로부터의 배움, 즉 브리콜라주의 다차원적인 관점에서 강력한 힘을 얻을 수 있다. 그것은 어느 하나가 지닌 많은 다른 측면들을 완전히 이해하려 하지 않고 하나하나를 모두 취하는 것이 필요할 것이라고 전제하면서 사고하는 것이다.

브리콜뢰르bricoleur는 작업을 완수하기 위해 이용 가능한 도구들을 자유자재로 활용할 수 있는 만능 재주꾼을 묘사할 때 사용되는 프랑스 말이다. 브리콜뢰르는 넓은 범위에 걸쳐 다양한 일을 능숙하게 수행하나 한정된 자료와 용구를 가지고 작업해야 하는 한계를 갖고 있기 때문에 자연스럽게 그가 이전에 산출한 물건들의 잉여분을 가지고 변통하는 법을 배우게 되며, 그 결과 그 본래의 용도와는 무관하게 당면한 필요성에 따라 유용한 도구를 만드는 것을 브리콜라주라고 한다.

브리콜뢰르의 작업은 재즈 음악가, 퀼트 작품을 만드는 사람, 생생한 몽타주를 그리는 사람의 그것과 비교될 수 있고, 이 외에도 이러한 맥락에 걸맞은 비유는 많다. 이들의 공통점은 이제 막 생각하기 시작하거나, 아니면 이제 지금 막 행동하기 시작한 이것으로부터 무엇이 만들어질지에 대한 호기심, 확고한 현실적 유용성과 연결된 호기심이다. 우리는 어떤 사회적 실천이 최선인지 알지 못한다. 사회적 실천의 결과는 언제나 예측하기 어려운 수많은 변수들과 어떻게 상호작용하는가에 달려 있기 때문이다.

브리콜뢰르가 하는 고민은 어떻게든 실천적 행위를 위한 가치관을 포함하기 마련이다. 특히 브리콜뢰르가 추구하려는 가치의 독자성은 개체적 인간의 개별성 구성에도 중요한 의미를 갖는다. 가장 기본적인 관점에서 가치의 독자성은 개인이 선택하는 것이다. 그러므로 브리콜뢰르의 고민은 스스로 터득하여 축적해온 앎의 자원들과 공동체에서 당연한 것으로 여겨온 여러 가지 다양한 텍스트들이 제공하는 개념들과의 대립에 주목한다. 즉, 사회적·문화적·경제적·철학적·역사적·심리학적·교육적인 학문의 장에서 알려주는 다양한 표상들과 끊임없이 대면하면서 그것과의 관계 속에서 모습을 드러낼 수 있을 것이다. 단순한 사실 인식만으로는 실천적 행동의 의지가 발동하지 않고 오직 가치에 대한 지향만이 실천적 행동을 유도할 수 있기 때문에 브리콜라주는 가치 지향적인 작업일 수밖에 없다. 그럼으로 하여 그것은 브리콜뢰르 개인의 자유의 표현이다.

브리콜뢰르의 자유로운 행동과 이를 위한 가치판단은 항상 주어진 정보를 총체적으로 참조할 것을 요구받는다. 그로 인해 야기되는 문제들을 생각하게 됨으로써 한층 자유롭고 성숙된 자신을 만들어갈 토대를 쌓는다. 사람이 자기의 삶을 형성한다고 할 때, 그것도 결국은 그 자체로 완성감을 주는 자기실현인 것이다. 이러한 자기실현은 이상적으로 말하여 삶 자체의 총체적 구현을 암시하는 형식이라고 할 수 있지만, 그것은 대체로 특정한 가치창조의 행위에 집중된다. 가치판단을 위한 사유에는 비판적 사유가 먼저 요구되고, 이에서 더 나아가 창의적인 사고 또한 요구된다. 새로이 주어지는 문제란 대개 실패한 행동에서 나오는 문제이므로 기성의 사고 내용을 비판하고 새로운 행동을 예비해야 하기 때문이다. 그리하여 그 자체로 의미 있는 가치의 추구가 브리콜뢰르에게는 자유의 표현이면서 동시에 자기실현이 된다.

브리콜라주적인 고민의 작업은 세분화된 분야들의 위상을 전체 속에서 헤아릴 수 있는 안목이 있어야 한다. 이 모든 과정 속에서 서로 다른 힘들은 서로 상승적인 상호작용을 일으키는 방식으로 접합된다. 고민하는 브리콜뢰르는 우리가 직면한 도덕적 딜레마를 해결해가는 데 발 벗고 나선다. 그는 실존적 물음 앞에서 진부해진 상식적 삶을 넘어서 사건들을 움직이고, 일상적인 삶을 규정짓는 숨은 동기들을 들춰내는 방향으로 움직인다. 그것은 뭔가를 할 때 타당성이 완벽하게 검토된 계획에서 시작하는 것이 아니라, 가능성의 미래 속에 자신을 한번 그려 넣어 보는 가정에서 시작하는 것이다.

사실 우리 중에서 어떻게 끝날지 정확히 알고 뭔가를 시작하는 사람은 없다. 그동안 자신에 대해, 타인에 대해, 또 세상에 쌓아온 경계들을 파악하고 그것을 인정하면서 나라는 경계부터 초월하려는 노력이 필요하다. 그리하여 자신의 모습을 다르게 바꿈으로써 낯선 세계 속으로 들어가는 길을 찾아내려고 한다. 브리콜뢰르의 고민하는 의지는 도덕적 행동을 혼란에 빠트린 공동체 혹은 동일성으로부터 밖으로 나오는 것을 의미하며, 이것은 단독적이고 외부적인 실존이다.

서사적 자아의 주체성

인간의 역사는 서사적 이야기와 함께 시작한다고 말해도 틀리지 않다. 그리스 신화는 물론, 인도와 중국 등 수많은 민족들도 그들만의 고유한 창조 신화와 기원 신화를 가지고 있다. 하나의 신화와 서사를 공유하는 공동체는 체험과 표현의 공동체다. 서사란 인간이 자신을 둘러싼 자연과 세계, 기원과 종말과 관련하여 자신의 존재와 삶을 이해하고 해명한, 거대한 역사적 이야기다.

코란이나 성경 속에 기록된 이야기는 널리 알려져 있을 뿐만 아니라 어린이들뿐만 아니라 어른들에게도 여전히 전달되고 있다. 이야기는 문화의 핵심이고 문화를 형성하는 부분이다. 이야기들은 문화적 가치들을 재현하고 반영하고 확인한다. 이론에 비하여 이야기는 보다 큰 다양성과 다원적 해석을 허용한다고 할 수 있다. 옛날이야기나 동화로 표현되는 이야기의 전승이 이야기 행위의 전형적인 예라는 것은 굳이 설명할 필요도 없다. 그것들은 과거 수백 년 동안 거의 변하지 않은 형식으로 여전히 유효하고 다시 이야기되고 있다. 서사적 이야기는 본질적으로 해석적이다.

물론 이야기가 반드시 언어여야 할 필요는 없다. 이야기는 마임, 스틸 사진, 그림자 인형극, 무성영화 같은 양식들을 취할 수도 있다. 언어에 국한되지 않아도 되므로 이야기는 흔히 공연을 통해서 영향력을 얻는다. 또한 춤, 연극, 오페라, 영화에서 음악이 나타내는 감정적 강조도 있고, 무대 조명, 희극, 영화에서의 시각적 초점도 있다. 그러나 이야기를 더욱 정확하고 효과적이고 탄력 있게 만드는 것은 물론 언어다.

우리는 처음으로 이야기를 가지고 타인과 경험을 공유했고, 그 타인은 또 다른 타인에게 미래의 행동에 관한 추론에 도움이 될 만한 것을 전했다. 현대에 와서 인간이 이야기할 수 있는 능력은 현저히 쇠퇴하고 있는 것 같다. 과거에는 잠들기 전에 베개 머리맡에서 아이들에게 이야기해주던 옛날이야기나 동화가 지금은 화려한 그림책을 앞에 두고 읽어주는 것으로 변해버렸다. 지금도 우리는 우리 시대에 맞게 행동해야 하지만, 이야기를 통해 현재와 자아의 한계를 어느 정도 극복한다.

인간은 이야기하는 동물이다.[62] 아니, '이야기하려는 욕망'에 사로잡힌 동물이라고 하는 편이 좀 더 정확한 표현일지도 모른다. 난롯가에서 거짓과 진실을 섞어가며 자신의 내력과 경험을 이야기해주던 노인을 돌이켜 생각해보면, 사람은 생각해서 이야기하는 것이 아니라 이야기하려고 생각한다. 우리는 가능한 한 우리 자신을 포함시켜 이야기를 구성하고자 한다. 그것은 자기 자신을 탐험하는 과정이기도 하다. 자신을 절대 조작하지 말고, 단지 관찰만 하지도 말며, 자기 스스로와 탐험

---

62. 우리는 우리 자신의 행동을 서사적으로 이해한다. 그보다 더 근원적으로는 서사에 대한 욕구는 인간 존재의 기본 구조에서 온다고 할 수 있다. 사람은 부유하는 존재가 아니라 일정한 공간에 존재하고 또 시간의 지속 속에 존재한다. 그 안에서의 좌표를 확인하는 것은 생존의 필수 조건이다. 실천적 행동은 시공간을 일정한 구도 속에 조직화함으로써 가능하다. 그러면서 이 구도는 여기 이 자리만이 아니라 일체의 시공간을 지향한다. 공간과 시간의 전체화는 여러 가지 전체성의 현실적·비현실적 공식들을 낳는다. 인간의 경험은 그 자체로는 하나의 사건일 뿐이다. 우리가 살았던 시간에 대한 의미를 포착하기 위해서는 서사의 형식을 쓸 수밖에 없다. 서사, 설화 또는 이야기는 실천적 존재로서의 인간이 그 자신과 세계에 대해서 가지고 있는 가장 원초적인 이해의 방식이다. 이에 대해서는 김우창, 『깊은 마음의 생태학』, 2014, 김영사, 382-390쪽 참조. 졸저, 『전체 안의 전체 사고 속의 사고』, 2015, 살림터, 224-228쪽 참조.

적 관계에 들어서게 되는 것이다. 만일 누군가가 자신의 욕구나 느낌을 일단 표현할 가치가 없는 것으로 여긴다면, 그 사람은 자기와의 관계에서 유지되어야 할, 자신의 내면에 대한 접근 통로를 찾을 수 없다. 꼭 그런 것은 아니지만 예를 들어 이야기의 형식을 통해서라도 스스로와 표현적 자기관계에 들어설 수 있는 사람은, 자신의 심리적 경험이 적극적으로 개시되고 분명하게 표현될 가치가 있다고 여긴다는 의미에서, 자기 자신을 먼저 긍정하게 된다.

리쾨르Paul Ricoeur에 따르면, 이야기의 의의는 자아가 서사 행위를 통해 삶의 의미를 찾는 데에 있다. 그는 특히 자아형성의 문제를 특별히 이야기와 관련하여 연구하였다. 자아는 언어가 인도하는 방식대로 사고하고 인식하고 이해하며, 이때 이야기는 곧 '삶의 형식'을 규정하는 의식으로 연결된다. 이야기를 통해 삶은 언어의 구성적 질서 속으로 편입되기 마련이다. 김우창은 이야기의 글쓰기에 대해서 말하기를 "글에서 말하는 것은 자신의 이야기이지만, 그러면서 그것은 독자를 상대로 한 글이다. 그것은 자신의 행적을 적고 검토하는 수단이 되고 그것이 검토되는 것을 기대하는 것이다. 그러면서 그것은 자신을 보다 잘 돌보기 위한 방법이다"라는 것이다.

그런데 이야기를 통해 자신의 욕구와 바람을 자기 것으로 만드는 것에 관해서 말할 때 문제가 되고 있는 것이 있다. 그것은 삶의 형식의 바탕을 이루는 욕구나 감정, 의도를 갖는다는 것이 도대체 무엇인지를 알기 위해서, 우리 자신을 긍정할 만한 부분들로, 그래서 우리 자신뿐만 아니라 우리의 상호작용 상대방에게 납득시켜야 할 것으로 체험해야만 한다. 우리는 이야기의 정보를 우리 자신의 의사결정에 맞춰 우리가 아는 상황이나 인물에 직접 연결하고자 한다. 우리는 수동적으로 받아들이는 존재가 아니라 적극적으로 재구성하는 존재다. 따라서 동기를 배경으로 한 사건들을 경험하는 주체이며 이런 경험들은 결국 자신에 관한 이야기 속에 담기게 된다. 자신의 경험을 토대로 해서 이 경험을 자기만의 것이 아니라 타인들도 공유할 수 있도록 그렇게 보편화시키는 것이 요구된다.

삶의 의미는 이야기 속에서 만들어진다. 이야기 속에는 그가 어떻게 지금에 이르렀고 현재 어떠하며 앞으로 무슨 계획을 가지고 있는지가 드러나 있다. 우리는 이야기들을 때로는 경험된 과거 또는 현재의 경험처럼, 때로는 계획 중인 미래에 관한 객관적인 보고서처럼 경청한다. 우리는 이야기를 따라가면서, 동시에 말해진 사건에 관해 우리가 이해하고 있는 내용에도 대응한다. 서로 관계없어 보이는 사건들이 이야기 속에서 편집되면서 의미를 획득한다. 특히 과거를 이야기하는 것은 새로운 시작이다. 이야기하기는 과거에 존재했던 새로운 시작을 현재에 다시 드러나게 함으로써 우리를 과거와 연결시켜준다. 아렌트는 말하기를 "인간의 행적은 기억되지 않을 경우 지구상에서 가장 무용하고 가장 빨리 없어질 수 있는 것이다." 아렌트는 이야기하기를 통해 이러한 무용성에 대응하면서 역사 속에 묻혀 있는 귀중한 역사적 사실과 그 의미를—예컨대 전례 없는 새로운 등장인 전체주의의 등장을 이해할 수 있도록 바로 여기에 다시 재현했다.

아렌트의 이야기하기는 비판적 사유(이해), 논쟁, 객관성 문제, 그리고 상황적 공평성situated impartiality과 연계된다. 여기서 상황적 공평성은 추상적인 옳음의 기준에 의거하여 정당화하는 것이 아니라 상충되는 수많은 공적 관점을 방문하여, 즉 역지사지易地思之를 통해 정당화되는 비판적 결정을 함축하고 있다. 이야기하기는 공적 삶에 대한 비판적 이해를 표현하는 아렌트의 방식이다. 공적 공간에서의 말과 행위의 최종 결과는 항상 언급될 수 있을 만큼 충분히 일관성을 지닌 이야기가 될 것이다. 그 이야기는 개념적 사유와는 달리 경험을 정신 속에 재현하는 상상력을 훈련하고, 친밀성과 달리 우정을 촉진하며, 이야기하는 자와 이야기를 듣는 자 사이에 확장된 심성을 유지하는 데 기여한다. 이렇듯 이야기하기는 정신적 왕래 또는 교감을 통해 원활하게 이루어질 수 있다.

자신의 체험이나 타인들에게 전해 들은 사실을 이야기하는 것은 다양하고 복잡한 경험을 정리해 타인에게 전달함으로써 그것을 공유하기 위한 가장 원초적인 언어 행위 중 하나이다. '이야기하다'는 어원적으로 '모방하다'에서 유래했다고 한다. 그런데 무엇을 모방하느냐고 묻는다면 아마도 '경험'이라고 대답하는 것이 가장 적절할 것이다. 여기서 말하는 경험은 '경험주의'를 표방하는 철학자들의 경험과는 다른 것이다. 경험주의 철학자들은 경험을 순간적인 '감각적 지각' 또는 눈, 귀, 코, 혀, 피부의 다섯 가지 기관에 의한 '감각 여건의 수용'으로만 해석해왔다.

그곳에 결여되어 있는 것들 중 하나는 경험을 경험답게 만드는 시간적인 폭 또는 문맥적인 계기에 대한 이해이며, 다른 하나는 경험을 구성하는 데 불가결한 역할을 담당하고 있는 언어적 계기에 대한 인식이다. 사람들은 자신의 이야기를 할 때 복잡한 시간 구조들을 사용하는 일이 흔하다. 그 시간 구조 속에서 줄거리 가닥들은 겹치고 교차하고 서로 관련되며 교체됨으로써 과거와 현재가 뒤섞일 수 있다. 또한 경험이라는 것은 말로 표현되어야 한다. 말로 표현한다는 것은 우리 모두 이래저래 끊임없이 관여하고 있는 행위이다. 말로 표현하는 행위가 없이는 어떤 삶의 경험도 이야기도 만들어질 수 없다.

경험이라는 것은 사람이 무언가의 시험을 통과함으로써, 또는 그것을 통과하는 과정 자체에서 획득되는 것이다. 말로 표현하는 행위는 어떤 가능성은 열어주고 또 어떤 가능성들은 닫아버린다. 그렇기 때문에 말로 표현하는 행위 그 자체가 경험을 획득하는 하나의 시험을 통과하는 과정이라고 할 수 있다. 그것이 가장 큰 영향을 초래하는 경우는 '일생'을 이야기로 말할 때이다.

삶을 이야기로 표현하도록 이끄는 힘은 사람들이 자신이 산 삶을 이야기로 풀어내면서—'돌이켜 보니', '이제와 생각해보니'라는 표현을 통해—그 삶에 '내적인 논리'와 의미를 부여하려는 소박한 희망이다. 사람은 아직 이야기로 표현되지 않은 삶을 살지만 어떤 식으로 이야기를 엮을지에 따라 삶의 실을 짜는 기법이 결정된다. 일생에 대한 이야기가 말로 표현되는 방식은 모든 게 개인의 책임이라는 가정을 자명한 이치의 수준으로 끌어올린다. 일생의 이야기는 오직 개인에게 엄청난 책임을 지우는 과정이자 그 반대로 개인화라는 솔깃한 방식을 통해 면할수도 있게 한다. 자아 개념은 이러한 개인의 경험 속에서 삶의 역동적이고 순환적인 힘을 가진다. 자아 개념은 인간의 성장과 발달에 큰 역할을 수행할 수 있다.

경험은 개인적인 동시에 사회적인 것이다. 개인이 매일 가지는 경험은 그가 유능한지 무능한지, 좋은 사람인지 나쁜 사람인지 그에게 말해준다. 무대의 중앙에 서 있는 것처럼 그는 사방으로부터 정보와 태도를 받게 된다. 개인적인 경험과 사회적인 경험 둘 다 항상 존재한다. 사람들은 개개인이며, 그렇게 각 개인으로서 이해될 필요가 있다. 하지만 사람들은 단지 개인으로만 이해될 수는 없다.

사람들은 항상 사회적 관계와 사회적 맥락 내에서 존재한다. 그들은 특정한 하나의 사회적 문화에 적응하면, 그 문화 내에서 의미 있는 선택을 하게하는 관점이나 준거 기준을 지니게 된다. 이것이 실질적인 지침으로서의 역할을 하기 위해서는 특정한 해석과의 결합이 필요하다.

물론 하나의 문화 속에서도 각 경험들은 다양한 해석이 가능할 것이다. 이러한 모든 해석은 특수한 언어로 표현됨으로써 우리 삶을 구성하고 우리의 존재를 규정한다.

그런데 자아 개념은 개인의 경험 속에서 활력을 지닌 요소이다. 경험이 자아 개념을 형성하기도 하지만, 자아 개념이 경험의 형성에 적극적이고 역동적인 역할을 수행하기도 한다. 이 능력은 인간이 다른 모든 가치보다 우월한 것으로 생각하는 특정한 근본 가치나 이상을 받아들이고, 이 가치에 따라 일관된 삶의 방식으로 삶의 목적이나 계획에 관해 질적 선택을 하는 능력으로 규정될 수 있다. 이를테면 자아는 문화적 콘텍스트 내에서 의미 있는 선택적 경험을 가능하게 한다.

또한 경험은 상황을 연출한다. 모든 정상적인 경험은 인간의 내부적 조건과 환경이라는 외부적 조건이 상호작용하는 사태나 장면이 조성되는 경우, 즉 상황이 형성되는 경우에만 경험이 성립한다. 상황에서의 경험은 일회성으로 끝나지 않으며 그것은 다시 미끄러져 새로운 경험을 창출한다. 듀이John Dewey는 경험의 특성 중 하나가 연속성이라고 여겼다. 다시 말해서, 경험은 다른 경험으로부터 생겨나며, 또 다른 경험을 이끌어낸다는 견해이다. 경험은 스스로 이러한 연속성상, 즉 현재 상상하는 것, 과거에 상상했던 것, 미래를 상상하는 것의 어디에 위치하든지 그 지점은 과거의 경험에 토대를 지니고 있고, 미래의 경험을 이끌어낸다.

듀이의 경험 개념은 삶의 연대기적 관념을 가능하게 한다. '나는 누구였는가?', '나는 누구인가?', '나는 누구이고자 원하는가?'라는 윤리적 질문들은 '하나의 전면적 삶'을 경험하고 판단하고자 하는 것이다. 내가 나의 삶을 하나의 전체로 이해하려고 하자마자 나는 하나의 이야기를 말하기 시작한다. 나는 과거의 경험들과 사건들, 현재의 목적들과 미래의 목표들에 관련하여 나의 행위들과 의도들을 정리한다.

경험의 기술은 기본적으로 이야기라는 형식을 따라 이루진다고 생각해도 좋을 것이다. 이야기 행위야말로 경험을 구성하는 것이다. 경험은 시간적인 폭을 가진 문맥 속에서만 성립하기 때문에 경험은 결코 한 지점에서 완결되지 않는다. 경험은 생성되고 증식되며 끊임없이 변화되면서 수용되는 것이다. 이야기는 복수의 사건을 시간적인 문맥 속에 배치하고 관련성을 부여함으로써 하나의 이야기를 구성한다. 전체적인 통일성의 맥락에서 파악될 수 있는 개인의 자아는 이야기의 시작과 중반과 종말과 같이 탄생과 삶과 죽음을 결합시키는 이야기의 통일성 속에 자신의 삶의 전면성 역시 놓이게 된다.

과거는 결코 완결되지 않으며 끊임없이 변화한다. 하나의 사건은 뒤에 이어지는 여러 사건과의 사이에 형성되는 관계의 그물망 안에 포함됨으로써 점차 새로운 의미를 지니게 된다. 이야기는 재기술을 되풀이하는 과정을 통해 우리 경험의 영역을 몇 겹으로 중층화해가는 역할을 수행하고 있다. 그런 의미에서 이야기는 현재의 시각으로 과거를 재해석함으로써 역사적인 전통을 변용시키는 '경험의 해석 장치'라고 할 수 있다. 그리고 시간에 종결점이 존재하지 않으며 역사가 미래를 향해 열려 있는 이상, 이야기에도 완결은 있을 수 없다.

이야기는 개인들이 정체성을 세우고 창조하는 데 중요한 역할을 하는 부분이다. 실로, 인간은 "호모 나랜스homo narrans"로 불렸고 "인간 의사소통의 모든 형태들"은 "근본적으로 이야기들로" 여겨졌다고 한다. 이렇게 생각해보면, 서사적 자아는 인간 활동의 핵심에 있고, 이야기를 통해 정체성이 구성되고, 변화되거나 확인된다. 그리고 이야기하기를 통해 인간은 그들의 사회세계들을 인지할 수 있다. 사회적 행위자들은 인간관계의 복잡성과 역동성을 의미 있게 하기 위해서 평생에 걸쳐서, 어느 곳에서나 이야기하기에 참여한다. 그들은 이야기 속에서 자신에 대한 개념들을 정의하고 형성하며, 경험들에 의미를 부여하고 사건들의 전개에 영향을 미치려고 한다.

그런데 서사적 자아가 되기 위해 이야기를 구성하려고 한다면, 세계의 테두리는 좀 더 넓고 깊은 가능성 속에서 그려질 수밖에 없다. 이렇게 확대된 가능성 속에서 자아는 보다 온전한 모습으로 파악되지 않을까? 당연히 자기 경험을 '묘사한다'는 것이 무엇보다도 모든 사람에게 개인적으로 막대한 중요성을 띠는 일이 된다. 왜냐하면 이는 문자 그대로 자신을 새로 만드는 일이고, 그 사람 개인의 구조에 창조적인 변화를 가져오는 일이며, 그 경험을 포괄하고 통제하는 일이기 때문이다.

이렇듯 우리 자신을 다시 만들고자 분투하는 일, 다시 말해 개인의 구성을 변화시켜서 우리가 환경과 적절한 관계를 맺으며 살도록 하는 일은 사실 종종 고통스럽기까지 하다. 서사적 자아가 되기 위해 적절한 묘사를 하려는 노력을 등한시하고 단지 다른 사람들과 접촉한다는 것은 무의미하며 초점을 흐리는 일이다. 정확한 묘사에 몰두하다 보면 다른 사람에게 미치는 효과를 고려하지 못하는 사태가 발생하여 개인적인 중요성만을 갖는 것처럼 보이는 상황도 있을 수 있을 것이다. 하지만 적절한 묘사를 찾아내려는 의도는 십분 이해해야 한다. 묘사를 정확하게 하려면 감각적이고 심미적이며 개인적이며 형상적인 차원이 동원되기 때문이다.

자기 경험을 묘사한다는 것은 자기 자신을 자기 행동의 주체로서 구성한다는 것이며, 이것은 주체의 윤리적 구축이라고 할 수 있다. 주체가 스스로 변화하고자 하는 노력의 일환으로 이것은 이미 윤리적인 작업이다. 이야기는 그 자체로서 법률적인 것이나 권위적 체계 그리고 규율의 구조와는 그 어떤 관련성도 갖지 않은, 하나의 매우 강력한 실존의 구조인 것이다. 그것을 통해 우리는 자기전향을 하게 된다. 마치 종교적 개종과 같은 것이다.

매일매일의 일상적 삶에 충실하고 지금 살아 있는 현존적 기쁨을 누리는 가운데, 적어도 그 주체가 자기변형을 위한 실천을 부단히 행하는 한, 올바를 수 있는 방식이 삶 속에 있다는 사실을 이야기를 통해 보여주게 된다. 이러한 서사적 자아의 자기 구성 과정은 일종의 미적 경험이기도 하다. 미적 경험은 고유하며 그를 통해 인간은 자신의 이야기를 발생시키며 그 발생된 이야기를 경험한다. 미의 경험에서 우리는 인식의 기쁨을 얻고, 이 기쁨은 개인적인 차원을 넘어 공적 사회적 차원으로 나아간다.

우리는 삶의 이야기를 말로 표현함으로써 우리의 삶의 의미와 목적을 부여한다. 우리 각자는 자신 만의 전기처럼 인생을 살아가므로 당연히 자기만의 형상을 품고 있기에 불특정 다수에 속하지 않는다. 우리가 살고 있는 사회에서 말로 표현하는 행위는 개인이 수행해야 할 임무이고 개인의 권리이며 계속 그래야 한다. 이는 지극히 어려운 임무이자 옹호하기 쉽지 않은 권리이다. 하지만 외적 가치체계나 규범에 의하지 않고도 윤리적일 수 있는 삶의 길이 서사적 자아를 통해서 열릴 수 있다. 우리가 일상적으로 이야기할 때 우리가 생각하는 방법보다 훨씬 더 많은 종류의 이야기하는 방법들이 있다는 것을 염두에 둘 필요가 있다.

가라타니 고진(1998), 『탐구 2』, 새물결.
가레쓰 모르간(2004), 『조직의 8가지 이미지』, 지샘.
가브리엘 타르드(2012), 이상률 옮김, 『모방의 법칙』, 문예출판사.
강미라(2013), 『몸 주체 권력』, 이학사.
강상중(2010), 이경덕 옮김, 『고민하는 힘』, 사계절.
강영안(2015), 『타인의 얼굴』, 문학과지성사.
군터 게바우어·크리스토프 볼프(2015), 최성만 옮김, 『미메시스』, 글항아리.
김상환(2013), 『철학과 인문적 상상력』, 문학과지성사.
김세운·현진권 외(2009), 『공공성』, 미메시스.
김우창(2012), 『기이한 생각의 바다에서』, 돌베개.
_____(2013), 『체념의 조형』, 나남.
_____(2014), 『깊은 마음의 생태학』, 김영사.
김욱동(1990), 『바흐친과 대화주의』, 나남.
김정운(2015), 『에디톨로지』, 21세기북스.
_____(2015), 『가끔은 격하게 외로워야 한다』, 21세기북스.
김현경(2015), 『사람, 장소, 환대』, 문학과지성사.
김홍우(1999), 『현상학과 정치철학』, 문학과지성사.
나카무라 유지로(2003), 양일모·고동호 옮김, 『공통감각론』, 민음사.
나카야마 겐(2016), 전혜리 옮김, 『현자와 목자』, 그린비.
노에 게이치(2009), 김영주 옮김, 『이야기의 철학』, 한국출판마케팅연구소.
도널드 위니캇(1997), 이재훈 옮김, 『놀이와 현실』, 한국심리치료연구소.
데버러 럽턴(2016), 박형신 옮김, 『감정적 자아』, 한울.
디르크 베커 편집(2014), 윤재왕 옮김, 『체계이론 입문』, 새물결.
L. S. 비고츠키(2011), 배희철·김용호 옮김, 『생각과 말』, 살림터.
_____(2012), 비고츠키 연구회 옮김, 『도구와 기호』, 살림터.
_____(2013), 비고츠키 연구회 옮김, 『역사와 발달 I』, 살림터.
_____(2014), 비고츠키 연구회 옮김, 『상상과 창조』, 살림터.
_____(2014), 비고츠키 연구회 옮김, 『역사와 발달 II』, 살림터.
_____(2015), 비고츠키 연구회 옮김, 『성장과 분화』, 살림터.
_____(2016), 비고츠키 연구회 옮김, 『연령과 위기』, 살림터.

L. S. 비고츠키/M. 콜 외 엮음(2009), 정회욱 옮김,『마인드 인 소사이어티』, 학이
　　시습.
로버트 루트번스타인·미셸 루트번스타인(2007), 박종성 옮김,『생각의 탄생』, 에코
　　의서재.
로버트 소콜로프스키(1992), 최경호 옮김,『현상학적 구성이란 무엇인가』, 이론과
　　실천.
마사 누스바움(2013), 우석영 옮김,『공부를 넘어 교육으로』, 궁리.
마셜 B. 로젠버그(2012), 캐서린 한 옮김,『비폭력 대화』, 한국NVC센터.
멜리사 그레그·그레고리 시그워스(2015), 최성희·김지영·박혜정 옮김,『정동이론』,
　　갈무리.
문광훈(2015),『심미주의 선언』, 김영사.
미셸 푸코(2007), 심세광 옮김,『주체의 해석학』, 동문선.
박성봉(2012),『감성시대의 미학』, 일빛.
박승규(2002),『푸코의 정치윤리』, 철학과현실사.
박용관(1999),『네트워크론』, 커뮤니케이션북스.
박인철(2015),『현상학과 상호문화성』, 아카넷.
박재주(2013),『서사적 자아와 도덕적 자아』, 철학과현실사.
박찬국(2001),『에리히 프롬과의 대화』, 철학과현실사.
박현진(2010),『비고츠키 예술심리학과 도덕교육』, 교육과학사.
박호성(2009),『공동체론』, 효형출판.
벳시 라임스(2011), 김종현 옮김,『말이 열리는 교실』, 학이시습.
브라이언 마수미(2011), 조성훈 옮김,『가상계,』갈무리.
브라이언 보이드(2013), 남경태 옮김,『이야기의 기원』, 휴머니스트.
사라 밀즈(2001), 김부용 옮김,『담론』, 인간사랑.
수잔 티체·로리 코헨·질 머슨(2013), 신병현 옮김,『언어와 조직 이해』, 커뮤니케
　　이션북스.
신상미·김재리(2010),『몸의 움직임과 읽기』, 이화여자대학교 출판부.
신승철(2017),『구성주의와 자율성』, 알렙.
심강현(2016),『스피노자 인문학』, 을유문화사.
심광현(2014),『맑스와 마음의 정치학』, 문화과학사.
심성보(2015),『민주시민을 위한 도덕교육』, 살림터.
악셀 호네트(2011), 문성훈·이현재 옮김,『인정투쟁』, 사월의책.
안토니오 다마지오(2007), 임지원 옮김,『스피노자의 뇌』, 사이언스북스.
양해림(2014),『해석학적 이해와 인지과학』, 집문당.
어빙 고프만(2014), 진수미 옮김,『상호작용 의례』, 아카넷.

엄태동(2001),『경험과 교육』, 도서출판 원미사.

우희종·장대익·김형숙(2015),『생명』, 서울대학교출판문화원.

움베르또 마뚜라나(2006), 서창현 옮김,『있음에서 함으로』, 갈무리.

원재훈(2015),『고독의 힘』, 홍익출판사.

이시카와 마사토(2016), 박진열 옮김,『감정은 어떻게 진화했나』, 라르고.

이은선(2013),『생물권 정치학시대에서의 정치와 교육』, 도서출판 모시는사람들.

이재복(2016),『몸과 그늘의 미학』, 도서출판 b.

이재호(2010),『리쾨르와 현대 도덕교육』, 교육과학사.

이지훈(2009),『존재의 미학』, 이학사.

이충현(2015),『싱글의 철학』, 지식공감.

자크 랑시에르(2008), 양창렬 옮김,『무지한 스승』, 궁리.

장-뤽 낭시(2015), 김예령 옮김,『코르푸스』, 문학과지성사.

정옥분·정순화·임정하(2007),『정서발달과 정서지능』, 학지사.

정화열(2005),『몸의 정치와 예술, 그리고 생태학』, 아카넷.

제롬 브루너(2005), 강현석·이자현 옮김,『교육의 문화』, 교육과학사.

_____(2010), 강현석·김경수 옮김,『이야기 만들기』, 교육과학사.

_____(2011), 강현석·이자현 외 옮김,『교육 이론의 새로운 지평』, 교육과
    학사.

조광제(2008),『의식의 85가지 얼굴』, 굴항아리.

_____(2014),『몸의 세계, 세계의 몸』, 이학사.

조지 리처(1999), 김종덕 옮김,『맥도날드 그리고 맥도날드화』, 시유시.

주디 자일스·팀 미들턴(2003), 장성희 옮김,『문화 학습』, 동문선.

최재식·송석랑 외(2014),『프랑스 철학의 위대한 시절』, 반비.

칼 심스(2009), 김창환 옮김,『해석의 영혼 폴 리쾨르』, 앨피.

캐스린 코너리 외(2015), 조현희·정영철 옮김,『비고츠키와 창의성』, 한국문화사.

크리스토퍼 호에닉(2009), 박영수 옮김,『리더들의 생각을 읽는다』, 예문.

크리스틴 케닐리(2009), 전소영 옮김,『언어의 진화』, 알마.

페기 해크니(2015), 신상미·김새리 옮김,『몸 움직임 세상 연결하기』, 대경북스.

페터 뢰벨(2014), 이정희 외 옮김,『발도로프 학교교육』, 행동하는정신.

프랑크 베르츠바흐(2017), 정지인 옮김,『무엇이 삶을 예술로 만드는가』, 불광출
    판사.

프레데리크 그로 외(2006), 심세광·박은영 외 지음,『미셸 푸코 진실의 용기』, 도
    서출판 길.

피에르 레비(2002), 권수경 옮김,『집단지성』, 문학과지성사.

피에르 테브나즈(2012), 김동규 옮김,『현상학이란 무엇인가』, 그린비.

피터 L. 버거, 토마스 루크만(2014), 이홍규 옮김,『실재의 사회적 구성』, 문학과지성사.

하랄트 벨처(2016), 원성철 옮김,『저항안내서』, 오롯.

하워드 가드너(2016), 문용린 옮김,『창조적 인간의 탄생』, 사회평론.

한기철(2008),『하버마스와 교육』, 학지사.

한나 아렌트(2004), 홍원표 옮김,『정신의 삶 1』, 푸른숲.

한순미(2004),『비고츠키와 교육』, 교육과학사.

헤더 몽고메리(2015),『유년기 인류학』, 연암서가.

현광일(2015),『경쟁을 넘어 발달교육으로』, 살림터.

_____(2015),『전체 안의 전체 사고 속의 사고』, 살림터.

홍성우(2011),『자유주의와 공동체주의』, 선학사.

홍원표(2013),『한나 아렌트의 정치철학』, 인간사랑.

삶의 행복을 꿈꾸는 교육은 어디에서 오는가?

미래 100년을 향한 새로운 교육

▶ 교육혁명을 앞당기는 배움책 이야기
혁신교육의 철학과 잉걸진 미래를 만나다!

한국교육연구네트워크 총서

 01 핀란드 교육혁명
한국교육연구네트워크 엮음 | 320쪽 | 값 15,000원

 02 일제고사를 넘어서
한국교육연구네트워크 엮음 | 284쪽 | 값 13,000원

 03 새로운 사회를 여는 교육혁명
한국교육연구네트워크 엮음 | 380쪽 | 값 17,000원

 04 교장제도 혁명
한국교육연구네트워크 엮음 | 268쪽 | 값 14,000원

 05 새로운 사회를 여는 교육자치 혁명
한국교육연구네트워크 엮음 | 312쪽 | 값 15,000원

 06 혁신학교에 대한 교육학적 성찰
한국교육연구네트워크 엮음 | 308쪽 | 값 15,000원

한국교육연구네트워크 번역 총서

 01 프레이리와 교육
존 엘리아스 지음 | 한국교육연구네트워크 옮김
276쪽 | 값 14,000원

 02 교육은 사회를 바꿀 수 있을까?
마이클 애플 지음 | 강희룡·김선우·박원순·이형빈 옮김
352쪽 | 값 16,000원

 03 비판적 페다고지는 세상을 변화시킬 수 있는가?
Seewha Cho 지음 | 심성보·조시화 옮김 | 280쪽 | 값 14,000원

 04 마이클 애플의 민주학교
마이클 애플·제임스 빈 엮음 | 강희룡 옮김 | 276쪽 | 값 14,000원

 05 21세기 교육과 민주주의
넬 나딩스 지음 | 심성보 옮김 | 392쪽 | 값 18,000원

 06 세계교육개혁: 민영화 우선인가 공적 투자 강화인가?
린다 달링-해먼드 외 지음 | 심성보 외 옮김 | 408쪽 | 값 21,000원

 혁신학교
성열관·이순철 지음 | 224쪽 | 값 12,000원

 행복한 혁신학교 만들기
초등교육과정연구모임 지음 | 264쪽 | 값 13,000원

 서울형 혁신학교 이야기
이부영 지음 | 320쪽 | 값 15,000원

 혁신교육, 철학을 만나다
브렌트 데이비스·데니스 수마라 지음
현인철·서용선 옮김 | 304쪽 | 값 15,000원

 혁신교육 존 듀이에게 묻다
서용선 지음 | 292쪽 | 값 14,000원

 다시 읽는 조선 교육사
이만규 지음 | 750쪽 | 값 33,000원

 대한민국 교육혁명
교육혁명공동행동 연구위원회 지음 | 224쪽 | 값 12,000원

 대한민국 교사, 어떻게 가르칠 것인가?
윤성관 지음 | 320쪽 | 값 15,000원

 아이들을 어떻게 가르칠 것인가
사토 마나부 지음 | 박찬영 옮김 | 232쪽 | 값 13,000원

 아이들의 배움은 어떻게 깊어지는가
이시이 준지 지음 | 방지현·이창희 옮김 | 200쪽 | 값 11,000원

 모두를 위한 국제이해교육
한국국제이해교육학회 지음 | 364쪽 | 값 16,000원

 경쟁을 넘어 발달 교육으로
현광일 지음 | 288쪽 | 값 14,000원

 독일 교육, 왜 강한가?
박성희 지음 | 324쪽 | 값 15,000원

 핀란드 교육의 기적
한넬레 니에미 외 엮음 | 장수명 외 옮김 | 452쪽 | 값 23,000원

▶ 비고츠키 선집 시리즈
발달과 협력의 교육학 어떻게 읽을 것인가?

 생각과 말
레프 세묘노비치 비고츠키 지음
배희철·김용호·D. 켈로그 옮김 | 690쪽 | 값 33,000원

 성장과 분화
L.S. 비고츠키 지음 | 비고츠키 연구회 옮김
308쪽 | 값 15,000원

 도구와 기호
비고츠키·루리야 지음 | 비고츠키 연구회 옮김
336쪽 | 값 16,000원

 의식과 숙달
L.S 비고츠키 | 비고츠키 연구회 옮김
348쪽 | 값 17,000원

 어린이 자기행동숙달의 역사와 발달 I
L.S. 비고츠키 지음 | 비고츠키 연구회 옮김
564쪽 | 값 28,000원

 관계의 교육학, 비고츠키
진보교육연구소 비고츠키교육학실천연구모임 지음
300쪽 | 값 15,000원

 어린이 자기행동숙달의 역사와 발달 II
L.S. 비고츠키 지음 | 비고츠키 연구회 옮김
552쪽 | 값 28,000원

 비고츠키 생각과 말 쉽게 읽기
진보교육연구소 비고츠키교육학실천연구모임 지음
316쪽 | 값 15,000원

 어린이의 상상과 창조
L.S. 비고츠키 지음 | 비고츠키 연구회 옮김
280쪽 | 값 15,000원

 비고츠키와 인지 발달의 비밀
A.R. 루리야 지음 | 배희철 옮김 | 280쪽 | 값 15,000원

 연령과 위기
L.S. 비고츠키 지음 | 비고츠키 연구회 옮김
336쪽 | 값 17,000원

 수업과 수업 사이
비고츠키 연구회 지음 | 196쪽 | 값 12,000원

▶ 창의적인 협력수업을 지향하는 삶이 있는 국어 교실
우리말 글을 배우며 세상을 배운다

 중학교 국어 수업 어떻게 할 것인가?
김미경 지음 | 340쪽 | 값 15,000원

 이야기 꽃 1
박용성 엮어 지음 | 276쪽 | 값 9,800원

 토론의 숲에서 나를 만나다
명혜정 엮음 | 312쪽 | 값 15,000원

 이야기 꽃 2
박용성 엮어 지음 | 294쪽 | 값 13,000원

 토닥토닥 토론해요
명혜정·이명선·조선미 엮음 | 288쪽 | 값 15,000원

 인문학의 숲을 거니는 토론 수업
순천국어교사모임 엮음 | 308쪽 | 값 15,000원

 어린이와 시
오인태 지음 | 192쪽 | 값 12,000원

 수업, 슬로리딩과 함께
박경숙·강슬기·김정욱·장소현·강민정·전혜림·이혜민 지음
268쪽 | 값 15,000원

▶ 평화샘 프로젝트 매뉴얼 시리즈
학교 폭력에 대한 근본적인 예방과 대책을 찾는다

 학교 폭력 어떻게 만들어지는가
문재현 외 지음 | 300쪽 | 값 14,000원

아이들을 살리는 동네
문재현·신동명·김수동 지음 | 204쪽 | 값 10,000원

 학교 폭력, 멈춰!
문재현 외 지음 | 348쪽 | 값 15,000원

평화! 행복한 학교의 시작
문재현 외 지음 | 252쪽 | 값 12,000원

 왕따, 이렇게 해결할 수 있다
문재현 외 지음 | 236쪽 | 값 12,000원

마을에 배움의 길이 있다
문재현 지음 | 208쪽 | 값 10,000원

 젊은 부모를 위한 백만 년의 육아 슬기
문재현 지음 | 248쪽 | 값 13,000원

 별자리, 인류의 이야기 주머니
문재현·문한뫼 지음 | 444쪽 | 값 20,000원

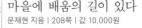
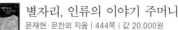

▶ 4·16, 질문이 있는 교실 마주이야기
통합수업으로 혁신교육과정을 재구성하다!

통하는 공부
김태호·김형우·이경석·심우근·허진만 지음
324쪽 | 값 15,000원

내일 수업 어떻게 하지?
아이함께 지음 | 300쪽 | 값 15,000원
2015 세종도서 교양부문

인간 회복의 교육
성래운 지음 | 260쪽 | 값 13,000원

교과서 너머 교육과정 마주하기
이윤미 외 지음 | 368쪽 | 값 17,000원

수업 고수들 수업·교육과정·평가를 말하다
박현숙 외 지음 | 368쪽 | 값 17,000원

도덕 수업, 책으로 묻고 윤리로 답하다
울산도덕교사모임 지음 | 320쪽 | 값 15,000원

체육 교사, 수업을 말하다
전용진 지음 | 304쪽 | 값 15,000원

교실을 위한 프레이리
아이러 쇼어 엮음 | 사람대사람 옮김 | 412쪽 | 값 18,000원

마을교육공동체란 무엇인가?
서용선 외 지음 | 360쪽 | 값 17,000원

학교생활기록부를 디자인하라
박용성 지음 | 268쪽 | 값 14,000원

교사, 학교를 바꾸다
정진화 지음 | 372쪽 | 값 17,000원

함께 배움
학생 주도 배움 중심 수업 이렇게 한다
니시카와 준 지음 | 백경석 옮김 | 280쪽 | 값 15,000원

공교육은 왜?
홍섭근 지음 | 352쪽 | 값 16,000원

자기혁신과 공동의 성장을 위한
교사들의 필리버스터
윤양수·원종희·장군·조경삼 지음 | 280쪽 | 값 14,000원

함께 배움 이렇게 시작한다
니시카와 준 지음 | 백경석 옮김 | 196쪽 | 값 12,000원

함께 배움 교사의 말하기
니시카와 준 지음 | 백경석 옮김 | 188쪽 | 값 12,000원

미래교육의 열쇠, 창의적 문화교육
심광현·노명우·강정석 지음 | 368쪽 | 값 16,000원

주제통합수업, 아이들을 수업의 주인공으로!
이윤미 외 지음 | 392쪽 | 값 17,000원

수업과 교육의 지평을 확장하는 수업 비평
윤양수 지음 | 316쪽 | 값 15,000원
2014 문화체육관광부 우수교양도서

교사, 선생이 되다
김태은 외 지음 | 260쪽 | 값 13,000원

교사의 전문성, 어떻게 만들어지나
국제교원노조연맹 보고서 | 김석규 옮김 392쪽 | 값 17,000원

수업의 정치
윤양수·원종희·장군 지음 | 280쪽 | 값 14,000원

학교협동조합,
현장체험학습과 마을교육공동체를 잇다
주수원 외 지음 | 296쪽 | 값 15,000원

거꾸로교실,
잠자는 아이들을 깨우는 수업의 비밀
이민경 지음 | 280쪽 | 값 14,000원

교사는 무엇으로 사는가
정은균 지음 | 292쪽 | 값 15,000원

마음의 힘을 기르는 감성수업
조선미 외 지음 | 300쪽 | 값 15,000원

작은 학교 아이들
지경준 엮음 | 376쪽 | 값 17,000원

감성 지휘자, 우리 선생님
박종국 지음 | 308쪽 | 값 15,000원

대한민국 입시혁명
참교육연구소 입시연구팀 지음 | 220쪽 | 값 12,000원

교사를 세우는 교육과정
박승열 지음 | 312쪽 | 값 15,000원

전국 17명 교육감들과 나눈
교육 대담
최창의 대담·기록 | 272쪽 | 값 15,000원

들뢰즈와 가타리를 통해
유아교육 읽기
리세롯 마리엣 올슨 지음 | 이연선 외 옮김 | 328쪽 | 값 17,000원

교육과정 통합, 어떻게 할 것인가?
성열관 외 지음 | 192쪽 | 값 13,000원

동양사상에게 인공지능 시대를 묻다
홍승표 외 지음 | 260쪽 | 값 15,000원

학교 혁신의 길, 아이들에게 묻다
남궁상운 외 지음 | 268쪽 | 값 15,000원

프레이리의 사상과 실천
사람대사람 지음 | 352쪽 | 값 18,000원

혁신학교, 한국 교육의 미래를 열다
송순재 외 지음 | 608쪽 | 값 30,000원

학교 민주주의의 불한당들
정은균 지음 | 276쪽 | 값 14,000원

교육과정, 수업, 평가의 일체화
리사 카터 지음 | 박승열 외 옮김 | 196쪽 | 값 13,000원

학교를 개선하는 교장
지속가능한 학교 혁신을 위한 실천 전략
마이클 풀란 지음 | 서동연·정효준 옮김 | 216쪽 | 값 13,000원

공자뎐, 논어는 이것이다
유문상 지음 | 392쪽 | 값 18,000원

교사와 부모를 위한
발달교육이란 무엇인가?
현광일 지음 | 380쪽 | 값 18,000원

▶ 교과서 밖에서 만나는 역사 교실
상식이 통하는 살아 있는 역사를 만나다

전봉준과 동학농민혁명
조광환 지음 | 336쪽 | 값 15,000원

남도의 기억을 걷다
노성태 지음 | 344쪽 | 값 14,000원

응답하라 한국사 1·2
김은석 지음 | 356쪽·368쪽 | 각권 값 15,000원

즐거운 국사수업 32강
김남선 지음 | 280쪽 | 값 11,000원

즐거운 세계사 수업
김은석 지음 | 328쪽 | 값 13,000원

강화도의 기억을 걷다
최보길 지음 | 276쪽 | 값 14,000원

광주의 기억을 걷다
노성태 지음 | 348쪽 | 값 15,000원

선생님도 궁금해하는
한국사의 비밀 20가지
김은석 지음 | 312쪽 | 값 15,000원

걸림돌
키르스텐 세룹-빌펠트 지음 | 문봉애 옮김
248쪽 | 값 13,000원

역사수업을 부탁해
열 사람의 한 걸음 지음 | 388쪽 | 값 18,000원

진실과 거짓, 인물 한국사
하성환 지음 | 400쪽 | 값 18,000원

교과서 밖에서 배우는 역사 공부
정은교 지음 | 292쪽 | 값 14,000원

팔만대장경도 모르면 빨래판이다
전병철 지음 | 360쪽 | 값 16,000원

빨래판도 잘 보면 팔만대장경이다
전병철 지음 | 360쪽 | 값 16,000원

영화는 역사다
강성률 지음 | 288쪽 | 값 13,000원

친일 영화의 해부학
강성률 지음 | 264쪽 | 값 15,000원

한국 고대사의 비밀
김은석 지음 | 304쪽 | 값 13,000원

조선족 근현대 교육사
정미량 지음 | 320쪽 | 값 15,000원

다시 읽는 조선근대교육의 사상과 운동
윤건차 지음 | 이명실·심성보 옮김 | 516쪽 | 값 25,000원

음악과 함께 떠나는 세계의 혁명 이야기
조광환 지음 | 292쪽 | 값 15,000원

논쟁으로 보는 일본 근대교육의 역사
이명실 지음 | 324쪽 | 값 17,000원

▶ 더불어 사는 정의로운 세상을 여는 인문사회과학
사람의 존엄과 평등의 가치를 배운다

밥상혁명
강양구·강이현 지음 | 298쪽 | 값 13,800원

좌우지간 인권이다
안경환 지음 | 288쪽 | 값 13,000원

도덕 교과서 무엇이 문제인가?
김대용 지음 | 272쪽 | 값 14,000원

민주시민교육
심성보 지음 | 544쪽 | 값 25,000원

자율주의와 진보교육
조엘 스프링 지음 | 심성보 옮김 | 320쪽 | 값 15,000원

민주시민을 위한 도덕교육
심성보 지음 | 500쪽 | 값 25,000원
2015 세종도서 학술부문

민주화 이후의 공동체 교육
심성보 지음 | 392쪽 | 값 15,000원
2009 문화체육관광부 우수학술도서

교과서 밖에서 배우는 인문학 공부
정은교 지음 | 280쪽 | 값 13,000원

갈등을 넘어 협력 사회로
이창언·오수길·유문종·신윤관 지음 | 280쪽 | 값 15,000원

오래된 미래교육
정재걸 지음 | 392쪽 | 값 18,000원

동양사상과 마음교육
정재걸 외 지음 | 356쪽 | 값 16,000원
2015 세종도서 학술부문

대한민국 의료혁명
전국보건의료산업노동조합 엮음 | 548쪽 | 값 25,000원

교과서 밖에서 배우는 철학 공부
정은교 지음 | 280쪽 | 값 14,000원

교과서 밖에서 배우는 고전 공부
정은교 지음 | 288쪽 | 값 14,000원

교과서 밖에서 배우는 사회 공부
정은교 지음 | 304쪽 | 값 15,000원

전체 안의 전체 사고 속의 사고
김우창의 인문학을 읽다
현광일 지음 | 320쪽 | 값 15,000원

교과서 밖에서 배우는 윤리 공부
정은교 지음 | 292쪽 | 값 15,000원

카스트로, 종교를 말하다
피델 카스트로·프레이 베토 대담 | 조세종 옮김
420쪽 | 값 21,000원

한글 혁명
김슬옹 지음 | 388쪽 | 값 18,000원

교사와 부모를 위한 비고츠키 교육학
카르포프 지음 | 실천교사번역팀 옮김 | 308쪽 | 값 15,000원

▶ 살림터 참교육 문예 시리즈
영혼이 있는 삶을 가르치는 온 선생님을 만나다!

꽃보다 귀한 우리 아이는
조재도 지음 | 244쪽 | 값 12,000원

선생님이 먼저 때렸는데요
강병철 지음 | 248쪽 | 값 12,000원

성깔 있는 나무들
최은숙 지음 | 244쪽 | 값 12,000원

서울 여자, 시골 선생님 되다
조경선 지음 | 252쪽 | 값 12,000원

아이들에게 세상을 배웠네
명혜정 지음 | 240쪽 | 값 12,000원

행복한 창의 교육
최창의 지음 | 328쪽 | 값 15,000원

밥상에서 세상으로
김흥숙 지음 | 280쪽 | 값 13,000원

북유럽 교육 기행
정애경 외 14인 지음 | 288쪽 | 값 14,000원

▶ 남북이 하나 되는 두물머리 평화교육
분단 극복을 위한 치열한 배움과 실천을 만나다

 10년 후 통일
정동영·지승호 지음 | 328쪽 | 값 15,000원

 선생님, 통일이 뭐예요?
정경호 지음 | 252쪽 | 값 13,000원

분단시대의 통일교육
성래운 지음 | 428쪽 | 값 18,000원

 김창환 교수의 DMZ 지리 이야기
김창환 지음 | 264쪽 | 값 15,000원

▶ 출간 예정

근간 **페다고지를 위하여**
프레네의『페다고지 불변요소』읽기
박찬영 지음

근간 **혁명 프랑스에게 공교육의 기초를 묻다**
마르퀴 드 콩도르세 지음 | 이주환 옮김

근간 **다시, 학교에서 길을 찾는다**
민주시민교육 수업 실천 길라잡이
염경미 지음

근간 **이오덕 교육론**
이무완 지음

근간 **삶을 위한**
국어교육과정, 어떻게 만들 것인가?
명혜정 지음

근간 **마을수업, 마을교육과정!**
서용선·백윤애 지음

근간 **학교는 평화로운가?**
강균석 외 지음

근간 **독립의 기억을 걷다**
노성태 지음

근간 민·관·학 협치 시대를 여는
마을교육공동체 만들기
김태정 지음

근간 **민주시민교육을 위한**
역사수업 어떻게 할 것인가?
황현정 지음

근간 **민주주의와 교육**
Pilar Ocadiz, Pia Wong, Carlos Torres 지음 | 유성상 옮김

근간 **다 함께 올라가는 스웨덴 교육법**
레이프 스트란드베리 지음 | 변광수 옮김

근간 **미국의 진보주의 교육 운동사**
윌리엄 헤이스 지음 | 심성보 외 옮김

근간 **대학생에게 협동조합을 허하라**
주수원 외 지음

근간 **교육의 대전환**
김경욱 외 지음

참된 삶과 교육에 관한
생각 줍기